U0060199

愛在靈魂最深處

前世今生的心理師

陳瀅妃 Katherine Chen, P.D. 著

諮商心理師／婚姻家庭治療專家

推薦序1

能量「同頻共振」是宇宙的法則

黃信義　合一聖境創辦人

「能量」本身就是一種「振動」，「人」就是能量振動的一種形態，我們透由「**思**、**言**、**行**」在這個宇宙中產生振動，舉凡我們所想的、所說的、所做的……都會產生一種能量的振動，這個能量自會在我們的生活圈子裡，跟相對應的人、事、物產生共振，共振的結果就是「物以類聚」、「人以群分」。

因此，會出現在我們生命中的「人」絕非偶然，會發生撞擊我們生命的「事件」也必有因緣；當知曉能量「同頻共振」的法則，就會知道這一切都是我們自己吸引而來的。看看那些善良真實、只談豐盛美好的人，旁邊聚集的絕對是在享受生命的人，再看看那些喜歡批評抱怨、把沒有錢掛在嘴邊的人，旁邊也幾乎都是倒楣、匱乏的人。這就是**能量同頻共振法則**，又稱為**吸引力法則**。

知道這個法則，就該知道我們「現在」的生命狀態、生活品質，都是從我們「過去」所想的「意念」、所做的「能量」在此時此刻呈現出來的結果。所以，若我們對於生命現況並不滿意，此時此刻

要改變的就是我們現下的「意念」，未來才會是美好的！要知道：**結果來自於行動、行動起因於意念**；這就是所謂的**意念創造實相（結果）**。

那此時此刻我們現下的「意念」是怎麼來的？當您看到此時，您會發現：您的意念根本就不是您要「怎麼想」，它才會怎麼想的，不是嗎？意念是一種「潛意識」的直接反應，舉反您所看到的、所聽到的、透過、眼、耳、鼻、舌、身的接觸之後，直接會產生您的想法（意念），而您之所以會有這些想法，就在於您「過去的」經驗與學習之後留下來的「記憶」；現在您是依此記憶，才會對眼前這個現象有所反應（意念→行動→結果）。

再講直白一點：**我們現下生命的受苦，完全是來自於過去的記憶**。舉例說明：若有人在一年前曾經做過一件傷害您的事情，若那事件之後並沒有得到圓滿……也就是這個人沒有尋求您的寬恕、沒有得到您的諒解，想看看，如果你們現在又碰面了，您會不會馬上有一股情緒升上來，馬上又會落入受苦？不是嗎？就算您告訴自己要平靜下來，要跟他好好相處，您也做不到，因為那個事件引起的能量（情緒）還在啊！

解脫的真相就是：一個事件「進來」，一定會有個情緒「出去」。好事進來會有好情緒出去、壞事進來必有壞情緒出去，生命必須保持流動，能量才不會阻塞。但是我們的自我卻往往選擇只讓好情緒出來，而將不好的情緒（傷心難過、生氣憤怒……）壓下去，出不去就會殘留在我們的身上、意識上、形成一股負能量。

回到**能量同頻共振法則**上，當我們的身上、意識上有著傷心難過、生氣憤怒的負能量時，我們的外在世界就會吸引同樣讓我們傷心難過、生氣憤怒的負面事件（人、事、物）進到我們的生命中！

唯有將那些卡在我們身上的負能量（情緒）清理掉，我們才會有全新的意識，創造美好的未來！

——這是本書作者要留給各位讀者最重要的訊息。

現在，如果您真的想要解決生命現下的受苦，您必須站在更高的智慧，跳脫出頭腦有限的思維，想看看……若我們的「過去」生命經驗，所有的事件所留下的記憶、所殘留下來的能量，如果不是只有來自於這一輩子所造成的呢？想想看，若生命只有今生今世，那照理說每個人應該要生而平等，不是嗎？會有這樣子似是而非的認知，起因還是在於我們只有「一輩子記憶」的頭腦啊！其實，**生命是延續的，我們所謂的這一輩子只是永恆生命的片段體**而已。

本書作者陳瀅妃諮商心理師／婚姻家庭治療專家，基於20幾年的個案諮商經驗，深知一個人必須是**身**、**心**、**靈合**一才是完整的，這是解決人類受苦的智慧所在，而這一份智慧正是來自於她勇於探索生命的真實體驗。從實務經驗中。若只有處理身心上的受苦，舊疾還是會復發的。所以，她開始深入探討「靈性」對於我們今生今世的影響。

瀅妃透過生命回溯開始深入看見很多現下問題的癥結點，進而得到解答或是解決！世界上很多業界專業人士，也是透由深度催眠進入生命回溯，開始接觸到今生今世之外的世界。「靈性」本身無法用科學來定義祂的存在，然而，我們的生命卻深深受祂所影響；人們強大的頭腦總是不願意承認祂存

在的這個事實，以至於很多事情都變成無解，很多的努力都變成徒勞而無功。

透過心理學的核心及活用，瀅妃從這一本書打開了探究「靈性」的這一扇門，她的專業素養提供大家在探索這個未知領域時，一個強而有力的根據。如果您是身心靈相關從業人員，您可以從書中看見智慧及技巧；如果您是正在尋求生命解脫受苦的人，您也會從中得到生命的解答。

「靈性」並非怪力亂神，祂會供給我們無上的智慧。只要您願意先離開所知有限的腦袋。

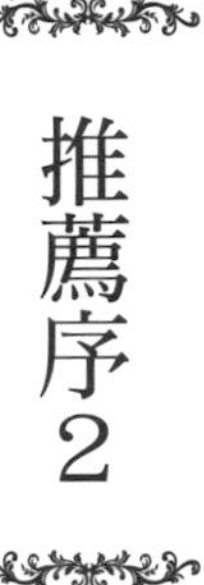

推薦序2

搭起心理與靈性的橋樑

林耕新　耕心療癒診所院長
http://www.healing.tw/

二〇〇四年五月我到紐約參加第157屆美國精神醫學會年度會議，那次大會的標語「Dissolving Mind-Brain Barrier（消弭心靈與大腦的屏障）」讓我眼睛為之一亮，期待五天的會議可以聽到更多談論「心靈」的議題，大會甚至請到包頭巾的瑜珈修行大師發表專題演講，然而記憶所及，與會的精神科醫師對神經傳導物質如何影響大腦運作，再來要開發哪種新藥的熱衷程度，遠遠大於瑜珈修行大師如何透過閉關靜坐達到心靈整合。

我對精神醫學界只願意談硬體設備（大腦）的維修卻漠視軟體（心靈）的整合，心中一直浮現淡淡的哀傷！

同時，我也看到許多心理師、社工師，甚至不是我們所謂的專業人士，他們不滿意精神心理學界只願意在既有的理論和治療技術上空轉，而勇敢地往前一步，走在眾多專業人員前面，探索心靈的奧祕。

上個世紀的最後一年，機緣巧合下接觸到「瀕死體驗（Near Death Experience, NDE）」這個冷門議題，卻開啟我對靈性議題的關注，有位瀕死體驗者告訴我，「發生車禍時，你們醫師為什麼只救車輛（身體），不救司機（靈魂）？」他說的真對啊！急診室的醫師只關心呼吸、心跳、電解質、血氧、電腦斷層，從來都不去「問問」司機怎麼想？司機再來往哪裡去？從此，我對身心靈開始有不同的體會，治療上我不會再拘泥於個案生活發生的事件，而比較關注為何這些事發生在個案身上，是個性使然？是命運不好？還是「靈魂的缺陷」？終於，我還是提到醫學不願也不敢談的「靈魂」。

現今社會不管你有沒有宗教信仰，或是死硬派懷疑論者，大概不會有人否認除了軀體以外，人體還有「某種東西」在運作，看不到摸不著，但又沒人說的清楚，你可以用能量體（團）、高靈、主公、靈魂、背後靈，甚至先前提到的軟體來形容，那個「某種東西」可能主宰每一個人，讓你與眾不同，讓你成為唯一的自我，這麼重要的東西，我們卻連命名都充滿了爭議，更不用說研究清楚。

追求心靈平靜，是人類溫飽後的基本需求而且很不幸地只能靠自己去爭取。

在台灣，我們甚至可以大剌剌撐起身心靈大旗，導入某些宗教元素，把自己塑造成「類神狀態」，相信我！師父的話永遠比醫師的話中聽，這種盲目追求造成台灣社會荒誕不經的詭異現象。當然，身為精神心理專業人員的我們更有資格或機會去營造那種氛圍而名利雙收，還有，坊間有數不清的催眠機構招生廣告、NLP訓練師資格認證、迅速讓你取得心理專業證照的補習班，這些亂象令人感到擔憂，心理專業可以像速食餐廳那樣快速提供滿意服務嗎？

離開大醫院自行開業將近十年，做過深度心理治療的個案不計其數，其中留下最深刻印象的個案，恰好都是在無意中碰觸到身心靈中的「靈性」部分，治療的最低層次是「身」，沒有問題，那是醫師和病人最熟悉的領域，包括身體症狀、藥物、手術、檢驗，醫病都侃侃而談，很遺憾地說那只占療癒的10%；再來談「心」，這個階段大約只剩精神科醫師和心理師願意和個案討論，包括人格特質、個性、人際關係、行為反應、思考模式，比率還是不高，20%；也就是說「靈」占了七成，我本身沒有宗教信仰或特別的宗教體驗，更不會把「靈」簡單地定位是宗教或迷信，那是非常狹隘的觀念，更容易引起因為宗教信仰不同導致的治療不信任。多年治療的經驗告訴我，如果有機會，我會毫不猶豫地跨進個案的「靈性」部分，就像點亮暗黑空間的蠟燭，「身」與「心」都能得到光明普照。

本書提到「巧合」「機緣」，榮格在一九二〇年提出的「共時性（Synchronicity）」指的就是「有意義的巧合」，有經驗又仔細的治療師很難忽視「共時」現象，而且會當成是治療過程中的禮物，另外，作者勇敢自我揭露，完整呈現自己的前世回溯過程，而且是由世界最知名的催眠機構NYSEPH（New York Milton H. Erickson Society for Psychotherapy and Hypnosis紐約艾瑞克森催眠心理治療學會）大師親自操刀，精彩可看性自不在話下。當然，書中寫道作者在靈性追尋路上遇到良師益友，幫忙她在助人志業上更加精進，都令人感到安慰！

我認識瀅妃多年，橫跨東西方社會豐富的人生經驗以及在紐約、台灣的專業機構服務與訓練，不像許多譁眾取寵的心靈治療師沒有負擔地（沒有專業證照）消費靈性，她不只是學有專精的心理師，更無私分享自身靈性療癒過程，將心理治療推向更高的層級（Push to the next level）除了感佩她的勇氣和決心，更希望追求心靈成長的大眾，不要錯過這本好書。

推薦序3

換一個視野，看見奧祕的可能

胡智淵　台灣存在催眠治療學會理事／諮商心理師

科學已經足夠釐清這世界一切的奧祕了嗎？在讀這本關於作者自身的前世今生與靈性經驗的著作之前，我們必須捫心自問，是否科學仍有它的限制，還是我們感覺良好地認為科學已經無所不知不曉？在這個視野之下，我們或許能對本書抱持著更加開放的心情，以至於我們的閱讀不會因為我們受限的理智而認知失調。

「神、脈輪、前世、細胞記憶、磁場」當讀者第一次看到本書中的這些詞時，可能基於科學理性感受到的是一種不可思議，不可置信的心情；當然也有些人基於傳統靈性著迷於這個肉眼不可見的世界，陶醉於興奮之情而趨之若鶩。

然而有沒有另一種態度，能讓我們逼近這奧祕的現象，並且維持一種理性驗證的優點？這便是這本書的可看之處。作者在此書中大膽的以自己作為心理師的生涯當背書，透過自身經驗揭露與奧祕接觸的經驗。我作為一位心理師晚輩，其實很佩服作者的勇氣在台灣心理學界與實務界對奧祕的態度仍保守的情況下，出了這本可能飽受爭議與抨擊的著作。也很榮幸作者邀請我這個後輩來寫序。以下我將從存在催眠治療的角度，對本書做一些回應，也提供讀者閱讀本書時一個閱讀的參考思路。

台灣本土心理學者余德慧曾於二〇〇三年著手進行本土民間宗教進行巫術療癒的現象學研究（註1）。研究發現有別於西方傳統心理治療，講求改善強化自我效能，以克服與他人和環境的壓力的治療方式，在牽亡等本土巫現象的現場，是透過一種將人類的心靈昇華連結至一個奧祕（神、前世）來進行現世人倫關係的重解，而達到以一種新的視野來轉化現世人倫的困局，從而達到心理治療的效果與人倫關係的重解。（如附圖）。

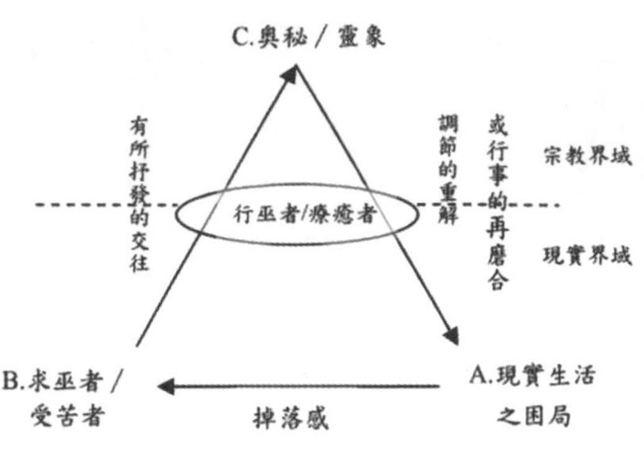

行巫之文化療癒操作

註1：余德慧、陳淑惠（2003）：〈從受苦處境探討個體自助／集體他助的倫理行動：倫理行動是權衡集體／個體化傾向的價值條件〉。華人本土心理學研究追求卓越計畫第五分項計畫報告投影片。未出版。

研究中發現，對於一個遭逢如此人世劇變的人，非常難用這種理智的態度存活，甚至他們更渴望這不可思議的奧祕是真的，不然有誰能解此生這麼大的悲痛呢？而許多人正是用這樣的意識形態活在這個世界上。

在閱讀本書時，讀者或許可以參考這樣的思維來理解文中不可思議的現象。當我們以一個行巫療癒不同於科學的思維來看待這一切，姑且不論事情的真假，我們確實看見了一種心理治療的可能路徑，而且這條路可能更貼近於大眾的日常生活，更容易協助一般民眾達到心理上的療癒。

此外，在閱讀這本書之前，我們可以調整一個對於人類意識和身體的視框，這將有助於捕捉這本書的可能性，從而拓展出對奧祕進一步的認識。

李維倫、王思涵（2014）的催眠研究發現，人類跟這個世界勾連起來的三個基礎形式為「語意、圖像與體感」（註2）。這三種意識狀態有著不同認識這個世界的邏輯：

首先，語意意識關注的是意義，是一種以因果邏輯和語言邏輯來與世界交融的方式，這也是我們目前科學所處的意識形態。

而圖像的意識關注的則是一個整體的印象，例如我們對我們的未來有個美好的憧憬，於是我們有個生活的目標和動力，又或是我們對過去的生活有個烙印，而困在某個刻板印象中難以往前生活。圖

註2：李維倫、王思涵（2004）：〈催眠經驗歷程研究——以故事性催眠腳本為例〉。碩士論文。國立東華大學諮商與臨床心理學系碩士班臨床組。https://hdl.handle.net/11296/8kbu5q

像意識獲得意義的方式是透過巧合，於是你可以在作這的文章中看到很多覺得太巧了，以至於作者認為事情的關連與始末是什麼的敘述。

而這種圖像意識在人類發展過程中比語意意識更原始，於是我們可以看到在作者文中，甚至圖像意識經驗可以改寫作者原本在語意意識中所認定的事情，例如：作者對自己恐慌症與脊椎痛的心態因看到前世而改變。

然而在這兩種意識底下有一個更根本的意識，也就是體感意識，這是一種感受性的意識，也是人類經驗到事物真實性的一個重要依據。在這一層次的意識是依據事務是否讓我有感覺而定，而感受的強烈程度則決定了經驗的真實度。在作者的文中，我們將可以看到許多我們用語意意識的因果邏輯所覺得不可思議的事件，由於對作者有強烈的身體經驗，例如「走過程」、「我的手自己動起來」，而產生不同的認識與對此事真實性的確認。

當我們對人類這種意識狀態的差異有所認識，我們就較不會訝異作者的文章不科學，而是可以用一種更開放的態度去欣賞此書中這三種意識的運作如何交織、競合與轉換的歷程。例如作者覺得自己很鐵齒要實證，雖為自己的經驗與巧合所震驚到不得不信，但仍保有某種懷疑與困惑。

最後，我想在論辯一下身體感與肉體的差異，來作為一個視野，提供一個對於脈輪經驗的可能。當我們談到身體，我們很自然的會聯想成肉體，認為身體就是由肌肉、骨骼、神經、大腦等器官所組成。這是一種西方醫學的認識，將身體認識為一種物質性的組成。然而這個認識是在人類有身體以後

透過醫學才被這樣規定的，事實上我們會發現在不同的文化裡有不同認識人類身體的方式，例如我們最熟悉的中醫，就不將身體當成是西方醫學的肉體來看待，中醫講究的是經絡、穴道與五行的調養。由此可見，人類的身體有某種比我們從西方醫學所認識的肉體更多的奧祕存在，是我們尚不能以科學一言以蔽之的，尤其西方科學也尚未完全的了解肉體。當我們把身體與肉體區分開來，我們開放出了一種可能性，一種我們還不知道身體是什麼的可能性。脈輪是一種印度對於人類身體的理解，我在此不贅述脈輪的理論，有興趣的讀者可以上網查資料。我要談的是身體有一種超過我們目前科學所理解的可能，而這仍值得我們去探索，以解明人類存在經驗的總總樣貌。

總之本書提供了很豐富的關於奧祕的經驗描述，將可作為我們去探索人類與世界的著手點，尚待有研究精神的讀者為我們揭露世界的真相。

自序

出版這本書，對一個心理師來說是個極大的挑戰，因為一般的心理師並不會把靈性的成分放那麼重，但我幾乎是放到百分之五、六十以上，有時甚至是七、八十，或者，需要的時候，更高。因為我很難隱藏我看得到的問題解決方向。

我擅長做婚姻家庭治療，也擅長做前世回溯。這一、兩年，我愈來愈擅長分析一個人累世的慣性，也就是所謂的「身心靈業力Karma」議題。從中我愈來愈了解一個人為何會出生在這樣的家庭脈絡中？為何有這樣的父母、手足、伴侶、小孩？為何身心會有疾病？為何會從事這樣的工作？為何有這樣棘手的人際關係？為何在某個時空下會遇到極困難的事件衝擊……心理治療訓練的底子及靈性治療的接觸與學習，讓我知道**命跟運不是「絕對性」，是有個莫名的「相對性」**，但當我們不願意去改它時，它就會是絕對性的。我們一定要勇敢跳脫某些「慣性」，命跟運才會相對好轉，才不會繼續在相似的模式中打轉、跳針。**我們必須用力破除深藏在潛意識中累積已久的恐懼議題，這些不安全感、焦慮、人際議題及身心疾病才能真正消除、根治**。

基本上，**我們若真的不想再吸引那些最想避開的人事物，自己就必須從靈魂深處做澈底的清理與**

改變。

我必須要說，懂得用「生命（靈魂）功課」做進化學習的人，才是真正懂得成長的聰明人，基本上，這種人在心理治療進展的速度都超快，是我認為最快速的一群！

不是每個人都懂得「靈魂功課」是什麼，以我所在的諮商治療室中，有時候，會等一種**準備度**，當個案還沒有準備好之前，我不見得會跟他開門見山地闡述我感受到他靈魂上的什麼狀況，縱使我的內心早已經跑了很深的靈魂業力分析，必須適時地等待，同時含蓄地用個案現階段可以懂的心理治療方式——例如：融合精神分析在伴侶家庭治療方式中。有時候，有一種隱藏的時間性**timing**會影響快慢（這就是所謂的**「天時」**），懂靈性的治療師比較能拿捏得到這個時間性。至於有無個案讓我一見面就努力狂催促他？有！數量還不少。特別的是，從中推一把，往往個案進展的速度還真快！

我們需要知道，諮商治療中最困難的點是「自欺欺人」的人性盲點，我們的內外不見得一致，外在可能狂點頭，內在的潛意識卻狂搖頭；外在說對不起，內在卻不認錯；外表強勢，內在卻可能很虛弱。然而，這些從一個人散發出來的震動頻率多少可以說出真相。「感受震動頻率」是一種方便又好用的心理測驗工具，治療師可以將自己發展成清澈的身心靈雷達或偵測器，嘗試感受震動頻率的正負能量（這會隨著時間、情境在變化），了解一個人靈魂核心所代表的真實意義，這就像隨身攜帶隱藏式的測驗工具，不再單純處理心理外層的症狀或問題的皮毛，而是深入靈魂嘗試「根治」那些反覆跳針的議題。「感受震動頻率」會覺察到什麼？例如：外表看似強勢的人，內在卻散發出弱震頻率，原因可能是他（累世）內心常常焦慮、身心不一致、怕失控並且怕被拒絕。

心理治療其實可以做到「命運上的根治」，但，最需要的是心理（醫）師能對自己先下重手，在身心靈狀況深層地矯正，澈底地「根治」做起，才能夠成為清澈靈敏的感應器。（以下的根治皆是指「命運上的根治」，是一種相對性的概念）。基本上，**心理師本身能量要高，才能夠把他人的能量也帶高，心理治療，說穿了，是種能量治療法。**

學到根治的技巧，其實也需要一點機緣，二〇一六年的五月，因緣際會中，我巧遇協助我「根治」的黃信義與曾寶治這夫妻檔老師，他們所帶的是一種我從未體驗過的身心靈覺醒課程，重點是讓身、心、靈合一。才上一次課，我整個大腦爆發開來！意外發現，心理學及現代醫學中不足的部分竟然可以用這種另類的靈性治療方法填補完整（剛好這就是我明顯缺乏，可是長期以來又一直不知道我到底欠缺什麼的部分）！過程中我先認識了「脈輪（Chakra）」的疏通狀態與婚姻家庭治療之間的關連性及其奧妙（例如：心輪跟媽媽及人際關係有關係，生殖輪跟爸爸及財富豐盛有關係），再認識靈魂印記、細胞記憶、靈魂業力治療……等等，我很訝異心理學沒有教的東西還真多，竟然透過技巧性的呼吸以及與神連結，可以改善能量震動頻率的高度以及身心靈的活躍、整合狀態，這完全改變了我在科學局限下對身體與頭腦的認知，接著心理、靈魂竟然也跟著進入全然不同的飆高境界！

透過脈輪呼吸法，我第一次用人為可操控的方式，進入更高層的身心靈狀態中，去認識「不可預知的自己」，遇見神祕的細胞記憶、人體自然修復現象（脈輪修復），也遇見深度催眠中才容易達陣的關係療癒、靈魂業力處理……當然，從此我也和親愛的信義、寶治老師結下解不開的學習緣分，他們教給我太多心性根治方向及人生轉彎哲理，也開啟我與累世靈性天賦合一的旅程。二〇一六年十二月，跟著他們去馬來西亞一處名為「磁塔」的高頻能量場（地球十一條能量線交會處），讓我見識我們在身心靈上能夠有超乎尋常的轉變，竟然連**前世天賦**都可以拿回來！逐漸發現自己前世曾經是女祭司、薩滿、巫師、女巫……（這些角色及蛻變故事在這本書中會做一些伏筆，但真正的蛻變需要時間醞釀，在下一本書就能完整敘述）。

我對「身心症狀」的科學病理概念有世紀翻轉性的改變其實僅在與老師們相識八、九個月的時間內（從二〇一六年五月至二〇一七年一月）。我是個心理師，但我有長期嚴重的恐慌症。打從二〇〇一年紐約９１１事件後，驚嚇中我被勾出嚴重的恐慌症症狀，十五、六年來，可跟症狀共存，但不舒服。但我跟著老師們才上過三、四次課。特別是在二〇一六年十二月磁塔行之後，竟然清理了**近百分之九十五的症狀**，對一個生病這麼久的人來說，這真的叫「奇蹟」。伴隨我十幾年的恐慌症在這靈性治療的旅程中，終於清楚告訴我從來不知道的盲點，原來它非常需要我做許多靈性澈底的改變，特別著重在**潛意識**的層面，然後也**只有當我願意放棄原來的執著模式，願意聆聽我靈魂到底要的是什麼？我需要做什麼聰明的改變時？症狀它便願意縮小至我不太覺察的程度**。後來它只留下一點點，約百分之五的程度。為什麼還有百分之五？因為這樣才合理，因為這是人體自然的自我保護機制，畢竟我跟每個人一樣都有自律神經在做健康的指標，不舒服時神經反應就是個提醒保護的訊號——症狀，其實是來幫我們的老師！所以之後只要有症狀的蛛絲馬跡出現，我便會很警覺地去檢視身心靈是否有失衡的狀況；假如它一直沒出現，就代表這陣子我把自己顧的很好，身心靈是協調的。這本書中會談論身體如何透露心靈的狀態，以及我的恐慌症是如何用靈性心理治療消融拔根的過程。

說穿了，所有**「症狀」都是靈魂在訴說遺留在累世潛意識中「持續傷痛」的故事**。以我的恐慌症來說，因為我會做前世回溯，所以我看到**症狀其實是來自多世慘痛的創傷印記**：生離死別的經驗，有自己被殺也有至親被殺、歷經很多無法消化的悲傷、戰爭、迫害、死亡、財物被掠奪、傷害、仇恨、無奈等等，一世卡到下一世，愈積愈多，後來變得循環跳針！當我們不知道如何面對它的時候，靈魂未解決的創傷症狀就依然存在。我們的大腦記憶不見得**能**記得住累世傷痛，但身體潛意識卻可以；大腦不見得**想**記住創傷中的情緒，但身體與靈魂的未竟事務配合，有目的地堅持要記錄這些陰影，身體有比大腦還要厲害的記錄功能，喜怒哀樂的記憶其實都被儲存了，這被稱之為「身體記憶」或「細胞記憶」（其實記憶不是儲存在身體中，是儲存在靈性資料庫的阿卡沙檔案中Akashic Record，每一世的人體細胞可以輕易與資料庫中的內容共振。阿卡沙檔案記錄靈魂累生累世的語言、行為、情緒，可以協助我們了解輪迴轉世中的業力法則及靈魂需要學習的功課，在阿法Alpha腦波中不難提取）。

症狀出現的目的，往往是**為了要提醒、幫助我們從靈魂深處覺醒**，當我們**可以從靈魂深處洞察問題的根源，並重新調整自己，症狀便能達成「成功強迫我們面對內在陰影」的任務，清理乾淨後就會回歸到最初始的安全心性**。然後這種澈底清理創傷印記的方法，老實說，目前心理學的技巧做不到，

但融合靈性的技巧就可以！單獨用靈性的技巧也做不到，但融合心理治療的技巧卻可以！**這本書所要介紹的，是一種融合靈性與心理治療的方法**。

從前世回溯的心理治療實務中，我想要一針見血地點出，**身心科的病理症狀會出現，其實都是來自累世未解的議題，往往不是只有一輩子而已，在催眠中可以看到好多前世都在相似的議題中循環輪迴……**難怪身心科的很多症狀很難用現代醫學及藥物去根治處理，因為我們的靈魂對於傷痛是有頑固性的，身體、心理及靈魂的潛意識，基本上皆不允許我們用藥物及表層的心理治療「貼ＯＫ繃」騙它。一個人可以吃藥吃了二、三十年都不會好，做心理治療做了兩、三年也都不會好，這是因為一個人的靈魂創傷中有很多不甘心的記憶，若我們沒有看到靈魂累世問題的癥結點，若一直不知道要面對它、處理它，身心的症狀就是不會甘願好，因為潛意識很聰明，知道靈魂的心理舊傷及陰影問題仍然在。

若**用同樣的老方法是解決不了老議題的**。

一個罹患憂鬱症的人，可能不是只有此生才有憂鬱議題，他在今生遇到的人事物可能是多世持續重演的戲碼，但一直沒用真正有效的方法解決過它；一個有強迫症的人，可能來自多世議題的重複累積，執著在自己累世相信的解決路線，靈魂創傷讓他深深陷在腦中刻劃多世的壕溝中，深到讓自己的靈魂都不知道如何跟今生、前世的痛苦做切割、說再見、做跳脫。這些症狀，靠吃藥、諮商都很難有進展，我們在實務上看到太多這種跳針式的重複執著。醫療人員需要相信的是，心理治療還能再往

「靈魂」上做突破，可以大膽嘗試靈性醫療的方法，進展到**靈魂清創手術**，讓身、心、靈三個向度都包括在其中，真正地跟症狀做切割、說再見、做跳脫、活出真正想要的人生。

我是一個熱愛心理治療，也愛在治療上做突破的人，倘若我知道或學習到任何好用、管用的治療方法，我都會迫不及待跟別人分享，希望別人也跟我一樣受惠。倘若我學到如何過得更輕鬆自在、更豐盛圓滿，但當中的竅門是要懂得如何**辛苦改變自己**，及**輕鬆與高層靈性**、**神連結**，我也會分享這**「與己和解」**、**「與神同工」**的合作樂趣。

心理治療既然都要做了，就要盡力抓到問題最根深柢固的核心議題，若真的需要牽扯到累世，那就往累世跑；若能讓靈魂飆昇到天上與神同工，就要讓靈魂與神同工；從愈高的視野，我們愈能洞見靈魂本質在規劃什麼樣的生命藍圖，從中更明白自己需要深刻去學習什麼，並且信任累世有緣的神協助我們做澈底的突破跟改變！

目錄

III 撫平時空傷痛

前往馬來西亞磁塔 313

前言

每次寫書我都在突破一些心理治療界的框架，這次也不例外！

這回很大膽地要挑戰心理治療界的禁忌：靈魂。

其實在美國的心理治療界，靈魂不算禁忌。然而在台灣，靈魂的概念及應用，晚了美國約略二十年，歸根究柢是台灣心理治療界對靈魂有莫名的禁忌，覺得談論靈魂不專業、不科學、不對或不好。我只能說心理治療進口到台灣後走味了，有被縮減、設框，至少被壓抑了一大堆自由的味道。

靈魂，是輕的，甚至是沒有重量的！但也因為它是極輕的，因此在強調規矩、框架、理論及學派重量的台灣心理治療界，不敢碰它（很多心理（醫））師聚會寒暄時，會框架性地稱重彼此：「你是『屬於』什麼學派的？」、「你的說法是來自誰的理論架構？」當我們把傳統教學、規矩、框架、理論及學派重量放得極重的時候，靈魂被框住了，治療就已經不自由了。

我在紐約念書工作時，並不覺得談靈魂是怪的，因為在念書、工作時（一九九六～二〇〇五）聽、看靈魂為主軸的新時代（new age）揚升產物都很自然、很習慣，畢竟紐約很自由，新時代的東西是自然浮在空氣中的。我在紐約總共待了十年，前五年都在念研究所，研所中便涉獵靈性，出社會後

仍然愛念書、研究人性，最後幾年進入人生跳躍性成長的階段，從小型免費的讀書會，轉向花錢參加超大型的醫療及社工界的靈性年會。幾場年會、工作坊下來，總是發現一堆重量級的醫師、名人、專家、明星教授在場發表，這種活動往往是刻意在大型教學醫院盛大舉辦的。

那時我便訝異地自問：「一個紐約的知名教學醫院，會隨隨便便批准一個沒有「治療性」的活動在它的場地上舉辦嗎？應該不會！」大家可以從中推敲、猜想，是哪些醫學等級的人才有權力批准這種活動？是口袋有多深的人在相信靈魂？醫學治療上，是誰愛談靈魂及使用靈性療癒？那些愛辯又鐵齒的紐約人只是道聽途說嗎？還是這些人都是身心靈療癒下的受惠者？為什麼他們都要冒著被批評怪力亂神的風險，傳遞開這些靈性的訊息？難不成紐約本來就怪，大家已經見怪不怪？思量下，我們可以窺探為什麼紐約一些高社經、高智慧、高聲望的人這麼愛「自然醫學」、「能量醫學」？

踏出醫院外，在紐約時代廣場旁的外百老匯場地（off broadway）、高檔書店、中央公園，常常都能親眼見到新時代書上或媒體上的大師級人物開講，至少我參加過的幾場總是場場爆滿，那時便見過偉恩・戴爾博士（Dr.Wayne W. Dyer）及《奇蹟課程》的瑪莉安・威廉森（Marianne Williamson）。

一九九九年，在紐約的第三年，當時我還是個二十幾歲的小孩子也還是個書呆子，我不懂的事情很多，當年達賴喇嘛剛好來紐約中央公園演講，這是他第二次造訪紐約，中央公園擠滿四萬多人，安靜地大爆滿，當時紐約的曼哈頓真的是萬人空巷。中央公園不是被喇嘛擠爆，而是現場來了很多影歌視的大明星，星光閃閃。其實，我沒跟到那次中央公園的活動（而是在空巷的某間餐廳吃飯），很嘔，在書上再次提到，就是因為極度懊惱當年「錯失良機」！當年我真的只是個二十幾歲、靈性不太開竅的小孩子，說來不怕大家笑，當時比較在乎的是沒看到明星，而不是達賴喇嘛。你知道明星堆裡有誰嗎？我眼中最在乎的是李察吉爾及瑪丹娜！

李察吉爾及瑪丹娜，一直是我從青少年時期就很迷的好萊塢大明星，我關注他們的程度遠遠超過達賴喇嘛，畢竟他們的層次跟「一般人」比較接近，當年我也只有「一般人」的程度，我只在欣賞偶像的層次，然而**我的腦子轉彎卻跟明星的心性轉彎有關**。那幾年的李察吉爾真的有著非常有趣的心性轉變，常見他上電視受訪講靈性，打從他在印度見到達賴喇嘛後，便自發性地積極跟著達賴喇嘛跑行程，籌劃無數個大型活動，包括推動一九九九年在紐約中央公園的盛會及慈善晚會，當晚他理所當然地負責開場，才剛開口介紹達賴喇嘛，一堆人就起立掌聲致敬，掌聲致敬予滿臉笑容的達賴喇嘛，也致敬予熱淚盈眶的李察吉爾。當年所有的媒體雜誌都說：中央公園從來沒有這麼好的正向氣場及秩序過！那時住在中央公園旁的瑪丹娜，也在群星聚集的現場，她令人震驚地收起放蕩不羈的姿態，靜靜地接受祝福，那時李察吉爾及瑪丹娜都登上報紙的頭條版面，不再只是娛樂八卦的版面。

在那時，無數的普通人，包括我，看到媒體報導後，都後悔沒去中央公園……這活動根本是「加州好萊塢在紐約」！公園被弄成是人人都可免票進場窺探大明星的地方，星光閃透半邊天！我後悔了好久，哀怨自己沒靈性、那天沒去中央公園……但，也因錯過良機，我們這些普通人開始納悶，那些生活一向光鮮亮麗但本質虛靡的明星「怎麼可能發展出靈性？」逐漸地，我們追蹤明星八卦之餘，也

開始觀察這些明星心靈轉化後的實質效應。漸漸地，有人看見明星的蛻變真的不是曇花一現、不是空有其表地做秀，而是紮紮實實持續表現在工作、伴侶、家庭、金錢、人際以及健康上的豐盛圓滿！

明星在靈性上的發展蛻變，是充滿引導及影響能力的。我們通常會模仿我們已經認同的明星或成功者，來做類似人生議題的轉化，他們在工作、伴侶、家庭、金錢、人際還是健康上，總是有著或多或少的影響力。

縱使至今我尚膚淺，不迷達賴喇嘛，也不是深入某宗教的人（潛意識中我有殘存的前世宗教議題，以至於一直沒有興趣深入研究宗教歷史背景或意義，但我一直對天使、聖母瑪利亞、耶穌及觀音的顯像比較相應），現在長大、變老的我，卻不再執著懊惱沒看到一堆大明星，而是懊惱失去親眼看到達賴喇嘛的機會。我喜歡達賴喇嘛溫暖真誠的愛，他那與神相近的神性之愛是一樣的本質。我們在人生中總是有一些來不及的事，別人的時機不見得是自己的時機，但**後來當自己開始在吸收、鑽研、學習這類的內容時，就是自己的時機到了**，我現在對藏傳佛教也開始有興趣，然後一碰觸便發現自己在某世曾經深深接觸過，目前跟時輪金剛有很深、很強的連結。

後來，愈來愈多紐約人跟著明星體驗「相似」的靈性成長，希望也得到「相似」的身心靈豐盛圓滿。那個時候，除了餐廳名字一窩蜂地都要取「道」（Tao）或「禪」（Zen），生意才會旺，很多人的家中也流行放一顆碩大的佛祖頭像，才能幫助心理平靜。我曾經幫我美國華爾街朋友們的住家及辦公室，挑選過佛祖雕像，有一個人還堅持一進門就要看到一個比門還要高的巨型佛祖頭像（從落地窗運入）；當然，我可以理解家中想要裝潢得像第五大道上有著巨型佛祖頭的餐廳，才叫「與神同在」或「被神震撼」，只是，我不明白為何他們連兵馬俑也要買，而且還把兵馬俑當成神拜！當時我太愛我的華爾街朋友們，他們的自信、真性、傻性遠遠超過神性的篤定，每次看到這幾個朋友的「神壇」，又看到他們深深喜愛自己堅定不移的品味時，我總是往旁邊退一下，躲到角落，偷偷釋放我那憋不住的笑，常覺得外國人學禪、學佛好可愛！不方便戳破任何人靈性成長的特殊過程，一定要讓他們的人性盡情發揮。當時，紐約真的起了靈性成長的漣漪，如雨後春筍般開了一家又一家的身心靈中心，不管哪個層次，很多人為了要定義自己是很潮、很酷的族群，都在學瑜珈靜心、學冥想內省、學禪修、學習將自己交託給神，以協助自己蛻變、核心穩定。

同時性的是，一九九九年九月底，幾乎跟達賴喇嘛中央公園活動的同一時間點，知名歌手史丁（Sting）推出一張得到葛萊美獎最佳流行演唱的新專輯《嶄新的一天》（Brand New Day），他竟然也在傳達靈魂的多世輪迴，第一首主打歌《千年之業》（A Thousand Years）便唱出靈魂呈現的多世因果故事，讓光、真理、業力平衡，自然展現在奧妙的生活中，最勾人的歌詞是：「我依然愛你，我依然想你（I still love you, I still want you）」，它讓很多人渴望認出某世曾經相知、相愛、相惜的人，縱使是在不同的輪迴面孔中。當年這首歌，走在紐約的任何角落都可聽到，它繼續讓達賴喇嘛要散播的訊息「愛」漫延在紐約的空氣中。當時真的很誇張，連不太會講英文的偷渡移民，都精準地唱這一句「I still love you, I still want you」，由此可知多少人的靈魂在那年轉了個彎。

《祕密》這本書，深入淺出地讓全世界都認識「吸引力法則」的威力，懂得箇中奧妙的人，便知道是寧靜安住的**靈魂**在做深度定錨及導航，然後這些明星們示範得很好。因為他們跟一般人比較接近、比較沒修行根基、容易犯一般人會犯的錯，所以當我們看到他們有正向改變時，一般人較能夠被誘發出內在的動力去體驗清理淨化後的力量，那是一種讓心真正靜下來的安定，真正的愛自己，真正願意對改善自己的生活負責。其實，更貼近心理的說法是，我們投射對父母的部分冀望在明星身上，希望父母婚姻和諧、重視健康、為人和善、誠信、戒酒、戒毒、戒賭……其實，我們的父母若也像明星一樣轉化，我們就不用往外投射，去看明星有哪些需要改變的了。

回來台灣之後，反而很少見到這些新時代的靈性大會、大型工作坊或演講，我才愈來愈覺得怪。搞不懂為什麼明明台灣人比紐約人還熱衷去廟裡拜拜、辦法會、上教堂，但是，台灣大多數的心理師或醫師卻對靈魂不感興趣，或者不敢碰觸靈魂與身心整合的治療？這太矛盾了！

你若問台灣的心理師或醫師，是不是覺得靈魂是敏感話題？若以「傳統專業」的角度來說，當然是！可是，若以**個案需求的現實角度**來看，靈魂真的是個尷尬不能碰的領域嗎？其實不是的。要不然不會有一堆台灣人比紐約人還要認真地挑良辰吉時，當醫生治不好時會求神問卜、收驚、祭改、問事、法會、念經迴向……台灣人也注重初一、十五、神明生日、神明繞境、進香團、點光明燈、燒金紙、將清明節訂為國定假日、注重祖墳風水、掃墓要跟祖先說話、家中設祖先牌位、相信上一代的祖先靈魂會庇蔭子孫、在馬路上搭棚辦喪事、招魂、農曆七月是普渡月（鬼月）、燒冥紙、驅魔等等（我在紐約常做家暴家庭的家訪，但在紐約的十年，我從來沒在任何人家中見過相似金紙或神主牌的象徵性物件，沒在路上見過進香團巴士或在自家門口辦喪事的棚子，外國人很明顯地連父母都不太理了，更沒在拜祖先的）。現實生活中，台灣人比紐約人更相信亡靈及神佛，但台灣的心理醫療人員，超矛盾地「選擇」不在心理治療中相信靈魂或看重靈魂，只選擇相信二十幾年前白紙黑字的心理治療教科書教導……這真的是將心理學「本土化」嗎？這會不會是台灣人偏向死讀書、讀死書的後遺症？不信的話，您可去問台灣的心理（醫）師一句話：「你相不相信靈魂？」通常第一個答案會是口吃式的：「呃…呃…那個……」然後我們看到心理（醫）師開始搔頭……接下來就會把球丟回去給你，反問你：「為什麼你會這樣問？靈魂對你有什麼意義嗎？」基本上醫療人員回答這樣的問題風險太大，所以你得不到答案的。「相信神佛」、「相信靈魂」，在台灣變得跟「迷信」劃上等號，偏偏這等號在紐約並不成立。

讓我們試著去想，倘若，住在美國波士頓女巫小鎮裡的身心科醫療人員跟個案說他不相信女巫，不准個案談女巫……或者住在巫毒盛行的美國紐奧爾良裡的身心科醫療人員，也跟個案說他不相信巫毒，不准個案談巫毒……你們會如何看待這些身心科醫療人員呢？我相信我這兩個例子是一語中的。

我們必須看到，其實大部分的台灣人想要身、心、靈全方位都健康平安、想要有神佛保佑、想要跟自己的靈魂和好、想關係療癒、想財富豐盛、想讓自己的靈性昇華……台灣的心理醫療人員可能要

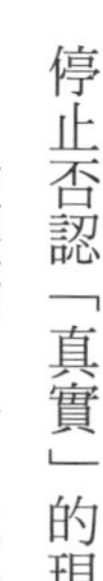

停止否認「真實」的現況！

在紐約，一、二十年前，心理治療早已不再是只著重在「心」（Therapy with a "heart"），而是演化至**有「靈魂」的心理治療（Therapy with a "soul"）**！在台灣，我們可以停止卡在二十幾年前的教科書，**可以進化至現代醫療，用現代的靈性心理治療法了！**

我寫書的目的，還是忍不住要說出台灣心理治療界的部分盲點及迷思，希望心理（醫）師千萬別被古老的教科書給捆綁住，成為靈性不自由的心理（醫）師。一個心理（醫）師若靈性比較自由，會聽到個案身心靈全方位的需求及高層次自我突破的方向。

靈魂、靈魂、靈魂，念心理學的人，若真的想做出「**讓靈魂也昇華的心理治療**」，就要敢碰靈魂！**相信靈性又不代表迷信**，教科書及研究所中，真的可以加入一些直覺、靈性成長及解讀、治療身體情緒記憶的一些訓練課程。

以實際經驗來說，不管是在紐約還是在台灣，在心理治療二十多年的實務中，我真的一直遇到一堆相信靈魂且熱愛談論靈性成長的個案，他們會說：「原來心理師你懂喔？」「原來你們也相信這個喔？」「原來在這裡也可以講這個？我還以為我會被罵呢？」「原來講這個不會被你當成瘋子！」在心理治療室中，愈是老鳥的個案，愈是坦蕩蕩地表達他「想接受讓靈魂也昇華的心理治療」意圖。或許是「物以類聚」，也可能是「吸引力法則」，讓我把喜歡探討靈魂層面的個案都吸引過來了，但是你們覺得所有愛講靈魂的個案都跑來我這邊，然後都不去找其他身心科醫師、心理師了嗎？不可能的。在其他心理師或醫師那一定還是在講，只是大家不公開而已（公開的心理（醫）師通常會被當成異類，或被冷凍；或者心理（醫）師很有膽，也很有心想處理，但不懂如何深度處理到靈魂議題，變成解決不了或草草了事的）。我們在心理治療、婚姻家庭治療這邊的醫療人員，還是要再多加把勁，往靈性的方向跨過去才會更深入符合個案的「現實」需求。很多時候**不是心理醫療人員不能**，**只是不敢**——不敢說出真正的想法，真的是很壓抑的心理內傷。

紐約的留學及工作經驗讓我相對自由很多，這本書也會依循我的靈魂中自由性的風格，來談個人、伴侶、婚姻與家庭心理治療。當然，這次我要比上一本書探討、剖析得更深，我們要談到靈魂、愛，也會談靈魂深處多世的愛。目的是要讓大家了解，心理治療絕對不是只有局限在個人及有限的時空而已，可以走得更有脈絡、更有深度，也可以往高我靈性層面的方向甚至與累世天賦連結。

書中有許多不藏私的自我揭露，會從「當下」這一世便覺知命運絕對掌握在自己的選擇中，會參考深度催眠中的前世回溯，以察見累世的創傷經驗如何影響婚姻、家庭、工作、人際、健康、財富……的因果業力。不管是前世或僅只是這世的糾葛，領悟、懺悔、選擇翻轉都是高層次的「解脫」方式。

我們可以面對並扭轉累世再也不適用的舊有模式，這就是真正的處理及放下，是真正根治的方法。**創造可以來自「清理」**——在清理累世創傷印記的過程中，我們會看見什麼是再也不需要的，什麼是需要的，會出現前所未有的真誠、順心、健康、豐盛、命運扭轉……絕對是嶄新的自己；更重要

的是，會與愛你的人、你愛的人做更親密的連結，也與最源頭的神性之愛連結。

期許在這本書之後，心理治療界不會再被個案念：「心理（醫）師你為什麼不敢碰靈魂？」「為什麼談到靈魂你就像談到鬼一樣要快閃？為什麼你只是叫我去找『鈴鈴鈴』的（收驚祭改的）？」

倘若個案已經在宗教、求神問卜上受挫不解，前來求助科學味道多一點的心理治療時，心理（醫）師一定要堅持說：「我不適合談靈性。」然後用旋轉門再次把個案推回至宗教信仰的處理門路嗎？真的談靈魂就不專業嗎？真的講靈魂就是腦子壞掉、迷信的人嗎？長久以來，打太極的旋轉門是解決不了問題的，只會空轉。台灣的心理（醫）師們有現成的角色以及專業知識，可以負起心靈進階的社會運轉責任。

其實台灣心理醫療的塑成中，一向是強調「身、心、靈三向度都健康」，只不過二十幾年來，在現實上，醫院、學校或機構在都只是喊喊口號而已。教科書中根本沒教我們如何處理靈魂議題。然後，近幾年當我們有可能想處理靈魂議題時，現實中，健保給付開始縮減到讓一堆精神科醫師沒空、沒心談靈魂，都在忙著處理不合理的賤價給付！偏偏那些「認識靈魂」、「有靈魂」、「願意跟你談靈魂」的醫生，都是不願意多開無謂藥物、也不願意委屈在健保體制下做快速表面治療的（醫生跟你談三分鐘，跟談三、四十分鐘是一樣的健保給付，然後藥物多開較能多賺……）

醫療上有現實的局限，民間宗教上也有個缺憾，不見得每個宗教帶領者都懂得心理學及婚姻家庭治療。有時在宗教中，聽上好幾個月、好幾年或是好幾十年的「寬恕」、「愛」、「原諒」或「放下」，一般信徒卻仍然一頭霧水，仍難聽得懂，仍難從文字中體驗真實感受及實踐改變、仍然覺得這是理想化、表面化的宗教台詞或舉例說明。其實，當一般人在生活上不容易做到實踐改變的時候，倒不如帶他深入剖析自己以及三、四代的家庭怎麼影響身心、雕塑業力，還比較容易理解而且快速大徹大悟。

宗教上其實已經愈來愈融入心理及婚姻家庭治療的內容，就像有些神（佛）學研究所，已經開了很多心理學及婚姻家庭治療的課程，帶領大家加速演化蛻變一樣。很多很棒的宗教領導者，都覺察到**欠缺一條心理的橋梁以跨入人的心裡深處**，他們都已經在面對盲點了。可惜的是，只要是有人在的地方，就會有「人」的一些問題，很可能還來不及處理婚姻家庭，就已經產生了結黨內鬥、濫用宗教斂財、教派衝突的問題。大部分的人都看得到這些紛爭，也看得懂神（佛）學院、教堂、廟宇裡的「人為權威」，仍是控制扭曲神性真理的源頭。一般人若不想再被捲進宗教戰爭這類的紛擾，就只能站遠一點，一聞到控制的味道，便要懂得趕緊做自我保護或閃開。我一直喜歡約爾・歐斯丁（Joel osteen），他是個非傳統卻又擅長深度談心理、家庭、婚姻議題的自由派牧師，希望這樣的宗教領導者可以愈來愈多（有興趣了解的人，可以參考youtube每週推出新的《生命的贏家》影片。）

靈魂、靈魂、靈魂，讓我們來談靈魂吧！不管是醫療還是宗教，讓我們的愛來自靈魂最深處，也讓我們從前世今生的領悟中再次跟豐盛圓滿的自己重逢！

進入靈魂業力心理治療

我一直喜歡把心理治療做到很深的程度，但一年前的我，從來不知道我會把心理治療深耕到「靈魂業力」的程度！我是在二〇一六年年中跟黃信義、曾寶治老師上靈性課程後才開竅的。

我在紐約受過催眠心理治療的長期專業訓練，擅長做前世回溯，但近二十年來我一直把重心放在伴侶家庭治療上，「前世回溯」不是我在心理治療中著重的。其實，截至一年多以前，我一向不太願意接「要來看前世」的個案，若非治療所需，我會請他們直接去找「仙姑」（那時我並不知道，我自己在一、兩年內就有本事逐漸變成仙姑的雛型）。但是，二〇一六年年底，當我意外發現「前世回溯」在靈性治療的輔佐下，能夠讓我的恐慌症「根治」（不再復發），這讓我在心理治療上出現一大片無邊界的湛藍天空，空氣中充斥著前所未有的豁然開朗和醍醐灌頂般的狂喜，我開始認真思考，到底「前世回溯」加上「靈性治療」，能夠讓人看見並消融靈魂業力有多廣？有多深？我以前真的是技巧不足而看不到嗎？還是我個人心性有盲點、不願意看而無法看到？後來，我承認以前真的是技巧不足，沒人教我這些；原來，我有很多盲點，在盲點之下還真的看不到。

原來，**靈魂清理至業力（karma）消融的程度就能「根治」問題！**

當我們處在「不知道」的時候，往往不會認為框架外還有另一個可以解決問題的方向可以跑，人容易往熟知的框內慣性思維鑽。幸好我們身邊總是有一些因緣際會的人事物在牽引著我們，協助我們打破慣性往前進，然後這個時候只要抓住機會，冒險嘗試一下新方向就有機會可以跳脫了。

做心理治療時，我很喜歡畫一個井，底下有一隻青蛙，這來自一個很古老的比喻，卻有著亙古綿長的寓意：井是我們熟知的世界跟慣性的方向。有時候我們的天空就是這麼一點大，井也是這一點大，但再怎麼跳來跳去，青蛙以為已經在跳了，卻還是在井中，若在機緣上有人能帶我們跳出這井去看看其他的世界，這是多麼不可思議的事呢？允許我天馬行空地帶到另一個比喻，這很像科幻電影《星際戰警》（ＭＩＢ）第一集的最後一幕，我們以為我們的地球已經很大了，也覺得我們都在跳躍，夠厲害了，但我們也可能是外星人養在儲藏櫃的其中一櫃而已……

在紐約念婚姻家庭治療研究所時，我是因為冥斯教授（Dr. Mince）指點建議我們去學催眠心理治療才更能融會貫通婚姻家庭治療的知識與技巧，這意外開啟我另一個治療新境界。我在紐約艾瑞克森催眠心理治療學會NYSEPH（New York Milton H. Erickson Society for Psychotherapy and Hypnosis）認真花了一年半的時間學催眠（二〇〇一年十月至二〇〇三年六月），週週上課兩小時，共一百個小時，接著還要做個案、寫報告，通通都審核過關了才能結業。我當年最主要的目的，其實是要學課程最後段才教的「前世回溯」，想看婚姻家庭裡的心理糾葛議題，是否真的跟幾百、幾千年來的前世今生有關？後來，我看到人真的有前世，然後我也看到人與人之間的糾葛真的不只一世，前世今生真的是有

關連而且容易跳針重演的。

回台灣後，三不五時就有個案因為看到我有前世催眠背景，他們很想滿足長久以來對前世今生的好奇，於是他們請我在心理治療中做深層的前世回溯。很多人在台灣的佛道文化環境下，其實蠻有因果循環的概念，所以當時只要個案的意圖是為了心理治療（不能是娛樂用的），並且也認為前世回溯是可以讓他們超越自我限制及窺見靈魂訴求的快速方法時，我會比較願意執行催眠幫他們跳脫現況僵局，但我還是有個性上奇怪的惰性及盲點，我仍然不常在個案邀請下同意做前世回溯。

坦白承認，一年多以前，我在操作催眠上有很多自私及懶惰的點：

一、近二十年來我在催眠心理治療上在乎的，不是個案改變大不大，我只想到「我會不會悶？」問題出自於我。我不常主動邀請個案做前世回溯，其實，是因為深度催眠一旦上路後，個案會懂得自問自答，當個案靜靜看著他的前世畫面時，只要我等待個案的時間一久，我便覺得我像是個被現代科技弄到無聊的機長，一切太「自動導航」了，我會很無聊；事實上，個案在看前世畫面時，他們大部分像是在機艙的另一邊，有豐富的電影讓他們一直轉台看，但我並不知道映入他們眼簾的畫面是什麼。然後在這「自動導航」的過程中，我在機艙的另一邊真的會很無聊，我這機長就是不愛靜下來做長久的等待，「自動導航」太無聊了，而且起飛、降落的動作做多了，並不會讓我興奮，我很清楚知道，我喜歡在旅程中有很多互動活動可做！

二、當初我學習前世回溯的熱情，主要是偏向於「小我」，而不是「大我」；「小我」的初衷，單純只想了解爺爺奶奶死後去那裡？我只想看我自己跟幾個重要他人的前世，想滿足我對因果循環的好奇，想看婚姻家庭裡的心理糾葛議題，是否真的跟幾百、幾千年來的前世今生有關……然後一旦讓我知道答案及認識幾輩子的自我後，我的熱情就消減了（當時所理解的都只是靈魂輪迴轉世的程度，還不是因果業力深度處理的部分）。

三、在工作上，四十五歲以前的我年輕氣旺，長期是個動作快、追求互動、喜歡高度刺激、享受掌控及新鮮感的人。在諮商治療室中，我積極融合運用各心理治療學派的技巧，從精神分析古老的自己至後現代的故事改編、創造時時刻刻的自己……當治療界有太多模式可以變化時，我不會想要死守在一個單一的技巧中，還騙自己這樣鑽牛角尖地重複使用一個技巧或一個學派才叫專家。當我可以做實驗性的家庭關係體驗、讓家人熱鬧溝通及互動，或全部都站起來做家庭雕塑時，我不會想要坐下來。或許我是治療界的過動兒，但熱血沸騰的方式總是讓我覺得比較活潑有趣。其實台灣的婚姻家庭治療實務跟紐約很不一樣，十幾年前（二〇〇五年底）當我回台定居時，我立刻發現，台灣埋藏了年輕心理治療者（四十歲以前叫年輕，四十歲之後才叫不年輕）熱愛的戲劇型寶藏，台灣竟然比紐約還要失控、還要充滿雲霄飛車式的戲碼，台灣人不見得講真理，到處充斥過多**「有情無理」**的現象，到處上演八點檔，常常可以歹戲拖棚拖很久，這樣刺激的長程雲霄飛車讓我一坐上去，就不想下來了（紐約的家庭實務工作比較簡明輕鬆，拖泥帶水的較少，因為家人較不會緊密串在一塊；個人化的紐約強調獨立自主，要拉一個人離開家庭混水，較不需多世代家庭的認同及放行。台灣的伴侶、家庭實

務非常難做切割手術，禮貌之下超多怪異、不講道理的情感綁架，操縱之下超多失控、不配合的陰謀損毀，這些都非常適合需要職涯挑戰、耐不住無聊的心理師）。若說婚姻家庭治療是個舞台，紐約的治療師可以待在台下當導演，但台灣的心理治療師常常從搖滾區被拉上台一塊演；所以我在回台後的注意力，完全投入台式婚姻家庭治療處遇技巧的改良，基本上，診所中所見的伴侶衝突、外遇情傷、家族、親子議題都算小咖，學生心理諮商中心裡常要挑戰不配合的家長；醫院、衛生署自殺防治中心、社會局家暴及性侵害防治中心等的個案，常讓人頭皮發麻（嚴重家暴、兒虐、精神疾病、恐怖情人……等等），之後我又督導衛生局的社區精神關懷員及毒品防治單位（專門處理社區中警消、里長頭痛的人物、不定時炸彈）……

四、治療重心會依治療師的人生發展階段而異。我回台最初的主要的目的就是結婚、生小孩，所以注意力當然也會放在自己覺得最有新鮮感的伴侶家庭中。

五、治療風格跟治療師階段性的個性有關，其實我的個性在紐約時便被訓練到過度講求效率，長久以來，在學業跟工作上我的動作一直很快，能夠獨立、準時、完美、高效能、高產值（這些特質是紐約兒童局家暴中心的老闆非常喜歡我的因素）；回台後我也超有效率地結婚生子，回台一個月內相親認識老公，四個月內訂婚，第十個月結婚，兩年半內生兩個孩子。但是，做前世回溯並不是我想要快就快得了的，決定權在於個案心理及靈性上的準備度，他們需要慢慢地看，慢慢地進入狀況，這真的急死急性子的我了！後來，我選擇快，也選擇不幫人做前世回溯，因為我沒有這麼愛融入別人前世回溯中過度的慢。其實，催眠的實務技巧還有千百萬種，比如說直接引導、說故事、做隱喻、運用矛盾技巧、推到極限、驚嚇切入等等，這些催眠技巧就都很快，變化也多，我也一直融合運用這些技巧在實務工作上，但就是因為個案在看前世畫面時我必須等待，而我真的並不熱衷慢慢地等個案看前世，本來精神好的我會變成打哈欠，所以我才會常常秉持的是上一本書《遇見紐約色彩的心理治療督導》所說的：「這輩子就是好幾個輩子的濃縮版，所以只要顧好『當下』這輩子就很夠了。」（其實這是在顧好我自己，讓我不會太無聊。我會說：「心悶，能量不好，效果就不會好。」這也是我儘量不做前世回溯的藉口）。

老天爺還是會在適當的時機，帶適合的人來到我的身邊，當神覺得我可以開始在治療工作上更跳躍式成熟、更精進時，祂讓我看到前世回溯還能加入其他元素，做到另一種樣貌：「手動導航」，也就是「靈魂業力處理」（這本書會從一次次的自我揭露中解釋）。這下子，我就不悶了，因為在前世回溯中突然多了無限的變化可做！我在紐約學的那套「自動導航」，對別人來說或許已經是很難的治療技巧了，但神讓我發現這只是安全的基本款，祂清楚知道我不是乖乖牌，安全太久了會悶。所以當我發現前世回溯還能走進隱藏版的**祕密通道**、走到更深的「手動導航」治療程度，我真的是開心至極，也對前世回溯重新燃起火花！祕密通道的那一頭是個超美麗的靈魂祕密花園，這種更深的靈魂業力治療方式可能是當年教我們催眠的老師們所不知的。我的第一個啟蒙老師史德奈‧羅森Dr. Sidney Rosen（《催眠之聲伴隨你》〔My Voice Will Go With You〕的作者）他當時教的當然是正確的方法，只是少了很多靈性上的業力處理，也少了很多婚姻家庭脈絡上的處理。其實倘若我的靈性層次沒提升，再十年、二十年我也可能仍是傻傻地用最原始、最常見的心理治療模式在做推敲處理。

因緣際會來了，人該改變的時候就是會改變。先是個案來教我，改變了我。

我在二〇一六年年初時轉了個大彎，治療歷程中出現了莫大的契機和轉捩點，當時陸續有好幾個個案主動要求我在伴侶家庭治療外，帶他們做前世回溯，他們不斷地一直來，一直來……一個禮拜內可以來好幾個，一天還可以連續兩個……一個又接著一個，竟然不約而同地，都需要在前世畫面中，看伴侶及家庭跟他們的糾結狀況，有家暴、家人過世、外遇、恐怖情人、身心症、綁架、霸凌、自殺等等。在治療過程中，每個個案都比我還認真，因為他們的出發點都來自靈魂上傷心求助的「需求」。那陣子，個案要求「前世回溯」治療的比例是前所未有的頻繁；個案懇切認真的態度和傷痛靈魂的求助吶喊，讓我不得不重新思考、排列組合個案的需求到底是什麼？從他們的回饋使我認知到：**了解前世因果業力可以幫助他們頓悟，從一個前所未有的角度走過當下的議題，並釋放細胞記憶中的傷痛（在潛意識中釋放情緒比在意識中來得深層而且乾淨）**。這真的非常刺激我，讓我覺得我應該要改變路線，在治療的角度上有必要做一些調整，才能在個案成長上有更多的幫助。

接著在二〇一六年五月，我遇到黃信義、曾寶治老師，這兩位乍看之下非常不起眼的老師，卻超乎我意料的不平凡！在他們帶領的身心靈課程引導清理下，才一、兩次上課，我便看見「靈魂」在我人生中的導航遠勝於身心，而且我的靈魂很愛在課程中跟我說話！我從來沒有這麼具體、鮮明地知道

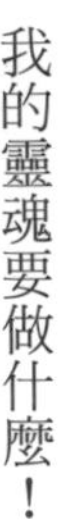

我的靈魂要做什麼！

靈魂實在是不具體，沒有實像的，但從多世角度來看，它有著具體「進化」、「演化」（evolution）的計畫和方向。通常我們的身體、心理一直都不知道靈魂在潛意識中已經指點我們很多人生的方向，並且做了很多幫助我們進化的工作。其實，靈魂一直在找管道跟我們溝通、對話，要我們接受它的諫言去過更美好的人生，只是我們一直認為訊號很模糊，或根本不承認有靈魂這一回事——我對靈魂的態度曾經是這樣的陌生。

在信義、寶治兩位老師幫助下，我漸漸地對靈魂有不同的認識。要看靈魂，來自**覺醒**。我省思身體各部位長期疼痛所透露出的靈魂語言，也省思我的工作模式跟靈魂發展的相關性，同時，我也省思心理學並沒有讓我看到**靈魂**藏在潛意識中的深度糾結；我赫然發現我在做前世回溯時有很大的盲點，我的人格也有很大的盲點，因為當我以低層次的個人需求來做心理治療時，「小我」的念頭必然是個障礙，會怕悶、怕慢、怕不刺激、怕無聊……然後我也自我欺騙地認為，滿足自我的「快」感最重要，這給了我足夠的理由可以拒絕關心個案深度的靈魂需求（註1）。

被「小我」操控主宰的我，是不會太靠近一個人的靈性層次的，而且就算對方要讓我看，我也看

註1：在二〇一六年十二月馬來西亞磁塔七天六夜的課程，澈底衝擊到我的核心信念，我抽到兩張神諭卡，讓我默默看見「拒絕關心」、「自欺欺人」的問題一直存在我的人格特質中，這對一個自以為已經整合得不錯的心理師而言，是非常痛的當頭棒喝，也一針見血地戳中要害。我深深地省思，開始往「內」細看靈魂需要跳脫哪些模式？

不懂。

判斷、評估是否要靠近對方的「靈魂」，真的不好拿捏，沒把握這互動會演變成什麼狀況？也不知道這引發的後續反應，我是否能招架？單獨用傳統心理治療的理論或技術，來憑空想像靈性的需要，是很冒險而且欠缺完整性的，縱使深層催眠心理治療，已經算是一種很精進的靈魂溝通對話，但它實際應用的範圍，應該不僅止於傳統催眠所介紹的方法。在美國，常出現另類心理治療的名詞（alternative psychotherapy），最知名的另類治療師，應該是電視上長年出現的通靈大師蘇菲亞・布朗 Sylvia Browne（註2），她擅長運用催眠跟靈性心理治療，除了準確度讓她家喻戶曉，之所以能國際知名，就是因為她能融合運用通靈及前世回溯的方式，來引導個案在前世今生中消融累世創傷印記。我在美國就讀豪福斯特大學（Hofstra U.）婚姻家庭治療研究所期間，曾跟幾位同學一起著迷並研究她許久，那時，所有婚研所的人都覺得催眠不容易學，更不知道如何讓自己有通靈的天分，所以我們這一群心

註2：通靈大師蘇菲亞・布朗Sylvia Browne之所以有名，正是因為她精準度極高，在美國她不只常年上電視（例如：Larry King Live、Good Morning America、The Montel Williams Show、Unsolved Mysteries、CNN 和Entertainment Tonight），巡迴演講，也常用通靈能力幫警方偵破懸案，安撫受害家屬，在一切有憑有據之下，更是讓警政界推崇信賴她。她同時也是紐約時報暢銷書排行榜榜首的常客，著作數不清，舉例：《細胞記憶》（Past Lives，Future Healing），《天堂之旅》（Life on The other Side），《靈魂之旅》（The other Side and Back），《來自靈界的答案》（Blessing from The Other Sid），《關於靈魂的21個祕密》（If You Could See What I See），《靈魂的47首歌》（Spiritual Connections：How to Find Spirituality Throughout All The Relationships in Your life）等等。

理治療學習者，都逐漸忘了從事這深度心理治療的野心。

然而，當我上過信義、寶治兩位老師的課，我那遺忘的野心逐漸甦醒過來，終於身邊有老師可以完全不藏私，穩如泰山地具體示範、指導我如何與自己及他人的靈魂層次溝通對話，並做靈性心理治療。他們一語道破，關鍵就在：**把自己攀升到「高我」、「大我」的靈性層次**，自然會懂得如何拿捏靈魂的各個向度，自然會發現**意識層次做不到的事，潛意識中靈魂的高我層次可能做得到**；或許個人的意識層面被社會、家庭、經濟、個人議題等等的黑暗障礙給蓋住，但這不代表潛意識的部分不聰明或沒有光。當我們開始從意識中帶進光、送進愛，會很自然地發現潛意識中（尤其是靈魂源頭）的光跟愛，老早就在等著我們去看見，等我們去做意識跟潛意識的整合，以及身心靈的擴大修復。後來我發現**光跟愛可以被很多種模式給包裝，至少常見的還有「智慧」跟「勇氣」這兩種打破舊有框架的模式**，這是我們可以運用的基本自我照顧及心理治療工具之一，不是只有言詞上的「光」跟「愛」的表面涵義而已。

在這些身心靈演化的過程中，我發現我漸漸可以慢下來了，該刺激的時候很刺激，該安靜等待的時候要安靜，因為兩位老師也都在他們的課程中示範得很好，他們相當會等待。本來我的內心台詞是「為何要等待？很久了……」但我訝異地發現：當我被他們治療時，我喜歡老師們等待我改變。竟然，**我的急速改變，很多時候都是在老師們安靜等待的時候！**這在我腦中出現很大的衝擊，讓我不得不思考「要不要靜下來，才能變快？」終於在一次次靜心中，我體會到「快快來」的時候心會糾緊，

沒什空間給靈性發揮；「慢慢來」的時候心會鬆開，靈性可以發揮的空間變得無限大。我甚至可以在慢慢來當中飆到更高的靈魂層次，在有覺知的潛意識中拋開很多靈魂業力，然後我同時在光跟愛的籠罩中，接觸了自己的神性及「大愛」的層次，還意外發現我具備加速別人靈魂多世議題演化的能力。原來，「慢」，很好（這種「技巧性的慢」才能讓別人快）！

至今已快是知命之年，我才真正跟自己的高層靈魂和解合作，我才真正靠近別人靈魂深處的議題；以前對於看不到的東西，我真的不知道界線要如何拿捏才是安全又舒服的。

我本來以為是前世回溯的傳統教學模式，緩慢到讓我悶，但事實上我個性中的「急」才是最關鍵的殺手；我一直以為「急」才是我不愛做前世回溯的原因，後來又發現是跟潛意識中的「怕親近」有關，我從我自己的淨化清理中得知，我的靈魂在累世中**有很多次重大的創傷經驗，身為被害者的信念，讓我並不想這麼親近地跟一個人靠近**（在這本書中會提及）！我的潛意識知道，我的**靈魂在多次創傷中，做了一層很厚的安全保護膜，讓我提防、抗拒跟人太靠近，尤其是靈魂上的靠近**。對我而言，在表面上，最簡單讓自己舒服的方式，就是不做前世回溯，這樣就不會靠近一個人的靈魂。

一旦清理了我靈魂記憶上的創傷，我感覺安全了，才能跟人真正的靠近。現在的我，較可以頻繁且輕易地從內心深處靜下來，這當然會幫助我更能同理、接納自己和別人。我訝異發現，我的靈魂竟然還有這麼多的創傷經驗未被處理，而且以前都不知道，這些創傷會如此深刻地影響我的日常生活（原來我們已知的心理醫療仍做不到一半的深度）！在馬來西亞磁塔行的那段，是很精彩的蛻變，因為還有更多未曾碰觸的深度，而且竟然還有這麼多豐富的心理療癒方式未被實務運用，以我個人而言，竟然還能有這麼多新鮮有趣的「累世天賦」（不只一世）可以拿回來用！

我在磁塔時一直不小心運用到自己擅長的前世回溯技巧，意外發現心理治療的新通道，就是需要**結合靈性療癒的方法**，前世回溯可以是其中的一條高速公路，多次元探索自己及個案靈魂深處的奧妙。我現在可以進展在：**有靈性、有靈魂的心理治療（Therapy with A Soul）**！

但是，也要謹慎小心，因為業力處理中看不到的東西不只是靈魂而已……

看不到的，不只是靈魂……

所謂的業力，當然跟因果循環有關。業力處理中，看不到的東西不只是靈魂而已……

還有……

給個提示，身邊會出現的，一樣看不到……

我敢打賭有人剛剛想到的是「妖魔鬼怪」！

很抱歉，在這本書裡面，不會放太多篇幅談論一般人迷思中的妖魔鬼怪！妖魔鬼怪是存在，但我的目的是在做心理治療，主要重點是在**打破一個人「累世看不到的內在心魔」**，是要幫一個人**離開累世慣性議題的糾纏**。

我的本業及工作上的塑成，是個婚姻家庭治療師／諮商心理師。被歸為怪力亂神可不是我想要的，但是融入一點心理上的魔法是可以的。大家可以想像自身就有累世具足的改變魔法，每個人都可以是自己心理上的巫師、女巫、祭司、薩滿……等，都可以改變自己的生命故事，最需要的就是具備勇氣、智慧、信心跟慈悲心。這本書不涉及宗教，也沒有要大家脫離家庭去修行，對婚姻家庭治療有（累世）經驗的我，反而，要邀請大家好好地**進入問題核心——婚姻家庭中的未竟事務，好好面對衝突並處理困難議題**。這本書有些部分像是在心理歷程中走《哈利波特》故事的味道，有不少身心靈改變上的神奇魔法蘊含在自己身上；可以有一點戲劇感，但不能過度戲劇化地盲目驅逐一堆外在的壞人，要靜下來往「內」看，因為大部分是一堆內在的「慣性」迷惘要跳脫及恐懼要消融。「慣性」，像瀝青一樣沾黏在我們的細胞記憶上、是讓我們跳針式地惡性循環的主要原由，是我們一定要看到並從中解脫的。

一般人靠肉眼的確看不到妖魔鬼怪（我也看不到），也不容易看見神，甚至是自己的靈魂議題或神性的自己（這些我就常常可以看到），但一般人總應該「看得到」身邊的冤親債主吧？假若我們是井中的青蛙，冤親債主其實就像井中常見的泥巴，我們已在那些泥巴中打滾夠久了，應該不需要再努力花時間研究井中污水泥巴的特質，現在我們可以做的應該是如何甩掉泥巴，努力朝著上面的光跟愛爬出井外，進入另一個新世界！井上端的光跟愛可以是生命中讓我們幸福快樂的基本元素，可以是靈魂之光，可以是神性自我的本質，可以是一個人與神連結的光，更可以是神！但一般人因為眼界的關係，在因果業力的輪迴中大多只看重泥巴，不懂得光跟愛的重要性，更別說要回應光跟愛的呼喊，以及臣服於光跟愛的引導了；不懂光跟愛，可能只是因為青蛙從來沒有出過井，同時被井中的泥巴嚴重干擾；然而，出過井的青蛙，必然知道井外的世界有著無邊際的開心，若這隻青蛙恰巧是心理（醫）師或靈性老師，他也可以是帶領其他青蛙出井的人。與其研究泥巴，不如探究青蛙的「內心」為何在

此住久了而不敢跳離？為什麼頭頂上閃爍耀眼的光跟愛，讓青蛙又渴望卻又抗拒？其實**矛盾**的議題，才是心理治療需要處理解套的部分。

世界上真的有神，只是大多數的人與神建立在薄弱的連結上；世界上也真的有鬼，但大多數的人對他並不陌生（以台灣傳統習俗來說，一般人，一年至少連結一個月：農曆七月，俗稱「鬼月」）；但我必須幫鬼說一句公道話，比鬼還可怕的是我們**這輩子肉眼看得到的冤親債主**，讓我們一年可能連結十二個月！其實**這輩子的冤親債主**才更容易在我們身邊，「人」才可怕，身邊太多可怕又討厭的人趕都趕不走，有的也不讓你逃，前世回溯（或開阿卡沙檔案）時，很容易看到大家在某世早就已經以相似的議題糾纏不清，然後在這一世竟然又緊密兜在一塊，我們往往赫然發現：這輩子的冤親債主，通常是累世未消融的因緣！其實冤親債主重逢的目的只有一個：就是強迫彼此一定要面對、解決累世的靈魂業力議題，只要和解了，就可以分開了（從某個角度來看，都是在「渡化」彼此）！

然而，在心理治療上，冤親債主已經夠可怕嗎？不！再「往內看」時，我們絕對會發現比冤親債主還可怕的是我們「**自己**」！「別人」不見得可怕，是「**自己**」才可怕，很多時候根本是自己不肯跳脫，不肯放過自己！有很多時候，「內在小孩」不見得是單純、可愛又無助，有時候，有另一層意思，**他是一個緊黏著傷痛不甘願長大的退化小孩**，他抗拒著，不願意放棄慣性方法，而「執著」、「執迷不悔」，正是讓人生停留在原地、動彈不得的強力磁鐵，也像瀝青一樣重複沾黏在（多世）細胞記憶中，成為我們忘不掉、過不了的持續性傷痛。

更多時候根本不關妖魔鬼怪或冤親債主的事，是我們自己不願意，也不能放過自己（累世）卡住的創傷。其實，光是這一世我們就有處理不完的議題，**我們最不能放過的是自己「原生家庭」中持續卡在心頭的議題**，或許我們曾在家中被家人用石頭砸過，但繼續用石頭砸我們腳的人卻是我們自己。

基本上，與冤親債主之間的議題，是一種耗弱我們的低頻能量，若不放開內心的低頻，容易吸引其他低頻能量來共振，我們要看清楚的是：什麼樣的低頻讓我們跟冤親債主（或妖魔鬼怪）糾纏不清。聰明的人會立刻領悟，把自己弄得高頻準沒錯，因為高頻能量會吸引高頻能量來共振，而且也比較吸引出貴人跟恩人！當我們有光跟愛可以選擇，請選擇光跟愛，借助光跟愛的力量，可以把我們內在的心魔放逐到我們不會去的時空中！

在靈性塑養上，並不是要我們成天把自己放在神壇前念經、冥想、聽靈性音樂、靜坐、抄經文……等等，也不是要我們一天到晚緊抓著身上的佛珠或聖經念著神佛菩薩、耶穌、聖母瑪利亞、天使等等「求您務必保祐我」的台詞，當自己不跳脫慣性模式，求神念佛只會讓神覺得我們**不切實際、不入世！靈性的重點，是讓一個人跟生活及跟人更整合、更和諧、更共融，而不是與現實更解離**。

我不否認世界上的確是有鬼，也有卡到陰這回事，因為我以前親身經歷過幾次，在工作上也見過無數個案的案例，然後這些通常是因為內在低頻與外在低頻共振的結果；我們不用跟低頻的軌道扯上邊，大可把他們當成與我們不相干的另一時空，這就像我們若要身體健康，必然的條件就是要把抽菸、酗酒、吸毒等等當成與我們不相干的另一時空。

我一直在尋找快速又有效的身心靈整合方式，之前我找到的是在伴侶家庭治療中融入催眠的前世回溯方式，然後信義、寶治老師教我的是要有技巧地讓身心靈覺醒，看見自己本是具足的神性，讓神性的自己與神「本源合一」（我們本來就跟神是同源同質，是神的一部分）。信義、寶治老師沒有像我一樣那麼愛談前世，但我超愛。他們之所以沒有花那麼多時間聚焦在「前世」，是因為擔心有人誤解，以為遁逃至前世便可以不用管今生該做的事；身為心理師的我很愛談前世，但我也愛談當下，我會在心理治療中緊抓著一個人，逼他們看清楚多世的議題跟這世有很多糾結的重疊，面對自己的鏡子，在此生就要好好面對，不能逃避，否則爛戲碼下一輩子又再上演一次。我沒那麼敢在諮商室中頻繁談論神，因為我怕不熟識我的新個案會誤解我發瘋了；但信義、寶治老師拿著麥克風時，頻繁說井外的世界、說神，讓「神話」跟空氣一樣好吸收。

後來我發現，當一個人看到因果業力、多世角色的時候，縱使這些都是超越大腦框架的想法，卻也因為思維已經打破框架，反而更容易與框架外的「神」本源合一；當一個人與神本源合一的時候，他也更容易藉助神的能力來消融大腦累世的禁錮、看清並化解多世的靈魂業力議題。兩者是相輔相成的，或者可以說是「殊途同歸」，都是在做身、心、靈整合，都是在打破框架，讓「光」跟「愛」與自己合而為一。到後來，我們會發現心理治療及身心靈課程上最主要的目的，都是讓我們理解**最強大的敵人是「自己」**，然後**最強大的魔鬼，其實是住在「自己」放不開、消化不了卻又不肯面對的潛意識黑暗創傷記憶中**。

我猜想「神性的自己以及神」這種說法對很多人而言比較敏感、也可能比較有衝擊性，所以請先允許我用淺顯的狀況鋪陳並做個小實驗。最初淺的方式是翻成英文“the spiritual self and the God”。請您認真看這英文，靜下心來在心中用最慢的速度默念這英文五次以上，可以閉上眼睛持續默念（看不懂英文的更好，隨便念，你可把它翻譯成日文、拉丁文、法文，或任何你喜歡卻不見得會的語文）。

“the spiritual self and the God”

“the spiritual self and the God”

“the spiritual self and the God”

“the spiritual self and the God”

“the spiritual self and the God”

不知道你沒有發現，一樣的意思翻譯成英文（或其他語文）“the spiritual self and the God”便立刻讓你少了一些對神性字眼不舒服的情緒！個人的擔心害怕可能會驟降、可能立刻變無感或輕鬆起來、也可能（廟宇不見了）出現歐美教堂的影子！很有趣對吧？在這裡，容許我假設，大多數讀者是在非英語系文化中長大的，所以英文在我們腦中比較沒有情感上的歷史定義。我們要研究的是：華人的原生家庭以及社會環境如何影響我們「定義」神？真的是自己定義的嗎？還是延續父母對神的情感定義？所以我們此時可以自問：「在成長過程中是『誰』污名化了你對神的定義，讓你不輕鬆？」基本上，我們對神的定義是來自於「你」在成長過程中刻劃的感覺。**假如你家中有人或教育背景中曾經有人用**

宗教的方式讓你不輕鬆，現在的你必然對談「神性的自己以及神」是有投射性的反感，這反感其實是來自個人記憶中不舒服的經驗感受。然而，我們不喜歡的不見得是「神性的自己以及神」，反而是我們的家人或教育背景中的誰。是他們影響了你什麼，不是嗎？

假如真的是因為您家中的人或教育背景中的誰，那麼現在或許是您可以跳脫一些「人為」影響因素的時候了。給「神性的自己以及神」一個乾淨、公平的機會！

"The spiritual self and the God" 的中文意思是：神性的自己以及神。**可以重新設定成屬於自己**的定義！

其實，我真正想說的是：**看不到的東西不只是「靈魂」而已，還有……屬於自己「神性的自己」，以及……「神」！**

「奇蹟」與「巧合」

這本書非關宗教，也非關儀式。但是我們會花不少篇幅談論「奇蹟」與「巧合」，我們要談的是，時常自然發生在自己身上卻可能被忽略的事。宗教跟儀式容易因為人的因素而落入一個局限的框架，甚至陷入不必要的誤解，這反而跟神最原本的心意相去甚遠了；或許，神想要提供的是，以一種跳脫傳統教派框架的方式來認識祂。神知道宗教跟信仰容易因為帶領者的素質而產生很大的落差，若帶領者仍有很多人為的干擾因素（比如說自大、私心、盲點、執念、控制、貪權、愚昧等），此時追尋依靠他的人，若沒有成熟獨立的想法與情緒便很容易受到感染，成為跟領導者相似的模式。**神要我們了解自己，提升自己的神性，相信自己就是神的一部分**，而**不是盲目地說我們愛著神，卻不愛自己，愛自己才是愛神的最崇高方式。不是求神就有改變，是我們做了很多慣性上、盲點上的改變來讓自己解脫。信仰（belief）跟信任（trust）要建立在純正的光與愛之中。祂要我們跟心靠近，祂要我們在內心回歸自然，回到最原始被創造時的純淨**（宗教界領袖藏傳佛教第十七世法王葛瑪巴不希望宗教落入人為因素的扭曲，他在電影《願乘來世900年》，以及很多著作中都闡述以上的概念）。

我是一個一直在見證「奇蹟」與「巧合」的人。其實，「奇蹟」或「巧合」都是幫助我們判斷

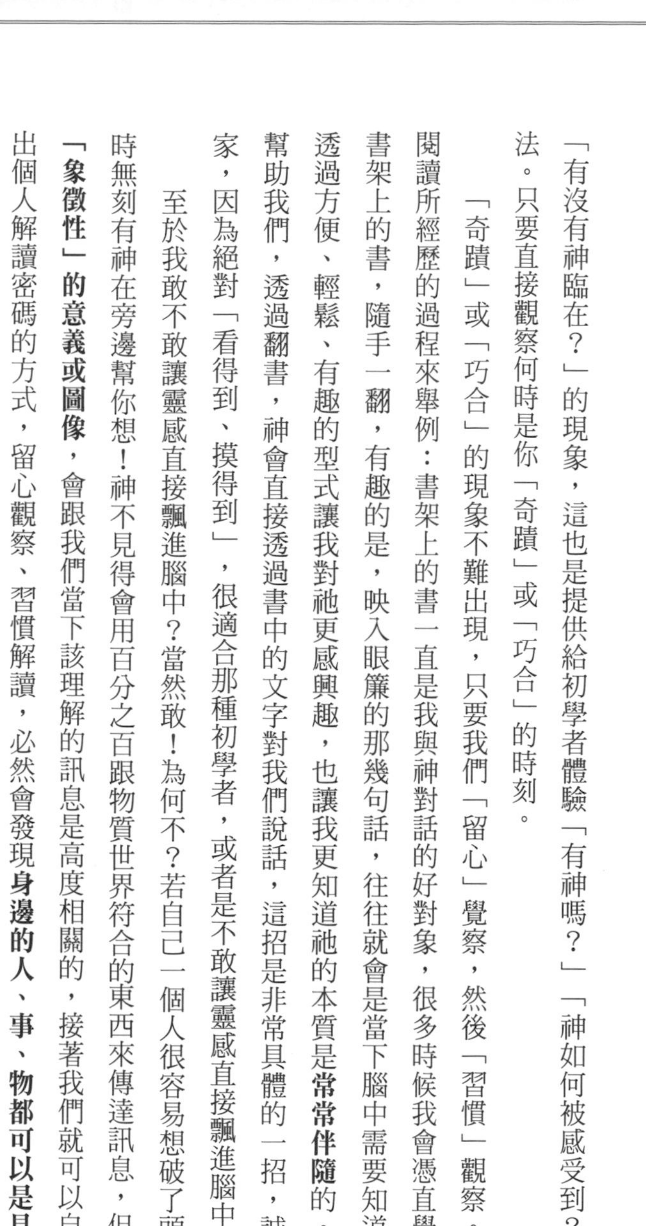

「有沒有神臨在？」的現象，這也是提供給初學者體驗「有神嗎？」「神如何被感受到？」的簡單方法。只要直接觀察何時是你「奇蹟」或「巧合」的時刻。

「奇蹟」或「巧合」的現象不難出現，只要我們「留心」覺察，然後「習慣」觀察。以我寫書與閱讀所經歷的過程來舉例：書架上的書一直是我與神對話的好對象，很多時候我會憑直覺隨手拿一本書架上的書，隨手一翻，有趣的是，映入眼簾的那幾句話，往往就會是當下腦中需要知道的內容。神透過方便、輕鬆、有趣的型式讓我對祂更感興趣，也讓我更知道祂的本質是**常常伴隨**的。祂非常樂於幫助我們，透過翻書，神會直接透過書中的文字對我們說話，這招是非常具體的一招，誠摯推薦給大家，因為絕對「看得到、摸得到」，很適合那種初學者，或者是不敢讓靈感直接飄進腦中的人。

至於我敢不敢讓靈感直接飄進腦中？當然敢！為何不？若自己一個人很容易想破了頭，倒不如無時無刻有神在旁邊幫你想！神不見得會用百分之百跟物質世界符合的東西來傳達訊息，但都至少會有**「象徵性」的意義或圖像**，會跟我們當下該理解的訊息是高度相關的，接著我們就可以自己慢慢研究出個人解讀密碼的方式，留心觀察、習慣解讀，必然會發現**身邊的人、事、物都可以是具體傳話的工具**（你們會覺得台灣的人不靈感嗎？錯！在台灣解讀明牌做簽賭的全盛時期，我們不得不佩服那些賭徒，他們都超級看得懂神意！若有人真的不明白如何從日常生活中的大小事做解讀，可以找一個有年紀又簽過明牌的家人或鄰居來教你）。

其實看電影、電視、聽音樂……等等這些日常生活中常有的活動，都很容易出現「巧合」的字眼或內容。比如說，就在我好奇女巫、修女的當下，我便看到《達文西密碼》（The Da Vinci Code）（二〇〇六年）這部虛構電影，也許在虔誠教徒眼中，這部電影有不少偏頗之處，但我要引導大家看的是「假中有真」的結構（這就跟我們在做諮商治療一樣，很多時候個案隨意講的假話中有真話，認真講的真話中有假話，我們都會從很多角度去看同一個事件，然後再逐跡整理成符合他內心真正想表達的意圖），《達文西密碼》中剛好說出我正不懂的十字軍東征、教廷、女巫被迫害、玫瑰教堂等等內容。我邊看電影邊被經歷「巧合」的重複震撼，太多畫面跟我前世回溯時補捉的感覺及畫面相像，像到讓我滿身起雞皮疙瘩。

從馬來西亞磁塔回來時，我是個不熟練自己靈性能力的菜鳥，我好奇「奇人異士」怎麼運用能量？剛好，我看到《奇異博士》（Doctor Strange）（二〇一六年）這部比《達文西密碼》還要誇張瞎扯數十倍的電影，縱使內容一樣是虛構的，愈深入了解能量的人（尤其是奇人異士），愈知道許多能量施展的手法是有道理的，甚至是真實的現象！其實這電影也讓我看得滿身雞皮疙瘩（在這本書的後半段，你們會看到我在馬來西亞磁塔帶回的天賦之一就是開啟前世檔案，當我在逆轉時間的菜鳥階段中，右手便是繞著左手繞，要看畫面時，偶爾也會在眼前的空中翻資料……）我猜，《奇異博士》的製片團隊多少有真正的奇人異士在內，才能將能量用畫面傳神地表達出來，當然，每個人處理能量的手法不一樣，階段不同，情境不同，方式也不同，不是百分之百吻合每個奇人的狀況。

再多舉一個與「奇蹟」或「巧合」相關的現象：發生在我開始寫這本書的三天內，我正在思索

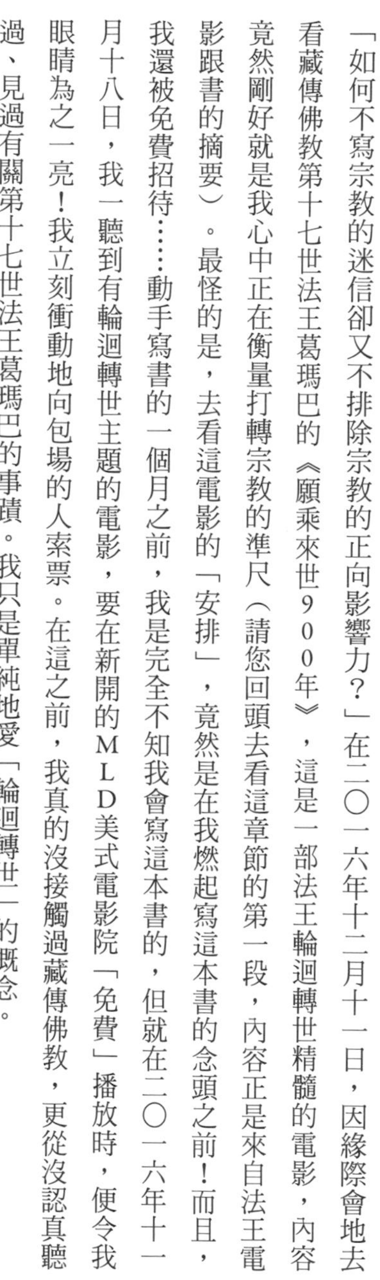

「如何不寫宗教的迷信卻又不排除宗教的正向影響力？」在二〇一六年十二月十一日，因緣際會地去看藏傳佛教第十七世法王葛瑪巴的《願乘來世９００年》，這是一部法王輪迴轉世精髓的電影，內容竟然剛好就是我心中正在衡量打轉宗教的準尺（請您回頭去看這章節的第一段，內容正是來自法王電影跟書的摘要）。最怪的是，去看這電影的「安排」，竟然是在我燃起寫這本書的念頭之前！而且，我還被免費招待……動手寫書的一個月之前，我是完全不知我會寫這本書的，但就在二〇一六年十一月十八日，我一聽到有輪迴轉世主題的電影，要在新開的ＭＬＤ美式電影院「免費」播放時，便令我眼睛為之一亮！我立刻衝動地向包場的人索票。在這之前，我真的沒接觸過藏傳佛教，更從沒認真聽過、見過有關第十七世法王葛瑪巴的事蹟。我只是單純地愛「輪迴轉世」的概念。

然而，一切都是神的安排。祂讓這一切都發生在一連串天時、天意的「巧合」現象中（其實，我在念婚姻家庭治療研究所時便開始研究Synchronicity「巧合」的現象）。

我本來就對離我家很近的美式電影院（台鋁ＭＬＤ）好奇，已開幕好幾個月，外觀真的很符合我喜歡的紐約風格，但是，幾個月以來我常常經過卻沒進去瞄一眼過，因為我已經十年沒進過電影院。不過，「異常」的是，二〇一六年十一月十八日我一聽到有免費的輪迴轉世電影要在ＭＬＤ播放，立刻湧起衝動去跟包場的人索票！我完全不認識包場的人Anita Wang，但我很「幸運」也很「順利」地透過line連絡到北台灣的Anita Wang，也拿到這大善人自掏腰包在全省幾家電影院包場的限量票卷，她的目的是，藉著包場表達對藏傳佛教的感恩，並且生活化地成功傳播種子！十二月十一日我看著電影時，渾身起雞皮疙瘩，因為我那幾天才正在想「如何不寫宗教的迷信卻又不排除宗教的正向影響力？」電影中第十七世法王葛瑪巴的每一句話，竟然完全切中我一直認同的想法，這真的不只是「巧合」，而是有神在引導我，祂讓我從電影中認同並落實我腦中的想法，祂讓我有依據地寫出人神關係如何修改定位的心得。讓我再次起雞皮疙瘩的是，二〇一六年十一月十八日神便開始做了工。若不是祂事先看到這幾個月中一切會怎麼發生，這一路不會被鋪得這麼「巧合」，這種**先後順序的安排，以及什麼是必須避開的障礙，真的只有神才知道了**（神比我還清楚我對距離的喜好。若電影院在離我家很遠的距離，再怎麼新、再怎麼美的裝潢我都不會去，若有票送我，我還是會送給別人！神太清楚知道，電影院必須在我家附近一、兩公里以內）。

一切的發生是這樣天衣無縫的順序：新電影院引起我注意→十一月十八日索票→十二月九日寫書→十二月十一日電影。

我理解到，**只要是「幸運」跟「順利」，絕對跟神的安排有關**，其實，我看電影的那天不只很「幸運」地拿到免費票，還很「幸運」地在取票處輕易拿到限量的贈書（書籍一樣是Anita Wang自掏腰包捐贈）。當我在挑書、拿書的時候，電影快開場了，旁邊繞著不少人，但很奇怪，我像被隱形泡泡包圍著，沒有人跟我搶或干擾我，過程中，我居然可以順暢無阻地翻閱，同時安靜判斷我需要的是那幾本書。我挑的其中一本是《崇高之心：由內而外改變世界》（The Heart is Nobel：Changing the World from the Inside out），另一本是《葛瑪巴語錄》。電影散場前意外從Anita Wang口中得知，《崇高之心》正是當下她最主要推薦的好書（二〇一三年是第一版，二〇一六年已經是第十版了），我欣喜自己的「直覺」敏銳識貨（**很多時候，「直覺」也是神給的訊息**）。回到家細細翻閱後，我深受意義非凡的內容共振，讓我更欣喜的發現是，原來，葛瑪巴不只講話很親民，連寫文章也很親民，完全不咬文嚼字。這是我喜歡的親民宗教模式，可以輕輕柔柔、簡單順暢地飄進入一個人的心（註1）。

基本上，神很了解我，祂知道我的「人」性很濃，我指的是——傾向相信眼睛看得到、耳朵聽得到的——也就是說我偏向用科學的方式來懷疑、辯證、理解這世界；所以縱使我不認識第十七世法王葛瑪巴，至少我比較不會懷疑一個在電影中我看得到也聽得到的帥哥（請你們自己去找照片看看第十七世法王葛瑪巴長得如何，以我的眼光來說他長的很俊帥，基本上，讓我的眼睛開心，我的心也自然會比較開，只能說帥哥真的占有我們人性弱點中的優勢，廣告媒體就是用這個技巧）。神知道我暫時不能全然相信祂，但祂知道我懷疑祂勝過於懷疑俊帥的葛瑪巴。所以祂安排我去聽聽看葛瑪巴說什麼，從俊帥的葛瑪巴口中，我聽到我應該要確信的事，至少這管道會減少我一些懷疑跟戒心，同時接

註1：葛瑪巴已有九百年歷史的傳承，是世界上最古老的轉世傳承。這位不折不扣的宗教聖人暨精神領袖，從不停的輪迴轉世中持續道破長久以來宗教中一定要改變的框架。他是個佛教的出家人，在書中《崇高之心：由內而外改變世界》，**並不是在寫關於佛教理論或修持，而是在誘發從「內在」開始的革新努力。他希望我們看到解脫蛻變來自個人做了很多慣性上的改變，而不是有著神奇魔法地認為我不變，神卻可幫我們變出來。他表示改變的過程中有時候的確會吃很多苦或受一些難，但目的都是要我們看見個人的心性及作為，皆在一個相互依存的脈絡中牽引彼此。改變自己，就能改變那牽引的方向。**

受「打破框架」是我必經的過程。**神知道人不見得在不熟悉的路一開始就甘願跟祂合作，因此常常透過一些人、事、物來讓我們確定祂在傳遞的訊息無誤。**

神必然看得出「俊帥的葛瑪巴」這張牌對我奏效。

這陣子以來，我發現神很會牽引我，給我很多指示，然後**當我「內在」做了革新改變後，祂牽引的方向也跟著變了。原來，「我」才是決定能不能改變的那個角色。一定是我「要」變，神才可以幫我變出其他的來。**但我跟每個人一樣，不是這麼容易被神收服、說服的。我想，神在我身上做工、引導時，一定挫折千百萬遍。

上身心靈課程時，我常說我想認識神、想連結神、想臣服於神，但我不見得可以快速放棄頭腦中強大的科學性懷疑。信義老師跟學生之間的互動往往很詼諧。學習初期（特別是去磁塔前），每當我腦中在運轉一些事情，我就會很美式地勇敢舉手發問。信義老師跟我交手了幾次之後，一看到我的表情又像是要發問的樣子，我連手都還沒舉，他開始直接用結論式的固定台詞說：「是！沒錯！不要懷疑！」我知道他在跟我玩，話中有話；我納悶，為什麼信義老師可以直接跳到結論而不問我到底要問什麼呢？難道是因為他臣服於神數十年之下，多少發展出讀心術及觀人術（其實，他真的是有讀心術跟觀人術，他也知道我當時懷疑的東西總是卡在差不多的點）？縱使，他沒有讀心術及觀人術，也可以用豐富的教學經驗判斷我到底在想什麼，多少是因為我對他有多次屢試不爽的「固定懷疑」互動模式，既然我都「固定」不變，他每次回答我時就可以用「固定」的答案來逗我：「是！沒錯！不要懷疑！」

很多時候，信義老師知道我不是腦中沒答案，我只是懷疑神的存在，需要找個「人」確定一下而已，當我問：「真的有神嗎？」「神是不是真的是這個意思？」，其實答案可以都是：「是！沒錯！不要懷疑！」我們常常擔心、害怕於不熟悉、不確定或不敢置信的事，甚至，當我們太開心快樂時，也擔心它不是真的……

從「結果論」來看，你們大概都可以猜到我到底是在問信義老師什麼事，其實我都是在懷疑神，我想相信卻又不敢相信「奇蹟」或「巧合」頻繁發生在我身上，我欣喜它的發生，因為我覺得我變得更「幸運」與「順利」，但當它頻繁發生時，我又不太敢全然相信是神在旁。信義老師會叫我不要再一直拿這些「奇蹟」或「巧合」跟他確認是否「真的（有神）嗎？」因為信義老師都會說：**「在『奇蹟』或『巧合』之中就是有「神」啦！」**「真的啦！妳很愛懷疑（妳心中的）神耶……不要再問了啦！」（信義老師的言語最後有很多的「啦」字當助詞）但，我很難一下子改變自己的慣性，仍不願放棄科學求證的思維，下一次遇上「奇蹟」或「巧合」時，縱使我已經訝異到眼睛瞪大、嘴巴掉下來，仍會再問信義老師一次「真的嗎？」然後下一次，仍然不放棄科學頭腦地再問信義老師一次「真的嗎？」我會一直問信義老師，一直到他翻白眼時我才停……

請問有誰遇到「奇蹟」或「巧合」時能夠很平靜的？當然都是興奮地一直問「真的嗎？真的嗎？真的嗎？」

上信義老師的課，我常是在不可置信的興奮狀態下！然後一直到我二〇一六年十二月去馬來西亞磁塔上課時，因為太多神、太多神蹟、太多讓我從骨髓裡翻轉改變DNA的震撼，一切遠遠超越「奇蹟」或「巧合」的強度，我才終於見怪不怪，才能夠完完全全地停止吵信義老師。

我親身體驗到，要一個人相信「奇蹟」或「巧合」中有神的訊息，真的是不容易的過程。我們通常都認為帥的人講的話可信度比較高（電視廣告就是如此操作的），誰教信義老師長得不像第十七世法王葛瑪巴一樣帥，葛瑪巴講一次我就信了！人還是高度依賴視覺來做判斷的動物，難怪神與人之間不容易搭上線，然後人也容易慣性回到原點，讓自己又不相信神！

如何再從別的跡象判斷有沒有神？神除了顯現一些人們靠自己能力做不到的事，其實，神也很容易透過一些人體生理上不能自控的反應讓我們知道祂在。我在寫這本書時，很容易在突然頓悟裡欣喜地起雞皮疙瘩、心暖或鼻酸，這些其實都是簡單的生理感受，只是我們不容易自己製造這些感受而已；我已經無法計算在寫這本書及校稿的過程中，我有多少次頓悟及讚嘆生命歷程中的「神奇」！「神奇」裡面就是有個「神」字，我漸漸知道寫作就是一種與神對話的方式，多少有「神」的話語及幫忙在其中，這也是所謂的「自動書寫」。

其實，這本書的初稿只有花兩個月的時間便完成了！我自己都不敢相信，那時的我一天可以飆兩千字、五千字甚至是七千字，寫作的過程根本是一波又一波的奇蹟！我這輩子，透過這本書的初稿，讓我首次經歷思緒順暢又豐沛的飆速寫作，這不是我自己的能力所能做到的！

在我突然決定寫這本書的第二天（二〇一六年十二月十日），神便告訴我為什麼七年不出書，卻可以在初稿中多次飆那麼快？祂讓我在臉書（facebook）上看到youtube的一段節目，這是來自我非常喜歡的美國知名牧師約爾．歐斯丁（Joel Osteen），我偶爾會看他的節目提振精神及士氣（我沒有信仰任何宗教，但我喜歡這位非常懂得融合現代人性、心理、婚姻家庭治療於布道中的牧師）。他在節目中說：「**遲滯（或障礙）沒關係，神知道怎麼去彌補之前的延宕，神知道如何在後面加速，有時那個速度還是我們無法想像的飆快！**」（有興趣看Joel Osteen那一集節目完整內容的人可參考二〇一六年十一月十九日在Youtube發布的影片，主題是：Prepared in the Process），我寫初稿時真的是火力全開地飆速，很多次是一天飆寫五至七千個字，然後這加速也絕對不是我的小腦子可以事先預知的！過程中可以明顯感受到祂滿滿的資源、愛與支持，只差祂的手不能自己打字而已。

只是一旦校稿的工作啟動後，我大腦的慣性意識莫名其妙地變得嚴苛，不見得是文字有問題，很多時候是**心性**當機，導致自己常常重複跳針，卡在同一段。最嚇人的是，校稿時還一直跟原稿有「巧合性」的相似故事「同步」上演，邊發生邊讓我不可思議地對著這些巧合事件翻白眼（比如說我校稿到誰，那個人縱使已經消失好一段時間，卻會突然無預警地「巧合」出現；校稿到什麼慘事，我太入戲了，結果差不多的慘事也「同步」出現，考驗我能不能用「不同」的心性應對，證明自己已經習得跳脫的方法……）。後來總共歷時十二個月以上的校稿，過程中不停地拆解、重塑我的人格，也不停地在心性上深度「清創」。我已經無法確定我總共校幾次稿，至少細看六、七次以上，在這期間，真的很像二〇一七年的韓國電影《與神同行》，只是我被審判得更久，更多世，完全難以計算的「世紀大審判」！

後來才理解，初稿中早已經暗藏無數人性與神性的考題，全都埋伏等著考驗我的心性以及矯正我更深層的盲點（第一次知道神會「暗算」一個人）！在校稿的時候，我自動進入十面埋伏的「考場」中，問題不見得是出在文字通不通順上，這就像女演員拍片時的狀況，在第一次拍攝中便順暢地念出基本台詞不見得是難事，但等到她開始檢查螢幕影像時，便覺得服裝、道具、角度、動作、聲調、表情……等等，「好像應該」要怎麼修，才可以「更精準完美詮釋」！結果我發現，我是個不折不扣的修改狂，也絕對是個不能輕易放過自己盲點的女演員，這下子，我啟動了「重拍」再「重拍」的雕琢過程！

對我而言，詮釋台詞一定要放入自己都能理解的認知及認同的真實情感，在這一齣對神也要交待的戲中，我能把握的就是說出讓我完全信服及符合事實真相的言詞。檢視螢幕影像的過程中，一旦我覺得怪，卻又不知道如何用「最完美」的方式來詮釋整體時，通常腦子就會老實地卡在那個螢幕環結中，擠不出新的潤飾方法。我理解到，當我一直當機或一直修改，必然在對應我**某些未清理的盲點**，**也可能是我還沒過這一關心性的挑戰**。很多時候，那段內容只能先擱在一旁，透過日後不同的經驗幫我重新獲得解讀、審核、省思的機會。很多經得起時間及情境考驗的「真實認知」或「真實面」，是日後才能知道要如何完整詮釋它的，所以耗時是應該的。

校稿的過程走走停停，有時候我天天修，有時候會擱在一邊，有時候甚至一個多月都停滯在原地，一動也不動（但「同步」的巧合事件仍在生活中持續上演）；我覺得我真的有一個監工的神在上頭盯著我，祂不是不會催，祂曾請靈通的寶治老師在我停工近一個月時，突然對我說：「請把書完成！」害我差點把含在口中的水噴出來，可是當時我仍在放暑假，心很鬆散，所以我並沒有認真理會神透過寶治老師代傳的話；後來，再過一、兩週，就在我前往上班的路途中，我的腦子突然浮現一個聲音：「妳再不完成，我們要把想法給別人了！」這下子不得了，我突然嚇醒！因為我那陣子剛好聽過一個靈媒的故事，她就是拖拖拉拉不積極完成書，然後另一個完全不知道她在寫書的靈媒，竟然出版了跟她腦中想法幾乎一模一樣的書！神應該覺得我耍賴的程度太過分了，需要被小小恐嚇一下，否則我就跟沒信用的道路施工者一樣，離完工的日子遙遙無期，連我自己都覺得我想當考古學家，數百年後再讓這本書出土算了。人性太麻煩，當我被清創到沒力氣時就是想休息，這哪是我能預料到的耗時歷程！後來，我應該是清創到疲累、疲累又演變成只想耍賴的程度，那一陣子常存著「完全不想管」這本書的念頭；神應該是看得懂「清創下的疲累」跟「耍賴」是不同的表現，所以對一個「明明可為卻又不為」的「人」還是只能存著有限度的耐心，也要給予適時的鞭策，否則我這個「人」搭不上「天時」的出版時間。

從前世回溯中看見出生前的靈魂發展計畫

從「奇蹟」或「巧合」中，我開始感受**時間點不見得是線性的**，可能真的像愛因斯坦及一些科學家所說的，會是**多重時空重疊在一起（也類似平行時空的概念）**，**我們可能先看到因才看到果，也可能先看到果再看到因！**實務上，最常發生的例子，是我們在催眠狀態中所遇到的時間性質：今天所看到的前世回溯畫面，不一定都是發生在事件前端的「因」；有時候，在幾個月、幾年後才看到的畫面反而才會是「因」。因為當我們尚未消融最外層蓋住的灰塵泥巴時（例如：心性執念、與冤親債主的關係），不容易看到內層靈魂計畫的真實面。**前世回溯的畫面出場順序，多半是依照靈魂計畫所安排的**，或許我們今天看時以為自己是哭個半死的「受害者」，下次再看，有可能會看到拼圖的另一塊，發現自己才是讓別人哭個半死的人，是種下因果的「加害者」。但下次再看，又發現自己在靈魂源頭被害無數次，後來嘗試在下游反撲幾次，但問題沒有得到解決，反而變得沒完沒了，冤冤相報的執念反而使彼此累世不分離——如何跳脫這業力便是今生要學得的功課。

靈魂，有著出生前的發展計畫。從前世回溯中可以看到**更深廣的藍圖**。

我愈是寫書、研究前世回溯，愈是體驗、領悟到：除了「奇蹟」與「巧合」之外，人與神真的會

共構**「靈魂計畫」**——每個人都有一本規劃得極為精密而且完美的天書，描述的不見得是「一輩子」的事，而是**「生生世世」**的事。難怪有本已經出版的書，翻譯成《靈魂的出生前計畫：你與生命最勇敢的約定》（Your Soul's Gift：The Healing Power of Life You Planned Before You Were Born）。

我在研究個案或我自己的前世回溯內容時，因為時間拉長到好幾輩子，至少有數百、數千年來的靈魂轉世故事可以做比對，一切不再是「夏蟬不可語冰」！不再限定於一世的討論，每個人每一次的出生，跟靈魂計畫要做什麼、改變什麼，都百分之百相關。原來、**前世回溯的終極目的，是在洞察、解析我們生生世世暗藏的靈魂計畫**。

當我思索個案或自己的前世故事時，不只全身常常起雞皮疙瘩、內心還會不由自主地波濤洶湧，連肚子都會反射性地翻攪，因為在生命的各個時間、轉折、角落中有太多不可思議的「巧合」震撼著！在數不清的訝異裡，我不得不承認：一切都依循著靈魂的發展計畫在發生。基本上，事件的先後順序早設定好了，該有的情境因素也都在我們不知不覺中悄悄參與了。雖然我們人腦的小腦袋瓜常常想不到、看不到、猜不透，但我們的高層靈魂、指導老師、神，都站在較高的角度上，一直潛移默化影響我們，並幫助我們完成這些功課跟任務；神總是看得到、聽得到、也做得到，但很多時候祂不做過多的干涉，讓該發生的事情發生，祂完全知道人有人性的抗拒及步調；祂知道奇蹟會讓人快速到達彩虹另一端的經驗，在生命中留下深刻的印象，但祂也知道繞彎、延宕、衝擊、障礙，更能讓人爆發自己的潛力，有時辛苦掙扎來的生命教導反而最深耕踏實，也是對我們靈魂「最好的學習」安排。縱使有些過程讓我們真的極度痛苦也極度挫折，但當我們痛過、走過、再回頭省思時，通常會知道「一切的安排都是有道理的」，都是從生命藍圖的整體角度幫我們做意識轉換跟揚升。

在上一章節，我曾提到我在繕寫初稿時，並不知道神已經偷偷地設下「暗算」的考題，是校稿時才發現字句裡面暗藏無數的關卡要面對，後來，更看見一層層的蛻變中暗藏我出生前的靈魂發展計畫。我不是個擅長將內容下標題的人，一開始常常是無標題的狀態，順著感覺自動書寫，一直到寫完了才回頭依內容主述來下標題。我寫書最初設定的目標沒有很大，只是想分享一些神奇的心理根治現象。所以在校稿審核時我自己也嚇到：「這本書後來怎麼會演變成這樣？」以前不懂佛學的我，終於逐漸明白，過程中很像佛學裡的「順流」，也像「空裡面最大」的概念，「空」代表的是「無限」。這也符合我們後現代心理學中所說的「無限可能」，在沒有限制中，有無限的可能。這讓我欣喜了，原來，我的心性中有一些「空」的慧根，可能來自某世的修行，然後這種概念一直影響我做心理治療的態度，一開始不會鎖死方向，通常只有在河流的下一個彎才知道河流接下來要往那邊跑。這就像我們在心理諮商室中，一開始要做離婚協議的夫妻到後來不一定會離；宅在家的小孩其實是希望父母長大……

我不是一下子就領悟出神要表達的是什麼，不了解就不了解，放輕鬆看它怎麼醞釀鋪陳就好；從經驗中我知道，很多時候在當下極度認真是看不到答案的，然而後來終究會理解的，不用太強求頓悟、領悟的時刻timing一定要在「我要」的這個時刻發生。後來我分析拆解看到的是，在祂的時空中，

時間是重疊的，我們有可能抓到其中一個空間的事實，但我們不見得準備好要看全貌，所以當下只能看到某片段的事實；單獨看這片段事實是有盲點的，所以有可能要等到我們在另一時刻覺知其他空間的事實後，所知所見才更符合整體的現實（我知道這幾句太「形而上學」〔metaphysics〕了，太超越物質上我們能夠理解的程度）。用白話來說，**在同一個時間下，可能有平行的時空，就像我們在前世回溯的原理一樣，這個人同時處在現代也處在前世的某一輩子**。然後擅長運用時空原理的人就知道，一個人以前的苦會影響現在的種種生活面相，然後現在的我們，可以回溯至以前的情境中解脫兒時或前世的苦，這就是從現在影響過去，也可從這世影響前世。重點是，**深入處理之前的業力（重點擺在情緒解脫），就會影響現在的業力狀況；深入處理現在的業力（重點也是擺在情緒解脫），也會影響以前及未來的業力**。業力這東西真的很形而上學。基本上，我們不是在改變宇宙的歷史，我們不能，除了「做不到」的理由之外，更因為宇宙間必須要有個定律才不會大亂；但我們**可以改變各個時間點的業力，面對事件的角度不同了（對那事件的情緒、想法、反應），讓我們受苦的心境解脫了，這事件對我們的影響便不同了**。業力改變的竅門是：已經發生的歷史基本上不會變，但我們可以在腦中、心中做無限的時空**改編**（書的後段會做很多真實示範解說），讓情緒、想法、反應不再重複跳針在限定的畫面中。

電影《阿凡達》也可以稍微解說時空重疊的現象，男主角在機器的輔助下，進入另一個想像中的平行時空。在現實中，他下半身原本是不能動的，但在想像的畫面中可以是擁有「健康」身體的，可以嘗試很多新的人事物冒險，可以少了執著、恐懼，多了創新、學習跟挑戰。在一個時空中變得勇敢、活潑，在另一個時空中也會如此改善。很多時候前世回溯也是像這樣，在腦中做修復的功，讓兩個時空彼此影響。

在身心靈修復中，靈魂是可以修變計畫的！最怕的是我們誤會「慣性跳針」為天意或天時，自設藉口讓自己不用改變！

我們做心理治療中有一個叫做動眼減敏感法（EMDR）的技巧，通常我將它融合在催眠技巧中做深度創傷處理，一樣的時空重疊原則，歷史仍合理存在，但在EMDR中很多畫面跟情緒可能都在腦中一直洗刷、消融、改編，進而影響我們在認知上看待這原始事件的角度，對它的情感反應也會因角度的不同而不同，最重要的是，負面的感覺反應降低了，原始事件的負面衝擊也相對減少了。

基本上，出生前的靈魂發展計畫不是歸類在一蹴而就、一看就懂的速食產業中。從多世的回溯中勢必有更大的樣本採集及驗證，但不一定要做前世回溯才看得懂這計畫，說穿了，用心理分析來拆解這一輩子其實就可窺見一二，畢竟對一般人來說，覺知今生的某些議題，便可能跳脫一些反覆深陷的泥沼**（畢竟這輩子真的是多世的濃縮版）**。只是，我們一**定要對自己很老實，要用「不自欺欺人」的真誠去剖析這一輩子，從中才能知道靈魂有什麼功課及計畫**。一般人從此生就可以得到很多需要的資訊，當我們知道自己出生前的靈魂發展計畫是在提升、調整自己，就比較不會亂搞現在的人生，比較不會亂抱怨眼前的人事物，也比較不會錯置自己在不符合靈魂需求的路線上。

心理治療中，治療師不會是百分之一百的介入，在調整干涉上仍是有個尺度的，我們會留大部分的自主權給個案。其實神跟我們的關係也是如此，在靈魂的發展計畫中，祂不會做百分之一百的介入。調整干涉仍是有個尺度的。這就像我們在粗淺的「諮商輔導課程101」中所教的，「給一個人魚吃，不如教他如何去釣魚。」出生前的靈魂發展計畫也是這樣的概念，在學會釣魚前我們有一段摸索期，釣不到魚的時候會餓、會生氣、會懷疑這裡有沒有魚、會想依賴別人釣魚給他吃……但，說來說去，一個人的延宕跟自己最有關，一個人最深層的改變也跟睡覺、吃飯、洗澡、上廁所一樣，都要靠自己。神希望我們跟真理、勇敢、智慧同在，但也不排除試誤學習中的力量，每一個人都要學習為自己絕對的負責任。

接下來要走案例的方式，但若是要在書裡面提出案例，其實是必須要保護個案隱私，「絕對」要改編匿名的，這是我們醫療倫理上的基本原則。匿名及改編是有很多層次的，比如說男生改成女生，三十三歲改成二十九歲，海邊改成山上，紐西蘭改成美國……以我呈現的方式來說，我通常是綜合十幾個案例才改編出一個故事來，在十幾個案例中其實有個共同的主軸核心及架構，沒有走味，只是有很高的隱私性考量（改編後當然在現實中不會看到一模一樣的人物，若有，真的是巧合）。但改編後的故事往往少了一個直接的震撼力，若以勵志力來說，也不像真實版的貼近心與腦。

我不知道你們愛不愛看真實的故事？但我的直覺答案是：「愛看」！在人性上大部分的人會對他人隱私好奇，所以我的直覺讓我選擇在這本書中大方地自我揭露，寫出完全真實的發展過程，不添油加醋，也不做任何匿名改編，不做任何隱藏，不說任何假話——「我」可以讓自己是個帶大家跑的「工具」，所以你們接下來會遇到的是「前世今生的心理師」。

我知道我們很難教一個人在抗拒時，去接受一個陌生的事實，我們都有人性的顧忌，比較簡單的方法就是讓曾經也很抗拒、鐵齒的我，分享井中青蛙的心路歷程，任何人性弱點、迷惘、挫敗及我都會如實如是說出來；然後再說出那些完全抗拒不了的神祕驚喜，及近乎奇蹟般的改造經驗，同時再示範介紹成功的豐收及利益，當然還要說出殘留的未知功課……或許這樣走來，在旁邊看的人比較容易接受自己人性中的各種特質以及對奇蹟的期待。人性是很有意思的，聽別人說：「不要怕、相信我」不見得是有用的引導台詞，有時反而造成事倍功半的效果；但假如我們是陪伴對方走進迷惘及抗拒中（這是心理治療中「融入（joining）」的技巧），反而可以一起看見生命的另一個轉折方向。生命中可能真的有個出生前的靈魂發展計畫，我們可能真的有神性，神也可能真的在我們身邊，但我們並不適合一直用改編的故事來說服人性中不相信的「抗拒」。或許最好的方式是讓「真人實事」，直接跟你述說人性跟神性中的發展故事，可以允許這樣嗎？

專業心理治療的科學訓練是我的背景，在「真人實事」的故事發展下，我會盡到嚴格把關的義務。校稿時我來回不停地審核、評量跟拿捏，我清楚知道有一些不能用科學做解釋的「靈魂對話」及「神話」，這些真的很難讓人置信，所以我極力剔除任何「個人小我的投射」，以及任何「怪力亂神」的說詞。我從諮商治療的實務中，知道很多神話不能直接說，但我所要寫出的訊息可能是很多人想要知道，卻不得其門而入的，畢竟神與人的世界是很多人不見得能直接窺探並體驗到的。印度尊者巴觀說：「**奇蹟並不違反自然法則，只是遵循更高的法則。**」窺看了解更高的法則，其實也是人性自然存在的一個區塊。

或許，我們可以先用較有科學手法的前世回溯來說一些「靈魂」上的議題，循序漸進較能夠幫助大家了解。我會藉助一位跟科學有高度相關的大師級人物來當靠山，他就是我的催眠啟蒙恩師史德奈．羅森醫師（Dr. Sidney Rosen）（註1）。羅森醫師是一位在醫療界深具影響性地位的人物，有著屹立不搖的重量，在紐約艾瑞克森催眠心理治療學會中是靈魂長老，或許由他來幫我說出「靈魂」的多世存在性，更能夠穩住我們懷疑的心。

在羅森醫師充沛科學背景之下，我會分享我被他催眠的真實故事，從中大家多少可窺探那些埋在「靈魂」中，終於可以出土的議題會是什麼。前世回溯能夠拉大線性時間上的驗證樣本，故事增廣至上百年、上千年，前因後果逐漸變成了一種邏輯，重複出現在多世的靈魂業力中。抽絲剝繭前世到

註1：羅森醫師Dr. Sidney Rosen一向是我崇拜並感謝的恩師，他在NYSEPH是核心靈魂人物，是我在催眠心理治療上啟蒙並開竅的關鍵，也是讓我能跟國際級催眠心理治療大師米爾頓．艾瑞克森（Milton H. Erickson，一九〇一～一九八〇）最近距離學習的人。羅森的手法跟艾瑞克森最像，所以他才會被艾瑞克森欽點去繕寫最能傳達出艾瑞克森治療神韻的故事《催眠之聲伴隨你》（My Voice Will Go With You）（我很榮幸在《催眠之聲伴隨你》這本書改版時，應生命潛能出版社邀請寫序，並參與紫色的封面設計，微薄地盡一份羅森醫師學生的感激心意）。

現在的故事，就像心理學在做縱貫性研究一樣，在因果循環的邏輯中，鑲嵌著不可思議的靈魂發展安排。

以下我們一起進入像電影一樣的片段故事，有興趣的人可以儘量動腦做前因後果的分析，儘量往深度看，從洞悉中，很可能你會漸漸地跟著我看到一堆巧妙契合的生命故事，漸漸地覺得「奇蹟」與「巧合」若可以發生在身邊的一個心理師身上，也可能時時刻刻會發生在自己身上。我希望的是，大家在自己的生命故事中，也有著靈魂自然法則與更高法則的火花。每一輩子都是一門靈魂功課，輪迴轉世帶有業力上的教育性質，出生前的靈魂計畫是在幫一個人規畫不同的人生及成為更好的人。

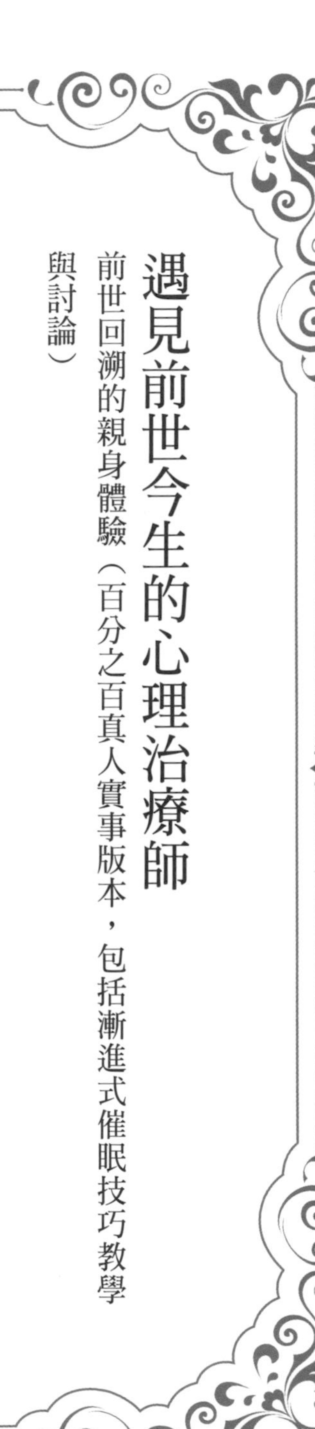

遇見前世今生的心理治療師

前世回溯的親身體驗（百分之百真人實事版本，包括漸進式催眠技巧教學與討論）

倘若你喜歡看的是沒改編匿名過的百分之百真人實事版本，接下來可能會立刻滿足你的需要，因為這是我的自我揭露，完全不做任何改編匿名。

想了解或學習前世回溯細節的人，這章也是**教學篇**，教導一部分催眠技巧，也解釋催眠專有名詞，讓大家一步一步了解治療師是怎麼進行前世催眠的。當然這章節只是基本款的版本，催眠還有其他千百萬種方式。

在接下來的章節要分享的是：二〇〇一年，生平**第一次的前世回溯經驗**。這是我這輩子最珍貴的靈性啟蒙經驗「之一」（只能講「之一」，因為書的中段是另一次也是另一層次的啟蒙經驗）。另外，會附述在那經驗之後，在生活中我不停遇到的一些驗證，以及其他自我前世回溯的經驗。

I 潛意識的引導

以下這幾段內容分享的是我前世回溯的經驗及討論，是由紐約知名催眠心理治療大師羅森醫師親自操作，內容保證完全屬實，有錄音檔陳述做證。一小時中，我看到的是四輩子的前世回溯，接下來提供大家參考（註1）。

我遇到羅森醫師是在二〇〇一年，他跟活躍在六、七〇年代的艾瑞克森很像，本身並不熱衷將前世回溯放在治療中。以羅森醫師而言，他平時不太將個案催眠至前世，大多協助個案在今生就好好面對問題，他覺得努力處理解決這輩子的事就是重要課題。我在往後的臨床經驗累積中，也證實這輩子真的就是多個輩子的濃縮版。所以有一部分的我也很認同羅森當年的論點，光是針對這輩子的事就可以做很多突破了。

註1：其實，這章節的內容是在二〇一一年就寫好的，本來應該在上一本書《遇見紐約色彩的心理治療督導》中出版，但因為上一本書的原稿已太厚（若沒刪掉，我那本書還要再多厚個半本！會從四百多頁變成六百多頁），所以當時在編輯過程中，出版社跟我都做了很煎熬的決定，必須有所取捨地先刪掉一些內容，暫時擱在一旁以後再說。剛好刪掉的就是這一章節。只是這一擱也擱太久了，竟然擱了七年！真的很有趣，原來這一大段是在「等」這本書！這也是個「巧合」，內容反而跟這本書的主題相互呼應，放在這本書中才真正的適合。或許，這跟伴侶關係一樣，最先遇到的人不見得會是你的結婚對象，先寫好的東西，不一定會先出版，一直要等到配對成功、時機對了才會結婚。

當時羅森醫師會答應幫我做前世回溯，其實是因為他在臨床上的確有數不清的個案在催眠中會跑去前世內容，很多時候不是刻意引導的，是自動發生的。我們一百個小時的長期訓練中，課程中壓軸的重頭戲就是他親自教授的前世回溯。在紐約跟他學催眠的東方人不多，年紀小於三十的學生也不多（我的同學年紀都比我大許多），羅森醫師他本身是個對新鮮事物好奇的寶寶，所以他很感興趣為何一個黑瞳孔的東方小女生這麼喜歡催眠？而且還特別投入前世回溯的領域？他很想了解我潛意識的腦子中到底裝了什麼「老」東西？他好奇為何我在參選NYSEPH學生徵試時，眼睛這麼發亮？他好奇我為何會來到紐約？，他好奇為何我的靈魂味道跟一般東方人不一樣？他好奇為何我這麼沒背景也可以闖盪紐約上下各階層？他好奇我的個性跟我學業、職業有何關連……好多、好多的「好奇」（英文的表現方式是“I am curious...”“I am wondering...”），這些「好奇」，通常是我們讓心理治療有動力、有火花、彼此建立連結的要素之一。

現在稍微教學一下，假如你剛好是學催眠的學生，假如你把剛剛描述的一些「好奇」放慢速度，慢慢對我念，你就會像羅森醫師一樣，老早在NYSEPH徵選學生時把我給催眠了，因為這就像「鏡子」一樣抓到一個人的味道，反射出一個人的基本狀況，然後當你每講一次對我的「好奇」，我便會因為你好奇我而進入更深層的催眠狀況……所以每一個「好奇」都是在做**人際連結**，也都是在做**關係邀請**，這也是基本的催眠用語。

現在讓我們一塊回到那個催眠的時空……二〇〇一年三月七號晚上，羅森醫師只是一如平常接收個案的慣例，先把我從診間的集合等候處（位於紐約上東區〔Upper East Side〕，這是三、四個醫師診療所的共同候診區），引進他昏黃老舊的工作室裡（這裡同時也是我們在NYSEPH學催眠心理治療課的地點之一）。他請我坐在他那老舊又破損的深色真皮沙發上，在觸感上，這真皮沙發明顯脫皮掉屑，有不少凹陷；而且連空氣中都帶有舊書、舊家具的味道。在紐約我所見過的治療工作室大多是如此，那些較有聲名的大師工作室都是有些歷史痕跡的，老老舊舊的裝潢算是歷史見證他們數十年不敗的功蹟。

羅森醫師很熟練地準備好錄音器材，不要太訝異，那年代是用錄音帶（他的錄音機一樣是古董，甚至比我當年用的還要老十幾年的機器，我感覺這都是時間倒轉的間接暗示）。他請我在衣服上掛好麥克風收音，一個小時的回溯都會被錄在一捲卡式錄音帶中。錄音帶最後會交給我，上面還有他親手簽名並註記的日期。後來，這是一卷我這輩子極度珍藏的歷史見證。

等一切就序後，他要求我「從頭到尾務必用英文」跟他溝通，不可以用中文，要不然他會聽不懂（註2）。這倒蠻有道理的，因為光是我這輩子的中文他都聽不懂了，誰知道前世的我是說什麼語言？所

註2：後來我幫個案做前世回溯累積到一個足夠的量後，從經驗發現到的是：並不見得一定要講這一句「語言限定」的話，因為不論是在美國或是在台灣，我的個案通常是用我聽得懂的語言，尚未失誤過。若個案真的在當下講了我聽不懂的話，也沒什好慌的，只要請個案摘要式地翻譯給我聽，或在那個時刻起改講我聽得懂的語言就好了，通常個案都會願意，因為當下他唯一一個能溝通的人就是治療師。

以先設定好「兩人都通的語言」是必要條件，是兩人連繫的關鍵。當下，我的意識很快地同意跟他用英文溝通合作。

有意思的是，羅森醫師他還準備「第二備用語言」，他要我用「身體訊號溝通」（ideomotor signals）的方式跟他溝通。這是為了避免我在某些情況下不想說話時仍然可用身體的某部分回答（註3）。

什麼是「身體訊號溝通」？簡單地說，就是利用身體某部分的明顯反應動作，來跟醫師做非語言下的溝通。在此，他建議使用的身體溝通訊號是用雙手的大拇指。我只要翹起任一隻大拇指即可。他了解我是右撇子，所以由我選擇讓慣用手的右手拇指翹起代表「是」，左手拇指翹起代表「否」。兩手都翹代表「不知道」。

羅森醫師解釋說，因為催眠師是看不到個案腦中的畫面（註4），所以假如個案不說話，催眠師雖然可藉一些臉部外顯的喜怒哀樂、眼球的顫動及轉動、呼吸時胸腔的起伏大小及快慢、肌肉緊張度、汗

註3：我在寫書時發現羅森老師其實是在秀他的多重功夫，因為不用這第二備用語言也行。只要跟個案建立好關係，給一點等待時間，只是晚一點，個案還是會說的。縱使個案在畫面中的當時是極危急的狀況，比如說上吊、溺水、斷頭、中箭、被掐脖子、滿天火山灰等等，都會阻止呼吸或說話的狀態，過一陣子，畫面還是會變，然後變了又可說了。

註4：一般來說治療師是看不到畫面的，但有開發第三眼、頂輪，有強烈靈性感應的治療師多多少少可以看到或感受到畫面的。這也是我一直在開發進行的方向。

流量、手指動態、吞咽、皺眉、挑眉、憋氣、流淚、咬嘴唇、皺鼻等等一些肢體語言，來推測個案目前的大概狀況，好奇心強的催眠治療師，仍會希望個案能夠把腦中狀況描述得清楚些，才更能讓催眠師更跟得上個案，跟個案有更同步的交流，判斷處理當下的狀況，同時也知道下一步要往那裡走。羅森醫師當時教我的「身體訊號溝通」便是一種方便有效的非語言溝通方式。

當然，羅森醫師所問的問題必須是「封閉式問句」，也就是能讓我簡單選擇舉「是」或「否」的拇指來代表問題的回答（舉例說明，什麼是封閉式問句——催眠師必須問：「妳穿的是紅色衣服嗎？」而不是問：「妳是穿紅色還是黑色衣服？」「你是在戶外嗎？」而不是問：「你人在哪？」「你現在是年輕人嗎？」而不是問：「你現在幾歲呢？」）。

之後，羅森醫師採取「漸進式」的方式暖身，在我坐得放鬆之餘，他引導性地說了幾個「全是問句」（Yes Set Questions），外加幾個「身體訊號溝通」讓我繼續進入更深層的催眠狀態（註5），當他發現我已逐漸加速眨眼皮，眼皮跟身體也逐漸沉重，到了一個催眠的恍神程度時，羅森醫師建議「**我可**

註5：補充說明一下何謂「全是問句」（Yes Set Questions）跟身體訊號溝通的結合。它通常是一連串讓個案會回答「是」的問句。例如，羅森醫師問說：「妳是女生？」本來用口語回應就好，但是因為有外加以「身體訊號溝通」，我便會舉右手大拇指回答：「是Yes」。他又再問：「妳是坐在沙發上？」我也會回答：「是Yes」。「妳的手放在膝蓋上？」當然我也會回答：「是Yes」。「妳想要被催眠？」我也會回答：「是Yes」。「妳想要進入更深層的催眠狀況？」當然，我也會說：「是Yes」。基本上，就是催眠師問我一連串讓我「絕對」會回答「是Yes」的問題。

以」在「**我想要**」的時候閉上雙眼，我自己也「**選擇**」安逸不抵抗地閉上沉重眼皮，但眼皮仍會不停地動（就像我們做夢時的快速動眼期（Rapid Eye Movement），但每個人動眼的大小多寡及頻率程度不一，眼皮若沒顫動並不代表沒在催眠狀態中。除了因人而異，更因為很多時候我們做催眠是在睜眼的狀態下）。他讓我「**確定**我不只是**想**進入催眠，而『**更是想**』進入『**更深層**』的催眠狀態」。

一連串的YES問句，會幫助我們**確定**自己不只是想進入催眠，而是「**『更想』……進入『更深層』的催眠狀態**」。這跟我們同意時點頭一樣，點愈多頭，我們愈容易接受對方，我們通常較能**接受自己**同意下的引導，然後也希望治療師不要再賣關子，直接切入主題。

接著，羅森醫師從當時的年月日（二〇〇一年三月七號晚上），逐步降低我的年齡，當我降到十八歲以下時，他要我去看我的學校，我自然而然地**自己**跑到小學階段，那時我看到的是小學中年級的我，穿著民國六十幾年時規定穿的藍裙白衣制服，短髮，在縣政府領模範生獎（我平時根本不會想到這片段，完全忘了有這回事）。之後羅森醫師要我降到年紀更小的時候，我看到四歲時的我，在小時候的舊家，站在二樓樓梯上正要走下來。但家中沒有其他人，很空，很靜……我原本興奮的心隨著這畫面瞬間盪到谷底，開始有了四歲小孩孤單的感受。其實這是我小時候常常經歷的熟悉場景，當然，在這種情境下，孤單的感覺會被勾起來。我童年有很長的一段時間家中老是空蕩蕩地沒有人。四歲，很巧地，是我開始過著鑰匙兒的孤單階段。所謂的「鑰匙兒」，意思就是回到家中沒有人會應門，爸媽都在工作，小朋友自己要拿鑰匙幫自己開門。對於一個幼稚園、國小階段的我，心中常有的感覺便是寂寞、冷清、孤單。但小時候都不會說，也不懂得說。

我並不知道我對這畫面有特殊的情結，我也沒有強求我的潛意識要讓這段記憶及感覺浮出，它是自然而然自己跑出來的！就因為來得很自然，所以我腦中浮出的是困惑，想的是：「為什麼會是這畫面？」當我繼續往下看時，潛意識有它自動導行系統的功能，開始帶我去看當下我應該看到的。

羅森醫師接著帶我再降到更小的年紀，小到只是個在黑暗子宮中的胚胎，然後又很快地進入更之前的時間，突然變成一片空白。空白之中，我覺得自己像在雲中輕飄，有霧霧淡淡的光暈在雲周圍，有藍藍的天空，感覺很舒服（先澄清一件事，不是每個人都能想像自己在子宮中，也不是每個人都應該在離開子宮後就轉成天空白雲的，若沒看到這些畫面的人絕對不用掛念，因為催眠狀態都是因人而異，時空大不同）。

之後他又帶領我想像眼前有台「時光機」在我面前，「上面有按鈕及顯示日期的螢幕」，然而，我抗拒了！因為面對任何高科技的東西，我在這輩子本來就有很多心理障礙（我連學習word系統來處理電腦打字都頗抗拒了），所以我愣在那，心裡帶著違逆想著一堆抗拒的台詞：「我不喜歡機器」、「很困惑、會怕、討厭」、「不太想用時光機」、「不確定應該要出現什麼形狀的機器？」、「不知道像小叮噹那樣子的對不對？」同時我也擔心羅森醫師不懂在日本、台灣流行的小叮噹，所以我想：「要是我的形式不對，不知道能不能回到過去……」（我們的腦子真的很有意思，也很忙，竟然可以在很短的時間內閃過無數念頭。）

可是，很奇妙的是，羅森醫師見我在皺眉，立刻鼓勵我：「**隨意**地去探索妳想要探索的時空！」（註6）就在這一句「隨意」的話之後，我也不管我想像的機器在功能、款式、形狀上到底對不對，眼前便**很隨意**地浮現一部比自動販賣機還要大的機器，**隨便**亂按了——「隨意」這兩個字可以解放被規矩束縛住的個案。

後來我跟羅森醫師討論時，他說他真的不知道什麼是小叮噹，但這真的沒關係，**每個人的時光機絕對會長得不一樣**，這純粹是個案**依自己的成長背景去做心理投射**而已，絕對不是依催眠師腦中出現的應有規格或版本。**個案若自己覺得該是那樣，就是那樣**。而我在催眠中的**不確定感，也很普遍**。因為通常這種**不確定感會發生在第一次被催眠的新手上，新手不知道什麼感覺才叫做被催眠，也不確定被深度催眠時自己可以有什麼樣的反應，通常這些懷疑的意識念頭會干擾、抑制畫面的出現**，所以一個催眠師是否資深及擅長變通在此便很重要。我們可以用駕駛訓練班的教練及學員的關係來做比喻，基本上，資深的教練經歷過較多的狀況，而「溫和有耐心」的教練比較容易將學員教上手，更能

註6：在催眠中的個案有時對一些字眼很敏銳，有時關鍵字沒出來解套，個案就不太會動（我發現愈拘謹的人愈在乎一些關鍵字）。針對那些本身很乖、又是在服從性高的家庭中長大的個案，他們會更需要一些字眼被引導去克服束縛。所以這也是為什麼催眠師需要受過嚴謹訓練才具資格幫人催眠的原因之一，因為催眠師感受性及變通性都要強，若不具第三眼，眼睛就必須不時盯著第一次被催眠的個案去解讀細微的身體語言，從中才能跟上個案目前發展到什麼程度了。

降低駕駛焦慮、協助新手上下坡、前進、後退、修正錯誤、改道、緊急轉彎、煞車或乾脆靜止休息。個案跟學開車的人一樣，本身的個性、動機、先前經驗等等皆會影響學習反應。菜鳥跟老鳥通常差別很大，**練習一定有練習的效果**，催眠老鳥自然會告訴自己「依隨己心」、「由自己決定」，不太依賴催眠師的推動，甚至老鳥會在深度催眠中，就跟催眠師主動討論起他在這輩子的遺憾是什麼？學到的功課又是什麼？甚至還會自己要求說要換看另一輩子了。基本上，老鳥知道**自己的「潛意識」才是導演，畫面的主控手**，不太需要催眠師鋪陳引導，甚至很多時候跑得比催眠師帶得快。

羅森醫師見我眉頭已不皺，有在挑動，眼珠有在轉，看來已適應得差不多，他便簡單地用一句開放性的指示語：「回到過去」（Go back to the past），我一直在期待這字句，立刻，我吸了一口氣自動地跳進一個黑暗的時光隧道去探索（有一些像小叮噹的時光隧道），後來不到一、兩秒的時間，眼前便輕鬆跳出一個前世畫面。

II 開啟時空膠囊

羅森醫師簡單地用一句開放性的指示語：「回到過去」，在我眼前突然跳出一個彩色的前世畫面，一切「復古」，我真的回到過去了！感覺上是十七、十八世紀的時期，我看到「我」是個女生，撐著白色蕾絲陽傘，在歐洲的一處海岸悠閒地看海；站在白色的石階上，背影，是一個充分享受陽光及海岸的舒適畫面（我這輩子也超級喜歡在海邊渡假）。焦點拉近臉孔，清楚地看見「我」是歐洲白種人，漂亮，年紀頂多二十初頭，長捲髮，臉長得跟現在當然不太一樣，但神韻相似，**可以很簡單地憑直覺知道**，那是我自己。

羅森醫師要我細看我穿著什麼樣的衣服，我一下子是在那個女生的身體裡，一下子又是旁觀者，可以自然地轉換視角，沒什麼順不順的顧慮（在催眠中，觀察的角度是可以變化的，有時候像是旁觀者在看整個電影的整體畫面，有時候又從「我」的角色看外面的世界，來回交錯。）（註1）

註1：在此一定要事先說明，不是每個個案都能如此自然地轉換視角，有的人可能從頭到尾都固定在同一個視野。雖然當時我是新手，跟羅森醫師也是第一次交手，但我的本質真的算是畫面轉換得很順的人，可能是我對前世今生的心理準備度算夠，所以才會有這種自然轉換的現象。基本上，大部分的新手個案在一開始看景象時會卡一段時間，然後大多從一個角度（自己或旁觀者）來看景象。練習久了、多了就會自己換著看了。

當我仔細看我全身時，看到我穿著一襲白色蕾絲的衣服，蓬裙，帽子，全部都製作地相當繁複精緻，我很喜歡那套衣服（我這輩子依然很喜歡那種款式的衣服）。羅森醫師要我四處看看有沒有其他人，我回頭一看，我看到我的老公及兩個才幾歲大的小孩，一男一女，他們都在我身後不遠處的大樹底下野餐嬉玩，那種感覺相當溫馨愉悅。我很直覺地知道那是在法國。羅森醫師問我那是何時？我腦中雖然有些怕錯，也覺自己可能會錯，卻開始有數字出現，當它停格時，我感覺是一七二〇年。（至於時間的準確度，綜合我許多個案的經驗，要能達到百分之百準確的機率真的不高，尤其是對於那些歷史不好的人，更是不容易精準。但，「六七」不離十，大概就是那個時期前後。在此我不能說八九不離十，因為「六七」不離十比較符合催眠下對時間認知的狀況）。

羅森醫師接著下指示語，請我往後跳幾年，去看看那輩子後來發生的事。當他一講完話，我眼前的畫面立刻轉換（再一次強調，我是個很容易進入深層催眠狀態的個案，也很容易被催眠師所引導；羅森醫師後來也這樣對我回饋，他覺得我是個「太簡單」就被深度催眠的個案，但不見得每個人都那麼容易立刻轉變到不同時空的畫面。一半以上的人在轉換時會卡卡的，需要一點時間調頻）。

但接下來所發生的事，連羅森醫師也被我嚇到了，因為頓時之間我感覺整個心臟強烈地糾結、像被刀割一樣地慘痛！我哭得淅瀝嘩啦，不只鼻子酸透了，鼻涕都哭出來（我這輩子還沒像這麼慘地哭過）。

我慘哭了一段時間才有辦法說話，羅森醫師遞了兩次衛生紙給我，他知道這時需要的是安靜地等，連第二備用語言都不需用到。我有接收衛生紙並擤掉一堆鼻涕，深度催眠中個案的手腳是可自由動作且不影響催眠的，手動其實就像眉頭肌肉在動而已。羅森醫師在旁只是靜靜地等我表達，等待是種催眠的藝術。當下不是我不講，而是情緒太激動時，沒辦法有理智將情緒轉換成文字來講（羅森醫師仍要等，畢竟他不是靈媒，我不講他是猜不到的）！

我看到的畫面真的慘爆了：是法國巴黎，豪宅室內，日落前後，氣氛充滿恐懼、哀傷，我癱坐在已經被破壞的房子二樓內側，淚如雨下，身旁站著兩、三個顫抖中的僕人，光線昏暗，但仍看得出歐式精緻華麗的裝潢；窗外一片火紅及轟隆轟隆的巨響，一群群粗暴的人不停地在窗外咆哮暴動，一波人群之後，還有另一群，不可勝數的人群，全都瘋狂、失去理智，他們在這一帶人家的房子到處猛丟火炬、亂丟石頭磚塊、洩憤式地瘋狂砸破門窗，甚至毫無禁忌地強行進入，破壞家具藝術品、搶奪珠寶及任何值錢的物品……我知道我們家不是遭遇劫難的第一家，也不是最後一家，並沒有因為特殊的罪行而遭如此對待，只是當時有錢變成極可怕的事，群眾掠奪、傷及無辜、殺紅了眼。我透過布滿淚水的眼睛，看見窗戶玻璃不斷被擊中、擊破，石頭在室內灑了一地，極度擔心從那已經破碎的窗口隨時會有火炬丟進……我知道生命超級不安全，我想我隨時會死，根本無法招架。

我一直覺得身軀被雷劈成多斷，這是種瀕臨全身撕裂般的強烈心痛，我感覺到我的老公及兩個小孩早已經在外面遇害喪命，我想出去找他們，但外面的暴動好可怕，出不去，連這房間門都出不去……破碎的家其實不算什麼，更嚴重的毀滅是頓時失去家人，我痛哭流涕地不敢相信這事情的發生，瘋狂地想找回我的家人，不願相信他們已經死了，那種痛是用錐心之痛也形容不了的！失去了我最親近、最愛的家人們，讓我悲慟不已！我在室內驚恐痛哭、無力無助，極度悲傷……我覺得「全世界只剩下我一個人」。

羅森醫師再度遞上一大疊面紙，讓我擦拭淹滿整個臉的眼淚跟鼻涕，他要我看看旁邊還有（剩）誰？我看到僕人中，有一個數十年來長期照顧我們家的中年褓姆，我直覺知道她是我這輩子的母親。羅森醫師看我哭得心臟都在絞痛，而且我已經喘不過氣來，他問我還想不想待在那時刻，我用力地搖頭，我再也不想待在那，他便立即帶我「跳到幾年後」。

頓時，時間一跳，畫面立刻轉變，我馬上可以呼吸！我大大吸了一口氣，剎那間冷靜了下來，但眼前這個靈魂似乎變得「太冷靜」了一些，她陌生到我銜接不來。我看到我雖然不再流淚，不再驚恐無助，但我的心很冷，很死。我看到我冷默又孤單地一個人僵站在偏遠郊區莊園的草地上，離莊園的屋子很遠，一直站著，一直站著，一直站著……一動也不動，天天都這樣。我的臉拉得很冷、很臭、很長，整個臉部、肩頸及脊椎的肌肉都繃得很緊，身穿著深色厚重的冬天衣服，冷風一直吹著，我感覺我似乎已經在那站了好幾個世紀之久。當時我的年紀不是很老，大概三、四十歲，但我看起來像八、九十歲一樣憔悴，因為我讓我的時間一直停在哀悼中，一直在服喪，我想讓我自己站到死掉，那輩子拒絕再有其他起伏的情緒。

我感覺到，非人生計畫中的失去先生及小孩的慘痛，讓我極度悲傷而且憤恨人群，我極度封閉，不想再接觸到任何人，決心要讓自己像是個僵冷的墓碑，當作自己已經死了。身邊雖然仍有先前的褓姆會陪伴（這是我這輩子的媽），遠遠地也可以見到一個熟悉的長工在整牧草（直覺告訴我那是我這輩子的爸爸），但也仍是極微少的接觸，我不跟人說話。

羅森醫師問我那是幾年？人在哪個郊區？仍是法國嗎？我感覺我很憤世地咬牙、全身僵硬地不想理他，當時我強烈拒絕去想、去回答！我把羅森醫師也當成外人。他請我走去最近的人家家裡，試著讓別人告訴我在那，當下我很不屑甚至生氣，我很不耐煩地說：「下一戶人家要搭馬車才有辦法到！」腦中還氣羅森醫師「白痴，竟然要我用走的！」（不好意思，言語不雅，但我當時腦中真的有罵白痴）這點真的很有意思，那一年代歐洲莊園與莊園的距離通常很遠，的確是需要用馬車才容易到下一戶人家。「那時的我」在交通的邏輯上明顯符合那一年代，然後跟「二十一世紀的我」的邏輯不同。而且「那時的我」跟「現代的我」態度也很不同！我一向尊重羅森醫師，可是一換化成那個僵硬、固執、冰凍心死的女人，卻不由自主地嚴苛、冷酷、罵人。至今我仍覺得自己好敢，竟然罵恩師羅森醫師！

Ⅲ 撫平時空傷痛

持續性的創傷，是腐蝕靈魂的負能量，不會自然消失，需要被撫平。

雖然大部分的人對非現代的時空好奇，卻不會想一直陷在那個傷痛漫延的時空中，尤其當那時空讓人並不快樂，大部分的人會想趕快解脫。這就像我們對黑暗的隧道好奇，卻不會想一直陷在隧道裡面一樣，我們並不會喜歡窮無止盡的未知。所以要帶大家繼續進入隧道前，會先在洞口這一端聲明：「這是個有出口的隧道」，依個人主觀而有或長、或短的感覺而已。所以請允許我暫時岔出來對法國這世做個簡單的討論，稍微讓大家知道岔出來的「出口」可以有哪些選擇及處理，在下一章節再繼續述說羅森醫師做的其他前世回溯內容（還有三世）。以下我們就先聽聽撫平法國這世傷痛的前奏曲是什麼。

童年經驗與前世經驗吻合

被羅森醫師催眠後，我發現我符合《前世今生》作者衛斯博士（Dr. Brian Weiss）的說法：**第一次前世回溯的內容容易跟今生早期（創傷）經驗相關**。孤單的法國女人前世，的確呼應了我今生孤單、焦慮的童年。基本上，今生早期經驗又會影響今生後來的發展，在時間上有個環環相扣、創傷漫延的影響。

我的童年、青少年時期常常是是充滿分離焦慮及孤寂的，常有著「全世界只剩下我一個人」的感覺，這跟我在法國那一世因哀傷而封閉的狀況相像。我最早的童年記憶是四歲，家中長期沒大人，我常一個人在家，一直到我離家上大學前有蠻長的一段時間我很不愛講話、很習慣自我封閉、容易低落感傷、不想跟任何人接觸、不想讓自己的心情有高處的起伏，只想冷冷地過日子——跟那法國女人是相像的。對我來說，有不少歷史上的心情在目前這世是明顯重演的，而這心境竟然和我這輩子小時候四歲時便出現的認知、情感議題相似，當然，我這輩子的分離焦慮遠不及在法國時的萬分之一。

孤寂封閉之下，我從小怕黑，也怕壞人，二十幾歲之前常怕夜晚到來後生命有危險，怕被害（縱使從來沒事）；喜歡漂亮衣服，但二十幾歲之後，在單獨出遠門的路上喜歡偽裝弄醜自己，到目的地才敢換上漂亮衣服，這一切是怕被搶（縱使二十幾歲的人身上沒有多少錢，也從來沒被搶過）。

其實，幼稚園時期，我便是個分離焦慮嚴重的小孩，我不喜歡離開家，家中縱使沒大人在，沒辦法自己弄東西吃，我也不想去學校；天天抗拒上娃娃車，總是哭著被逼去學校，四、五歲的我可以一下娃娃車便站到教室外沒有人的遠處空地，一個人，一言不發地一直站著，固執不進教室（原來我從小就在演法國女人的內心戲）。

童年時期，日落後，我也天天擔心我媽媽在工作時會遇害，怕她死掉（縱使從來沒事），她晚回家時，我會很害怕，邊擔心、邊祈禱她可以平安歸來；我會一直屏住呼吸、壓下心跳聲，一定要聽到大門被打開的聲音，確定媽媽回家了，我才能安心入睡。夜晚，對小孩子的我來說是辛苦難熬的。

莫名其妙的負面潛意識總是在生活中隱隱作祟。完全沒有符合現實中的道理，但潛意識裡清楚知道怪異的思維言行中有源頭、有起因，完全來自靈魂不知道如何放下的創傷記憶。

重複被勾起的哀傷

至於面對亂世、顛沛流離的心碎，其實都被隱藏在靈魂深處的記憶中，並沒忘掉。在二〇〇一年前世回溯之前，長久以來，我只要看到因為災難、戰亂而使親人或愛人流離的電影，就很容易心酸或痛哭。對於這種感覺，我本來一直無法解釋，可是在回溯法國這段之後我終於知道為什麼了。有意思的是，在理解歷史上自己曾有這麼一段傷心後，慢慢地，我再看到這種電影時較能有理智地勸自己不需心酸或痛哭。在初期的催眠學習中我學到：

1. 觀看相似情節的電影時，可以懂得用「旁觀觀眾」的心態，才不會那麼「個人化」地像自己在上演一樣。
2. 理解自己今生的情緒、個性原來是「未竟事務」，上輩子未處理完的情緒會殘留在「個性」的潛意識中，在這輩子還是要去處理的；若那輩子的心沒有機會學習開啟，這輩子就是個機會，要學會敞開心門。
3. 必須離開內心冰冷的景，冬天的命運就會有所改變。領悟二十一世紀的「這輩子」，「一直都

有機會」改變這種孤伶伶的狀況，只要我「選擇跳脫」就會有不同（這就像我在紐約孤伶伶單身十年後，終於選擇回台跟父母及其他親人拉進距離一樣。當我選擇跟父母團圓，當我在心境上選擇有親密感，結婚生子的機會才能發生）。

4. 靈魂在來生，冥冥之中會想要做一些大改變——法國那輩子創傷後的我選擇不跟人講話，結果這輩子的我在工作上竟然選擇跟一堆人講一堆話，還要做一堆演講、工作坊……

剛剛這四點，是我在初期的催眠學習中學到的，在邏輯上，有道理；實質上，處理得不夠深！你們可能有些訝異我怎麼會自己打自己臉，說自己「處理得不夠深？」其實就是因為在現實生活中，自己打自己臉的狀況真實發生過，因為很多議題不是卡在認知上的轉變，而是卡在靈魂「情緒」上的轉變。隨著日後催眠處理層次的成熟，後期的我有另一層面的領悟。

回到剛剛所說的四點，其實只有第四點完全有道理。你們相信嗎？請讓後來是催眠老鳥的我一點一點解釋為什麼情緒這關過不了：

1. 引導個案成為旁觀者站在旁邊看，其實只是暫時的降低焦慮，觀眾跟舞台雖然多了個安全距離，潛意識中的情緒戲劇卻仍然在眼前上演。
2. 未處理完的情緒，真的會殘留在「個性」的潛意識中。潛意識中的未竟事務要怎麼處理？心要怎麼開？這些都不是在認知上喊喊口號就能解決的事。
3. 人要怎麼走開？「做不同的心境、環境選擇」當然是必要的。**但身體骨髓裡的記憶沒變，不管**

人在地球的那一端，靈魂議題仍然如影隨形——我從紐約回台灣後，仍然有相似的事持續發生！

4. 這是真的，冥冥之中，神讓職業、工作來磨練我們心性，儲備靈魂去面對未竟事務！

基本上，靈魂議題會因為我們做了一些自欺欺人的暫緩動作而**暫時看起來有效，但是議題在換湯卻不換藥之下，仍然沒完沒了，因為仍然沒有根治**。靈魂很容易聽得出什麼是自欺欺人的說法，但它不見得當下就拆穿我們，它會給我們需要的蘊釀時間。沒道理的東西當下可能乍聽有道理，有道理的東西當下可能聽了沒道理，是因為時機尚未成熟，聽假話求安慰本來就是人的本性。這跟我們做諮商時治療師保守表達對熱戀男女的意見是一樣的；講真話，個案不見得在那時聽得進去，有時必須等個案準備好的時機才講（書的中後段會說出「準備好」的時機是在怎樣的機緣下發生）。

恐慌症代言潛意識中的創傷

為什麼我說以心理治療的層次（包括傳統前世回溯）很多時候只能做到治標，沒有治本？以下先補充寫出我在二〇一六年年初終於整理出的潛意識領悟，因為竟然巧合地都跟法國這世相關。當我再次遇到相似的情境，創傷、停滯和凍結的感覺就會被勾出，當一切都太類似時，我才知道法國留下的苦仍未了結。

我在二〇〇一年三月七日前世回溯時看到幾百年前法國的殘暴內容，二〇〇一年九月十一日我在紐約，恐怖攻擊發生了，我親眼看到雙子星大樓冒濃煙，那時我跟別人一樣，數天之內一直都不願承認大樓倒塌了，不能聞那燒焦的味道，不能接受街上一堆蠟燭、罹難者照片，不能接受一堆人逃難、回不了家、無辜喪命，不能相信雙子星原址變成像山一樣高的磚石巨坡，清除後卻呈現一個巨型凹洞……之後，我心臟開始出問題，常常心悸、胸悶、頭暈、沉重無力，我不敢相信我竟然開始有恐慌症！當時花了很長一段時間才知道我心臟不舒服的症狀不是器質性影響，而是叫做恐慌症，當時並不懂我在身體上用恐慌症表達我潛意識中受的傷害有多深，我並不知道法國的前世跟911的恐攻事件很像，但這竟然有了莫名其妙的自動連結，勾起我記憶中深藏內心的傷痛。就這麼「巧合」，在我做前世回溯的同一年發生911的恐攻事件（彼此相隔六個月），然後我的身體出現非語言的記憶訊息……

二〇〇五年十二月，我回台相親、戀愛、結婚、生子，在家人陪伴下安全感增加，與恐慌症更容易共存，後來已漸漸淡忘它，只當自己身體不太好，自律神經嚴重失調，只要人不要太累，壓力不要太大就不會是大問題。但二〇一四年八月一日高雄氣爆，我們家剛好住在氣爆區，無預警地，火光爆衝到我家二十二樓的窗外，整個社區四面連環爆炸、道路爆破、無法被控制的火燄四起，燃燒不停，燒焦的味道愈來愈濃，當晚忙著離家逃難，身上沒有任何值錢的東西，當天，恐慌症再次發作，好幾個星期裡，安眠藥鎮靜劑都壓不下驚恐，每天都撐到四點多才比較敢入睡（可能覺得今晚應該不用逃難了）；好不容易隨著時間的過去而淡化一些，二〇一五年十一月十三日，在電視上看到巴黎遭恐怖攻擊，一堆人在戲院無辜喪命，我的恐慌症又發作……二〇一六年二月六日，高雄美濃大地震，半夜四點，被可怕的震動及搖晃聲音震醒，我家的牆壁裂開好多縫，從電視看到台南維冠大樓像豆腐渣倒塌，一堆家破人亡、慘不忍睹的新聞，恐慌症再次發作……

終於，我理解到，只要符合以下五個相關狀況：（一）家（家鄉）；（二）建築物被攻擊損毀；（三）火；（四）爆破聲；（五）黑暗**人為**因素，就會勾起我在法國家破人亡、魂飛魄散的靈魂創傷記憶，並且是以恐慌症狀來表現。然後我逐漸明白靈魂在創傷記憶上設有「絕對」性的開關，**當一切構成條件符合**，**就會勾起靈魂上的未竟事務**。我做過比較，若有大水涉入的災難，或不屬於潛意識中定義的家（鄉），反而不容易進入深層潛意識去勾起我魂飛魄散的創傷記憶，比如說：泰國普吉島及日本的海嘯災難，雖然我跟大家一樣，都維持很長一段時間的難過糾結，但我的靈魂深處知道，在泰國或日本我都不曾有前世受苦的經驗，我不曾把它定義成「想拯救」、「想挽回」的家鄉，然後那些「火」有牽扯到水，屬天災，非人為，所以縱使建築物嚴重損毀、有爆破聲、我的靈魂卻不會被勾出身心極端崩潰的狀況。

當我自己有恐慌症，心理師的我當然會從這世的家庭環境、個人發展史，去分析理解症狀成因，但這些成因遠遠不及靈魂真實而深刻地告訴我：在細胞記憶中，恐慌症儲存了許多未竟事務的表徵。靈魂透過恐慌症狀，說出前世記憶中的創傷及需要被安撫的部分，我理解到**「安全」**對一個人靈魂上的重要性，在我恐慌症的多次發作之下，我可以先做的是理解並接受自己靈魂中的人性脆弱，這個痛的確是跟生命、死亡攸關交錯的一部分。我害怕、痛苦、顫抖、焦慮糾結、無法睡、無法呼吸、覺得我快要死了，原來都跟我「抗拒接受」那些可怕的事實有關，因為我「怕」的都是人為黑暗的迫害，「沒有安全感」跟潛意識中深埋的恐懼有關，也跟我的恐慌症劃成等號。

「安全」不是一個很容易說到就做到的事。在這本書的中段你們即將會看到處理的層次竟然是一層又一層，一世又一世，有時根本是沒完沒了，都在處理靈魂深層的安全感，因為「安全」還牽扯到脈絡中其他人的很多因素。看完這本書，你們一定不會再相信「建立安全感」這句話可以簡單做到，醫生或心理師若再跟你建議說要「建立安全感」，你一定要認真合理的知道這絕對不是簡單的事──「自己」要負起超多的責任，努力調整「自己」才能澈底改變。

靈魂重逢

衛斯博士在書中提出不少靈魂會再重逢、模式會再重複的案例及說法，在我的體驗中也被驗證，然後這跟「安全」跟「不安全」的重逢有關。以下要提及人與人之間的重逢及模式，有好的重逢，也有不好的重逢，若跟其他人有著正向的互動可能是在前世便有相似模式，負向互動也可能是在前世有相似模式。不好的事有餘波，好的事也有餘波。好的、壞的，都有重複的可能。好的模式會讓人覺得安全，不好的模式會讓人覺得危險。我在幫自己或幫別人做前世回溯時便常常看見親近甜蜜或痛苦創傷的靈魂都會再次重逢的前世今生故事。至於壞的重逢不見得完全不好，很多時候是靈魂在提醒我們，在這一世要學會跨越克服這些重複多世的負向議題，然後當我們為自己的人生做勇敢的進化、演化時，往往會遇到更多、更大、更好的蛻變，天助自助者即是宇宙恆理。

我現在先說一些好的重逢，因為這幾個重逢是我最早期就知道的事，發生在二〇〇一年，羅森醫師帶我進入前世回溯中，我開始學會從靈魂的角度認出身邊的人。**大家的外表縱使不一樣，憑直覺卻可以知道對方是這輩子的誰**。在法國遇難的畫面中，縱使我情緒很激動，當我第一眼看到二樓內側的畫面時，其實我就認出這輩子有我認識的人在那，站在我旁邊有兩、三個人，其中之一就是我這輩子的媽媽，當時她是我們家的褓姆。後來當我逃到郊區去，她依然伴隨在身邊。然後我看到農場的遠方有個可被信任的長工在弄牧草，那個農場的長工就是我現在的爸爸，當下雖然我傷心失去那輩子的老公跟小孩，認出這輩子的父母卻給了我很多安慰，讓我知道同一群靈魂會再一次相聚。靈魂與靈魂之間的互動，很容易有一種相似的重複模式，像我跟父母之間，好的互助在前幾輩子曾經發生，「現在」也再發生一次。

我本來以為，認出家人在二〇〇一年那次羅森醫師的催眠結束後便告一個段落。怎知道**靈魂一旦開竅**，**之後自己便很會跑自我催眠甚至認人**，我在兒子兩、三歲大時，便從自己做前世回溯中不小心看到他，當下立刻知道他是誰，也知道他的名字。有天四歲的兒子突如其來地問我說：「媽，你是法國人嗎？」我當下楞住，因為我從來沒有跟他提過他是我在法國失去的兩個孩子之一，我相信以他小小孩的認知，是不會懂靈魂轉世的，本想等他十幾歲時再跟他說我看到的片段，沒想到他自己先說了。然後他又問說：「妳覺得『愛德華』這名字好不好聽？」當下我更楞住，因為「愛德華」就是我在前世回溯時得知的訊息，這是他當時在法國的名字（基本上，大部分的小小孩是可以記住一些前世片段的，只是看爸媽們懂不懂得接受孩子不經意說出的內容）。對我而言，這些自然跑出來的巧合訊息，反而比人工的前世回溯還要像天上掉下來的禮物。他真的是我在法國失去的兒子，然後我在這輩子好喜歡抱這個可愛的孩子，他常會跟我講一些好笑的事，我們的幽默感屬於同一類型。我兒子的輪廓其實長得不太像東方人，雖然我老公是道地台灣基因，但我兒子卻眼大、鼻大，輪廓立體……當他長大到九歲後，他跟我說他在學校第一次看到法語的電影，他很喜歡法語的發音……我內心大概知道他喜歡的文化正慢慢甦醒浮現，但當媽媽的我也揶揄地想，他不愛乾淨的程度也真像法國人，不知他要花多久的時間才知道，這一輩子的家中有自來水可以讓他常常洗手、刷牙呢？

我的女兒跟我也是有特別的緣分。當我女兒出生時，麻醉藥下的我第一眼只記得她哇哇大哭的嘴，以及醫生護士數著手指、腳趾幾隻的聲音，依然記得她還沒被擦洗完全就先放在我心口上躺著的窩心溫度，之後我便因麻醉藥未退迷迷糊糊昏睡一整天了。我第二胎仍是剖腹產，高齡的我因開刀傷口比上一胎痛，到三天才能有辦法走出病房（第二天都靠別人拍照讓我看女兒長什麼樣，新生兒都是睡姿。嬰兒那時依醫院感控規定只能留在嬰兒室，不能抱出，抱出就不能再放回嬰兒室，怕感染其他嬰兒）。當我終於走到嬰兒房玻璃窗外，以正常意識狀態下，第二眼再次看到她後，沒幾秒鐘，我當場跟老公說我要去廁所，老公不明白為何有媽媽看嬰兒幾秒鐘就落跑的。

其實我眼角已經在泛淚，我一直撐著到距離最近的無人廁所後，才好意思爆發式地放聲哭泣（我未曾這樣哭過）。我不是產後憂鬱症爆發，只是感動至極，哭到無法自制！我老公在旁一直不知道我怎麼了，只能不停地遞衛生紙給我擦拭狂奔而出的鼻涕跟眼淚；我那時很不環保，竟然跟連續劇的浪費劇情一樣地用掉大半包左右的紙，我老公也始終楞在那，持續納悶我到底是在幹什麼。當我們從廁所出來後，護士們對我老公投以同情關注的眼光，祝福他安全度過我的「產後憂鬱症」……當我情緒較安穩後，我才能跟老公說我剛剛怎麼了。其實就是因為我親自看著她時，我完全認得她！她，就是我在法國失去的女兒，她也回來了！我看到她睜開的眼睛，眼睛中熟悉的靈魂讓我立刻知道她是誰。**眼睛真的是靈魂之窗，透過眼神可以讓人再次相認！**我女兒跟我很親近，她很會撒嬌。後來幼稚園大班（六歲）的她，開始很愛畫娃娃，我很訝異她畫的娃娃衣服飾品都是法式的，而且跟我小時候畫的歐式娃娃好像，當我們出去逛街，七歲的她便可以當參謀，她完全抓得住我對美感的喜好。

至今我兩個小孩（在開工寫書時一個七歲，一個九歲）一直是跟我腦波頻率比較相通的人（我跟我父母及姊姊還沒有這種現象），我們偶爾無聊時會把「讀心術」當成遊戲在玩，就是用眼睛看著對方的眼睛，然後猜對方在想什麼。我真的很感動當時失去的一對子女在這世又讓我生回來了。這回他們還一塊回來，一樣的性別，一樣年齡上的差距，一樣男生大、女生小，一樣感情好……完全是在幫我處理十八世紀凍結住的創傷，他們讓我覺得安全多了。

這種親子關係重逢的故事，多少可以幫助和安撫一些期待有小孩或曾經失去過小孩的人，讓他們更相信好的家人關係會再次相聚。其實我在演講中分享實務心得時，一有機會我就會特別對流產、不孕症、收養小孩的父母掛安心牌，讓他們知道**靈魂具有搜尋重要親人的功能**，縱使其他世是不相聚的，彼此卻在靈魂計畫下安排「本來就應該會發生」的重逢；若他們能夠穿越時空，當然能夠克服生產管道，所以縱使孩子不是自己「親生的」，本質卻是一樣的靈魂，還是會從不同的親生父母那回來與我們相聚的，從眼神、相處感覺、特徵、動作、不經意冒出的前世言行、幽默感、美感……等等，生活中有很多「巧合」都會指引我們確認彼此，讓收養或流產後再次懷孕的父母絕對會知道「就是他！」、「他回來了！」（**有太多「收養到前世孩子」或「把孩子再次生回來」的真實案例，能夠證實這種靈魂重逢的現象**）。不相信的話，自己做前世回溯、開阿卡沙檔案，多少會讓我們驗證、確定彼此的靈魂在某輩子就相互支持、熟識。能夠當親子，彼此本來就是有著深厚的家人緣分。

其實，我有很多個案都是我在法國時便遇過的人。其中最鮮明、重要的關鍵人物，是一個年輕漂亮的女孩個案。我在自我回溯時，無意中認出這個案竟然曾經積極參與著我的法國前世，她是我逃到郊區後的鄰居，一直用鍥而不捨的關心嘗試幫助我離開哀傷。她在那個年代也仍是個年輕漂亮的女孩，常常像麻雀一樣晃到我家草地上來，搖晃我這一動也不動的「墓碑」，她會心疼地對我哭，對我說話，但我都僵硬堅持地站在那裡不理人（這真像我幼稚園時期，在空地上僵硬不動、不理老師的樣子）……後來就是因為她不停地搖晃我，不停地融化我，我才漸漸相信身邊仍然有人是有人性的（至少當她來晃我的時候，我不能專心站太久）。我曾癱倒，被她硬拖回屋內最靠近草地的半露天午茶室坐著，我的表情仍是冰冷，盯著遠方草地的，但至少我僵直的脊椎多了一些溫度。隔天，我還是會回到草地上站著，她還是用不同的方法一直陪伴在旁，一直哭著心疼我（我那時不太理會她一直哭，她這麼執著要改變我一定也累死了）。

結果到了這輩子，變成我要鍥而不捨，要重複融化她「想要改變一個重要他人」的執著。

令人訝異的事實是，她當時發現我的時候，是她二〇一一年人在法國的期間，她帶去法國讀的其中一本書，就是我二〇一一年七月剛出版的第一本書《遇見紐約色彩的心理治療督導》！就是那麼巧，我一出版，她就讀到了！而且怪的是她一看書就好想、好想見見我本人，她覺得書就像是我親自在對她說話一樣，所以當她從法國回來，便立刻找上我服務的診所，當她第一眼看到我時她一直傻笑，傻笑中帶著強烈的興奮與熟悉感。我看到她在我寫的書中劃了一堆線，還有一堆感觸省思下的筆記，她真的是超認真把那本書翻到爛的人（就也因為她對我那本書的熱衷，我後來從觀察中發現，那些看我的書看到都會背的人，跟我的緣分絕對特別深，大概就是因為我們深度的對話不只一輩子）！

有一些有趣的相似點，她這輩子仍住在離我當年的家差不多遠的地方，仍很愛哭；我跟她的心電感應特別強；我們都常跑法國玩，都覺得在法國如魚得水；都喜歡法式的建築、藝術品、料理、甜點……最怪的是，我跟她身體一度有差不多的狀況，又是脊椎神經壓迫又是恐慌（或許她把我前世的苦毫不防備地吞到她的記憶裡）。

剛剛說的是靈魂上好的互動，好的事有這世的餘波，現在我們要轉個彎，現實中不好的事也有餘波。至於什麼叫做壞的餘波呢？就像我這輩子出門在外幾乎不會掉東西，沒被偷，沒被搶，旅遊時常遇到好運，但在台灣「家」中反而會遇到賊。**一切的發生也都在我結婚有了「家」之後，情節便開始出現像在法國「家」中被掠奪的狀況**（在紐約單身時從來沒有發生過被偷竊的事，出國自助旅行時運氣更是好得不得了）。在我生老大坐月子時，那時人在家裡躺著，樓下的倉庫竟然能遭殃被偷。當時因為住在夫家中，親戚讓幾個我不認識的員工暫借住下層幾天，沒想到他們竟然太過隨便，邊借住邊擅自進入倉庫，私自亂翻並拿走許多我從紐約帶回來的紀念性物品，大方打包，遠走高飛，帶回自己的國家。當時我心碎不已，在坐月子的脆弱之下，毫無防備外人，莫名其妙地掉了許多無價的東西，每當我要用卻用不到這些東西時，又再次想到這心碎的遭遇……後來，有一個在婆婆家看起來最誠實、最認真、最不常說話的女傭，也是等她離開台灣後，我才發現她偷走我媽媽在我結婚時傳給我的歐式復古戒指，再一次，我心碎，至今我跟我媽都還惋惜那紀念性極高的復古戒指不見了（這惋惜跟我們在法國落難後的狀況應該是再次一樣的）；我那時心碎到好害怕，不安全感讓我一定要搬家。這輩子的我，幸好在我不安的時候執行力很強，當時我在三個禮拜內看了六、七十間房子，果斷下手；新屋裝潢兩個月，搬家！

原本以為搬家後可以改變外人干擾的危險，沒想到，仍然可以再次發生被偷竊的事！命運所要表達的是：**在靈魂上未清除的傷，縱使換到不同的環境，傷卻像個磁鐵，仍然會招引用同樣方式傷害我們的人，逃到哪裡都一樣**。畢竟我是帶著這世（跟前世）的恐懼與憤怒離開夫家環境的，傷口中的磁鐵仍在，仍會吸引掠奪者。我們夫妻都上班，家中長期必須請幫傭來照顧兩個小孩，儘量不換人但也換過好幾人，縱使對方說她在虔誠的宗教信仰上不會偷竊，可是在這七、八年來仍然有兩、三人是手腳不乾淨、會偷東西的。我後來被偷到崩潰了，也覺她們在個性上有怪異到讓我害怕到骨髓的點，在二〇一六年八月，我在上信義老師的「關係療癒，財富豐盛」課程時才乾脆私下自我催眠，檢視我前世跟這些人到底有何瓜葛（在此要先澄清，不是每個學員在上信義老師課時都能做前世回溯。我的同學回饋我說，通常是本身會做「自我催眠」的人，才會這麼自動讓腦波偷偷跑到另一世的。大部分的人不會做催眠，大多是有情緒但沒畫面。因此我寫書時私下覺得，信義老師的課若能先帶學員「相信」自己腦波可自動轉成催眠的阿法波，效果一定更好）。

上課時出現的影像，竟然就是法國被掠奪偷搶的那世，而且出現的是我以前沒看過的片段畫面；以前羅森醫師催眠我時，畫面是停格在二樓內側，只有我跟兩、三個忠僕；這次出現的是家園一樓內外，看到暴亂人數之多讓我再次嚇傻，有好幾個陌生人衝進我家來破壞、搜括（我猜在夫家偷東西的那幾個陌生人，必然在其中），而且，有好幾個人竟然正是在我家當褓姆的人，尖臉的仍然是尖臉，偽善的人仍是偽善，更嚇人的是我看到她們在樓梯間追殺我的小孩！看到這些內外皆無情的迫害，當媽媽的我整個心臟真的撕裂到難以呼吸，久久無力收縮，當下我的眼淚鼻涕當然也是狂流不止……我的靈魂是單純的，不敢相信在那年代，人們怎麼可以做出這麼殘忍可怕的事？殺死自己曾經照顧過的小孩，只為了掠奪不屬於自己的東西？我到現在還是不知道我們在那世做了什麼錯事，我只知道背後有政治陰謀，而貧富不均容易讓人失去人性。幾百年前的我，跟現代的我都嚇傻了，沒有多餘的智慧跟勇氣再去面對創傷跟哀傷，「剩下我一個人」的聲音重複在腦中播放，我只能哀傷恐懼地在落難後，逃難，在避難的郊區像墓碑一樣天天冷凍自己，放棄再跟人互動。

同理哀傷，調整靈性頻率

法國這世是我卡得很深的一世，走身心靈清理時是個極度挑戰的過程。從傳統心理治療中，我當然知道「只要離開」法國那內心冰冷的景，冬天的命運就會有所改變，我也知道「心結要解開，要改變」，但是不管是認知還是情緒上，法國女人都頑固到不肯更改一點點，因為**持續哀悼是她跟家人連結的方式**。縱使我在催眠中進入幾百年前她的畫面，仍不能讓她接受那時的事件已經結束了，因為法國女人的認知很強大、情緒卡很深，她不能離開思念老公跟小孩的自我催眠中。要勸冷凍、執著的法國女人打開心輪、放下執著，是件極不容易的事，因為**一切是卡在頑固的負面情緒中**。**認知上的執著頑固，其實是來自內心強大的深層恐懼，然後這情緒像鐵鏈一樣一圈圈緊緊束縛著法國女人，她極度不同意我拿掉這些鐵鏈**。二〇一六年八月在「關係療癒，財富豐盛」的課程中，我可以做的是讓我深深感受到她的痛，跟她的痛同在。

我必須要跟她的痛同在，才能逐層進入她的世界，跟她同步，搭上頻率。我承認法國女人是個比我厲害的催眠師，因為她腦中一直重複播放受害畫面，讓這輩子的我仍然遇到被侵害的災難！我跟她說我的災難跟她重複播放的很像，我這輩子被她弄到結婚後家中便災難不絕，工作上的我很強，但在住家中很受幫傭者的迫害，我被我們共同的加害者嚇到痛苦不堪，我請她至少不要再重播受害畫面，放過未來的我，幫助我及家人安全……我讓她看我這輩子受苦的畫面，請她跟這世的我合作，她並不開心加害者亂竄至現代，她不願意再次給加害者機會蔓延慘狀，基於保護「自己人」的心態，她願意接受我的假說：她的重複播放會讓我也一起受苦。我跟她說很多東西都卡在**靈性**不願化解的層面，若用藥物、心理、傳統催眠的方式是清理不到這世的傷的，至少我們可以靠一些**身心靈合**一的方法，我跟她至少先合一。漸漸地她理解：「合作」可以幫助現代的我不再持續受苦！但是她本身陷在井中，並不知道該怎麼做才能解套（很多時候前世的我在問題中卡很深，在井已經僵化習慣了，這一世的我反而變成是在井外的人，可以儘量用勇氣跟智慧，去做不同角度的示範跟解套）。

我持續用靈魂的層次來溝通，勸她說兩個小孩在這一世都回來了，她真的立刻檢視，觀看我所提供的畫面，基本上，「相聚團圓」不是我說了算，而是她勘驗通過才算！當她發現兩個小孩她都認得的時候，她鼻子開始酸，她的心變得好軟化，甚至完全鬆開來了，這下子，她終於相信靈魂不會死！說穿了，**她只是個傷透心的媽媽！原來，她並不頑固，她只是傷心**……我們都哭了，傷心失去孩子是不能用認知同理的，必須是我的經歷跟她的經歷相似，**我的心**跟**她的心**真的搭上線）。

然而，她開始生氣，氣別人不應該對他們做這麼殘忍的事，她斥責那些人不應該有這些暴行（會從冷凍變成生氣是個好現象，因為心境必然有所轉化才能有不同的情緒，生氣總是比冷凍有力量）！

我同理她說：「我經歷的感受是一樣的，我也很苦！我知道在家中活生生被『暗算』真的很可怕、很可怕、很可怕、真的很可怕……」我已經不知道要用什麼樣的言語，才能清楚表達我懂得她的驚悚恐懼；同理的心終於變成像救難繩一樣，把法國女人從井底一尺一尺地救上來！她被我深度同理害怕到一個臨界點時，她終於爆開，放聲大哭！這是她第一次在草地上站著時會哭，以前的她都壓抑著所有的難過悲傷，用最安全的冷默方式凍結、冰封住所有情緒。後來她才明白她更真實的感覺不是生氣，而是比「傷心」還要更被深藏的「害怕」！她真的好怕，她害怕人，害怕被迫害！

她終於理解，外在的生氣只是個假象，慣性的傷心也只是個空殼，內在的真實害怕才是最難面對的，但也唯有面對自己的害怕才能解決問題！我跟她說：「封塵好幾世紀的害怕痛苦，若能在此用脈輪呼吸及自然爆發出的眼淚融化掉，就讓它出來吧，眼淚是害怕融化的象徵，人類融化害怕的方式自然而然是用哭的，可以順著眼淚扔了它……」她覺得有道理，所以她安心地將害怕哭出來。

但接下來，我不該這麼不了解她，我說了多嘴的話，我請她「聽聽看教室中也有好多人在哭」，才說完這句話，法國女人立刻不哭了！她突然理解我身邊有別人，人在課程的教室中，她迅速收起眼淚及其他情緒，她說：「要哭回家再哭，我的生命中沒有別人！」早知道如此，我就不要用心理學的「普同性」技巧（旁邊有「其他人」對別人可能有支持作用，對她卻只有反效果），畢竟她極度不愛旁邊有人，她是怕人的，她沒辦法那麼快改掉孤單，她不喜歡讓別人見到她的情緒，她仍然是法國那輩子的硬骨頭，仍拒絕外人介入的。

靈魂不死，讓大事化小，小事化無

雖然法國女人不准自己在外人面前哭，她的心臟卻會暖暖跳動了，我們腦中的溝通持續進行，我協助她知道「靈魂不死」還有其他輩子可佐證，我跟她說我不是每世都這麼苦，至少現代沒有古代那麼沒人性，現代有很多的「翻轉機會」。當她看到我這世及其他世的快閃畫面時，她更被說服靈魂還有其他選項（靈魂在看其他世的畫面是可以很快確認的）。

當時的創傷、恩怨或許仍沒那麼快可以消融，但是，法國的我**至少可以先放下對「自己」不停息的折磨，也不要傷到「自己人」**，她可以選擇不要讓法國的災難漫延到現代，要給我一個「機會」幫忙療癒她的傷痛。當她知道幾百年後的我靈魂真的不死，而且在兒童局家暴中心的工作上，做了很多拯救、療癒他人受暴傷痛的證據（尤其是兒童），從畫面中她看見我真的有誠信，能夠為了「光明公正」的真理而秉持良知、積極義行、勇於除惡——這讓她更願意相信我能採取讓她涅槃寂靜的行動。

在此，我見識到靈魂溝通有多困難，光是舉證就要舉一堆，實在是比心理諮商室中的空椅對話還難做！落難過久的靈魂其實很可憐，絕望太久，都不相信黑暗中還能出現光線了。在黑暗中，**「當自己都看不到自己，要如何相信自己呢？更不可能輕易相信自己就是拯救者，也更不相信幸福！」**難怪心理諮商室中有一堆勸不動的個案，他們都還在另一個平行時空中不知道該怎麼救自己！

然而，**透過靈性療癒的方式，在黑暗中是可以製造光線或火花出來的！**在「關係療癒，財富豐盛」課程中，有一個精彩片段，是在課程的後半才發生，也就是「財富豐盛」的階段，法國女人因為跟我的關係相互療癒到，我們的靈魂合作，所以在用丹田發出「啊」的宇宙原音中，順著特殊的呼吸法，我們成為彼此的拯救者，一直將光與愛送入重疊的兩個黑暗中，難以數計的恐懼開始消融、離開，我看到她終於願意離開陰暗寒冷的冬天草地，進入屋子，然後當她進入時，神奇的畫面開始出現，隨著她的走動，房子的畫面一區塊、一區塊地變亮、變彩色，不再是暗沉漆黑的一片。我終於知道，**當靈魂的心境變了，有能量了，色彩也會變！**但房子（郊區莊園）的畫面還不能全部都變亮，還有一大片是黑的，或許是她仍有保留，尚不能全部放手，也或許是我尚未完全釐清事實的真相（在書的中段，你們會看到仍有殘留的重要心結需要被處理）。

讓一個靈魂知道他有其他的選擇或出口，或許最簡單的技巧就是在黑暗中找到他，讓他了解黑暗外還有「累世的存在」，也就是「靈魂不死」，讓他敢從「現在」與「過去」兩個重複習性中跳脫，並且在重疊時空中把握機會做改變，這也是輪迴轉世的本意。

「靈魂不死」絕對不是一句口號，而是**靈魂體會來生「機會」與「選擇」的恩典。**

「現在」與「過去」可以彼此幫助，但累世的議題太複雜了，不像童話故事或電影能夠在一、兩個小時就快速演完累世心路歷程，並標上快樂結束的字幕。**一個人的個性是累世靈魂的濃縮象徵，陰暗面則是累世創傷的濃縮象徵。**創傷可以被看見，也很想被看見，累世創傷的表現，通常像洋蔥一層一層地呈現，內外層的味道差不多，但代表性的外層會先被看見並被處理。有的洋蔥外層有撕裂傷、撞傷或發霉，但內層的狀況不見得很糟，可以拔掉外層就沒事了；有的外層看來無大礙，內層卻可能很糟糕；有的內外皆糟糕；不過，糟糕沒關係，因為大部分的人輪迴轉世至今內外都已經很糟糕了，我便是這樣的狀況。以我而言，法國女人是這靈性洋蔥的最外層，是代表性的狀況，剝完這一層，內層也會在書的中段一層一層撥開並剝落。**靈魂在創傷情緒上執著的程度超強，若在靈性層次上跟靈魂溝通都要勸很久了，那沒帶靈性的心理治療更是難以改變靈魂僵化的想法跟糾結的情緒。**

我必須要很坦誠地跟大家說，在二〇一六年八月「關係療癒，財富豐盛」的身心靈課程前，我真的不知道如何用現有的心理治療及催眠技巧來**清業障**，原本的心理治療方式是有瓶頸的。以我自己的家來說，我很想讓家安全，但我真的不知道如何用心理學的方法，才能不再吸引相同危險模式的人侵入家中；我最在乎的是我的家，但這個家我真的不知道該如何保護它，然後我也沒辦法相信坊間民俗方式能整治我的家，因為當我絕望到極點時我也曾經找過一、兩次命理師（或稱為江湖術士），我並沒看到貼符咒、念經迴向、在房子四角放金剛沙的效果！

其實，**累世的危險因子**，**一定要從靈魂潛意識的層面清除！**但靈魂對於危險、創傷的信念太過於根深柢固，連催眠都不能讓一個深信危險及痛苦的靈魂去清理這種像瀝青一樣沾黏的情緒！

還好我有遇到貴人，我遇到了信義、寶治老師！當我跟老師們上第一、二次課時（各在二〇一六年五月、八月），「剛好」就是我被家中兩個在前世殺我小孩的女傭一前一後給嚇死的時期…然而，在我二〇一六年八月上「關係療癒，財富豐盛」課程的前後，今生兩個恐怖的褓姆竟然都連續相繼離去了（第一個人終於承認、懺悔她在我家偷了無數的東西；而第二個竟然是上完課的**隔天**離去），就是那麼巧，第二個人的離去**就是我上完課的隔天**！巧到讓我不得不相信：只有當我的靈魂在內心願意勇敢劃下句點時，創傷事件就會加快結束！

我不想誤導大家以為上個課就能輕鬆解災，解業障，課程的確是在靈魂深處做處理，也真的有神在飆速推波助瀾，但我必須再一次聲明——自己絕對是負責做改變的人，「我」真的付出很多改變的意願及功夫，我在上信義老師課前本來就是個很會捍衛家園的人，早已經湧出很多戰鬥意志、革命反擊；上課中我也很認真，讓我的靈魂完全把握機會攀升到洞悉盲點、清理、淨化的境界，上課後我也一直在修整、改變我的舊習氣軌道（要一直提醒自己別跳回井中），不停地實修清理、面對現實，讓自己持續明心見性。

一切並不是像童話故事一樣「從此之後就過著幸福快樂的日子」——假如我們在清理的東西像是污染海灘、深山中的垃圾以及沾黏不堪的瀝青，想想看，淨海、淨山後通常有多少難看的垃圾堆積在眼前？面對這一大片的垃圾必然也會帶給我們前所未有的慌恐及高度焦慮，不知道該怎麼去處理，尤其是第一次參與淨山、淨海的菜鳥！信義老師在課程中便教我們各式各樣的身心靈垃圾處理法，甚至建立並使用靈性垃圾焚化爐，燒掉垃圾，使用的狀況，因人而異，用對技巧努力認真清理的人，必有清淨的一日！

舉另一個比喻，用身體經歷大手術的反應來形容：術前、術後通常我們都會覺得身體不是我們的，特別是術後，通常不能立刻下床活動，身體必然會疼痛一段時間；但術後的身體疼痛又不是只有單純的疼痛，身體其實一直重新調整運作、代謝排毒、製造新的身心靈平衡系統。至於一個人在成功術後有多久的清淨，因人而異，**完全取決於照顧自己的方式。若不想有老毛病，就不要有老習氣、老模式！**

在此必須要講出可能出現的「課後副作用」，但這副作用可能只是例外，或許只是我的個人狀況而已（其實我常見到**擅長**淨化清理的同儕出現差不多的症狀，在此只是不想把話講得太滿，免得新手有不需要的預設擔心立場。不需要擔心，因為這現象通常來自極度深層的靈魂清理）。

狀況其實有些嚇人，因為前世今生的時空重疊了！前世的時空情節跳到今生來！二〇一六年八月，就在我上完「關係療癒，財富豐盛」課程的隔天，最後一個掠奪者（褓姆）飆高讓我恐懼的言行，她冒出讓我再也無法承受的終極怪異，讓我怕到不得不請她離職（本來我就在怕她一些莫名其妙的言行，比如說：打電動打到手酸然後說復健所建議她不做家事，雙手腕包繃帶、折疊濕衣服、在飯菜放兩、三倍的鹽巴……等等）。更怪異嚇人的言行是這樣：她認為自己有宗教神力，所以她去別人家中把佛道教的神像撤除！我聽了立刻寒毛直豎，對於這種大不敬的行為我也只能跟她劃清界線（其實，她打著宗教的幌子做不理智之事，完全跟法國那世一模一樣，難怪我的靈魂立刻被嚇醒）！

本來以為這樣已經夠恐怖，在她離職的那天晚上，我在身心上竟然逐漸出現強烈餘波，愈來愈害怕，愈來愈恐懼！其實是因為我在課程中看到太多法國那世的悲慘情節，看到她及另外一個女傭在房內、樓梯間無情地追殺我的小孩，這讓我對關鍵人物有極度的驚恐害怕，然後這害怕讓我燃起「**一定要切割**」的決心，我不想再當受害者！我在這輩子一定要保住我的家，我的家人！那晚，我腦中好害怕我們一家會被她謀殺，這輩子我從來沒有這麼害怕過，我的感覺就跟即將面臨死亡的恐懼一樣，我超級害怕掠奪者仍然會像前世一樣糾纏不清，怕她隨時闖入家中殺人！我的心臟糾結緊痛，手、腳、牙齒明顯顫動（我這輩子也從來沒有這樣抖動過——我手上若捧一碗水，一定抖到全部灑光光，一滴不剩）！偏偏我老公那幾天還剛好出國不在家，家中只剩我和小孩（情境有夠像法國當時我已沒老公的樣子）。我把大門上了好幾道鎖，超想用所有的沙發頂住門，半夜還起來檢查每個房間好幾次，在緊張害怕中不時覺得家中已經有人暗夜闖入，邊巡邏邊發抖，好怕小孩再次被殺……我當時真的覺得自己一個人撐不過這晚（這時候我也在想：投胎轉世讓我們喝「孟婆湯」也是為我們好，記不得的話，就不會害怕，更重要的是，心中較乾淨，較無吸引力的作用，較不容易遇到那個不喜歡的人，縱使遇到也比較不會怕）！

那個晚上實在太詭異了，是我這輩子從來沒有發生過的害怕顫抖，前世的時空與今生時空重疊，在生命與死亡的邊緣交戰！或許，這是我**兩世靈魂相互拯救、彼此合作所需要面對的挑戰，目的一樣——把負面情緒走完，才能澈底了結與掠奪者數百年來的業力糾纏**。

其實，一個人的生命在靈魂計畫中有很多**依循天時註定**好的事件，想避也避不開，想逃也逃不過，該來的業力平衡還是要平衡。法國那世的靈魂，決定要在我今生的這一時刻遇上殺害掠奪的這兩位關鍵性人物，避得開嗎？避不了，因為遇見她們是我的靈魂計畫，我執意處理這未竟事務，而且我也**只能在相似的情境中，被勾起差不多的情緒時才能處理這些未走完的情緒**。不能再怪自己兩世都是笨蛋，不能再怨自己總是因為善良、無知或同情而把她們帶進家門，沒走完的情緒還是會讓該發生的發生，問題總是要嚴重到一個程度才能把我推到懸崖的邊邊，才能讓我靈魂的警鈴大響；也一定要讓我極度悲傷痛苦，**面對死亡的威脅、才能發揮靈魂求生的潛力**，協助我在課程中打開僵化的腦子，想起前世心碎崩潰的記憶，進而面對、處理未竟事務！法國女人選擇在掠奪者離職那一夜，呈現出她遇難時空下家破人亡的淒慘（我的恐懼顫抖應該仍然遠遠不及她當年所慘遭的，但光是那一小部分的恐懼，我就已經嚇得滿臉鐵青，久久不能消散）。**其實，恐懼是靈魂最善用的溝通工具，目的是要今生的我們知道狀況的嚴重性，也要我們學會結束這一切災難**。

此生我已經可以安慰自己說：「至少在這世他們沒像在法國時把我老公跟小孩給殺了、沒在這世摧毀整個家、沒拿光光、沒讓我逃難到郊區，甚至有幾個人已經用部分勞力抵還一些些（縱使我們都有付出薪水跟他換勞力），雖然有很多人都來過，但他們也走遠了，然後當我的靈魂持續清理中，也將可能會出現的危險人物連帶剔除了，至少，都已經大事化到極小了……」我可以做的是切割、告別、退場，從心發願彼此可以不要再有掛勾，希望一切「大事化小」，然後最好是「小事化無」；若有來世，我絕對不要再遇到他們，我的靈魂計畫中不要再有這些人，夠了！然後一切從我自己可以操控的業力清理開始！

當我轉個方向看看迫害者此生的生活，其實他們今生也仍然卡在自己的個性及業障循環中，他們的經濟、健康、人際關係一直都出問題。她們讓我看到貧困、不健康、不開心的身心靈，仍然會因為自己不做改變而在數百年後繼續纏繞著她們，然後也連帶負面影響身邊的人。在這事件之後，我不再濫用我在宗教上的無知及同情心，她們當時是因為「虔誠」教徒而被聘請，怎麼知道她們濫用「神」給的通行證，仍停留在「法國那年代的偽善教徒文化」下。我終於接受有些人打著宗教的幌子做自欺欺人的事實，內在核心不是跟神那麼靠近，在「虔誠」名義下做著一堆違背神的事。

時空重疊的「幻覺」真的太嚇人了，我自己不管回想幾次都覺得很不可思議，幸好緊密重疊的狀況只有一晚而已。後來我有調查其他同學的狀況，不是每個同學課後都出現這樣深痛的清理現象，畢竟每個人的靈魂議題不同，「副作用」當然也不一樣；或許是我的催眠腦波一直太活躍，我過度接收法國女人的未竟事務；也可能是我的靈魂就是計畫在這世要讓一切都做結束（經歷時空重疊的「副作用」不是人人都有的，好像真的是因為我太會連結前世，才這麼容易讓時空上的感覺強烈重疊在一起。可是，我要反問：平常我在做的前世回溯為什麼達不到這強度？信義、寶治老師的課程中到底有哪些技巧，是我們心理學無法達到的靈魂高度？看來，要將靈魂的管道打得那麼開，清得那麼乾淨，老師們有特殊的技巧功法！至少他們教的脈輪呼吸及與神連結的一些技巧都有高度正相關）。

身心靈課程部分心得分享

稍微說一下身心靈上課是如何清理業力，我是在二〇一六年五月第一次見到信義、寶治老師這兩位老師，以學生的身份參加課程，我的狀況跟一般人第一次來找我做心理治療時很像，以一個「彼此什麼都不知道」的狀況為出發點（這跟後現代心理學所說的not-knowing差不多，在沒有預設立場之下，反而知道的更多）。信義、寶治老師可能知道他們本身的能力，但他們不知道我一**直在找一些能彌補心理學缺口的東西**，我不知道他們能提供我什麼，在身心靈課程中我只是一班數十個學員中的一個普通人，我不突出，但我知道我是拿著一個大空碗去裝的人；當下不是一對一的個人時間，我們都不知道我個人的特殊需求是什麼，我只是個平凡、乖乖在教室中上課的學員。

其實縱使有一對一的討論，對老師我也說不出個所以然來，因為我只感覺到我少了什麼，但我不知道我到底少了什麼。在靈性的世界中，我覺得我就像我常畫給個案及學生看的「井底之蛙」，我這隻青蛙大概知道自己在井中少了什麼，但就因為不曾出過井，所以真的不能知道我到底少了什麼；我會猜外面的世界到底長怎麼樣，但我沒看過井外面的世界，其實並不知道井外面有那些東西是我需要的？我其實也並不知道哪些東西我會喜歡（沒試過湖泊的水溫，哪知道我喜不喜歡湖泊？沒見過山川，哪知道我需不需要山川）？在井中所知道的世界是狹隘的，我知道的是井中的那一口水池及我井上的一片天，以及我平時會猜想卻一直無法確定的井外世界。幸好，我因緣際會地遇到常在井外玩的兩位老師，他們也曾在井中，所以知道井中的苦惱；他們也花了很長一段時間讓自己離開井，所以知道要跳出井有多難；在井外適應有井外的苦惱，但也有井外的快活；他們帶過千百個像我一樣的人，所以帶人出井時會遇到的抗拒，他們也都知道。我很慶幸在生命中遇到他們，在五月上課的那兩天，我終於見識到井外的世界是什麼，以及根治的方法可以怎麼做！我興奮不已，縱使我才窺見外面的世界一點點，我卻感覺我已經發現新大陸的一角，我知道這些都是我要的！後來愈跟著上課，愈證明井外才是我要的世界！

跟我們學心理學的過程一樣，其實一次就能開竅領悟的人很少，我發現身心靈課程中學的方法，也不是學一次就能完全開竅的，否則這就不是老師修行數十年的真功夫，也不是老師跟學生的差距了；但是我是個很有信念的好學生，一旦我曾在井外玩過一次，我知道新大陸的這些是我想要的，我就特別認真在井中練跳高（或許有人想，跳出就跳出了，怎麼還會回到井中需要努力讓自己再學著跳出呢？很多時候，這不見得是老師教的不好，而是「人性」中「人」就是有回到原址的「慣性」。「慣性」是一種很固著於原本生命習性的軌道，有著戀舊、頑固、享樂、懶惰、恐懼、嫌麻煩、怕改變等等的特質）；井的高度太高，在沒老師牽引之下，我一開始還是不太能自己跳脫井底，但我相信我可以靠老師教的實修技巧在家慢慢練，讓不熟悉的我上手。我有心理師的職業病，總是會忍不住讓實證上有效益的方法類化運用至日常生活中，我常把心理學跟身心靈課程放在一塊做分析比較，也常讓兩者交互運用。當我是學生身分時，我常在想：我做過的成功個案們，是用什麼樣的積極「態度」跟「執行力」來跳脫他的問題？其實只要模仿那些成功的個案們，我就能成功一半！

身心靈成長跟心理治療的原理一樣，命運能夠大躍進的個案，通常是願意勇敢跳脫迷惘軌道的人，他們都對改變下很大的決心跟功夫，也將所學、所知落實運用在生活中，常練習、保持實修，不讓人性把自己拉回慣性。我們在身心靈成長跟心理治療上，不能有莫名其妙的迷思，誤以為老師或治療師很厲害就夠了，誤以為體驗過「一次」心理治療或靈性學習便一勞永逸，若有，這想法只是在欺騙、敷衍自己、不願意為自己的生命負起責任！我們一定要知道，**最容易把我們拉回井中的正是自己的「慣性」**，它會說一堆理由說服自己不要改變。所以一定要很刻意地實修習得的新方法，假如我們在上課中已認定這老師不錯，上課的時候也因為有老師們的帶領而很上手，下了課，我們就要練習到自己私下操作時都能上手，**自己的練習跟實修，才是讓自己生命跳躍及改變軌道的主要因素，一定要練到習氣都習慣往井外跳了再說**。

這也像按摩師傅與客人之間的關係，師傅縱使很厲害，那些只想來聊聊天、被摸摸頭、被拍拍背的客人，通常改變不大，至於那些本身平日有在鍛練身體、調整飲食作息、跳脫慣性傷害姿勢的客人，不見得會依賴師傅，不見得常找師傅，這才是真正的養身有道。我這心理師在治療室中有嚴苛的地雷跟底線，通常會勸那些「只想來聊天」的人不要來浪費時間跟金錢，除非自己願意下功夫，願意勇敢負責、改變自己時再過來。

我有一個常跟個案分享的「空中飛人」比喻：大家都會覺得空中飛人好厲害，羨慕他們能飛，但空中飛人要能使自己的技巧如此純熟，**在練習過程中就要不斷大膽放手，放開原來的那個握桿，才能從已知的那一端跳到未知但極想去的另一端。想要跳脫舊有但不管用的舒適圈，一定是要大膽勇敢放**

手！其實只要知道底下設好的安全網，練習時就真的不要怕，放手練習才有機會達成空中飛躍，**空中飛人一定是摔下去又爬起來的專家！**身心靈老師就像是會飛的空中飛人教練，他們把技巧教給我們，也讓我們知道安全網是自己與神共設的，但**接下來會不會飛？就要靠自己不停地練習！**

・脈輪呼吸Anada Mandala

怕大家誤會我所學習的身心靈課程是在頌經、抄經或靜坐，絕對不是這樣的，如果是的話，我應該是第一個坐不住、立刻奪門而出的學生！至少信義老師的課有很多是動態的，適合我這種身體有很多叛逆、躁動或衝動的學生。我可以分享一些我們上課時的心得，來減輕大家對身心靈課程的刻板印象跟誤解。

在我未上課之前，曾經聽我的個案分享一個超神奇的身心靈修復經驗，這就是曾經受邀來台灣帶工作坊的印度呼吸靜心大師古儒吉（Sri Sri Ravi Shanker，以「大師」Guruji代稱，譯成古儒吉），他可以用一些技巧性的呼吸輕易改善身心靈的狀態（至今全球超過兩千多萬人受惠）。我很好奇這個三度被提名諾貝爾和平獎的靈修大師所發明的「淨化呼吸法」到底有多神奇？為何他在身心靈上改善全球這麼多人的生活？呼吸不是大家都會嗎？從短片介紹中看不出所以然，所以一定要用體驗的才知道嗎？為何連媒體都稱他為「呼吸之神」？愈研究古儒吉的背景，愈了解他在靈性教育上的不平凡（有人說媲美達賴喇嘛）。一九九五年十一月二十二日古儒吉受邀演說於聯合國五十週年慶，在科技先進的年代中強調**靈性教育**，提醒**人是神的一部分**，關注人類的情緒跟靈性品質。

我一直很想試試看那種神奇的淨化呼吸法，想知道為何吸氣就能帶給身體能量，呼氣就能釋放壓力，然後一吸一呼之間還能做身心靈淨化的技巧？但我不知道在台灣要找誰學才好。

二〇一六年五月我第一次上信義老師課時便體驗到一個很特殊、很絕妙的技巧，叫做Anada Mandala，中文除了被翻譯成「喜悅曼陀螺」外，更常聽到的是「脈輪呼吸」。重點是透過呼吸讓人體的七個基本能量場域暢通與發達，而能量場域就是俗稱的「脈輪（chakra）」（從底往上各別是：海底輪、生殖輪、臍輪、心輪、喉輪、眉心輪及頂輪）。竟然，我都已經做完四、五十分鐘「脈輪呼吸」的活動躺著大休息了，突然我才聯想到，這就是我一直在找的呼吸技巧之一！

身心靈的感受真的不是別人說了可以算數的東西，除非自己體驗過全身充氧放鬆、能量流動、酥麻通電的感受，全身的自律神經（包括交感、副交感神經）都飆達到平衡滿足的狀態[註1]；甚至，過程中腦波還可以自然攀升到阿法波（Alpha），出現冥想才容易出現的高層自我溝通畫面（阿法波就是自我催眠時用來改善身心狀況的腦波），也常常有被神照顧保護的安全舒服感覺……原來，呼吸靜心大師古儒吉所教的技巧有部分就是這種感覺！用對技巧，用對呼吸的快慢、深淺、頻率，真的光是呼吸就可以讓人好舒服，好靜心！那時我才發現：「原來，我以前不會呼吸！」

對我個人而言，還有另外一個非常重要的附加價值，就是在呼吸技巧的操作之下太容易有Alpha波的出現，這真的是在催眠治療上開了一道曙光，讓我意外開心的「喜悅曼陀螺」！

原來呼吸技巧不是隨便看看文字或浮誇說說而已，實際上真的要學、要練才會將療癒變成自己的！我說過我是個愛懷疑的人，但當自己的身心靈真的因為在練習脈輪呼吸下，都變得太舒服也太改善免疫力了，我便願意相信這一切是真的，此時才願意相信那些見證人沒騙人（所謂的見證人是指我的個案以及在電視上公開見證印度古儒吉淨化呼吸法有功效的人）。當然，大部分的見證人也說他天天都有在練習，甚至後來成了一種保養健身的基本習慣，他們再一次強調個人實修的重要性。

學到脈輪呼吸技巧後，要常常做練習，讓七個脈輪都通，通了之後，運氣也會變得更好。以一個

註1：自律神經分成交感跟副交感神經。通常我們的交感神經因為我們太過緊張或忙碌的生活而容易過度亢奮，但相對應的副交感神經卻過度不活化，失衡下容易讓我們處在焦慮的狀況。偏偏很多的身心狀況惡化，都因交感、副交感神經長期失衡而導致。基本上，**利用吐氣就可自然地讓副交感神經活化，讓神經放鬆**，若同時配合適合自己的呼吸法、瑜珈、運動或靜心冥想的技巧就更有相輔相成的效果，讓自律神經重新得到應該有的平衡。（很抱歉在此不容易靈活地用文字描述如何操作脈輪呼吸，靜態文字實在無法將動作及個人需要的呼吸時間傳神表達，文字再怎麼厲害真的頂多只能說到百分之二、三十的程度。我曾看過一些教導呼吸的書，他們寫了很多「用力吸、用力吐、再用力吸、用力吐、把氣吸上來、憋氣憋在眉心輪、鎖緊、繼續用力鎖緊、憋到憋不住了再放開……」諸如此類的文字，我發現光是看別人寫的書，我都不見得能夠百分之一百理解，更不用談沒見識過的人用想像力來揣摩未曾做過的事，一個人對文字的感受跟實際操作的出入可能很大。為了避免不必要的誤會及扭曲，脈輪的呼吸技巧最好還是要有老師現場帶過一次，才知道我們做得正不正確，畢竟有技巧的呼吸不是那麼簡單。舉個難度高一些的呼吸例子來說，有的呼吸法還牽扯到氣有沒有從最底下的海底輪在一、二秒內一路往上竄升到頂輪；一般人看不到那股氣，但功力夠的靈性老師，比如說寶治老師，可以告訴我們有沒有用對肌肉輔助氣一路竄升到頂輪）。

心理治療師的觀點來說，我們最好時常讓脈輪能處在一個淨化的狀態，簡單舉兩個最直接的例子：沮喪的人會因為心輪較開了而比較開心；太焦躁憤怒的人會因為心輪比較柔軟了而顯得穩定一些。脈輪通暢絕對能幫助我們改善情緒，協助身心靈和諧，這是身心靈清理的基本功。

脈輪呼吸可以協助我們達到一個相對上優質的身心靈平衡，從「身體」上的平衡可以回饋到「心理」的平衡，心理平衡了，心情自然比較安定寧靜，反過來身體也會因為心理安定寧靜而比較健康。我們人會焦慮、會慌，通常跟感覺生活中某些人事物「失控了」有關，人在失控之下會很想抓個浮板，可是浮板在現實中不見得很容易就抓到，但認真、有技巧的呼吸是會產生「控制」感的。人腦很好玩，控制呼吸，**可以產生控制感的第一步**，就是這麼簡單。有人可能沒試過脈輪呼吸，會覺得「呼吸」與「控制感」之間的關連很不可能，我講個動物本能的反射動作來驗證：當我們回到家中卻發現家中有小偷時，我們是不是會不自覺地先憋氣？的確會憋氣，對不對？憋氣是為了讓自己快速掌控情境，應付危機。我們的反射性本能就是會控制呼吸，但我們常讓自己身置文明科技的壓力環境當中，壓力過大時便常常不自覺地不呼吸或只是淺呼吸，時間久了身體及心理都會反射性誤會自己身心不安全。

脈輪呼吸所要教的是讓我們在壓力中「不斷地鬆一口氣」，讓呼吸從不知不覺變成有知有覺。我從催眠心理治療的經驗中發現：**身體其實是潛意識最老實的舞台**，心理說不出來的話，身體往往說得出來，**身體總是比心理老實**。我們的心理在壓力下常常跟身體解離，擾亂本能，其實，我們的腦子、心理常自以為比身體偉大，而把身體放在比較次等的位置，腦子與心理老是使喚身體，要身體再多撐著一點（我們多少都在暗示身體可以退位，然後身體真的就會接受暗示而逐漸退化或不健康）；我們憋氣或淺呼吸是從小就開始的，當我們不想讓父母看見我們的真實情緒時，我們便憋氣或淺呼吸（父母很容易教我們不要哭、不要怕、不要生氣、不要難過……然後當我們聽到這些話時身體本能會憋氣以度過不安，久了之後，心理卻誤會這種反射性的憋氣、淺呼吸能幫我們解決問題，心理便自作聰明地訓練身體不要呼吸）。我們都忘了嬰孩時期的我們，當時的呼吸都是深呼吸的，都是很棒的腹式呼吸，當嬰孩吸氣、吐氣的時候肚子都會明顯起伏。分析整個狀況，隨著長大，我們在生活中只是覺得失控，我們只是覺得危險，只是常因為心理搞不定狀況就不好好呼吸……人真的是太莫名其妙了，竟然有這種自殘的方法，心理覺得自己有危險，快死了，就開始不認真呼吸，拿自己身體來出氣，偏偏憋氣解決不了問題，人若是沒氣是會死人的，我們還是要深呼吸！

心理（醫）師在晤談室中通常不太在乎個案有沒有在深度呼吸，我們常以為個案嘴巴還有在動、有在跟我們談就好了。事實上，呼吸太重要了，心理師或身心科醫師必須要有：（一）催眠心理治療師的技巧，敏感觀察個案當下的呼吸是深是淺；（二）靈性老師的脈輪呼吸技巧，至少要會一、兩招。因為一個高度焦慮的個案往往是淺呼吸，腦子容易缺氧，缺氧時左腦僵化的理智容易持續卡住右腦的情緒，或者是氾濫的右腦情緒蓋過薄弱的左腦理智，這時的問話是問不出所以然的，但做了脈輪深度呼吸後的個案，較能表達狀況並頓悟的。所以當心理治療遇到這樣卡關的瓶頸時，我們可以往最老實的身體搬救兵，先從呼吸技巧的訓練開始。

為了要對生命重新有控制感，我們可以嘗試先從控制呼吸開始，讓身體跟心理、腦子合一。呼吸是需要有深度的。

在一次次的呼吸中，腦中愈來愈有氧氣，我們會放鬆、放軟自己的身體，讓自己的身體休息，心情也會愈來愈安定寧靜，我們的心理自然願意跑出一些柔順的自我溝通空間及面對業力的消融力量，這就是從身體的淨化平衡帶到心理的和解消融。基本上，身體、心理這兩者的互動就像是個雞生蛋、蛋生雞的狀況，是一種循環式靜心的過程。在躁怒或憂鬱裡面我們不容易跟自己的高度靈魂相遇，但在安定靜心裡面可以，所以在脈輪靜心、淨化下，自然而然會讓靈魂進化昇華，可以讓身心靈三者合一。當然靈魂的進化昇華不是一蹴可幾，是需要很多次的自我努力跟一些因緣際會的湊成。

若跟專業醫療人員談神靈，很容易被誤會是迷信或怪力亂神，偏偏，身心靈的「成長捷徑」就是認識神，並信任神的力量可以介入助益的。可惜，我們除了在加護病房或手術房外，大部分的人都不太相信神可以幫忙業力的改變，這很矛盾不是嗎？為什麼平時的心理治療不能請神協助？為什麼一定要病入膏肓、絕命終結的程度才覺得人有靈魂，神會介入？

坦白說，深度脈輪呼吸時很容易跟神性的自己，以及累世有緣的指導老師、神靈相遇，試過一次就很容易相信這是早已經存在的神靈協助現象。其實，身邊一直有很多神在疼我們，在幫我們，若不小心被這「與神相通」的管道給帶到溫暖上癮的也是好的、健康的上癮。畢竟太多療癒，單獨以人的智慧、力量跟安排是做不到的，因為人們在心理上很容易有盲點、有抗拒、會延遲跟自殘，但神不會。心理（醫）師偷偷請神幫，總比自己一個人單打獨鬥來得輕鬆。

以我這個「人」來說，之前對神很陌生，但我在二〇一六年五月第一次上信義老師的身心靈課程，第一次做脈輪呼吸之後，我不只覺察我已經憋氣、淺呼吸數十年的時間，也同時知道我讓自己的靈性、神性睡了多長的一個覺。前一章節有提到我是在八月「關係療癒，財富豐盛」的課程中才開啟法國那世的業力消融，所以從五月到八月，靈性只花三個月的時間便準備好要面對法國那世的苦，願意做數百年以來的靈魂業力解決，也意外鋪路準備消融十六年來的恐慌症！相比之下，靈魂沒覺醒前，心理上有很多盲點、抗拒和延遲，光是一個恐慌症便讓我耗了十六年。「三個月」跟「十六年」，會算數的人都知道這真的是差很多的時間！

我認真的認為，少了靈性熟成的技巧，以現有的心理治療方式，還是會繼續拖延累世的自己相互和解、合作的時間。

為什麼我們會拖這麼久的時間？基本上，是**靈魂高度**及**靈性世界觀**的問題。在井中若沒有井外的人帶，視野還是比較窄、靈魂高度還是比較低，不容易知道外面還有讓人更開心的世界存在！心理醫療人員跟個案其實有隱形的共業——醫療人員跟個案的關係其實如同師生關係，多少有累世因緣，以我而言，別人的案不見得跟我適配，我的案也不見得跟其他治療師適配。但假如心理醫療人員沒負起社會責任，本身的靈魂高度不高的話，綁在一起的靈魂族群勢必僵在原本的高度。大家一塊綁在井中，過了二、三十年，兩、三百年後，可能還是原來的那個老樣子，這是很可怕的現象。我曾經是在井中的青蛙，所以我懂那種有瓶頸卻突破不了的感覺；然後我也懂那種當治療師靈魂高度拉高，整群個案狀態都拉高的現象。

要離開那口井是要花很多心力努力跳脫的，沒必要時一般人也不會想要離開那口井。每一個醫療人員想跳脫的原因可能都不一樣，但以我來說，因為我的井水被下毒了，連我在家中都還被外人掠奪迫害，糟到一個讓我終於「受夠了」的狀態，我才終於想要離開、我才終於想要跳脫！我很感謝我能夠做自我催眠，有畫面有真相，能夠看到自己與冤親債主有好幾世負面的淵源，這才真的願意承認一切苦難叫做「累世業障」，這才願意相信我的井不能再待了，然後我也才願意在身心靈的關係上做累世的拯救跟和解。

井中的業障讓我看見人性累世的黑暗面，這讓我遍體是傷，我跟一般人一樣，在恐懼之下容易一直吸引恐懼，然後在恐懼中，無知外面的靈性世界才是真正的安全世界。但是，我在脈輪呼吸中一次次擺脫恐懼，一次次消融業力，也一次次窺探到井外的和平世界，從此讓我真的甘願走不同的軌道來做澈底的改變，讓我完完全全跳到井外！

跳到井外之後，有一個共同點：舊有的靈魂高度跟靈性世界觀，變得像破舊不堪使用的外套一樣，脫掉，換成新衣之後，再怎麼戀舊的人，都不覺得舊衣能夠再常常穿上身！

‧丹田「啊」起來～

分享完脈輪呼吸，再來分享一個用丹田發聲喊叫的活動。我本來是個含蓄不會喊叫的人，但在「關係療癒，財富豐盛」的課程中，有個集體用丹田大喊「啊」的單音活動，大概三十分鐘，這讓我大開眼界（應該是大開靈界）！幕後的推手也是信義老師，他對著人際議題不斷情境式地感性催化，不斷地從婚姻家庭、成長過程、小時候的情境勾出又真又深的盲點，勾出一幕幕未竟事務……這是一種別人模仿不來的信義式絕招，因為只有老師自己發揮得出來這種濃濃台灣國語腔中的高度靈性敏銳度及智慧。

至於我有沒有喊？若要我一個人喊，我很抗拒的，寧可被打死都不要喊，因為我強大的認知制約早定義喊叫是不文明的，會強烈質疑這到底要做什麼？而且我曾經在心理學的教育過程中卡在不好的喊叫經驗裡。

我不是個父母會叫我不要大聲喊叫的人，因為我本來就不是個會吵的小孩，我父母從來不會叫我「不要吼叫」，所以我沒有那種被父母壓抑不准吶喊的議題。但我在心理學的心理劇教學中曾有過不好的經驗，第一次見面，跟老師又不熟，他卻一開始什麼場面話都不說，就要我們「放開」自己跟著音樂跳舞，之後他又要我們用喊的傾倒出自己的「不滿」……我心裡很納悶，不明白為什麼我要聽一個陌生人的操控？為什麼一大清早我心情很好，卻要我轉念至「心理困擾」、「問題」、「不滿」？這兩個都是我不能做的事，因為我不想在「環境不安全」之下去做外放的事情，我也不想在心情好之下，刻意做心情不好的事。辦不到就是辦不到！縱使我是從紐約回來的人，彈性應該比別人多，我也應該比較開放，但我就是不喜歡聽從一個不安全的人所說的話（我在兒童局家暴中心對某些人格特質有高度敏銳度）。所以也不是因為和老師不熟的問題，而是我不喜歡這個帶領者的人格特質，我的第六感讓我無法接受這個人，所以連帶從他身上放出的東西我都不太想接收。

在我遇見信義老師之前，我一直不是個能內化並運用大喊技巧的人，因為在我的認知上，我一直不允許那些心理劇或企業訓練的老師，在我心理尚未認可「他」或這些「內容」時，就把我們當成傻瓜一樣叫我們喊。我承認我在心理學上是個很頑固又很麻煩的學生，這就跟「醫生是最爛的病人一樣」。

我在心理團體中一直都是超級清醒又愛分析的人，所以縱使帶領的人說：「喊沒關係」，甚至還強調：「因為我們都有簽同意書，一切保密」，但這強調的話反而會把我打醒。為什麼呢？因為流於型式的心理團體，最愛一開始就簽「保密同意書」，目的是讓這紙產生保密不外說的約束力；我往往無法看重這張紙的份量，知道這大多是型式而已，在人性上，會講出去的人還是會講出去，嘴巴跟良心長在個人身上，不在紙上。

我喜歡信義老師是因為他沒被心理團體的框架給框住，他帶的團體就是少了這「多此一舉」的保密簽約假動作，畢竟我們要激發出的是個人的神性良知，一個人若有良知，不會說的人就是不會說，凡事都好辦；若沒良知，個人造業個人擔。就這麼簡單的自然定律。

信義老師的外型不像一般工作坊穿著正式襯衫的講師，但他也不是穿道服或其他奇怪衣服的人，穿著很普通，我一開始還私下亂暇想他跟寶治老師是「農夫」之類的背景，所以這讓人低估他們，也讓人不防備他們，當然也多了份田園自然的親切感。當我在信義老師帶的團體中，感覺真的很不一樣，我看到什麼叫做「由內散發到外面的平靜」功夫，信義老師實在太會在團體開始時就用漸進式的方式凝聚團體，勾發我們真正安心的安全感。慢慢地，我覺得安全，當然我會願意去跑內在的情境議題，他愈引導，我愈信任他，我開始願意鬆開喉嚨一些些，比較好奇去做嘗試。

當然，不是隨隨便便一群人大聲喊「啊」就有用，腦子在理智跟情緒上是很忙碌運轉的；平常我們不會這麼容易誠實面對自己及承認自己的盲點，信義老師推動的功夫真的很厲害，他用的不是空泛飄渺的抽象字眼，全都是針針見血至心理裂縫中的強度，把人推到兒時經驗、教育成長過程、伴侶、婚姻、家庭等等跟生活息息相關的議題，每個人都被勾出一些忍不住要落淚的心酸史與未竟事務。對自己腦子一向嚴格把關的我，強調高度獨立的想法跟情緒，不允許我自己被別人帶到我不想去的地方，但當信義老師有能力把情境帶到我的心坎深處，我自然會願意外放自己的內在層次，一切都跟帶領老師內在有無自我整合、有無實力、以及環境有無散發出真實的安全感有關。

我聽到有好多人「啊」的聲音變了，因為邊「啊」邊哭……我想說不是只要「啊」的單音就好了嗎？「啊」跟哭怎麼混在一塊呢？我很佩服其他同學可以哭，對我來說不容易，因為我光是「啊」都「啊」不太出來，更哭不太出來，畢竟我覺得**這世**的伴侶、家庭、工作議題，在二十幾年的心理治療中已處理得差不多，我的裂縫已不多，但我理解其他人真的在走心理療傷的過程。私下的我，閒不了，潛意識不知不覺發揮自我療傷的反射本能，開始往更深的記憶跑，我的潛意識竟然開始偷跑到仍有傷痛議題的**前世**去……而且我一跑就是跑法國（它占的比重太重了，重到好像我沒有其他前世一樣）。

剛開始我「啊—」的聲音很小，很像打哈欠一樣的聲音而已，而且我只能從喉嚨發音。但一旦在潛意識的腦波中開始有法國的畫面，我整個負面情緒就用力翻滾上來，立刻反射性鼓勵我放開喉嚨跟著大家喊，然後腦中的情境開始跑得更深，我愈喊，情境愈是有變化，開始一幕又一幕在眼前不停流過，甚至出現以前沒見過的歷史片段……

在信義老師的教室中，我把自己這輩子第一次的大喊奉獻出來。喊到中間竟然會愈想愈氣、愈委屈，然後再也不管旁邊有沒有別的同學就更用力的喊了，好像用聲音可以打退敵人、打垮仇人一樣，喊到後來，大家都會沒力，沒力時，問題好像就是變得不再那麼卡的時候，等到最後能夠躺下大休息時，全部的人似乎也都累了，在等這時刻，都願意「放開一切」、「好好休息」了……這也是生理回饋心理，心理又回過頭來影響生理的方式。很有趣的是，大家共同的回饋：剛剛的大喊讓全身變得熱，頭很脹，心跳快，呼吸很急促，但後來的心情卻都變得很輕鬆！在大休息後，每個人的表情都變得比較平靜安詳，眼睛亮了，頭腦清了。

活動後，我發現這大喊「啊—」的活動讓我太意外了，除了可以讓喉嚨、胸腔、腹部等身體的壓抑鬆開，還可以震開緊縮不放的頑固腦部記憶，進而深度清理腦部潛意識中的創傷記憶及情緒，之後又從腦中往下回饋性地淨化頸部、胸腔、腹部那些曾經在歷史上記住的內在創傷（對應的脈輪位置各別是喉輪、心輪、太陽神經叢）。其實，全身的脈輪都會被「啊」的聲音給震開，只是我這幾個部位特別明顯，原因是我的法國時期儲存很多創傷議題在那幾個部位。後來聽信義老師解釋才知**「啊」是一種原音，是宇宙創始的原音之一，我們可以從原音的管道中請神協助消融這些傷痛，也可以喚回我們初始未受傷的樣子，這就是靈魂業力修復的技巧之一**。當然，沒有安全氣氛及厲害靈性老師的引導是做不出這修復的（要不然我們在國小時的音樂課發音暖喉「啊啊」叫時就會做很多次修復了）！

在法國議題上我做了很棒的清理，漸漸地，從一個無奈無助的受害者，在用力丹田「啊」之下，內在燃起生命之火，我竟然成為一個有勇氣智慧面對自己業力的自我拯救者，同一個事件因為有新力量的加入而有了不同的解讀，我很訝異自己竟然較不懷疑我可以拯救法國時空的自己了。在畫面中我不斷地讓我法國的家園變安全，縱使掠奪者執意繞回來畫面中幾次，我仍選擇勇敢，用力趕走他們幾次，請該離開的人務必離開，我在沒柵欄的家園設柵欄，不再心軟放柵欄外的迫害者回來，不再被那種虛假哀求的眼神或悲情的招術給欺騙……我不可能再讓殺我小孩的人回來！這柵欄其實是必要的內心防護象徵，我必須在我的住家、私人生活中都設防治小人的柵欄，不是只有工作上會防擋而已。

課程是跟「關係療癒，財富豐盛」有關，等我內心力量更強大、更安定時，在法國的畫面中，我在郊區的家中開始走動探索，所到之處，用念力、願力讓色彩改變，色彩從黑暗殘破轉變成光亮完整

（這是催眠心理治療的技巧之一），後來我終於明白為何法國女人會這麼捨不得，因為光是郊區這個家，在光彩照耀下，外觀精緻華麗到讓人萬分讚嘆，它更是我今生打從有記憶以來一直深刻喜愛的歐洲藝術風格。然後不只是郊區的家，我也一度回到巴黎的家，但潛意識嚴重抗拒面對，秒速閃離（部分的我在靈性上尚未清理完法國的傷痛，巴黎房子還是充滿讓她心臟最碎裂的記憶）。雖然我不能停留在巴黎的房子，至少郊區的她不再是永恆背對所有人、不再是不願進入房子、不再是頑固不願脫離慘淡無光下的哀傷。神奇的是，在二〇一六年八月上課之後，**長期困擾我的喉嚨痛竟然漸漸好轉！**原來，我有很多議題卡在脈輪中的第五輪，喉輪，大部分原因就是法國女人不知道該如何說出她的痛，也不知道要如何放開法國那世的永恆黑夜。她在法國因為害怕而緊縮心輪，不肯再跟任何人說話，心輪、喉輪當然是緊的。然後當她從心輪深處願意嘗試解放自己，喉嚨當然是鬆的。當前世的我願意面對靈魂上的真實傷痛，也願意為了改寫靈魂故事而活，她同時就能改寫喉輪中所儲存的細胞記憶。這說明了，自己要從靈性的層次救自己！在此，我更領悟到**累世靈魂和解共生的重要性**。

每個人鬆開的部位不一樣，但最多人是在心輪，因為心輪是非常重要的一環，上接神性三輪，下接人性三輪，心輪堵塞了，來自兩端的能量也會堵塞。**靈性要能通，運要變，人生能轉彎，心輪是關鍵**。剛好心理師及身心科醫師在專業素養上很會開心輪，只可惜大部分的醫療人員碰到心輪以上的神性、靈性都立刻鳥獸散！

大部分身心科的醫療人員在專業塑成時，因為教科書完全沒教脈輪的清理淨化，也沒教我們靈性、神性的援助功效有多神奇，所以我們一直誤會心理治療的世界只有井口這麼大。其實，在心理治療下順勢疏通心輪，許多跟媽媽有關的議題會跟著鬆動。我們可以更輕易地了解個案為何跟媽媽關係不好？為何沒有安全依附？為何人際出問題？若順勢疏通臍輪（又稱為太陽神經叢），我們可以看見個案的（累世）恐懼漸減、蛻變能力增強、成癮現象漸散；順勢疏通生殖輪，許多跟父親相關的議題會跟著變動（例如：財富、傳承、工作、性、親蜜、安定……）；若順勢疏通海底輪，我們會看見個案較願意自我滋養照顧、採取執行力……縱使在此沒有將七個脈輪疏通的好處一一介紹，在這些簡單的舉例中卻可以清楚看見，心理治療可以在情緒及認知焦著的負能量迴圈中，嘗試加熱疏通相對應的脈輪（疏通所有脈輪是最終目的），只要再飆高一層能量的溫度，就可以融化卡在脈輪的深層古老瀝青型議題！有多神奇呢？親自試試就會知道！

靈性的技巧可以破解這些一直百思不解的身心焦著問題（書的中後段會以靈性成長的故事述說疏通脈輪的神奇效果）。

・慎選身心靈老師

在身心靈課程上，真的要慎選老師。好的老師會帶我們上天堂（厲害的靈性老師真的會帶我們見識到天堂的樣貌），壞的老師真的會讓我們住牢房（在團體壓力中，很多時候想走卻還脫不了身）。好的老師會教我們身心靈喜悅、豐盛圓滿；壞的老師會把團體弄得像邪教一樣，會歛財，會像老鼠會一樣洗腦錢坑，充滿小團體的競爭糾紛、惡鬥權力，甚至走火入魔。

個人進去身心靈課程前的獨立想法跟情緒很重要，我們必須擅用自己的敏銳度來判斷靈性老師是好老師還是邪教老師，但當我們長期缺乏父母的關愛之下，我們很容易**投射**靈性老師為自己缺乏的那個「好爸爸」或「好媽媽」，結果誤會老師可以成為我們渴望的「替代父母」（還好我在心理上已經調整到只是缺乏一個在田園中種菜養花的父母，所以我投射信義、寶治老師是農稼人）。其實，當我們內心跟父母極度衝突的時候，靈性昇華不見得永遠是第一順位的需求，或許用專業家庭治療與父母及其他家人和解才是第一順位。

當我們的心有「缺口」的時候，假如有個擅用假情假意來拉隴學生，自稱是能幫我們改變人生命運的心靈老師，我們人性自然會分不清楚這是靈性課程，還是利用人性缺口來扭曲操作的「煉金術」。然後有很多人在參加虛偽的心靈課程後，會很傷心，是因為這種假情假意不易持久，會發現錢愈掏愈兇，或者盲目的事情愈做愈多，在委屈與犧牲下，往往就是要花更多的錢來得到替代父母短暫的歡心。這根本是把原生家庭的未竟事務再次在靈性團體中複製，它複製出我們跟父母的衝突，也有複製出我們跟手足之間的衝突；但那個所謂的靈性老師不見得有能力幫我們了解內心是在投射那些未竟事務，因為他們自己不見得已經解決了自己家庭中的問題，他自己可能仍有很多的盲點，不見得懂這些心理修復的深奧技巧及處理方式。在一些宗教中，我們常看見這樣的家庭未竟事務漫延在人與人之間的衝突現象，讓原本進入宗教中想求得修復跟平靜的人，卻又不小心複製了相似的問題。幸好最近的宗教興起加入婚姻家庭治療的概念，幫助大家渡過原生家庭這一關，才不會老師、信徒常常弄得鬧哄哄的，又分派系，又弄小團體，明爭暗鬥，終究是在唱著爭奪替代父母關愛的老戲碼。

我看過最變態的戲碼是：先把學員弄得互相鬥爭，再濫用「神人」、「聖者」、「法師」、「救世主」等等權威的光環形象來做調停。然後這調停永遠怎麼看怎麼不公平，然後在一方不滿之下，很快下一波爭吵又再起……當這些假的「神人」、「聖者」、「法師」、「救世主」覺得一切都失控到不知怎麼收拾的時候，他宣布要解散，大家就哭成一團求他不要走，大家都說會乖乖的（受傷的小孩沒有人會讓父母走的，我在兒童局家暴中心看過無數個這樣的典型案例），就這樣又可歹戲拖棚一陣子，然後沒多久又再循環一次這樣沒什創意的戲碼。一群人上癮的，根本是原生家庭中的未竟事務。

基本上，若老師有密法、絕招、神奇法力、特異功能絕對是好事，但若是心術不正，強烈強調個人光環的人大家就要小心，他可能要大家花超過個人能力的大錢去上他所有的課才能「解冤消難」；或是說他「發功」便會拯救所有信他的人；或世界末日要到來，要趕緊皈依他門下才能「避免一死」；或者要幫他蓋宮廟、道場或教堂才能「救贖免罪」、才能讓祖先靈魂「揚升解脫」；要出家、閉關才能「消業障」；要性雙修才能「業力平衡」……這些，通常是邪教。一個人的成長及自我整合，絕對不是一個**自我中心**的老師能夠決定的。絕對不是老師很用功，學生不用功就可化解一切，有的話這真的是天大的騙局，專業術語簡稱叫做：騙人的「邪教」。

我曾經在一個台灣的場地跟一個號稱「大師」的美國人槓上。我以為這個人來自美國應該會強調自由意志及尊重人權，但他讓我左看右看，再怎麼看都明顯嚴重的不尊重人。上課沒多久他便極度浮誇的宣揚自己有多厲害，把自己去印度聖境修行的背景講得有多高深，旁邊追隨的助手們還一個個都因為他是「大師」，而不管內容是褒是貶，竟然點頭如搗蒜，但看在我眼裡，他的跟隨者根本是一群認知失調現象的受害者，因為他會不時貶低他的助手及學員，嘴裡面三句有一句是酸的話（這可用「斯德哥爾摩症候群」來形容，簡單解釋就是受虐者因為沒其他選擇之下就會選擇扭曲自己的心理，認為施害者給什麼小利小惠都是恩典）。一個「大師」對自己人都這麼言語不修行，他丟出來給學員的東西會是什麼呢？我不太敢相信會是好東西。

他一開始便高高在上，要大家歸屬他，要長期跟他學，因為他擁有很多密技，若聽他話保證可以脫胎換骨，可以萬事如意，所以上課的時間便不停廣播要學員買他的一些商品，順便跟他定好下次上課的時間！他可以在嘴巴上極度包裝，但我的直覺就是不願意輕易買單，畢竟我看到應該是動態的課程，他卻一直讓大家坐著不動，只見他嘴巴上一直不停地廣告課程、書、產品、更廣告他自己。

他說他「曾經」在某個表演領域多有名，多優秀，多與眾不同，我卻在想我認識導演，電視台製作人，我「曾經」一天就可以看兩場不同的百老匯秀，一週可以看四、五場，都可以坐ＶＩＰ席，但他卻在同舞台、同戲碼**重復**演出；當他擔心下一輪名單沒他的時候，我是看了秀一次就走的觀眾……我不知道他厲害的層次在哪？

他說他人生中最令他感動的時刻，是幫一個在醫院即將死亡的戲劇型女人偷渡大麻吸，完成她浪漫的心願！我聽了快發瘋！這從醫院通風口會影響多少病人？他最好保證沒有人因為吸到這大麻的煙而掛掉的（我在紐約曾經因為擦香水而被擋在加護病房外，我也曾經因為不知情而帶花去，護士要我立刻把花放外面，還要到隔離室穿套上乾淨的醫院衣服）。但學員中竟然有人聽了如癡如醉，覺得他勇敢冒險、助人行善、有情有義！學員真的不能判斷他對死亡、偷、混亂、反社會、自私、毒品、迷幻、邊緣型人格是個認同者嗎？

他說他修行的時候很辛苦，一做不對就會被師父打，還歷時多年！學員中竟然有人猛比讚，佩服他是堅忍不拔、精進求精、吃得苦中苦的高僧！大家對暴力真的這麼樣盲目嗎？我聽到的弦外之音不是這樣，其實他的意思是說——當我們不如他意時，也會被他打！大家都不知道，達賴喇嘛到紐約時，對老外們澄清「當頭棒喝」的錯誤迷思——在「愛與和平」之中沒有打這回事！

他是個沒有夢的人。我說我的願望是在離我家近的地方做出一個最棒的身心靈中心，他一聽，不問我內容有什麼，或要怎麼做，竟然立刻用貶低不屑的態度說：「這是絕對不可能的事！」我請他解釋為何不可能，他卻說不出所以然，甚至翻白眼！我當下立刻明白這個人，不只是不懂得進入別人的想法中去幫別人，自己沒有夢之外，還擅長粉碎別人的夢，當他自己做不到時，他就投射性地認為別人也不行！

基本上，這個「大師」實在太自我中心，沒什麼自覺，他可以持續浪費時間浮誇地賣弄物質商品跟推銷自己；台下逐漸出現打哈欠、睡覺的人，但他認為是學生不專心、是學生的錯，他斥罵、重複叫醒學生，他不會認為是自己太偏離主題或專注在太過無聊的自言自語……對於一個內在乾扁到極點的人，我本來不會對他怎樣，我會乖乖當一個觀察的學員，但當他刻意拉我上台，要我坐在他跟助理中間，他們緊緊肩並肩像三明治一樣夾緊我，指揮我幫他招生時，我便因為他在明顯利用、操縱我而不願配合了。更何況，這個「大師」還很沒大腦的要我在他臉上親一個，好讓台下的學員以為我臣服於他？我可以很清楚地知道這個人瘋了！這絕對不是一個有自制的美國人會做的蠢事！當然我做不到（我不可能親，我腦中只想賞他巴掌）！

後來，當他繼續瞎掰時，我懶得理他；當他想賺台灣人錢，卻又不停在嘴臉言語上貶低台灣人、輕視女人、把抱怨當成在教課，這持續的言語暴力積沙成塔時，我是受不了的！我對暴力的忍受力一向不高，紐約家暴中心的我對精神暴力非常敏感，他大大犯了我的地雷，我忍不住而挑戰他，我的骨髓裡不管什麼時候都是藏著「暴力終結者」的幹細胞，我當然知道在台灣要給「大師」台灣式的「面子」，但我真的沒有看到大師，我只看到一個在美國混不下去的老外，在濫用台灣人的忍耐順從文化。

大家聽不懂他的英文，但我懂，他的隨身翻譯也懂。但他的隨身翻譯根本是一直亂翻、亂潤飾他的暴力罪行，十分嚴重的錯誤說成只有三分！我不只聽得懂英文原意，我也聽得懂話中有話，我內心超不爽快的，我直言說他說的話「沒道理」，我希望他在此停止精神暴力，認真教該教的課就好！但暴力男就是沒有能力處理衝突情境，我只是一、兩句反對他的內容，他卻完全不懂用美式的民主溝通及協商方式（更不用談精緻的華爾街協商模式），立刻露出怪獸原型，當眾脹紅脖子，大聲怒吼好幾聲要我閉嘴，不准我再講話！他的眼神瞪大像要殺人，但我又不是怕家暴者的人，因為我在工作上看太多了，但我看到這「修行」的「大師」當眾讓自己原型畢露，下不了台，我等著看他接下來怎麼收拾……

他後來覺得整體狀況不對，便刻意過來摸我的頭（肢體語言上，這是一個「上」對「下」的動作）！「天啊！這代表他是神，愚民的我被寬恕了嗎？」我翻白眼，我內心吐到腸子要翻出來了！

後來，沒有人從口袋掏出錢跟他報名繼續學……

我的內心嘆氣，我怨我自己當時沒在第一堂課下課時便走人，竟然為了好奇觀察其他學員的反應而硬撐完兩天（我那時在台灣還未曾被「靈性大師」傷害過，所以這個「好奇心」害我辛苦撐了兩天）。

我很訝異看到學員在「斯德哥爾摩症候群」下可把「大師」幻化成「男神」。對我而言，光從面像便知道這個人鼻高很傲慢、眉骨高易怒，腦中要轉換一個明顯讓我擔憂的「人」成為「老師」都很難了，竟然還要成為神？我很難像一些學員一見到美國男人就要把他投射成「男神」，因為我在紐約的家暴工作上便見過太多形形色色的美國壞男人，我在紐約也還很認真做過兩性心理研究，在match.com的「戀愛實驗」中認識太多比他優秀、成功幾百萬倍的男人；我約會過華爾街總裁、副總裁、名律師、參議員、名人、媒體製作人、曼哈頓上東城公子哥、醫師、建築師等等漫步在雲端的人……經歷過這些，我還會分不清楚這位「大師」的斤兩嗎？他看起來是很流浪的呀！

我只能說這兩天的工作坊對我而言，是非常嚴重的精神、情緒及認知傷害，明明他散發出來的是暴力，是在蘊釀非常嚴重的「斯德哥爾摩症候群」，大家還扭曲地認為，這「大師」給的折磨讓大家成長？還認同他的暴力像是高僧、禪師、宗師善用的「當頭棒喝」在敲醒別人？學員中其實不乏博士、教授、心理師、老師，我的心很寒，沒有獨立想法跟情緒的人真的太容易被騙了，明明他只是一個在美國待不下的人，明明他有太多身體語言在露餡……但不是每個學員都能聽懂他不安的笑聲，也看不懂他拙藏的安撫動作，我認了，我承認**人們在心理有裂縫之下分辨不了什麼是真大師**，這真的是很可怕的現象。

好老師，壞老師的分辨可以做個最簡易的摘要：**一個人是不是大師的條件，可以從他在人際上的問題解決方式便立刻看到答案，EQ一定要很高**（這是我從華爾街總裁、副總裁、名律師、政客等等成功者身上看到的定律）。

基本上，我上課時一向是非常用力、用功的學生，我不喜歡有老師浪費我的時間。活到我這個年紀，會浪費我時間的老師早被我拋在一邊。若老師是變態，先打了你再安撫你，這種老師一定要離他遠遠的（剛剛說的美國老師就是這個樣子，先粗暴吼人，後來看情況對他不利又變得極溫和，還刻意用小我「關愛」的眼神來招喚人。當我不想理他，他甚至還用手過來摸我頭，要我當個小女孩……他當我不知道暴力本質有著「暴力期跟蜜月期」的惡性循環模式嗎？這白眼能不用力翻嗎？他完全符合家暴男的必備條件！在美國的話，我敢保證，這個人光是男尊女卑的歧視及種族歧視就會被告到死。

在正常的身心靈課程我們不需要走變態的這遭，慎選老師是很重要的。大部分的靈性老師們都會說：「想哭就給他哭吧」，心理的洋蔥一層層剝開時本來就會刺激到讓我們哭，但洋蔥剝完後可煮營養的洋蔥湯，這就是回報。業力要消融當然需要學生自己一次次、一層層坦誠面對議題，願意覺察，願意負責，願意為自己的生命走一遭深度體驗，痛沒關係，成長很多時候是從痛苦中學。

不好的靈性老師，是把我們這心理的洋蔥濫當成球來踢，踢爛之後直接往垃圾桶丟，完全**過度合理暴力言行**下的痛苦。但有些洋蔥不見得會死心，不認為是老師有問題，在垃圾桶中都還希望老師來把他撿回去。撿回去後，他真的就會對你好？再一次，這是卡到原生家庭中曾經有人對你很暴力，曾對你做了傷害性極大的拋棄，你常等待，然後當你遇到跟父母有相似特質的人時，你不知道如何幫助自己從暴力中抽離。

若我哭，一定是「我」在剝「我」這顆心理洋蔥的時候，「我」為自己的成長而哭。絕不是因為對方對我施暴（精神暴力也是暴力），為了安慰對方的權力需求而哭。

要走靈性課程的人，最好還是先搞懂自己在心理上有沒有缺乏替代父母，才不會被有心騙人的老師**以提供假父母的假溫暖來行掠奪之實**。遇到有心掠奪的「靈性」老師，我們一定要有理智判斷這個人**不可能**帶我們脫離井；若要繼續在一起，通常只有不舒服的共業，就是繼續留在井中（他把一個人框在井中比較好控制，也比較好斂財）。在靈性上成功的老師，是不暴力也不局限的，通常他會希望我們在井外無限自由發展，也期許我們像鳥兒一樣，長大會離巢。很明顯，**有暴力言行的絕對不是靈性老師**，他只會騙我們在井中還有做不完的功課要學，原因是我們若出了井他就沒得賺了！很可能他只擁有坐在井緣的技巧，再遠他就沒去過了！他自己可能也不懂在井中下毒的兇手就是他！總之，我們要抓住一個最基本的原則，井外的老師EQ應該是要好的。

要判斷一個老師好不好，不是用這輩子修行年數或宗教派別來判斷的。修行年數或派別有時是假象，有一些厲害的老師其實是帶著累世的修行精髓而來，他可能很多宗教都在某幾世走過。基本上，看EQ最快，最能快速看到老師的真功夫！

在此忍不住要誇獎一下信義老師的EQ，**他在我眼前處理示範過**無數次困難至極的情境，他讓心理師的我覺得超級佩服，他對於別人不同的聲音可以真誠面對，輕輕拿起，輕輕放下（離開紐約後，我已經近十年沒佩服別人的EQ了）。比如說，我們有次上課時，一開始五分鐘內便有學員因為個人的情緒狀況，他要信義老師「不要拿麥克風！」「不要講話！」這完全出乎大家意料的事，要一個老師才剛上課便不要講話，這讓在場的人全都呆了，我們完全沒有準備好要應付這種莫名的突發狀況，包括我都苦惱。我又抓頭又抓脖子，一向是拯救者角色的我，強迫我那「只想上課當學生、不想上班當心理師」的角色退開，趕緊穿戴好工作用的心理師防護衣，準備跳出來、進場協調；然而，正當我還在煩惱、轉換角色的那幾秒鐘，我們卻已經親眼目睹信義老師輕輕接住議題，只是簡單對這學員說了幾句話，認同對方的存在，只講白話，不強調對錯輸贏，邀請對方嘗試另一種選擇，清楚明白講，接著就輕輕放下，他竟然就這麼輕輕柔柔地就把事件給消融了！這讓我很開心，因為老師他沒否認對方，沒發脾氣，沒責怪，沒懲罰，沒請人出去，也沒亂摸頭，他除了ＥＱ真的好，還完全沒用任何浮誇的經文或沒用的背景經歷來壓人，才幾句話就可以講到連我都心服口服，好聽！

靈性老師也是有分「理論派」跟「實務派」的。我會欣賞信義、寶治老師是因為他們理論、實務兩者皆行。他們可以傳授一些心理學上我根本不懂、不知、未知、難解、難消融的實用治療技巧。**真正良善的靈性老師，是在教我們釣魚的技巧，不好的老師是教我們一直跟他買魚吃**。信義、寶治老師都不是個努力開課吸金的老師，他們不常賣魚給人吃，他們教給人的是「自己要養活自己」的釣魚技巧，有趣的是，他們倆常常在課後免費帶共修，輔佐大家釣魚給自己吃；最受教的學生當然是那種一直努力練習釣魚給自己吃的人，努力的實修練習絕對是讓人在生活中年年有餘的！

心理乾材，靈性烈火，缺一不可

我剛上身心靈課程的時候，搞不懂為什麼有一些前輩鬼打牆，一直繞同樣的心理問題轉，明明他們在這領域已經很久，已學過超神奇的實用技巧，完全是我在心理學學習過程中學不到的，但是怎麼他們不像我這菜鳥一用這些靈性技巧就讓自己頓時解決一堆**心理**困惑？我不太明白我這菜鳥怎麼能夠在靈性領悟及心理進展上跑這麼快？

若跟其他同期的學員相比，我在靈性進展的速度也算非常快，非常明顯。二〇一六年五月至二〇一七年四月，若把一年前後的我做個比較，我在精、氣、神上判若兩人。我的恐慌症沒了，椎間盤突出不再壓迫神經了，不喉嚨痛了，家庭關係大大改善了，財富愈來愈豐盛了，身邊的麻煩人跟事少了，幸運及巧合多到數不清，直覺力變強，感應力變高，心理治療及前世催眠技巧大幅躍進，更洞悉婚姻家庭的脈絡，甚至靈魂業力的療癒技巧都出現了……我納悶，怎麼一樣的老師，一樣的刺激源，我的反應會相對這麼好？我跟前輩及同學的差異到底在哪裡？

跟前輩或同學比，我不見得是那種哭得最大聲或最會喊叫的人，在上一章節說過我很愛面子，我在團體中哭喊通常很含蓄，考量很多，沒那麼放得開，所以我覺得靈性領悟及心理進展厲不厲害跟哭、喊厲不厲害沒有絕對的正相關，**跟心理中意識及潛意識的交互運作應該較有關**；我不是個會念經或盤腿打坐的人，所以跟念經或盤腿打坐也不相關；我不吃素，所以跟吃素也不相關；我沒有固定的宗教信仰，所以跟宗教信仰也無關；我沒有上很多次「靈性課程」，所以跟追課的次數無關（數一數上課次數，十隻手指頭仍剩快一半）我沒有耗很多時間在課程的追逐，但我花很多時間追逐我自己及改善我的家（我跟信義老師見面的次數並不多，但我在第一次就將老師上課實用的內容「內化」在我心中，然後我常常實踐教導在日常生活及家庭關係裡）。

或許最大的不同是我有非常多意識、潛意識的探索，我習慣自我鞭策及自我追逐，我也常將一切美好落實在家庭及生活實務上。實際上來說，我做很多實修，除了靈性技巧，還在心中「實實在在的修」，我努力、反省調整我自己的個性、心性到更成熟的程度；我做靜態、動態的靜心冥想，與神連結，把自己常常放在光跟愛之中；我也看一些相關的書及影片，讓我自己不停接收外界新刺激，不停精進；寫書也是跟自己的靈魂不停地對話、懺悔及做改變的時候；校稿不是只有校文字，我是在**校正我自己**。有時我會反覆跳針校同一頁中的同一段，有時候是因為有些觀念需要更落實，所以對自己的意識跟潛意識一層層地重複錨定是有用的內化催眠方式。一小段文字便花一、兩個禮拜校稿，是常有的事。最有趣的是，在這一、兩個禮拜看似跳針停滯的過程中，往往有很多「奇蹟」、「巧合」的事，繞著這段跳針的文字在日常生活中真實發生，每一件活生生的事竟然都剛好繞著這些文字在幫我做驗證，讓我的心更踏實。

本來校稿我會想趕工，想要趕著像當時兩個月寫好初稿一樣的速度，但我漸漸發現有些情境急不得。**一個人從骨髓去做改變有他需要的時間**，**也需要一些因緣際會的促成**，後來我理解，**最需要交待的人是我自己而不是別人**，**需要的是往內看**，**而不是往外看**。所以寫這本書真的讓我覺得很特別，也很「神」奇，不停地讓我專注在我的核心問題，讓我一直都在跟靈魂深處的自己以及神對話；校稿中常常會很訝異一堆奇蹟與巧合的發生，會心跳加速、眼睛瞪大地驚呼「怎麼會這樣巧合？」但校稿到後來習慣了，心跳仍會加速，眼睛仍會瞪大，但我會把奇蹟與巧合當成是神在旁邊幫忙的真實證明，用充滿感謝的心，理解神幫我把文字落實在生活中的印驗和教導，我更認真聆聽訊息及虛心學習，當個受教的好學生。有時候，跳針也是因為內容中可能有盲點需要突破，我便會重複檢視去看看哪些是自我矛盾的部分，然後一個個突破它。校稿，對我而言，是種紮實的**實修**，是在改自己的慣性及心性，我後來發現我所走的過程都是在靈魂深處改造業力。

神公平地疼每一個人，所以來自神的力量是一樣大的。我這菜鳥能夠在靈性領悟及心理進展上跑這麼快，因素應該在**人為**。人為可以簡單分成「天賦」跟「努力」。認識我的人應該都不會把我歸類成那種從小有天賦的人，過程中也沒有宗教的資源，所以剩下的就是我們**自己可以掌控的「努力」**因素。但這努力的方向看來，我很確定的是，**不能太懶惰，不能太墨守成規，然後也不能是太粗淺的自我認識，更不能騙自己。若不認識自己、太自欺欺人的話，不易在身、心、靈上面做到合一**。**矛盾裡面是沒有合一的**。可是我們偏偏在生活上看到很多人基本上已經不認識自己，還努力騙自己、騙別人，所以才會常常處在「有漏皆苦」的狀態下。

・有漏皆苦，需要面對及超越恐懼

我以前不能理解何謂「有漏皆苦」，我中文本來就造詣不高，在心理學上沒有這種艱澀的古式中文，我也不知道是不是因為住在紐約太久，或者看西方的心理學術語習慣了，面對困難的中文而反會害怕。二〇一六年十一月，有一天信義老師在line群組中寫了一大串這種四個字一組的古中文，我瞄了一眼，立刻心裡慌、頭皮發麻，內心一直在喊說：「我看不懂！我看不懂！我看不懂！為什麼信義老師不要寫白話？」然後我請老師翻譯，老師也不理我（畢竟可以讓我們自己去體會的就要讓我們自己來，要讓我們自己學會去釣魚）。老師只是叫我不要卡在頭腦去思考。而後我腦子就更卡在「有漏皆苦」這四個字，然後在那一大串古中文中，還有「涅槃寂靜」這四個字，讓我更是頭皮發麻，「完全不懂！」。

我很哀怨，一個念到研究所的心理師，看不懂「有漏皆苦」、「涅槃寂靜」這幾個中文字。沒錯，這八個字真的很有難度，也很有來頭的，這一大串艱澀的古中文出自於**「光明神咒」**。

「光明神咒」：

正大光明，公正無私，
諸行無常，秉持良知，
有漏皆苦，積極義行，
諸法無我，依循真理，
勇於除惡，涅槃寂靜。

當時不懂這些真理的我，困擾地卡在我看不懂的慌及頭皮發麻之中，我不像其他同學一樣覺得這些文字漂亮，我只想我的腦子應該出了問題……我嘆氣，埋怨中文好難。我納悶，宗教裡或修行的人竟然要一直碰這種會咬到舌頭的古中文，他們好厲害，也太辛苦了。

大部分的字義我可勉強解讀，但「有漏皆苦」、「涅槃寂靜」這八個字的中文字義持續讓我看不懂。在看不懂之下，我開始搜尋跟鑽研解答，問了line群組的同學，也google查了資料，但，我竟然還是不懂這是什麼意思，只大概知道我的腦子壞掉，竟然在這八個字一直打結。我不認輸，我勸我的腦子接受一個最貼近、最能讓我理解的意義就好了。我解釋成：我的腦子跟我的心一樣有裂縫，就像一個有裂縫的容器會一直漏，有漏當然很苦惱；然後涅槃可比擬成心境狀況，在這搞不懂的狀況下涅槃真的不寂靜。

當然，理解到差不多的程度我應該可以放下了，但坦白說，我的心浮浮的，知道一切不踏實，好像還有個隔閡在。我納悶地想，我的中文真的有這麼糟嗎？我真的看不懂嗎？這真的是太詭異的現象。

巧合的是，後來，在靜心的**潛意識**中發現，「我不見得看不懂，**我只是不想承認我自己心性有缺失**。」我內心想著：「開完笑！我心理師耶！」我可以承認我中文不好，但我不想承認我的心有漏，也不想承認我的心不寂靜。然而這也正是我不認識我自己，還努力騙自己的時刻！然後我的狀況也正如信義老師幽然說出的那句建議：「不要卡在頭腦去思考」。

神不偏心，神一點都不會放過心理師！神就是要讓心理師的我看到我還有許多自欺欺人之處。當我太自欺欺人的話，不易在身、心、靈上面做到全然的合一，不合一，心理治療上幫人必然有較多的偏頗及矛盾。有盲點的話，神不會放心讓我盲人帶盲人的。

我在校這段稿時，神對我說了一句話，祂說：「過去兩、三年（二〇一四～二〇一七年），妳不再像以前三個月內做三十場演講！」這，是個事實……是個我已經壓得很深，封得很緊，一直不准自己再去看的事實！聽到神說這句話的當下，我立刻撐不住，鼻酸、哭了。神說的這句話，像一把手術刀劃開化膿已久的膿包一樣……

的確，過去兩、三年我在公開的場合做了長期的封閉，我封嘴。因為「講了也沒有用」的殘留情緒一直腐蝕著我。一切是因為二〇一四年一起醫美糾紛讓我飽受大財團以及司法界的黑暗不公平，那時我鼻頭被弄到破相，我帶著黑色的痂、紅腫凹洞的鼻傷，以及內在的心理創傷硬撐著做數十場演講、工作坊；所有的社交場合都是帶著傷出場，鼻子是臉上明顯的中心部位，很多人不想盯著我的鼻子看都難，問我怎麼了，委屈不在話下，但為期兩年的司法訴訟才是讓我心寒、最失去對人性信心的關鍵。司法最後以八竿子完全打不著的荒謬論點收場，讓過程中任何努力澄清疑點的證人、證據都變成沒有用的廢言，為了公平正義而搏鬥的時間、金錢跟心力也變成是完全沒有意義的。司法不應該是忽略證人、證據，卻以某一法律期刊發表的文字，斷章取義地以「意外發生的**機率**」當成判決。當庭我立刻對判決的檢察官點出他的荒謬邏輯，比喻他的盲點如下：若一個人走在這條路上被撞死的機率是〇．〇三，那一個人被撞死了，剛好就符合在那路上被撞死的〇．〇三，所以被撞死屬於意外會發生的「正常」機率，判決可以依照「正常」機率來判就好，不用其他佐證，在這條路上肇事者永遠是無罪的，是這樣子的嗎？

這司法的判決絕對鼓舞了醫美界，這可以讓大財團日後更是有恃無恐，可以儘量出錯、完全不用怕，因為在這司法中已開例，任何「意外」都屬於「合理」、「正常」的機率中。這讓我不懷疑台灣司法的後門大開嗎？

從那之後，我對於台灣的司法公正完全幻滅，因為「講真話沒有用」，台灣司法無法像美國紐約一樣給受害者公平正義的保障，竟然不保護受害者，只保護壞人，這可怕的怪現象讓我嚴重認知失調！我受不了最代表公平公正的法院內有一堆愚昧不堪的謊言，怎麼可以是加害者一直否認、說謊便可從事實中逃脫（我持續懷疑還有更多不為人知的黑暗內幕……）？我在紐約兒童局家暴中心工作六年，一向與公權長期合作並講求公平正義，我一向信任司法有足夠智慧與良知可以保護受害者，然而，台灣不是這樣，這讓我出現完全混亂的認知，我不敢相信台灣的司法是這樣的病態，竟然不能盡公平正義之責用力矯正加害者。但，事實擺在眼前，真的沒有公平正義！

所以不知不覺中，當我意識裡不相信仍有公平正義，我的**潛意識**也不願意再相信光明神咒中所說的：「正大光明，公正無私，秉持良知，積極義行，依循真理，勇於除惡」。這些字對我來說都很諷刺，都是騙人的。最該公平正義的司法都不公平正義了，還能去哪尋找司法正義？「講了也沒有用」、「講真話沒有用」，這種殘留的無奈情緒讓我給自己下了封嘴的詛咒，然後我的喉嚨也從那個時候開始常常會痛，我一直覺得處在感冒的症狀中。我的確是感冒了，因為我的心被司法的病毒弄到感冒。往後當我不願意說話卻需要說話時，我的喉嚨就常常用痛來做表達，我在諮商治療室中也常常在痛。在潛意識中，我公平正義的世界瓦解，偏偏巧合中就是會連續來好幾個遭受不公平訴訟的受害個案，來讓我繼續生司法的氣，讓我檢視個案跟我到底在司法不公中讓自己消失了多少。然後竟然連司法界的人也都來約諮商，訴說工作中的黑暗面，這讓我更看到我不想看到的內幕……總而言之，在所謂「理智」的世界裡有著難以想像的「沒道理」，在不停的認知失調中，我對咬文嚼字的訴訟公文反感極了，因為在我腦中「公文」已經扭曲變型成「不公平正義」的代表，難怪我的潛意識阻擋我看懂很難的中文，**心理扭曲地認為：因為看不懂，就不會再經歷這樣的傷害**。我的狀況跟有人在災難下突然心因性失明、失聰是一樣的道理，我是對公文、古文斷了線，一切都**因為內在信念瓦解崩盤**。

剛剛的實際例子說明「潛意識」在我的生活中做了什麼奇怪的扭曲功夫，某部分是在**保護**我，某部分又是讓我躲到連我都找不到自己的隱密地方（但我們若往信念被破壞的死胡同中去找，應該就會找得到我，**散落的靈魂碎片通常是卡在死胡同中的**）。我有沒有自欺欺人？絕對有！**苦到不用欺騙來騙自己不行（扭曲性地保護自己）**。我的意識長期騙自己也騙大家說：「我看不懂古式中文。」其實，潛意識真正要說的是：「**我不想再遭受司法的不公**」。我當時真的沒有想到會是這樣的心理機轉，難怪，當時身邊的人再怎麼說文解字都安撫不了我莫名的不安。在心理上繞了好大一個彎才來到這裡。

這個時候我就在想？這麼愛做精神分析的心理師都有盲點了，一般在身心靈課程中的學員並沒有這些功力，一般人有辦法看到意識跟潛意識在打架嗎？可能不容易！而且也不是每個心理師都對意識、潛意識能夠有這麼深入鑽研及分析的，除非他很懂精神分析跟催眠狀態的意識跟潛意識，所以要求一般人懂得分析自己應該多少有些困難。難怪，在身心靈課程中重複跳針的前輩大有人在。我終於知道他們不是不願意看，而是可能一直抓不到潛意識中的答案！雖然有一句名言：「看到，就是解脫！」但一般人可能沒辦法分析看到**潛意識**這麼深的深處，所以，看不到，也就猛跳針，解脫不了。

況且有時候，要看到的還不只是這一世的事，很多業力還跟前世的未竟事務有關。有一些內容若看不到，也容易猛跳針，解脫不了。坦白說，當我自己做前世回溯時，我看到我訴訟不公的情節在兩、三個前世也上演過（我其中一世是一群白女巫被莫名扼殺，另一世是全家在法國被蓄意迫害），這些人物都沒變，反而當時男性當道人心更為惡劣，更沒有所謂的公平正義，可以大方欺負女人而不用負責，所以我不只一世跟他們討公平正義，未完成的事也真的就在這世繼續完成，然後我一直都是以女生的角色跟他們在奮力對抗！若說這輩子有何進展，至少自由民主的時代對一個女性比較有利，我除了能拉對方上法院耗兩年，還狠狠地將真相公諸於新聞媒體（不管自己當時受傷的照片多狼狽也要公布，我當時討公平的勇氣遠遠勝過外表的美麗需求）。

要「解脫」，跟「有沒有看到？」是有關的，看來大家要花更多的心力鑽研心理學中的「意識」與「潛意識」，心理學的精神分析教的是基礎概念，催眠心理治療中用的是更深的心理分析概念。我們不見得一定要做到前世，因為前世也不是每個人說要看到就能輕易看到的，但我們至少也要搞懂今生的靈魂業力是什麼。了解精神分析中「意識」與「潛意識」的機制，多少就可以此生要處理的靈魂業力是什麼。若沒心理分析的功力，可能不懂得業力在做什麼，以我提出的實例：「我看不懂古式中文」等於「我不想再遭受司法的不公」，乍看是不相關的，不容易直接繞到跟司法有關的方向去，因為真的需要繞很大，很大，很大的一個彎才能繞得到問題真正的核心。回想當時我在解讀「有漏皆苦」、「涅槃寂靜」這八個字的過程，不是只有我一個人迷惑，我身邊也有一堆人跟著迷惑，他們看不懂我在做什麼。你們知道有多少人忙著對我說文解字，就是沒有人問我心理相關的話？沒有人問我：「古式中文讓妳慌，頭皮發麻，跟以前的什麼經驗有關嗎？」、「妳聯想到什麼？」、「古式中文對妳的意義是什麼？」、「還有什麼情緒是被蓋在底下沒出來的？」

真的不是大家不幫忙，大家心地都很好，而且超熱心，只是大家在心理學上都太弱了。變成大家都只是在文字的表皮空轉、空解釋。

這同時也讓我想到，**當一個人不知道方向的當下，說出的唯一一句話便可能是誤導別人的第一句話**。我忽略了一個事實，我在身心靈課程中真的是菜鳥，不知道人在身心靈成長的領域中仍然有著差不多的心理機轉，大家都不是刻意要騙別人，只是很多時候我們連自己都先騙過了，我們會認為自己所言屬實。就像：「我看不懂古式中文」一樣，我是真的以為我看不懂。我對大家做出誤導，正因為我的心理有業障，我自己在當下真的不知道答案，沒有刻意要誤導別人。

恕我岔出講解一個心理機轉的迂迴過程，解釋什麼是**當一個人不知道方向的當下，說出的唯一一句話便可能是誤導別人的第一句話**，請讓我運用戲劇表現極高的自殺防治中心例子讓大家快速看懂（我已在角色上多重改編而且完全不具名），說明的目的是建議身心靈課程也要像我們在自殺防治中心處理危機時的狀況一樣，危機時，不見得能相信個案所說所言。案例一：當對方說要上廁所，他說他想去洗把臉，很可能他一去，念頭一轉便自殺了。後來當我們看他家庭史時，醫療人員很自責，因為他的爸爸就是在廁所死的。我們猜個案自己也不知道他對廁所有這樣的家庭情緒未走完。案例二：有一個在高樓要輕生的個案要求劈腿的女朋友前來現場，他想要她說她仍愛著他，但女朋友一來，他念頭一轉，就立刻往下跳了。他自己很可能也不知道他會在她面前報復性地死給她看。然後當我們看他家庭史時，醫療人員再次很自責，因為他的媽媽在包二奶的爸爸回台的那天，跳樓身亡。

就因為這種事件太常上演，後來警消、自殺防治中心在宣導時，對醫療、警消、學校輔導人員都建議要「加強辨識」，因為我們對個案要降低誤判的機會。當然不是每個自殺防治中心的種子講師都知道「加強辨識」是要辨識什麼，大多知道要避開報復型的自殺，但是不是每個種子講師都有婚姻家庭治療的概念，他們並不知道要特別加強家庭史這點來做深入分析並做預防。很多時候不是種子講師不講，只是因為他們沒有婚姻家庭治療的訓練背景（這狀況就跟身心靈課程中不是每個老師都跟信義老師一樣，會逼大家看個人議題是在伴侶、家庭、親子中出了什麼狀況）。婚姻家庭治療背景的我，在教自殺防治上特別警惕家庭的影響，請大家要從家庭史中抓出一個人特別傾向的慣性危機反應，然後這慣性跟家庭未解情結有關。我們要學習看懂未走完的家庭情結在潛意識中容易傳遞漫延，因為家庭歷史非常容易在下一代再次重演；看得懂，才知道要怎麼預防及轉彎，悲劇才可能不再發生。這絕不是一句長官說「加強辨識」的抽象台詞便可避免一切的，一定要婚姻家庭治療及精神分析的功力夠，才容易在短時間內找到在伴侶、家庭關係中隱形躲起來的危機因子。

‧問題癥結藏在慣性自欺欺人中

當我在督導諮商輔導研究所的碩、博班學生時，我們常看見一個功力不錯的婚姻家庭治療師多少可以去擺攤「算命」，因為從孩子的狀況可以猜出父母及上一代是怎麼樣的狀況（孩子是父母的一面鏡子），從上一代也可預測這對夫妻的伴侶關係及下一代孩子的未來個性……很多可以上下推衍的發展故事寫在家庭史中。畢竟人是慣性的動物，慣性中自然有很多可以推衍及預測的方向。當然，婚姻家庭治療的目的不是在算命，我們主要是在做慣性的改變，用比較科學的實證方法帶大家看見脈絡可循的線索，藉此找出脫離慣性的軌道。但是，最令人頭痛的還是一般人慣性中的「自欺欺人」，有時真相是讓人不太舒服的，所以當治療室中抓出現真相時，一旦看到問題的癥結，通常這也是個案或家庭不肯面對事實而落跑的時候。

心理治療室中有一堆自欺欺人的現象，最危急的心理急救站——自殺防治中心，也有自欺欺人的現象，當然身心靈課程中也有自欺欺人的現象……基本上，只要是人，都可能會到處騙自己跟騙別人，其實到處都有自欺欺人的現象。光是路人問你：「今早好嗎？」我們就會說：「我很好，謝謝你。」我們心裡真正想說的卻是：「我沒空！」、「不要問我這沒意義的問題。首先你並不想了解我，其次我也不想跟你聊那麼多。」大多數問話的人心中也想：「不要多說，我沒有要多聽你講。你只要制式化地回答『我很好，謝謝你。』然後快速走過我身邊就好！」我們身邊自欺欺人的事真的一大堆，然後我們都在不知不覺中制式化地演我們認為應該演的戲碼。我們剛剛所舉的例子是跟路人，倘若，我們是跟家人呢？狀況可能一樣多，甚至更多。光是家人說：「我這麼做一切都是為了你好」、「我這樣做純粹是犧牲奉獻」短短一、兩句話，便有很多自欺欺人的成分……

在心理治療中我們很強調一個人要對自己誠實，在身心靈課程中也是，但這種不自欺欺人的人算少數，大概不到一成的比例。在心理治療上，許多人會安慰個案說：「繼續看醫生（或心理師）就會好了！」可是大部分的個案比醫生或心理師都還愛操控，堅持用原來的模式過日子！在身心靈課程中也有同樣的狀況，神力台詞常被過度濫用，比如說有人在身心靈的課程中重複跳針，但許多人會安慰他說：「你只要走在『你堅持』的道路上，你的神會幫你的，要相信神是萬能的！」其實，這句話是騙很大的，是在否認、淡化個人問題的嚴重性！我們應該說：「你的神都看到你不肯跳脫慣性的路！要神萬能也難！你比神都大，不讓神做工了，還想要我們騙你說神比你大？」

請恕我說一句真實的評語：要看懂自欺欺人的現象，真的沒有很簡單！因為我們的「意識」跟「潛意識」在打什麼矛盾的架，真的不容易看得懂。要停止自己跟自己打架，說來說去，就是要看懂自己，因為**最大的敵人就是自己**！看到這裡，大家在這段一直看我加強用「自欺欺人」這幾個字，其實是有緣由的，在書的後段大家會看到這幾個字怎麼進到我身心靈的療癒，而成為治療關鍵的中肯字眼。

簡單先說一下，二〇一六年十二月在馬來西亞磁塔的身心靈課程中，有一個活動針對個人需要改變的壞習性抽字條，我抽到的就是「自欺欺人」這四個字（這很像在廟中抽籤，從語意中得到解惑的概念）！通常在磁塔抽到的「籤」都很準，都是一針見血的方式，我知道祂在用力點我看見盲點，強迫我要**「開始」看懂自我捆綁設障的現象來自什麼錯誤的累世習性**，但當下我不懂（所以才叫盲點）。回台之後，靠神給的靈感與指引努力內省，神給的方向很深，一切都不是在淺層的概念層次做轉換而已，祂丟了好幾塊現實生活中真實發生的「磚」來打醒我（「磚」是比喻，因為現實中的提點很殘酷），一次又一次，在實際體驗下提點調整……被磚塊打了半年多的時日，我才在身、心、靈各個層面逐層體會領悟，並在清理調整下刻意改變思考跟反應模式。

當我看懂時，我才驚覺，其實，二〇一六年十月我在「現象與禮物」的身心靈合一課程中已曾經上過、聽過類似的自我欺騙及騙別人的內容，課程中花了很大的篇幅，說我們一天中說了無數次騙自己及騙別人的謊，**是我們自己讓自己身心靈分離、不讓自己跟自己合一的**。但當時我只聽進腦子，沒聽進心裡。我蠻納悶的，上課內容其實很豐富，用了好幾個短片來刺激我們的視覺記憶，但我還是沒牢牢地記住它，或許是因為遠距視訊教學，讓我比較沒有親切溫度感而暖不進腦子深處。聽進、看進腦子表層的東西，其實很快會被腦中的慣性思考排擠出來，但後來在馬來西亞磁塔行中，抽到「自欺欺人」的字條，被神一針見血戳到心臟裡，會痛！就因為很痛，所以我才因為痛而認真面對它。然後我也看到，神要我們改變的靈魂議題，會一再地出現，一直到我們聽進**心**裡了，採取行動去做改變了才停（這也請那些當媽媽的不可自欺欺人，不可濫用神性，重複用同一種方式說同樣一件事不代表說得很好，神跟媽媽的不同是祂會說了一次，停下來，當你不動，祂換花招）！

對我而言，**澈底領悟「自欺欺人」是極大的禮物，因為那真的是一個人最盲的盲點**。別人騙我們，我們可能比較容易覺察，但自己若要騙自己，可能一輩子都不知道有這一回事。就連我抽到「自欺欺人」的字條時，我的第一個反應也是：「有嗎？」、「騙在那？」、「神怎麼會這樣說我？」、「這張真的是給要我的嗎？」「我覺得我自己不錯啊？」大致上，三分之一的我很困惑、不明白神怎麼會這樣點我的？三分之一的我是在做反射性的否認（否認：正是精神分析大師佛洛伊德所講的「自我防衛機制」〔self defensive mechanism〕。基本上，所有的「自我防衛機制」其實都是在做「自我欺騙」），三分之一的我很快地從腦中搜尋歷史資料、轉過多種念頭，而後慢慢地默默同意：「好像真的有這回事」。後來的我逐漸解惑後，我領悟我可能是**騙自己太久了，久了假的也可能變成真的了**。**突然發現自己是騙自己的大騙子**（我們常常身體痛的時候說自己不痛，怕的時候說自己不怕，生氣的時候說自己可以接受……）！

總而言之，我去馬來西亞磁塔的身心靈課程之後，我在面對自己及做心理治療的工作上便有極大的突破，因為我被神抓著衣領，強迫面對好多盲點！光是這個「自欺欺人」就可以讓我自己，以及我跟個案之間突破許多癥結。神要我先不盲才能更清晰幫助別人，因為我這盲人帶不了跟我一樣的盲人。**一個人若是看不懂自己的盲點，就看不懂別人跟自己特質相似的盲點**。祂要我認真搞懂這嚴重妨礙一個人往上躍升的現象，祂要人去看到人性的欺騙本能是如何地自我矛盾；**有時候，真的不是沒有神在，而是人的慣性自我矛盾太強大到不讓神在**。我們太容易自己打自己，弄裂自己，打到自己這容器東裂一條，西裂一條，當然神從上面怎麼裝都裝不滿，為了不要再「有漏皆苦」，最好就是這容器不要再漏了！

現在用我的初級版白話再翻譯一下（我的佛學涵養不足，請見諒我只能如此淺白程度地解釋「有漏皆苦」、「涅槃寂靜」），所謂的「有漏皆苦」是指一個人的心若常矛盾、失衡、自欺欺人的狀態下，就容易在心性上有裂縫，有焦慮，不容易感到安全滿足；至於「涅槃寂靜」是不容易被解釋的，無法用文字妥當定義，也不容易達到，但它與「有漏皆苦」是相對的意義，可能可以指心性進入真正安全平衡、無漏、煩惱滅除、解脫的新（心）境界，可以是一種苦果苦因止滅的狀態。要進入平衡、煩惱滅除、解脫，通常是**殘留的負面情緒（果）真的結束的時候，原始事件（因）才會真的結束**。

・結束原始事件的情緒

大家可能認為原始事件在很早以前就結束了，不是嗎？其實不是，我們人的心不是用時間的縱軸來衡量一件事的，是以**情緒有沒有結束**來衡量的。所以**當情緒沒有走完的時候，事件就仍然卡在原始的時空中，仍在進行**（我們對前世事件也是這樣看的，潛意識愈是標記重要性，愈是反復出現的情節，往往愈代表有強烈的情緒沒走完，像我在法國的那世就是如此）。然後以我這世「看不懂古式中文」的困擾來說，我可以繼續騙自己看不懂中文，然後什麼都不做，就讓自己一輩子過著這種失衡的狀態，不需要在公平正義上做平反，然後在身心靈上持續隱約受一樣的苦，繼續在往後的日子中等著遇到相似的情境，然後再痛苦一次，一次之後又再一次，沒完沒了；但我也可以選擇認真面對，為什麼我對這些字詞反感困惑，我可以帶著對自己生命的好奇去探討，然後選擇走進最深層的潛意識情緒中，把那個幾年來（甚至幾百年來）仍在司法中哀傷、創傷的自己帶出來。

一旦我走進去最深層的自己，理解了我的痛，消融了那些痛，我就不會再投射性地嫌惡一些表面象徵性意義的人事物，比如說「光明神咒」就是個讓我莫名其妙討厭的無辜表徵。處理之後我不再莫名其妙地催促這原先讓我不舒服的心咒快點離開，不會再讓無辜的心咒是一段諷刺司法不公、邪人得利的死板經文。說穿了，不是心咒讓我不舒服，**是我的傷讓我自己不舒服**；消融處理後，反而「光明神咒」是一個流進我心坎底，引導我再次歡迎公平正義，讓生命充滿平反的「導師」！後來，我甚至在討厭中看到原本純淨的喜歡，我的本質根本不討厭公平正義，反而，我喜歡它到扮演公平正義的角色，因為我在兒虐、家暴、性侵、自殺、婚姻家庭治療中，一直都是在扮演公平正義的角色。所以縱使這創傷事件讓我不開心，司法訴訟沒有公平正義，並不代表我從此就不再認同我人格中的公平正義。所以假如司法上做不到公平正義，至少在我的心理治療工作上可以做到，總要有個地方讓人的**心**可以平反。我想神讓我辛苦走這一遭的目的，就是讓我看到**司法的不公不能抹煞一個人內在的公平正義**，外在環境很糟，內在的心可以不用跟著糟，然後一旦有機會，就要抓住機會，讓自己平反業力、淨除心中的罣礙、煩惱、執著……等等，這樣才能讓自己的心更放下、解脫、自在，更趨近涅槃寂靜的狀態。

結果，「光明神咒」，真的是解開心的咒語！一旦走出這些壓抑數（千百）年的情緒後，很有意思的是，當我再次看到這類型的古式中文我不會再慌，不會再頭皮發麻，因為壓抑的負面情緒沒了（只剩下中文造詣不好、看不懂而已）。所以若跟我有相似經驗的人，若要允許自己在這一輩子的生命中不要再經驗司法的不公平正義，不會再次經歷那個原始時空下的苦，**就需要把這些殘留的負面情緒全部都走完、釋放乾淨！然後該採取什麼行動就要採取什麼行動！**唯有將負面情緒都清乾淨了，才不會再出現「有漏皆苦」的鬱悶，也會因為心淨了才會更解脫、寧靜自在，更趨近涅槃寂靜一步。**自欺欺人只會把自己放在惡性循環的迴圈中！當我們騙自己的時候，潛意識中未解的心結一定會持續吸引相似的問題上門，這絕對不是嘴巴、腦中要自己「放下」就可放下的。內在的潛意識不放，表面的意識放了、忘了也沒用，問題還是會找上門，靈魂業力的功課若要過關，是不能做表面功夫的。**

說到這邊，大家應該可以猜到為什麼我在靈性領悟及心理進展上會比較快了吧？我猜是因為我夠坦誠、夠認真面對靈魂深處的自己，我也夠勤勞、用力改掉我自己的盲點跟缺點！清理內在，不自欺欺人，是最紮實砌磚，得以蓋造通天塔的功夫！

•心理治療協助身心靈過關

我其實還有更多猜想，我在身心靈課程中跟別人不同的點在那？是紐約嗎？也許是，浸潤在紐約十年，的確讓我的思維比較活潑、勇敢跟自由。但是這一點也不完全是答案，因為，比我活潑、勇敢跟自由的人大有人在。還有嗎？其實，有個明顯的答案，我跟其他人最不同的地方就是在心理學上的雕塑經驗！我的強項是在**婚姻家庭治療**、**精神分析**、**身心疾病知識**，**前世回溯治療以及讓靈魂業力平衡的技巧！**

所以我曾經認真的假設，我占的優勢，很可能就是別人靈性發展上欠缺的，對他們來說可能是看不到的盲點。後來，我在校這段稿時才從縱貫性的觀察實證下完完全全理解、認同我原本的猜測，原來，會在身心靈進展中卡關、跳針的前輩及同儕們真的少了心理學中這些概念跟技巧！照這樣推，靈性跟心理缺一不可了！但在下定論之前，請先允許我舉幾個實例協助探討。

台灣有很多靈性及從小就具有通靈天分的人，我有一些個案就具有這些體質。台灣的廟宇多，所以我在心理治療中佛道教的個案也相對比較多，很多也是來自宮廟的下一代或下下一代，他們有的是已經被「抓乩」，意思就是神明已點名要他們來當神的代言人，但他們來諮商就是因為他們心裡很不舒服，吃不好、睡不好、不想離開床，有的甚至抗拒當神明的代言人。我本來很納悶，一切問神不就行了嗎？我都還沒有他們宮廟中半個叔叔或阿姨靈通，跟一個心理師要聊什麼？

我們在後來的談話中，看到這完全不是神與人之間的事，他不見得不想當神的代言人，只是不想繼續跟宮廟中的「人」互動，這是人與人之間的事。原來，很多宮廟是家族事業，在這種特殊家庭中長大的小孩，很多時候不高興自己爺爺、奶奶、外公、外婆、爸爸、媽媽、阿姨、舅舅、大伯、小姑、三叔公、四嬸婆等等「人」的人格特質，但又因為對方常用「奉天之命」、「代天行事」之虛名行操控之實，一切都要在「對神的犧牲奉獻下」才叫讓神喜悅的言行，但傳達這些話的人往往是家裡的人，讓他們不得不屈就於家庭與宗教的重重束縛中。

很多時候他們分不清楚，是**神**當他是「愛將」而藉由家人「操縱」他？還是**家人**為了方便操縱他，而假藉神明之名義？答案屢試不爽，往往是後者。**試問？哪尊神是用「控制」的方式在跟人互動？真的沒有！**但有不少個案被家人控制久了之後，堅持神明說話就應該是要帶著操控的味道！無奈的是，在「控制」的井中沒有人會分辨那個井水的味道就叫做「控制」。裝神騙人的鬼很多，裝神騙人的人也很多，然後最心酸的是裝神騙過自己還騙家人一起當共犯的人。個案生家人的氣，但宮廟文化中並沒有教婚姻家庭心理治療那一套分析、解構、解套的方法，他在念經、靜坐、求神、祭改、作法、喝符水、斷食、閉關……等等方法中，都無力改變憂鬱的心情，不得已才找上心理師。後來發現，他要的，其實是一種人與人之間的尊重界線——他要的是一種「長大」後應有的**自主權**、**選擇權**。家人不明白他憂鬱躺在床上一直睡，其實就是在躲家人，大家都否認自己是共業的人，但騙他的人都心知肚明他的憂鬱症狀並不是卡到陰、低頻能量干擾，或者是替代信徒受難……他終於看見家人披著「神皮」之下的操縱，活在別人私慾期許的「框架」中是辛苦的。

剛剛說的不是單一個案，而是「典型」的一種案例。另外，在心理治療室中也接過好幾個白天在宗教界非常積極虔誠，半夜卻鬧自殘、自殺的人。曾經有個穿著宗教衣服的人被拉進來諮商室，一樣的，我也納悶，我沒有出家、我沒有受洗、我不會念經、我不會做法會儀式……我真的不知道他們跟心理師要聊什麼？我只知道我看到宗教的衣服會肅然起敬，不太敢對宗教界的人講話，怕失禮冒犯。

聊了一陣子，原來，還是少了心理學中婚姻家庭治療、精神分析的這一環。雖然大家同樣都有神性的感應與幫助，有些人卻因為跟原生家庭（或前世）剪不斷、理還亂的未了情，而影響情緒上的消融。一個人與原生家庭（或前世）的關係是否真正和解，就像電玩遊戲的規則一樣，這一關過不了，下一關就去不了。反而，這種人與人之間錯綜複雜的糾結，專長在婚姻家庭治療或前世回溯的治療師反而比較擅長做解套。有時候，出家的人，我們會走他們本來就常提的前世因果業力，從中做出靈魂深處的解套，這反而是比較簡單解套的路（前世因果的概念僅實用在佛道教中，受洗的人通常是不談前世的）。

用實例來講比較貼切（這案例我有經過多重改編的處理），有一個鬧自殺的宗教人，他極怕身邊的某三個嚴苛前輩，只要對方一兇，他就嚇得半死，會在大庭廣眾中怕到哭，甚至有四肢關節無力的癱軟症狀，需要別人攙扶才能回房休息。我們在談話中發現，他不是怕宗教中的前輩，他的怕其實是來自原生家庭，他在前輩身上看見媽媽的嚴苛特質，這才是他最源頭的不安。該喬的是他跟媽媽的關係及未竟事務。難怪在宗教中大家一直幫他跟前輩喬人際關係，卻怎麼喬都擺平不了。他無法臣服，無法逆來順受，無法左耳進、右耳出，無法淡化深壓的心痛。個案小時候常常被媽媽虐待，被斥責打罵到哭，為了躲避原生家庭中的痛而進入宗教，但他一直處在創傷的未竟事務中，對嚴苛卻已經過世的母親過不去，媽媽是自殺身亡，然後他在無力無助中也選擇自殺，要走的也是跟媽媽一樣的路。在心理治療中我們讓他認真地面對媽媽，消融那些對媽媽未走完的情緒，協助他從退化、無力招架的小孩逐漸長大，分辨出前輩跟媽媽的不同。他終於知道打從他聽到媽媽自殺身亡惡耗的那一刻起，就是他四肢癱軟的開始，他認真面對他的哀傷。後來明白他不喜歡有人嚴苛對他兇，也明白他在宗教衣服之下的**內在**也是嚴苛待人的人。基本上，他要持續化解、轉化個性上的負面特質，當自己變了，不再用攻擊式的兇來表現深層的害怕，對方的兇便不再勾起一樣的傷，一切都因內在恐懼消融了。

在他未做心理治療前，一自殺，他便被隔離，在獨立的空間對著神抄寫無數遍的經文，旁人的用意是要他內省靜心，希望他從經文中能與神連結，由神奇蹟式療癒他……但這真的是像宗教裡的「真空包裝」處理，只是延後腐壞時間；其實騙很大，因為大家都在自欺欺人。而且明明都壞掉，真空包裝已經壞掉的東西要做什麼呢？

其實真空處理不是他們所做的第一步驟，宗教人通常是熱血沸騰並且愛用團體力量的，過程中一定有一堆熱血沸騰的人輪流跟他聊（這也很像我在怕古式中文時大家熱心幫忙說文解字一樣）；不見得只是輪流對他講話，還會做熱心虔誠的祝福。他曾經多次被邀請坐在圓型的場中心，數十個人給他祝福，可是這個圓也很像一口井，一堆圍著井的人，給的或許是精神力量，但不見得是能帶他在心理上解套的東西。十個宗教人，只要帶頭的人盲，其他九個都會跟著盲。他們堅定地要他「對神臣服」，要他「用更虔誠的心信仰敬拜神」，「相信神會帶領你走出」……基本上，信念的台詞沒有錯，只是創傷處理不是在頭腦上念念有詞就有用，通常是要抓出腦中、心中的情緒哪裡卡住了；也不是旁邊加油打氣的啦啦隊很有神心給祝福或集氣就好，要修補一顆破損的心，是要深入創傷情緒去做消融的。宗教界的個案一來諮商室，往往都帶著哀怨的眼神請我不要再問同樣的神問題，也不要再說同樣的神話。我往往都照做，因為不需要在不通的路上再走一回，心理學上可走的路還多得很，不是只有這一條。畢竟團體的**集體社會化否認**、**淡化及壓抑**，是讓人繼續生病的另一種原因（宗教界的個案們很聰明，他們知道心理師們通常是單打獨鬥，不太有宗教中的語言，通常是講白話）。

個案說旁邊的人大多用肉眼看到的狀況來做判斷，看的是表徵。他們看他怕嚴苛的前輩，便要他「勇敢」面對前輩，很多人跟他說：「接受逆境的考驗，把前輩的斥責當成是一種內在自我的挑戰，底下其實藏著成長的祝福。」可是大家並不知道他並不是真的怕那兩位前輩，他真正怕的是那些成長過程中跟媽媽未解的心結。但是，大家內心也是怕前輩的人，每個人的腦子都太愛騙自己是那個不怕的人，每個人都慣性自欺欺人，當自己無法處理時就投射內在欺騙自己的謊言，端出場面性「不要再怕了」說法，以為講一句「不要怕」大家真的就可以不怕，有那麼簡單就好了，就不會有心理學出現了！或許，修行圈中的「平安」，多少被過度濫用成場面話或語助詞，許多說者是有口無心的狀態（這跟一般人瑜珈課下課時講"Namaste"的味道很像）。明明大家都知道這三個穿宗教服的前輩難搞，大家卻選擇把頭埋進土裡，繼續沉默、逃避、順從於原來的環境狀況，維持表面和平。倘若一堆人過度淡化、否認、合理化、美化問題，把**壓抑行為**冠上「修行」、「八方吹不動」的美詞，這其實是個大騙局。

其實，個案後來終於在心理治療中，透露他從來不知道怎麼對別人說出口的事，在兒時因為沒有媽媽的保護，他被媽媽的同居人猥褻多次……當大家對他說「逆境的考驗是種祝福」，要他「不管媽媽做什麼都要愛媽媽」的時候，沒有人知道他在崩潰地哭什麼……但大家都被他回嗆：「你們都很虛偽」的一句話而被惹火了，覺得他不知好歹，不受教。大家都覺得對他夠好、夠包容了，不應該得到這麼挫折的回報，大家想放棄他，但很有默契地沒有人說出口。看來又是自欺欺人的另一事件。

神性不代表忽略人性，更不代表一個人的心理，可以因為「修行」而不再用人性的方式去理解及反應生活中的大小事。反而，看見人性盲點才是洞見神性。基本上，常互動在一起的人有著隱形的業力串連彼此，彼此都需要被照顧、被安撫、被理解，就如同我的那位個案挫折，身邊幫他的人也挫折，大家都處在挫折中。大家可以承認自己的人性中有害怕之處，都演不下去假和平，困難就是困難，不會就是不會，可以另尋資源、另找高明，而不是遇到無解的就反覆真空處理（打開看內容物是壞的，又再真空包裝一次，我們其實可以保證：下次打開時，仍是壞的）。修行的失敗就是忘了承認**人有本能的恐懼、害怕以及危險拒絕**（避開危險的迫害）。不能忘了，當我們在野地遇上毒蛇，本能反射性害怕、往後退、繞道，這樣我們才能選擇遠離蛇，才可以不被咬；也因為本能直覺地讓我們拒絕食用野生毒莓果、毒菇，我們才能存活。

我們可以承認自己尚不敢面對精神或肢體暴力的情境，我們也可承認自己尚不懂深層心理分析一個人，我們也可承認落井下石、欺負比我們弱的人，也是我們自己……

個人的狀態還是要依循個人的狀態處理，因材施教，不能太普同化。我必須要老實說，面對同一篇普同化的經文或大道理，很多人在心理障礙中沒答案就是沒答案，坐再久的禪，冥再多的想，靜再多的心，參加再多的讀經團體，進再多的廟或教堂，他還是會在原地跳針。**有些人看似適合用宗教的方式，事實上，卻不是！有些人就是不適合用宗教的方式！**對這些人而言，因為心中缺乏一塊心理上的頓悟改變，宗教對他而言，還是有宗教的限制，宗教也成了他居住的井，許多靈魂業力、現實人際關係中的問題真的不是用經文、大道理及祝福，就能化解、消融的，而是心結要解開。我從諮商個案中看到，有些人在念經的時候，老是帶著恐懼在念，結果執著在恐懼的力量遠遠勝過經文散發出的光跟愛；有的人老是合理化、自戀自己的理解能力，以為搞懂了，可是事實上卻不懂；有的人把經文當成生活日常用語在跟別人說話，誤會別人困惑的眼神叫崇拜；有的人過度僵化執著，否認、淡化自己的毛病，卻覺得自己「擇善固執」；有些人過度要求完美，不往內看自己控制之下的害怕，卻誤以為這樣是在樹立典範、鞭策別人上進；有些人被權威角色嚇死了，誤以為繼續恐懼害怕，對方就會軟化……基本上，深度剖析人性、原生家庭、成長經驗、人際關係、身心疾病、文化脈絡及前世經驗中，我們多少能夠抽絲剝繭出問題的癥結以及根治解決的方向，當然，更需要在行動上做出澈底解套的動作。

從學校、醫院、診所、兒虐家暴中心、自殺防治中心、衛生局、毒品防治、外籍配偶、急難救助現場等等一些實際的案例中，我領悟出一個心得，個案在痛苦時，**他要的往往是一種「人」與「人」**

之間的連結，就像嬰兒只需要父母呵護而已，是一種具體、有溫度的互動，而不是跟死板板的經文、大道理或教條連結。人在極度創傷痛苦時，在腦子、心理都容易自動退化好幾歲、呈現打死結的狀況，在這狀況之下，情緒其實往往多過於理智，連心理學都不見得能安撫他，更何況是從他腦中僵化自限的傳世經文或教條中，這能讓他得到心理涵義的頓悟有多少呢？對於理智、情緒僵化的人，或許他在傳世經文或教條上是「專家」，會背、會說，乍看之下他不像一般人懵懵懂懂的狀況，但他用腦過多、用心過少，「普同性概念」太多、皮毛太多、整合卻太少；若從心理師的角度來細看、分析他的「心」，其實他懂的偏向是心理治療的皮毛、不完整、有矛盾，不見得能深入個案當時的情緒狀況去做適當的調整處理，難怪有一堆在靈性上修行的人一直處在停滯期，因為他們數十年來，仍然在同一個心理狀態下換湯不換藥地跳針。

大部分的身心科醫療人員不太在醫療中涉入靈性是常態現象，大部分走宗教或靈性的人不懂心理學也是常態。偏偏，在身心科中，只要是「神的子民」或「求道路上」的人，尤其是穿著宗教衣服前來的人，還蠻頻繁地被身心科醫療人員不自覺地忽略或淡化議題（舉例：個案的家人可能被烏龍地建議：「尊重個人意志，他做他的，他沒有吵你就好了！」或者，「修佛的人有佛在帶啦，他有吵你，那請宗教圈裡的人幫忙囉！」）。然而，若仔細研究這一群執著在經文世界或宗教狂熱的人，既然他們都是被家人拉來心理諮商的，當然系統脈絡已經不如身心科醫療人員所認為的「圓滿」，他們的靈性、家庭、人際或工作上，其實常乾繞在一個惡性循環中。

舉幾個我在諮商治療中遇到的個案案例（有改編過）：有人執著在一百零八顆的佛珠中不停念經，他的家人抱怨說：「這麼多年來，他繞了千百萬圈也還是在那一串一百零八顆的佛珠中！家裡的事他都沒在管！」他的確不吵家人，但他的家人已經不舒服多年了！然而，個案自我感覺一向非常良好，常自豪他佛學知識有多麼豐富，內心有多麼恬靜安逸（做心理測驗也可以得到很樂觀的分數），他花非常多心力來加持他的佛珠、也花非常多錢讓佛珠變大顆、變貴，還從一串變成好幾串……後來卻發現他其實跟長年酗酒、不管事的爸爸**同一個樣子**，換湯不換藥地執著沉浸在自己的世界；另一個個案，單身高階主管，熱衷謄寫經文及參加法會，一張張謄寫完美的經文珍藏在鑲金的寶盒中，薪水一半以上捐給慈善機構，辦公室中全是神佛雕像，自覺高度自律而且極度犧牲、奉獻於社會，但他對下屬卻常難自控地批評、挑錯、退件，甚至合理化自己的言行是「為了雕琢下屬、協助他們成為更好的社會菁英」，他可以眼睜睜地忽略下屬的挫敗及無奈。下屬曾商請宗教界的人介入，但是沒人要處理他，因為他在宗教界是以不同的角色在互動（他在宗教界中展現的是慈愛的態度，不常出現上司對下屬的嚴苛態度），所以在宗教的潤飾下，頂多讓人覺得謹慎了些……後來他在諮商中，終於看到自己的成長過程中，不自覺地被「完美無瑕」卻擅長包裝批評、苛責的虎媽雕琢成一**模一樣**的人；另一個個案，超級怕鬼，常在廟中靜坐，身上時時掛了十幾串護身的寶物，沉迷在護身符、寶物、水晶、法器的追尋中。他堅持要戴一堆寶物在脖子跟手上才能「正氣凜然」，因為打從他這麼做之後，走到哪，別人都會閃開，他不認為是不尋常的打扮讓他人退卻，他說：「這代表壞人跟鬼都被我身上的正氣、能量給弄退了！」後來他終於了解是因為家中手足多，東西若沒放在身上常常不見，在人生的各階段也常被霸凌，怕暗中有人搞鬼，然而，他從怕「人」扭曲成怕鬼，真正的希望不是諸多寶物的擁有，不是法王的正氣加持，而是**兒時得到父母對他的保護**。

我們看到這幾個個案，明顯把重心擺在外在事物的追求，其實，心理癥結被抽絲剝繭後，終於知道**真正要處理的是心中與原生家庭之間的關係**，知道之後，自己及旁人都會諒解他長期乾繞在惡性循環中有多辛苦。

過度在心中刻劃經文、背頌宗教教義、滿口靈修哲理、滿腦宗教狂熱、甚至走火入魔的人，不能說這個人完全不是在嘗試尋找源頭的自己，他只是明顯卡在惡性循環的心理迴圈中，不自覺有**逃避現實**的議題。「清心寡慾」、「遠離紅塵」、「聖靈充滿」、「與神同在」……等等，都是極美好的境界，只是當一個人的心扭曲了，就會在字面及生活形態上做扭曲，忘了靈性修行應該要跟生活貼切，而不是跟現實生活脫了節。當一個人偏向過度淡化、否認現實中的問題時，就像是把自己關在一個防空洞中，洞內看似安靜，外面卻仍然可能有問題存在。長期處在防空洞中，身心靈的成長會是真實的嗎？會是無限的嗎？出了洞能入世嗎？用防空洞做比喻，是因為有不少人誤以為在現實生活中一有問題，便可以轉身直接往靈性的避難所躲避，不理身邊的人，不看自己的盲點……其實家裡的佛堂、家外的道場、佛寺、聖地、法會、教會等等，都是好地方，不好的是我們的問題解決之道。**「空」**、**「無我」的境界，不代表不跟人連結！**「空」並不是把身邊所有的人都趕走，而是在人群中也能有著

「無限內在」及「內在寂靜」的意思，「無我」也不是在家中把自己弄隱形，而是頓悟「無小我執著」、**「有相皆幻」**。**「空」**、**「無我」的體驗**，以心理治療的角度來看，其實可以來自**累世靈魂業力的大和解**。

我不是資深專業的修行者或宗教家，所以我不能做太多修行或宗教方面的闡述、解釋、建議或批評。我能著重調整的是諮商治療室中的深度及方向，或者提供我個人身心靈躍升的心理學竅巧讓大家參考。深度整合身心靈，關鍵基礎就是在**現實生活脈絡**中做深度**自我認識**、**自我整合跟自我挑戰**。**在身心調整中不能忘了身心的上層還有靈性，在靈性精進中不能忘了靈性底下還有身心及現實生活**。

其實，**心理卡關的人，在經文或教義的解讀上就容易卡關；本來就想要逃避現實的人，就容易誤會修身養性要花很多時間念經或做宗教儀式，可是往往做了這些事之後，就沒時間做其他生活上的事。封閉腦力及壓抑情緒，卻花很多時間念經或參加宗教儀式，還期待念經、宗教儀式會奇蹟式地帶一個人超脫，這真的不是神在騙我們，而是我們自己在騙自己，在一個突發的壓力事件下往往也會讓一個人現出原型**。

現出原型的例子如下：我在家暴中心有一個媽媽個案，小孩被水燙傷，她念經念到第八十遍，還有二十八遍才能圓滿一百零八遍，她認為她跟神的關係很好，便用念力請神先去護著小孩，等她一氣呵成念完一百零八遍經再去處理，這下子當然沒在第一時間幫孩子的燙傷做好急救，醫療疏失也是兒虐的一種形式！然而，她執著地說媽祖婆絕對在旁保護小孩，因為她每次、每天的念經都很有感應，而且她都有「迴向」給小孩……這個媽媽其實從小是個被父母疏忽的小孩，本來她就習慣把自己關在防空洞中來避免情緒上的失落，對接觸自己不感興趣，對照顧孩子不感興趣，對危急當然也沒有現實上該有的反應。

另外，有一個豪門的媳婦，婚後十幾年來一直被婆婆打入冷宮，因為掌門的婆婆總是拉著下班後的獨生兒子念經給死去二十幾年的工作狂企業家公公，同時也念經感謝歷代祖先讓生意興隆，除此之外，在週末的時候還要主辦大大小小的宗教活動。婆婆在自己的世界裡非常活躍跟快樂，旁人只要說：「兒子怎麼這麼孝順？一定是妳老公跟祖先有庇蔭喔！」這立刻就像是一劑正增強行為的針，讓婆婆更認真念經，更執著把兒子帶在身邊！念經的婆婆並不自覺自己剪斷了孩子的夫妻關係，念經的兒子也不自覺他從小就一直是媽媽的「情緒配偶」！在這名存實亡的婚姻中，後來媳婦有小王。媳婦被發現外遇後，丈夫不吭聲，婆婆「選擇以慈悲心原諒」媳婦，只需要媳婦天天在他們「下班前」跪在佛堂前，念經懺悔。「下班後」的念經時段還是屬於婆婆跟身為「情緒配偶」的兒子……婆婆跟兒子繼續看不到他們「外遇」在先，媳婦只是顯化他們家的真相。

若真的可以藉機械式重複念經而改寫人生，把同一部經文念了數十年的人應該早早大不同了。能夠重複念千百萬次經文，並不代表自己已經跟經文中的智慧或跟神合而為一，也不代表自己所言所行都如同經文所述。經文的確有智慧及力量蘊藏其中，但當我們的出發點是來自逃避現實，卻不求己身在家庭、日常生活中落實改變，其實是用吹彈可破的一層虛幻宗教表皮包裝自己。

在心理諮商過程中，我觀察到，不論個案智力的高低，大部分的人其實不容易從經文中抓取「心理」解套的頓悟，因為普同性的內容實在太高，個人化、家庭化的深入處理太少，這是很可惜的現象。宗教界的人會來做心理諮商，正因為追隨的修行者或宗教界的人，不見得知道要往深層心理學或婚姻家庭治療尋求變通的方法，集體茫然的潛意識下，讓有些人愈往修行跑，愈是遁世，愈是淡化，愈是處在「防空洞」中，不自覺自己已經過度使用虛無飄渺的方式扭曲解釋自身神性與心性。在防空洞中的修行，其實不算是真的「揚升」、「出世」、「解脫」、「放下」或「頓悟」，因為在現實中的行為跟防空洞中的行為不一致，明顯是刻意轉身不去看那些讓人傷心的家庭議題、不冒險做改變、失去對多元人性探索的好奇心與努力……卻包裝在虔誠穩定的信仰中。難怪很多修行者或宗教界的人在十年、數十年之後，人際、家庭、個人的議題還是處在相似的模式裡，還是很沉重、黏稠。通常，內在的負面情緒議題，個人需要負起絕對的深度清理責任，做到不否認、不矛盾、不扭曲、不壓抑、不委曲、不沾黏……這樣才叫真乾淨。若要清乾淨，可能需要深層心理學中意識跟潛意識的分析，來幫忙釐清問題癥結到底出在哪。

‧靈性渡化心理

幸好有一些修行、宗教界的智者，已引進深層心理治療的技巧，讓精神分析、婚姻家庭治療等進入身心靈的療癒中。我個人不排斥任何宗教，事實上，這幾年來我喜歡涉略並研究各種宗教及修行裡的心理學。我特別偏好有家庭、伴侶及小孩的宗教智者，因為我喜歡聽他們述說家庭中真實互動的故事，基督教的美國牧師約爾・歐斯丁（Joel Osteen）一直是我欣賞的典範。他擁有極度精湛的生活化布道及教化能力，也能夠將心理治療親切、靈活地融合在宗教及家庭中，緊密結合卻又不失違和。另外，規模龐大的印度「合一」（oneness）教導，也積極融合深層婚姻家庭治療於身心靈成長中，阿瑪、巴觀是創立身心靈合一的兩位印度聖者，也是一對模範夫妻，在生活化的教導中涵蓋各宗教及心理治療學派的精髓，著重「關係療癒」，特別是與父母的關係（基本上，合一是組織，不是宗教，不標榜唯一）。信義老師正是多次遠赴印度接受合一教導的種子老師。他在進入合一之前，已經體驗過各大宗教優缺，有二、三十年靈性修行的真功夫；學習合一後，他更是認同婚姻家庭治療技巧能補足各宗教在實戰實做上的不足。正因為信義老師澈底明白合一融合萬物的和平精髓，他可以真誠表示大日如來是他累世因緣最深的主神，不需要框架化地標榜自己隸屬印度味的合一，而是整合、內化、昇華數十年修行精髓成為適合華人的樣貌。

我的靈性啟蒙老師是信義老師，但我的主神不是大日如來，我也不因為學過合一而把自己當成合一人。事實上，一個人若曾經有累生累世與宗教接觸的經驗，他的潛意識對一些古老的宗教必然會特別敏感與熟悉，甚至在特定的時空下會逐漸恢復修持時的記憶。以這一、兩年的我而言，靈魂終於正式甦醒，我才開始有興趣較深入地接觸及探索一些宗教，同時看見更多層次的自己。我的書裡面的確蘊藏現代合一的精神，也涵蓋信義、寶治老師真誠、特殊、自然不矯作的鄰居家人風格，當然也有約爾・歐斯丁牧師心理治療式的布道風格；但是我也愈來愈覺得台灣當下的宮廟文化豐富又有趣，也渴望更深層踏實地接觸佛教、道教、天主教、基督教、古埃及神話、回教……甚至在靈魂深處有股強烈的躁動，想將心理治療與我累世修持過的精髓結合；一、兩年前的我不覺得自己與神有緣，沒想到我只是還沒醒來，靈魂中其實穩固記得聖母瑪利亞是我的主神，時常連結的源頭能量是埃及女神愛西斯（ISIS，聽說祂的另一化身是大家較熟悉的瑤池金母），至於時時指導我的神聖老師更是數不清，最常出現的是觀音、綠度母、時輪金剛、天使……然後不時也跟其他神學習（總是要跟個案的主神及指導老師們溝通與學習）。

在心理治療上我沒有什麼框框，在靈性上也是。總是秉持一樣的信念：不管黑貓還是白貓，只要能夠抓到老鼠就是好貓。二十幾年前我剛去紐約念書的時候，心理治療早已經跳脫「心理」及治療派別的框架，演化至有「靈魂」的無限場域，靈性絕對可以渡化心理，只要掌握一個原則：不要把靈性變得不自由就好。

二十幾年前的我在靈性上不開化，但因為好奇又好學而意外搭上順風車，因緣際會地參加靈性心理學的讀書會數年，專攻愛麗絲・貝利（Alice Bailey）所寫的書。這些書很難懂，當時不見得懂，卻仍種下心理學結合靈性的啟蒙種子。當我就讀豪福斯特婚姻與家庭治療研究所時，約十九年前，系主任Dr. Joan Atwood引領教授群，積極推動心理治療與靈性結合。最初，系主任要學生依照「未來」服務的區域寫出符合當地民情風俗的靈性心理治療型態，這份概念式的報告對我來說不難寫，畢竟台灣充斥命理諮商及宮廟文化，所以我寫出Developing A Psychic-Like Psychotherapy in Taiwan「在台灣發展靈媒式的心理治療」。而且也開始留意美國家喻戶曉的催眠靈媒愛德格・凱西（Edgar Cayce）及蘇菲亞・布朗（Sylvia Browne）。

後來系主任要大家開始研究禪、道（老子、莊子）、印度教、奧修、賽斯、猶太教（卡巴拉Kabbalah、塔木德Talmud）……希望我們從中可以抓取讓心理治療昇華的內容。當年在紐約走紅的是蓋瑞・祖卡夫（Gary Zukav），所以他所寫的The Seat of the Soul（中文翻譯成《從心覺醒：尋找靈魂深處的真實力量》或《新靈魂關：開啟真實力量之旅》）順理成章成了指定教科書。接著系主任又要我們搜尋「另類心理治療」（Alternative Psychotherapy），當時我與同學集體著迷電視上長年出現的通靈大師蘇菲亞・布朗，她擅長運用催眠與靈性心理治療的方式，引導個案在前世今生中消融累世創傷印記。然而，要一個研究生突然理解催眠太難，要有通靈的底子更是不可能，所以幾乎所有的研究生都放棄、轉彎。但我對催眠有濃厚興趣，當同學報告的主題是靈氣、塔羅、咖啡渣算命、腳底按摩、風水、星座、面相、手相等等，我仍堅持在一知半解之下寫出「催眠心理治療」，甚至週週去紐約艾瑞克森心理治療學會上課。系主任是控管系所成長方向的關鍵性人物，我萬萬沒想到當年的她便那麼有前瞻性，先知先覺，預知心理治療未來該有的前衛走向。我也沒想到我在那個時候打下前世回溯的底子。

研究所是一個長時間讓人與教授就近學習的地方，身心科也是一個長時間讓個案與心理（醫）

師就近治療的地方，若以身心靈的課程來說，請義於近距離的老師似乎也比較有道理，畢竟一個人在近距離之下，比較容易在老師或治療師前面暴露缺點跟盲點，也比較容易在短期間內覺察並改變自己的慣性，基本上，療癒通常來自持續且恆溫的深層接觸，近距離互動才容易讓人學習到夠具體、夠實際、夠即時支持、夠在人際關係上示範親密的人味。然而有些人特別喜歡追逐遠方的老師或治療師，通常他跟父母的關係是疏遠未化解的——偏向於把重心擺在外在的「彌補式矯正」，而不是內在的踏實性親密修復。我的靈性大躍進剛好來自近距離學習的結果，信義老師算是我靈性上的阿爸，寶治老師是我媽。他們能夠馴服一匹從紐約回來的鐵齒野馬，實在是不簡單的真功夫，畢竟我生活在紐約十年的眼界，讓我不容易臣服於經不起社經各階層考驗的老師。當我堅持看得到的才科學，他們就讓我體驗看不到的叫做脈輪、能量、靈魂業力、神、諸佛菩薩、天使、指導老師及宇宙……當我適合比較彈性的方式，他們就帶我看見靈性成長課程其實可以活潑有趣、千變萬化、靠近人性、貼近神性、有相皆幻、於一切相莫執著……

我們的重點不是要看到別人，而是要看到自己，然後看到自己還不夠，要昇華看到自己靈魂最原始的純淨點及神性，跟自己合一才是合一。跳針重複一樣的議題、追尋遠在天涯海角的課程或是深山荒野裡的老師，則是繳錢付學費。

在身心靈的課程活動中，需要許多頓悟時刻才會進展快速，我進展快，正是因為我很習慣從身心靈的各個角度剖析及內省出一堆心理素材，來讓自己頻繁出現頓悟的時刻！然後這些頓悟又能巧妙提升我做心理治療、婚姻家庭治療、催眠心理治療、靈魂業力治療的技巧，技巧提升後又更能頓悟！完全是個正向循環！

在我本身的經驗中，許多整理出來的舊觀念、舊習性、舊反應模式，就像是身心靈的垃圾，使用心理的技巧不見得燒得掉，但是，遇到靈性技巧卻像是遇到一把溫度極高的火（不存在於物理現象中），終於可以把這些焦著千百年來的身心靈垃圾燒掉！身心靈的垃圾燒掉後，原本被占據的空間自然會回歸到最初始的「空無」狀態，卡關的地方自然是通暢無阻，我們便能見識到問題「隨風而逝」！當問題不再惡性循環，自然叫做跳脫、解脫！然後我們還可以很像原始人，一旦學會使用這把火之後，還用這火到處好奇地「燒燒看」！愈燒愈進化，愈燒愈趨進源頭靈魂之光的顏色！

當我解決自己一堆身心靈的問題時，我總是會將好東西跟個案分享，所以我在內化靈性技巧後，便在心理治療室中**簡化或個人化地**調整運用在個案身上，這就是我拿著火到處「燒燒看」的時候。從信義老師那學來的招術數不清，不是只有「脈輪呼吸」一招，但是，光是一個簡化後的「脈輪呼吸」就可變出很多新花樣，我一有直覺就操作，一有靈感就變化，而且不管我怎麼用，就是極度好用，總是可以看到心理治療與靈性治療融合後相得益彰的效果！我曾將脈輪呼吸融入催眠式的動眼減敏感法（EMDR），也曾將脈輪呼吸及大拜懺融入紓壓降焦，曾將脈輪呼吸融入暴力攻擊者的情緒控制（anger management）技巧，也曾處理恐慌症的心悸、憂鬱症的低落、強迫症的執著、躁鬱症的躁期；我曾在精神不佳時拿來提神，曾拿來處理卡陰狀況，也曾多次將脈輪呼吸當成進入前世的捷徑大門……心理素材挖出來，靈性技巧運用了，心理垃圾也燒了，之後再天天自己練習如何在新模式中自我照顧，無數次地證實，靈性技巧融入心理治療及日常生活中真的是有效率又超實用的好技巧！

有的個案還因為太受益了，他們知道我有簡化跟改編過，所以一些喜歡原汁原味的個案，會直接跟信義、寶治老師上更深入、與神更連結的課（上那些我真的教不來的課），然後當個案回來做心理治療時，我們彼此都發現更容易解決身心靈上的困惑（我有簡化及調整過大部分的技巧，主要是因為一、在心理治療室中，大部分的時候是一個治療師面對一至二個人，不容易做到團體聚氣後的特殊效果；二、尚不需要對沒接觸過靈性技巧的個案用到太複雜的程度；三、畢竟我是心理師，在心理治療室中個案需求的主軸還是在挖心理深處的未解議題，不適合用太長的時間做一個靈性技巧的教授）。

在信義老師的身心靈課程中，我本來就納悶為什麼我的進展比許多前輩或同學快？後來又看到參加過課程的諮商個案，進展的速度好像也比較快，這讓我更納悶：明明是很厲害的靈性技巧，在課程中大家學的東西都一樣，甚至有許多人在更早之前就學了，那些卡住的前輩或同學到底在卡什麼？我是個太愛追根究柢的人，所以我發現持續卡住的學員，不見得不想面對現實，他們只是缺乏**深層心理分析下的頓悟元素（大部分是缺乏「個人化」的因果理解及解套方式）**！其實他們天天已經很認真在實修靈性的技巧，但腦子的迴路真的很像一條頑固的老溝渠，刻劃過久、過深後，腦子誤會只能在同一條溝渠的方向僵化地流，不知道自己具有開鑿溝渠新方向的絕對權力，愈是困住，溝渠變得愈來愈臭；愈臭，愈無力、愈無權（許多時候：（一）腦中的路線是原生家庭鑿的，這讓人容易誤會新路線的開發權也要由父母核發；（二）老溝渠的方向跟父母曾經走過的方向其實差不多，一家人都達不到目的地的苦通常也是一樣的）。腦子此時便可以借助專門改變溝渠軌道的工程師（心理〔醫〕師可以是其中一種選擇），開鑿、引流、接通，當路線全然暢通、接上聖壇時，聖火自然能夠點燃！

靈性技巧這把「火」是不能單獨使用的，光靠重複上課、狂念經文、跑廟宇、上教會、做法會、祭改、作法、求消災、去印度、去耶路撒冷、去西藏、去埃及、去祕魯、喝死藤水、狂哭狂喊、做幾萬次的大拜懺……等等，不見得能從心靈深處改變一個人。許多時候，不是不想改變，很可能只是因為一直挖不到深層潛意識中未解的情緒跟認知（缺乏燃料），缺乏「個人化」的因果理解及解套方式（缺乏深層垃圾清理），而讓靈性之火停留在防空洞外乾燒，讓垃圾仍然卡在洞內深藏位置一動也不動（當我們沒有深層挖出的心理素材當做燃料燒，沒有垃圾清理，靈性老師在外供應再多的靈性點火，很可能都只是乾燒，在最外緣噴火噴好看的而已，沒有適當燃料，火很快就熄了，這就是為什麼有些人一離開身心靈教室，一離開老師，一離開聖地，便無法靠自己的力量持續昇華或燒掉垃圾的原因）；或者，腦子僵化者，不管人身在地球何處，仍然堅持停在原生家庭的舊溝渠上做文章，縱使老師帶領他動，他也靜靜地一動也不動，像這類型的頭腦真的是屬於頑固溝渠型的——以上這兩種比喻，是在解釋為什麼有些人不見得能在身心靈上做到快速的大進展，縱使花了大把鈔票跟時間，卻仍然覺得沒效果的主要原因。我們會建議他還是同時做心理治療，弄鬆頭腦、挖出心理垃圾，這樣在身心靈課程學習上，才不會浪費金錢和時間。

融合靈性與心理的治療，是超快速平衡業力、消除業障的方法！以我來說，比單純做一般心理治療快二十倍（一次靈性治療可能可以抵過二十次心理治療，在書的後段——馬來西亞磁塔行——會說出什麼是至少快二十倍的故事）！

基本上，心理乾材，靈性烈火，缺一不可！

從現實看過度靈性理智與情緒氾濫

在身心靈進展中，清理打掃自己的內在殿堂是最根本的修為，而且，**不管怎樣都要回到現實，與真實的生活結合才叫真修為**。我們不能本末倒置，不能老是忙著改變外在的世界而誤會內在也會跟著變，基本上，唯有改變自己的內在，讓內心共振出來的是乾淨和諧的，才能至真改善外在世界。**宇宙有個永恆不變的定律：內在的意識、潛意識會顯化在現實生活中**。內心放的是混亂，顯化出來的也是混亂。內心放的是豐盛，出來的也是豐盛。我們不適合定義，一位跟老婆、小孩都冷淡或反目成仇的男人是成功的修行者，我們也不適合定義，一個忙碌愛自己的靈修團體勝過自己老公、小孩的妻子是個有愛、不自我中心的人。我們知道的是，**本末倒置的人必然是在逃離現實的狀況**。

當靈性療癒結合深度心理治療時，其實更要求一個人看清楚**現實中家庭裡**的狀況，要一個人更看見「內在的意識、潛意識會顯化在現實生活中」，**深奧的宇宙定律並不允許一個人與現實脫結**。一個人的身心靈、所處的家庭、工作等等狀況，絕對會是他意識、潛意識散發出來的實像。當我們內心的

「家」有問題，就是要回到內心的「家」中修，所謂的「修行到家」並不單純指一個人修行很厲害而已，而是要讓自己回到內在，到該回去的「家」去修，「家」指的是「原生家庭」以及「與父母的關係」，更可以指自己在歷史最初被創造時的純淨本性，也就是「源頭與神性」（能恢復到「源頭與神性」的狀態並不簡單，但這是根治的準則，比原生家庭的意義還要廣闊深奧）。

當我們看見一個人老是在追課、追老師、追聖地、追長篇大道理、追寶物、追權勢……卻在言行、心性上不理家人、對人不真誠、不友善、不切實際、不一致時，心理治療會像鏡子一樣反射出他給人的「追逐感」、「疏離感」及「不切實際感」，不管他的位階有多高，名聲有多響亮，財富有多雄厚，沒有修行到家就是沒有修行到家，與真理相距甚遠就是相距甚遠，真話就是真話，除非他希望我們繼續騙他。

有些飽受家暴毒打的人，誤會「修行到家」就是要繼續留在家中繼續修行，甚至誤會像苦行僧般承受毆打，必然能平衡因果業力，讓人有朝一日藉著苦難而成佛得道，這是很嚇人的誤解。一個成人該做的基本修行至少是有理智，能讓**家庭關係安全**，身為主要照顧者，要有絕對的智慧與勇氣選擇離開精神、言行、棍棒的毆打，有時候，將自己及需要被照顧的人從家中緊急挪移至安全的地方，是最基本的生存準則（用動物本能舉例說明：當狐狸洞穴淹水或著火時，狐狸媽媽必然是立刻放棄原本巢穴，叼著小狐狸出洞求生）。**修行不代表放棄動物生存的本能！**當我們還不能修行到與「自身神性及源頭的家」共振之前，治療、調整家庭的安全關係，絕對是現實中最根本的需求，唯有家內安全才是跟「源頭與神性」最相近的感覺。

同樣的，當一個人用氾濫的情緒，不停慣性跳針做表面的盲目修行時，在心理治療室中，我們也會很老實地像鏡子一樣反射出他的戲劇糾結感，會跟他說他不是在清理或進化，更不是在修行，而是重複上演一些騙自己及騙別人的戲。在這種狀況下，旁邊的觀眾不見得要繼續待著，就像我們在心理治療時會用的退場技巧（Time Out），治療師、朋友或家人可以先退場離開（把下次見面的時間拉長或者暫時不見面），這樣比較可以讓他清楚知道這慣性的跳針是不被鼓勵的，可以等他決定為自己的生命真正負起責任，強迫自己不再跳針了，大家再見面，這時觀眾才不會一直看跳針的戲。我們相信一個演員是可以決定一場不好看的戲何時下檔，但觀眾一直在的話，他不會想下檔。

心理治療可以做許多輔助靈性成長的深度清理功能，但不管是治療者還是個案都需要有心理準備，當我們**面對深度的「現實」議題時**，**必然會有現實中可能會出現的深度痛苦**，用身體必然會出現的反應來比喻何謂「現實」：（一）平時不運動的中年人跑了三公里之後身體必然會累，會抗拒繼續跑，會拒絕在接下來的一小時內承諾再跑三公里；（二）從懷孕至產後必然有大大小小不可避免的身體不適現象，過程可能會孕吐，會失眠，產前會陣痛，產後會昏睡。在現實中，身體都會有不適應的現象了，更何況是心跟靈。

當我們想要在身心靈有所產值時，過程其實真的有點像懷孕生子。不只是需要付出相當的時間，也需要個人絕對的努力以孕育新生命。靈性心理治療中，有一支現實的預防針：靈性療癒絕對不是打一針，睡一覺，明天早上醒來就家庭和樂、幸福美滿又安康的狀況。它真的比較像懷孕生產，**過程通常會經歷一些「現實」上該經歷、該面對、該處理的麻煩及痛苦，就像懷孕本身就有「承諾改變」、「跳脫慣性」、「接受新模式挑戰」的象徵性意義**。

我們看到一個人不開心，心理學上我們常提到並建議他的，就是「要照顧好自己的內在小孩」，這個「照顧」的意義很深遠，通常是指跟自己各個成長階段的內在小孩（inner child）和好，一個人才會從他成長過程中的傷痛走出，接近圓滿。「內在小孩」通常指的是我們在兒童時期便從生活經驗中殘留下來的傷痛感覺、未竟事務，大多是孤單、害怕、無助、無望、遺憾、內在貧困的，基本上，大部分人的內在小孩都不是那種開心自由的狀況，大多帶著足以禁錮我們身心靈發展的毒素特質。但我們透過靈性心理治療，可以更有力道地嘗試拯救內在小孩，甚至還讓他轉換昇華成為靈魂業力上開心自由、豐盛圓滿的「神性小孩」！內在小孩通常是背著累世業力的，是沉重的，但當自己像小天使一樣神性時，是輕的（若不容易想像神性小孩是什麼？可以想像有天使翅膀的邱比特……這樣的「小孩」並不需要靠你養，反而是祂在引導、照顧你）。

一個人若不懷孕生出讓自己累世業力平衡的神性小孩，平時當然也是可以依照原本的慣性過日子，但生出神性小孩的人絕對會是讓你羨慕的人，因為他擁有你體驗不到的另一番圓滿境界！

靈魂業力治療、靈性心理治療，不管我們怎麼稱呼它，都是同一回事，都是在身心靈上嘗試「根治」：都是在嘗試澈底拯救我們累世禁錮受傷的內在小孩。我們在身心靈上清理掃出的是一堆打從兒時（或累世）在認知上再也無用的水泥硬塊、像鐵屑一樣不好消融的負面情緒，我們可以放把靈性高溫的火，將這些掃出來的水泥硬塊及鐵屑一次次清理掉，讓自己在過程中，一次次變清澈、輕鬆、自由！

・心理治療的缺口

為了講解用，在現實中我們大致可以粗略地將人分成「過度理智」及「過度情緒化」。我們的大腦有左右兩邊，左大腦主理智，右大腦主情緒，我通常會開玩笑地想：當一個人在成長過程中面對害怕時，會反射性地用力往其中一邊腦皮質層的牆角躲起來，不小心**慣性**選左邊躲的人會變得過度理智，不小心**慣性**選右邊躲的人會變得過度情緒化。等他長大後，因為他都**慣性**躲在另一邊的大腦皮質牆內，躲久了就不出來了，若跟他說腦子還有另一半邊，他都不相信。

挖苦自己地說，心理醫療人員蠻喜歡躲在左邊，因為若不這麼做，我們在急診室或重症病房會跟著發瘋。心理醫療人員通常是在處理心理受污染的人，接觸輕度污染的還好，但接觸重度污染過久，自然見到重度污染物會在心理上自動戴上保護層，做出心理隔離牆（這跟外科手術進開刀房前戴手套、穿防護衣是一樣的道理，需要提高警覺心，也需要預防性地閃、躲意外噴射出的危險汁液）。我們在工作上看過太多重症個案，過多的負面實務經驗，多少影響我們對人性的看法。

然而，有一個缺口是：我們不太碰也不擅長處理被宗教或民間信仰綁架的個案，因為在工作上接觸過不少駭人聽聞的事實，當個案弄到「卡到陰」、「玩火自焚」或者「走火入魔」時，急診藥物完全壓不下來，心理醫療人員看了也會怕，也會不知道該怎麼辦。當個案因家庭情感因素撞牆或拿刀自殘時，我們大概知道家庭或伴侶系統如何處理，但當他拿七星劍或狼牙棒在自己身上弄出血時，我們不知道該怎麼跟他後面的宗教或民間信仰商量。心理醫療人員對於靈性課程或修行通常很陌生，觀感也通常沒有很好，因為實務上見到一堆激進現象，有假乩童、假師父、恐怖同儕、邪惡徒弟、假仙丹、假寶物、真斂財、洗腦、操縱、利用、騙色、鬥爭、攻擊、禁錮、自殘、自殺、性侵、暴力肢虐、拋家棄子……等等，基本上，社會頭條新聞在醫療室便看得到，不用看電視轉播，直接現場直播。住院病房中其實不乏乩童、仙姑、道士、師父、神職人員的病患，有的彼此欣賞，有的彼此批評。原本，神靈顯化、民俗療法、神醫治病、求道、進入第五次元、聖靈充滿、回到天父的家……都應該是非常好的事，但是層出不窮的人為扭曲、詐騙卻讓好事都變壞事。**基本上，心理醫療人員非常不喜歡讓自己的腦子與現實解離，因為大部分的個案偏向「與現實解離」**。困擾的是，我們的教科書完全沒有教我們如何處理這些宗教或靈修中與現實解離的狀況，光是「卡到陰」就是身心科普遍處理不了的，因為已經完全超越「身」、「心」，跨線到「靈」的程度了。對心理醫療人員來說都是難處理、難理解甚至專業挫敗的狀況，甚至有些醫療人員還因為意識、潛意識太靠近個案的低頻能量，不懂得做靈性上的保護，自己也跟著不舒服許久（偶爾也怕介入不當，而被他的冤親債主干擾）。在傳統醫療框架中，心理醫療人員傾向定義靈性是危險的玩意，不碰為妙，但我們還是會說：「我們是在做『身心靈整合』。」這其實是醫療界自欺欺人的點。

其實，我們有個誤解，以為「卡到陰」的人一定會憂鬱、脾氣暴躁、胡言亂語、傷人、傷己……這其實是個迷思。「卡到陰」很多時候只是身體有解釋不了的詭異疼痛及束縛感，容易恍神，但**個性不見得會變！會變是因為個性本來就想變，本來就有暴衝的潛伏特質，然後低頻能量帶出另一層次的自己！**「卡到陰」沒有很可怕，「陰」若是可以卡到，「陰」也可以被甩掉。事實上，高度攻擊性的反社會人格或邊緣性人格，絕對比「卡到陰」的狀況還可怕，他們是長久的卡到陰，卡到的是自己打死不願意面對的陰暗面！若從阿卡沙檔案開啟中，通常可以看到多世陰暗甚至惡行的因果。

其實我有一個潛規則：不接高度攻擊性的反社會人格或邊緣性人格個案，**因為我無能**。個案可以對醫療人員有投射、移轉性情感，但絕對不能有精神、言行的攻擊。（在台灣，心理醫療人員嚴重缺乏紐約式司法及警方的積極強權保護，當我們遇到高度攻擊性的反社會人格或邊緣性人格個案時，**醫療人員往往沒有精神**、**生命安全上該有的基本人權**，台灣太難備案、太難申請保護令、太難逮捕、太難強制住院及追蹤控管。台灣長久以來的法治偏向保護壞人，公家機關的呆板作業淪落為壞人拿來二度欺凌醫療人員或警察的工具。基本上，任何我在紐約被賦能的公權力及安全配套，在台灣都沒有。這類型的個案絕對不是我在缺乏法治保護之下所能獨自處理的，我必須擔心自己的生命安全，我有家人需要被保護，所以我寧可把同樣的時間投入一萬個願意改變的個案，也不要耗在一個蓄意濫用社會資源及霸凌醫療人員的人身上）。

我們做心理治療通常有個底線跟界線，分水嶺如下：在診所、機構、學校的通常是「諮商」心理師，在醫院的通常是「臨床」心理師。當個案沒有基本的現實感而且攻擊性太高時，「諮商」心理師通常不介入晤談，會轉介這類型的案子至醫院的「臨床」心理師及醫師。在醫院的醫生、臨床心理師，雖然身邊多了護佐、警衛等維護安全的人員保護，遇到這種不現實或攻擊性高的個案也不會樂觀到哪裡，現實上我們大多很氣餒，只能停在診斷、用藥、衡鑑、住院，不適合做螺旋式的深入晤談，免得個案亂起來都把帳算在醫生、臨床心理師頭上（有的個案會轉嫁個人長久未解的負面議題至醫療人員上，攻擊、威脅、跟蹤、騷擾、勒索、恐嚇……）。

基本上，在訓練成為心理醫療人員的過程中，我們認為沒有基本現實感的人沒辦法往內心深處跑，也欠缺自主能力跳脫舊有模式。

正因為心理醫療人員聽過太多不合邏輯、不切實際、沒有現實感的事，你只要看醫療人員聽了個案的話之後，有沒有偷偷翻白眼或嘆氣，就知道他們判斷個案有無現實感了。中、重度無現實感的個案只要直接或間接在精神、言行上攻擊醫療人員，基本上，關係破裂，沒晤談的戲唱了（尤其是在諮商心理界）。

然而，有一群個案可能長久以來一直被誤判而沒被任何一領域的醫療人員深度治療過，不見得有攻擊性，但他們一直不小心被歸類在不能處理的範圍，舉例說明：

個案說他是外星人、美人魚、獨角獸、吸血鬼、精靈……或者相信自己就是耶穌、如來佛、觀世音菩薩、濟公、媽祖……等等神明的化身；

個案在晤談時對著空氣傻笑，堅定地說：「三太子就站在旁邊」，要醫療人員說服他爸媽讓他離家住宮廟去（這時他的爸媽嘲諷個案地說：「三太子仍是孩子，怎可離家？」）；

個案說他看見滿身是蛆的冤親債主，逼他拿刀刺自己，要他從高樓窗戶跳出去；

個案說他常常體弱多病、整夜睡不著，就是因為歷代祖先的靈在吵他，祖先說他們在逃難，需要他拯救；

個案說他常常聞到血腥味，覺得自己在戰場上，右腳常麻痛到沒知覺；

個案說他身上布滿螞蟻，所以才一直打自己，抓傷自己……

基本上，剛剛所舉例描述的個案情境都叫做「非現實」狀況，長久以來是被身心科的醫療人員歸類成幻覺的，通常被診斷為「思覺失調症」（「思覺失調症」是由之前的「精神分裂症」改名而來，醫療人員通常會覺得這些個案，「這輩子大概就只能這樣（一直亂下去了）。」醫生的用藥通常不見得是個方向，可以做心理衡鑑，但心理諮商的轉介單通常不見得需要開）。坦誠說，當我們醫療人員看到個案眼神以及身體都已經脫離現實時，通常是我們束手無策的時候，我們只知道我們去不了個案的「那個世界」把他帶回，因為我們不知道如何跟他的另一世界用藥物或心理治療的方式商量。但我們有時候會明示或暗示個案去找「鈴鈴鈴」（收驚）的做祭改，然後有時「鈴鈴鈴」還蠻有用的，會穩定一陣子——當然我們醫療人員就更認為這種超現實的現象，超過我們可以處理的範圍。

然而，以上這些充滿幻覺、妖魔鬼怪、怪力亂神的內容，都在我深入了解身心靈的世界後讓我大大改觀了，打從跟信義、寶治老師上課後，我的身心靈世界觀變大、變真，以上所有「不現實」的內容裡，的確有許多是超現實，但不見得完全不現實，光是「祖先需要幫忙」、「需要跟冤親債主業力平衡」便有現實的可能，只是我們心理治療者不懂、不知道，也沒人點破這些其實可以包括在現實的範圍內。當心理醫療人員被自己的大腦認知所局限住的時候，我們大腦這一邊的「不知道」，並不代表個案那一邊的覺知一定是幻覺。只要不是嗑藥或腦傷，若個案的情緒可以在「幻覺」、言行中出現如此恐懼、悲傷、膠著、痛苦的狀況，在「幻覺」之下必然有需要被挖出的現實面。

其實，從靈性心理治療的角度來說，依照實務經驗，幻覺可以被整理成兩、三種：

第一種：混亂無章、虛構、沒分析價值的幻覺（例如：嗑藥或腦傷）。

第二種：充滿邏輯、象徵性意義，可能與前世今生儲存的細胞記憶有關。

第三種：這種幻覺比較特別，是由神佛菩薩、指導老師、高頻能量體等所呈現出的影像。

第二、三種的幻覺其實有非常豐富的處理價值，只是心理醫療人員至少要能夠從象徵性的蛛絲馬跡做深度精神分析，要帶著福爾摩斯的機智與破案精神，陪伴個案尋找失落的鑰匙及密室——「現實」有時候像拼圖，一片片散開時不具意義，但當碎片拼湊成部分輪廓時，「頓悟」便出現，「療癒」也相近了；高竿一點的醫療人員，自然知道不是用現有的智慧，需要拉高能量頻率與源頭的高層智慧連結；再更高竿的醫療人員則是擁有阿卡沙紀錄開啟的能力，解讀細胞記憶。

在細胞記憶裡，其實殘留很多前世今生的記憶。從剛剛所舉的例子來說：戰場上的血腥味、螞蟻布滿全身或滿身是蛆的冤親債主等等的「幻覺」，或者與神佛菩薩、高靈天使、指導老師等等的連結，可能真的來自前世「真實發生過」的事件。

若以婚姻家庭治療及精神分析的角度來看個案跟三太子的關係：我們可以猜想個案投射內心壓抑的叛逆在三太子上，想要擁有像三太子一樣的獨立自我，想離開束縛的家；但父母反射性貶低、批評個案，持續打壓個案長大的心，雖然帶個案就醫，潛意識卻只想綑綁個案，父母說：「三太子仍是孩子，怎可離家？」意圖就是讓個案繼續停留在孩子的階段——可是，眼前的個案已經二十幾歲了。

基本上，「沒現實感」中很可能有另一種「現實感」的解釋，

「進入個案的『幻覺』中去看到現實」並不是一件簡單的治療法。近幾年有一部非常特別的電影，《最美的安排（Collateral Beauty）》（二〇一六年十二月），是由威爾・史密斯所主演的，這部片就是在教我們如何跳脫一般的思維框架，進入對方遁逃的世界。威爾・史密斯演一個深度處在喪女之痛的父親，哀傷重創下，他在心理上啟動自我防衛機轉，讓他從現實中抽離開來，他的眼神及言行沒有現實感可言，處處表現他與現實衝突的狀況——而這種解離正是我們在醫療中不知所措的個案狀況之一。別人一靠近他，他很容易用暴力趕走別人（災難、分離、哀傷等等創傷都容易讓人在受不了現實的重大壓力下，而與現實抽離，對重大壓力的創傷反應主要有兩種，有一種人是用不符合社會規範的攻擊、混亂、破壞方式〔fight〕，另一種人用是萎靡、沉寂、麻木自己的躲避方式〔flight〕）。

基本上，用藥並沒有辦法讓破碎的心及認知癒合，更何況個案私下也很容易拒絕吃藥。後來我們看到威爾•史密斯跟「死亡」、「愛」、「時間」對話，在別人眼中他眼前根本沒有人，他是對著空氣說話，他幻聽、幻視、發瘋、狂怒、暴走、過度情緒化……諸多不理智的言行畫面讓旁人定義他是思覺失調症，在攻擊性行為中也讓旁邊的人想離開他。然而，在最後結尾時，來了個超大的轉折，他與劇中所有的人都臣服、接受了「死亡」、「愛」與「時間」所教導的一切。

《最美的安排》這部片子，象徵性地暗喻一切事情的發生，可能都是神為了讓靈魂進化而所做的最美好的安排；我們或許會本能性地解離、逃避現實中的痛苦，但最終還是必須面對自己的**恐懼**，學習接納自己、轉化習性並昇華靈魂。暗喻中有著現實上的諷刺，它說**我們人老是局限卡在肉眼看得到的型體，但後來看不到的竟然是我們極度控制的自己，看得到的竟然是我們不相信的神**。它教我們看見**神如何脈絡性地無所不在，影響一個人也同時**精密巧妙的**影響一堆人……**

其實、心理醫療人員在大學、研究所、碩博後進修的學習過程中，都太習慣一種講求科學、講求嚴謹、講求現實、講求架構、講求具體的模式，有些心理醫療人員為了不被個案的非現實、非理性拉著走，不自覺中把自己變成現實至極的控制狂，會非常要求自己的腦子比個案有邏輯、有理智。但相對地，我們犧牲了自己臣服於神性安排的柔軟，不敢相信心理治療能夠在虛無飄渺的空氣中有施力點，也不認為靈魂是我們能夠勝任處理的領域。「眼見為憑」的物質科學，強調科學下的已知，卻讓心理治療不自覺中有了超大的缺口，不知道如何去填那個未知。

・真的卡到陰？還是卡到……

為了讓身心科醫療人員了解及看到「看不到」的世界是存在的，我們可以用具體的方式來說明。舉個在台灣最常見的例子：「卡到陰」（輕微的叫做低頻能量干擾，重症的可稱為「中邪」、「魔鬼附身」、「邪靈附體」等等），這對心理治療者來講真的屬於超越現實的怪異現象，我們真的很難相信一個人會被「鬼」卡到、嚇到、問到、摸到、沾黏到、依附到……人鬼應該殊途，但實務中太多的案例證明，人鬼會有不經意或刻意交錯的時候。保守估計，我有超過三分之一以上的個案曾經因為低頻能量干擾而收驚祭改過，這種感覺可以被形容成：重重的（局部或全身像背了沙包）、暈暈的、關節卡卡的、思考混濁、冷冷的、怪怪的（旁邊好像有「人」）、噁心想吐、拉肚子（但沒吃壞東西）、不順、倒楣（壞事連連）、臉色泛青、手痛到舉不起來、脖子肩膀酸酸的、某幾個地方一直痛（半夜還痛到不能睡）……

心理治療的方式是跟「人」協商，收驚祭改的方式是跟「靈魂」協商（跟基督教的驅魔儀式其實意義差不多），其實都要協商，人有靈魂，人死了也是靈魂，人與靈魂其實只有一息之隔，心理治療與收驚祭改的方式看似是天壤相差之別，卻也有許多重疊之處。實務上，我們真的看到一堆個案在收完驚或去廟裡之後，頭腦變清醒、氣色變好、晚上變得好睡、身體疼痛及緊繃消除……最令我們覺得誇張的是：那些莫名其妙的倒楣事也迎刃而解！只是，心理醫療人員一向是很鐵齒的，再怎麼誇張的神奇轉變，我們或許會短暫稱讚一下，卻不見得因此而覺得收驚祭改有「一勞永逸」的效果，因為個案總是反覆在收驚祭改，有的則是一天到晚在拜拜。心理醫療人員會說：「若有用，為何不能一次就有永久的效果？」（這也正是心理醫療人員不了解靈性層次的說法，一次當然沒有用！其實心理治療一次也不見得有用！因為人的**慣性**、**舊習性**永遠勝過收驚祭改或心理治療的力道。這跟按摩師傅跟客人的關係一樣，有師傅幫客人紓解，客人自己就不學會如何排解，客人話說是「定期保養」，卻是定期過度依賴師傅！再怎麼厲害的師傅，客人的固著習性永遠有辦法把老問題找回來）！

基本上，在「卡到陰」（低頻能量干擾）這種怪異的現象之下，大概有八、九成都屬於顯性的個性盲點，帶著婚姻與家庭的議題或靈魂業力的議題，這些都不是收驚或藥物所能根治的；但運用藥物、婚姻家庭治療或業力心理治療輔佐部分的收驚，卻有根治的效果！我們實務觀察到那些卡陰比例「最高」、「最頻繁發生」的人，其實他們早已經用憂鬱症、強迫症、躁鬱症、恐慌症、戲劇性人格、多重人格、邊緣性人格、反社會人格……等等的症狀，來表現生活中「有漏皆苦」的型態很久了！**最初卡到他們，或持續卡到他們的，絕對不是鬼（也不是基督教所稱的魔鬼或撒旦），而是長久以來無法自覺的恐懼或無法自拔的深層傷痛，然後這些低頻的內在創傷，容易跟外在的低頻（鬼）共振。**

若用比喻來形容，或許我們可以想像一個人是「炒菜鍋」，有身心症狀的人大多是鍋面被嚴重刮傷的——（累世）成長過程中這鍋具被多重使用者不當刮傷、粗暴對待，後來鍋子傷痕累累，變得很容易沾黏，連不煎炒時也相對容易沾灰塵，在家中廚房早已經落入被嫌棄、怨嘆、排擠、出氣或被拋棄的狀況。最原始的傷痛來源是多重使用者的刮傷（大多是原生家庭的議題），而不是沾黏的異物。身心科的醫療人員像是清理、修鍋子的人，不是每個醫療人員都懂得如何處理鍋上沾黏卡住的食物（卡到陰），厲害的師傅可以把鍋子表面的沾黏物清除、把刮傷修到沒什麼痕跡，然後再三提點使用者要謹慎使用，但回家使用一陣子之後，使用者還是任性、頑固，又再次出現使用上的老問題，再次送修；然而，厲害的靈性心理治療師，則是把這鍋子原本的材質從內到外都「升等」、「昇華」，提高抗刮、耐撞的能力，更同時在靈性層次提升使用者珍惜心態，這樣才更符合現實中的需求。

大部分的鍋子材質不耐刮是個原始問題（大部分的人都是帶著累世創傷的細胞記憶，基本上都不耐刮），使用者的重複不當破壞（原生家庭的議題），更是在反覆惡化問題。身心科的醫療人員，絕對需要了解鍋子跟使用者之間有「共業」的關係存在，有的使用者可能冥頑不堪，打死不願配合，或者有的已經往生讓鍋子有著被遺棄的議題……基本上，提升鍋子的材質才是根治的方法。讓鍋子跳脫共業的省思是：鍋子為什麼從上輩子就遇到一樣的老問題？鍋子為什麼也冥頑不堪，都破損了多世，今生還繼續選擇當鍋子？

身心靈嚴重出問題的人，鍋面通常是反覆損傷或整鍋被棄置的。或許我們覺得卡到陰時「鬼很麻煩」、「鬼總是在害人」、「鬼很壞，卡在人的身體內讓一個人不能有正常功能」，「人都在倒楣了，鬼怎麼還來亂？」但我們認真要看的方向真的不是鍋上沾黏的灰塵或食物，不是研究鬼，而是這鍋子的環境中，為什麼反覆有這麼多容易刮他、傷他、損他，讓他不斷沾黏的使用者？為什麼鍋子總

認為自己只是被動、被使用的鍋子？為什麼鍋子不能離開？為什麼鍋子不能長腳？

答案：**因為鍋子的腦子很僵化，長久以來相信自己「只是鍋子」**！

真正厲害的身心靈老師會讓我們打破僵化的腦子，體驗腦子外面的世界（就像青蛙要跳出井一樣），不再相信自己只是鍋子（書的中、後段會有實例解說）！

使用者通常指的是我們身邊的冤親債主，絕對比鬼可怕！鍋子通常指的是我們意識、潛意識中的被害者心態。我們通常跟鬼的心態一樣，老是依賴、等待別人改變，才覺得自己能夠變。這是個盲點，是個自己傷自己的大盲點！愈是有這種心態的，愈容易跟鬼共振！**他必須要知道如何把自己（鍋子材質）升級，升級了就不怕被人刮、被鬼沾黏！鬼其實會看人卡，不是不挑的，對於那種不沾鍋（能量高）的人，他自知高攀不上，但身上帶傷（能量低）、尤其傷痛點一樣的，就很搭配了！**卡到陰其實是一種「低頻共振」之下的現象，先決條件是：一個人要長期處在低頻的狀態，在能量低亂時，尤其是低到自己都不懂煞車自救的時候（有人的煞車早就壞了），就容易跟鬼的低頻相近，但是，傷心痛苦的問題也還要跟鬼本身跳針卡住的議題雷同，鬼才會覺得你是適合的宿主。其實一切皆來自內在意識、潛意識的創傷感覺同頻共振了，才會一拍即合。

其實，鬼在死之前也是人，也帶著心頭未解的議題而死，人跟人都會臭味相投，亡魂跟人當然也是一樣的心態，所以唯有人跟鬼的**心理**狀況都一樣，鬼才容易跟我們搭上線。舉例說明：一個人因吵架而低頻，吸引來的便是死前一直卡在吵架中的鬼；一個人被伴侶背叛而傷心，吸引來的便是被背叛的傷心鬼；一個脫離不了父母爭吵中的人，吸引來的便是被家人弄到左右為難的鬼……這種專門挑心理狀態一樣的鬼，其實多少是想藉助你的力量，想麻煩你，想看你怎麼處理這相似的議題，因為在沒有肉身的狀況下，鬼處理不了死前未處理完的困惑，所以他們必須賴在同頻的寄宿主身上，渴求的是一種學習跟昇華（請你幫他做修行的意思）。「卡到陰」其實算是一種「人性心理議題的副產品」，不管是人是鬼，皆是一種衍生自原本身心靈問題的現象，當我們認真從婚姻、家庭、伴侶、親子、工作、現處環境甚至前世業力，來分析探討議題時，往往可以看到找到解套的線索（而且解套時至少會一石二鳥，同時幫人又幫鬼）。

所以，很多時候根本不是要看「一個人有沒有卡到陰？」我們應該往根治的方向看：成長過程中內心未解的家庭議題是什麼？現處環境中難以處理、承受的傷痛又是什麼？靈魂業力中，哪些是我們累世嚴重重複當機的議題？

降妖驅魔只是治標，今天趕走這個，明天還有別個，因為跟我們一樣議題的鬼在世界每個角落都有，邏輯上，活著會沾黏別人的人，死後必然是會沾黏別人的鬼，沾黏依賴的人跟鬼到處都有。死前沒辦法解決問題，死後也一樣沒辦法解決問題。若要治本，心理醫療人員至少在處理家庭、伴侶、親子等等現處環境議題之外，還要嘗試：（一）分析累世靈魂業力中身體相對應的心理印記；（二）清理身心靈的垃圾。

若醫療人員不想親自解讀細胞記憶或處理身心靈的垃圾，可以轉介他們至可信賴的靈性老師那，解讀阿卡沙檔案、整理出心靈盲點後，再用脈輪呼吸、神光療癒或其他靈性昇華、消融的技巧，放幾把高頻的靈性之火淨化、清理身心靈垃圾，人體通道就會比較暢通，能量也會相對提升（收驚、祭改、驅魔的主要功能，就是讓人快速能量提升、讓人體的脈輪通道暢通）。「不卡陰」的基本原則是：宿主的內在沒有（累世）恐懼、脈輪不淤滯、高能量。只要少了低頻虛弱的點，鬼就無處可寄宿（鬼通常是卡在我們最弱的地方）、跟我們絕緣，當我們沒有共同的議題，道不同，不相為謀，鬼對我們是沒興趣的。

所以，若一個人心無累世恐懼、能量高，是不是就不會「卡到陰」了？這答案是肯定的！有些人真的是「卡到陰」的絕緣體，若仍要用鍋子做比喻的話，請允許我稱呼他們「不沾鍋」，經驗告訴我，**若要成為百分之百絕緣體的人，要讓自己常處在身心靈的高頻及圓滿中**。

我能夠寫出這些內容，就是因為我在成長過程中曾經被卡過幾次陰。或許寫出一些經歷來能夠幫助一些人理解並跳脫。一九九七年，在紐約念書時是生平第一次卡到陰，「原來，美國也有鬼！」我被租屋處對門因心臟病過世的五十二歲單身老先生卡到，因為我這輩子從來沒看過死人，所以警方抬出屍袋時我一直好奇地看，覺得他平時孤單可憐，祝福他。誰知道孤單可憐的留學生在當時便跟他共振了，那陣子我常差點被車撞，強烈的疼痛會轉移位置全身跑（我看了很多內科醫生，但醫生們都檢查不出毛病來），我常感覺他的靈魂從浴室窗戶探頭進來；依照台灣民間說法及我媽媽的建議，男生的「陽氣」重，所以有義氣的一群台灣男留學生輪流日夜守護，某夜，駐營的男學生棉被被扯掉，嚇到臉色鐵青，想落跑又不好意思（證明男生不一定代表陽氣）；那階段的我原本很愛穿黑色，我聽媽媽的話改穿紅衣服也沒用；後來，我半夜痛到被送急診，但美國醫院很兩光，我被男護士擱在地下室停屍間門口的推床上，他要我自己等待隔壁的檢查室出來帶人，當時我的眼睛要睜開還是要閉上都不是（閉不閉都感覺旁邊有鬼）；在醫院待愈久，人愈虛，後來在醫院暈倒不醒人事，急救，當時耳朵變得異常敏銳，衛生紙抽取的聲音變得像雷響，數十公尺外的聲音竟然可以清楚聽得到；某位比較見過這種場面的男學生，建議我趕緊回家還比待在醫院氣色好。後來是我媽媽從台灣快遞做過法的符咒跟衣服才化解開，當時，手握著符咒的當下，聽到「啊！」一聲慘叫，有「東西」從我身上用力震開，當天便沒事了。但過幾天，換樓上另一位台灣女學生有事，她媽媽主動打電話來說，仙姑看到一個老先生在她床邊看她睡覺，接著換她媽媽快遞符咒來救人，那些台灣男學生們這次不用再鎮守，因為這些「陽氣」沒用！

我本來以為我這輩子就這麼一次卡到陰，誰知道二〇一六年，我的前褓姆著迷聖靈充滿，弄到走火入魔，她身上所充斥的多重低頻能量，遠遠超越我所能負荷處理的程度，當時，她身體及精神持續出現混亂狀況，我因為極度害怕她卻反而跟著共振那些痛，我會全身水腫、失眠、雙臂輪流痛到不能幫自己換衣服、一直重感冒……愈共振，我愈害怕，愈害怕，我愈容易被共振到。我當時還不認識信義、寶治老師，我不清楚這是什麼狀況，我也沒有解決的方法，所以我只能用腦中有限、局限的方式，自認倒楣，認為心裡不安全、有壓力之下，精神、身體會跟著差是正常的（當時完全不知道這是與對方未解除的靈魂業力議題，是細胞出現與前世創傷記憶共振的現象），我當時所能做的都是：不要激怒對方，忍耐、吃感冒藥、止痛藥、打針、按摩……「人比鬼還難請離！」所以你若問我：「被人卡到是不是『卡陰』」？以我的觀點來看：「當然是！比鬼還可怕！」我當然一直在找機會請她離開，只是當時完全不知道自己可以從前世回溯中著手，若看到法國前世殘忍的內容，我必然會更積極鋪路請她離開。但請她離開是個困難的大挑戰，因為她熟知我的生活方式，也熟知小孩的出沒地點，這絕對不是換鎖就能解決的。但任何方式都不會比果決的心強大，唯有抱著對未來賭一把的信念，不同情不該同情的人，切割該切割的關係，才能夠在新生的勇氣之下，做出執行力，讓一個威脅性的真人離開。

今生我的家庭議題，在二十幾年的心理治療中已經處理得差不多，但我的內在有很多前世未解的創傷印記（法國女人便是其中之一），當靈魂有好幾道極度悲傷、難過的裂縫明顯影響今生，在未處理完之前常常都在不自覺中讓相似議題的鬼或人來共振，人跟鬼都可怕，一樣都是「陰」的；在身心靈清創過程中，我花了一年多的時間才摸索到如何不卡陰，過程中經歷不少被嚇到的體驗。但一但自己走過，就知道如何帶別人在「未發生前」便避開了。為什麼我會發生卡陰呢？一切跟未解的心性及未有的智慧有關，這就跟我們在海中若有傷口卻又缺乏即時包紮一樣，必然容易吸引嗜血的掠奪者。我因為太擅長打開前世創傷，卻又不知道同時要擅長保護精微圈（靈性保護圈）的完整，所以當我像考古學家一樣一直在前世挖掘前因後果時，多次在重疊時空中有不速之客闖入，或自己其實才是他們的不速之客。有一段時間，我常常在出門遊山玩水時，因為精微圈已經在疲累中不自覺虛弱，而讓自己沾到重疊時空中跟我相似議題的鬼，一卡再卡，卡到引起信義、寶治老師私下多次關注，遠距拯救（印象中最深的一個例子是：二〇一七年八月在泰國華欣渡假，深夜回希爾頓海邊度假飯店路上，經過混亂的風化區，疲累狀態中，我的內心過度偏頗——極度「厭惡」人與人虛偽情感的互動，「不屑」別人外表帶著笑容，暗中卻計謀錢財如何進入荷包——正因為一切跟我在法國刻劃下的傷痕一樣、一不小心便被傷心虛偽情感而死的女鬼們卡上。當晚快到天亮才吃助眠藥入睡，隔天早上縱使陽光四溢，我卻呈現昏眩呆滯、四肢無力的狀態。當時寶治老師立刻在台灣遠距幫忙「協商」，我才能在半天後恢復元氣）。

後來他們教了我很多在意識及潛意識中讓靈魂急救清創的方式：緊急時做武火、大拜懺、在經咒中連結神的能量（拉高頻率），自我收驚、點艾草或鼠尾草、點蠟燭（燃燒清理負能量及製造靈性的光引導低頻離開）……最重要的是，平時就要讓自己掌握根治的重點：總使不能時時高頻，內在也要**「空」**、**「中立」**、**不要有恐懼（累世）印記**、**不要跟外在負面狀況共振**……等等，當然這些都不是簡單的事（尤其是那些敏感體質的人，他們若能當神的通道，通常也是低頻喜歡的好通道），只有清到內在差不多乾淨之後，心性趨像神佛一樣慈悲、清淨、無我執，符合《本兜心經》（註2）的真義時，

註2：《本兜心經》

諸法自性清淨故、有相皆幻如是觀。
具足殊勝菩提故、慈悲之心如是觀。
自性無願光明故、於一切相莫執著。

才會大大減少被低頻能量干擾的次數。

我不能說我再也不會被卡，因為我是冒險的好奇寶寶，我的實驗心比別人強，遇到不曾遇過的事，在好奇之下，「心」還是會比別人投入，但這個時候，「心」就歪了、不中立了；曾經，當我知道信義、寶治老師有足夠的能力救我時，有了強而有力的靠山，我更是敢在靈性陰暗的空間中冒險，實驗研究靈性勾結的層次（這是我讓他們看了心臟會受不了的點——這孩子還不太會自保，就到處亂跑）。但重度冒險一、兩次之後，身心靈真的很受傷，縱使獲得寶貴的實戰知識及經驗，卻也讓我之後大大收斂，人鬼還是殊途比較好（這些亂跑的實驗經驗留到下一本書再述說）。感應神，絕對是舒服的高頻，感應鬼（或浸潤在前世創傷中），絕對是不舒服的低頻，身體絕對會虛耗過多，甚至受傷，我們一點都不應該讓身體如此疼痛（難怪二〇一七年公視迷你影集《通靈少女》中的真人版女主角索非亞，會毅然決然地放棄廟中高薪的工作，正因為接觸低頻容易讓身體頻繁疼痛，除此之外，也容易讓身邊的人事物變複雜、不幸——身旁的低頻比較多時，容易物以類聚）。

其實，不用像索非亞那樣的宮廟工作才容易被干擾，所有的心理（醫）師、警消、前線社工人員都跟索非亞的工作相似，都是在負能量充斥的環境中工作，醫院診所或災難事故現場沒有比宮廟「乾淨」到哪裡，甚至更「髒」，我們一忙起來都容易讓精微圈有了漏洞而被低頻能量干擾，偏偏我們還不知道是被低頻干擾，也不知道任何自我收驚、淨化、拉高能量的方法，只知道傻傻地吃止痛藥，去按摩，誤以為是感冒或宿疾復發（通常，被低頻干擾會像感冒或肌肉痠痛的症狀，個人宿疾通常是累世創傷印記所在之處，本來就是比較容易被趁虛而入的部位）。**我們千萬不要以為心正就沒事，靈魂「正」才會沒事**。再舉一、兩個例子：我曾經在山裡面玩，心在欣賞風景，靈魂卻仍在生氣樓上鄰居頻繁半夜吵我睡覺，後來，我的靈魂雞婆地跑去喬原住民祖靈鄰居吵架的事，後來公親變事主，身體回到家便開始糾結不舒服，這次也是寶治老師遠距協商處理掉的；另一次，在傾盆大雨中騎車，心情沒有不好，我卻因為好奇而一直盯著警察處理車禍事件的摩托車，思索過多「對方是誰？幾歲？男生還是女生？怎麼受傷？哪裡受傷？在救護車上怎樣？」結果靈魂連結上了，下一秒鐘立刻換我摔車受傷，幸好我只是自摔撞傷膝蓋，痛到不良於行一個多月。摔車當晚，剛好有寶治老師帶領的團體脈輪呼吸，當下看到一團黑色穢氣從膝蓋離開……然後我就學到，在車禍現場，跟喪禮一樣，祝福就好，眼睛不要亂看，腦子不要好奇，心不要亂問，把靈栓好、不要亂連結。以上這些都是我一路披荊斬棘、辛苦走出來的心路歷程，自嘲為「靈性白癡」事件！

可惜，大部分的心理醫療人員雖然擅長挖出意識及深層潛意識中的問題，卻常處在一知半解的「靈性迷思」或不知不解的「靈性無知」中！不碰靈性，不想了解靈性，不敢碰靈性，反而處在不知道如何自保及保護個案的狀態下。心理醫療人員的確不需迷信，但我們有個社會責任：了解迷信、破除迷信並指導正確防治知識與技巧（這跟當年我們在破除家暴、自殺、性侵等迷思的過程是一樣的）。靈性盲點若沒清除，心理專業人員做一些靜心、冥想、正念、禱告、瑜珈疏壓等等活動，是不能夠做足靈性保護，也不能夠讓一個人不卡陰的，這是騙自己、也騙個案的狀態。靜心、冥想、正念、禱告、瑜珈疏壓等等，其實只是靈性心理治療的皮毛而已。真的很可惜，很多心理醫療人員完全不知道，卡到陰或心理垃圾山其實可以「放把靈性之火，燒了，就沒了」的神奇魔法，不知道我們可以藉助婚姻家庭治療、深度精神分析幫忙整理、清理、導航靈魂業力議題，幫助個案與自己的高層靈魂相遇、相知、合作，進而不卡陰（人或鬼）、不走火入魔……

・改運、改命，心理（醫）師可以不是門外漢！

二、三十年前的傳統醫療模式，或許已經不適合延續使用！當人類不知道用火的時候，我們習慣生食，可是想想看，有火之後人類在食物上有多大的改革呢？靈性技巧是把神奇的火，可以用它來燒除認知上無用的水泥塊、情緒上負面的鐵屑，可以增強身心靈免疫力，可以不卡陰，這把神奇的火，要不要用呢？當然要！若用垃圾處理做比喻，心理醫療人員慣用的方式就是將心理垃圾掃出來，堆積在一個心理角落，的確，這麼做是可以讓一部分的垃圾隨著時間慢慢自然分解，但若遇到像塑膠、石頭、鐵塊那樣頑強難分解的，它們還是常常堆在那裡不分解！我們總不能老是否認地認為：「都放在垃圾場了，可以當做『已經處理』！要不就幫忙再掩埋一下，上面裝飾性地蓋個都會花園……」不能否認的是，頑固難化解的心理垃圾，縱使被覆蓋數十年，到我們死之前，其實都還是占據身心靈的空間，而且隱隱影響生活。

若台灣的心理醫療人員仍很鐵齒，不相信靈性技巧需要進入教科書，我們可以從現實的歷史實證來看，在每回大型災難現場的事後檢討資料中，只有非常少數的民眾在當下願意接受心理師！從極端困難的災難中看到的真相是：不管是在地震、氣爆、恐攻、颱風、淹水、空難、山崩、火災等等的現場，在第一時間通常是靈性療癒人員被重用，心理醫療人員往往會被晾在一旁。在台灣，縱使心理醫療人員很熱心在旁邊搭棚做志工服務，求助者卻往往很少踏入，受難者或急難救災者常常會走過，就經過了，會踏進帳棚來的比例非常低。心理醫療人員若主動走過去關懷，也常常會被揮揮手說暫時不用（我在災難現場服務過幾次，被揮過無數次的手）。受難者或救災者或許會考慮跟醫生拿安眠或鎮靜的藥，但大部分的受難者或救災者在強烈創傷下，不見得有現實感，很多人的眼神都是解離的，不太能講話，或沒辦法講出一般正常狀況下的話，可以說是魂飛魄散。心理醫療人員雖然人仍然留在現場，卻帳棚冷清，自知功用不高。我們常自我解嘲，解釋這冷清的現象是因為「受難者或救災者，在強烈驚嚇、恐懼中『現實感明顯不足』，當下不適合做諮商」。但是，當「鈴鈴鈴」這種收驚、祭改、消災、祈禱的奇人異士或宗教人士一站出去，很納悶，竟然後面都主動排一堆人……做靈性療癒服務的人，在災難中，比較能夠被台灣人當成魂飛魄散後的首要精神支柱！那時候，大家都在找靈魂，只有心理醫療人員堅持不碰靈魂。

數十年來的急難救助事後檢討，進場協助的心理醫療人員在數量上的確有進步，但在質量上卻不太有變化，一直想不出如何在第一時間介入救助的辦法。人們對災難的反應大概不會變，通常是呆滯、空白、麻木、慌亂、失焦、失序、高度恐懼……等等，但心理醫療人員在靈性技巧上是可以在數十年後改革進化的！我們若不願意介入靈性醫療，在個案魂飛魄散時是真的找不到他（就像威爾・史密斯的電影一樣，不只是第一時間找不到人而已，是耗時多年都找不到人）。

心理（醫）師在靈性療癒的學習上是否比較占優勢？在身心靈演化的進展上應該比較厲害嗎？答案是：「很難說！」、「不一定！」讓我從一個實證來告訴大家，心理醫療人員到底有沒有比較厲害？我曾經在二〇一六年八月組團，帶一群心理師及一些個案去南投上信義老師的課，這是一個混合的團體，二十幾個人（五月份我第一次上過信義老師的基礎課程，深感讚嘆之後，秉持好東西會跟身邊的人分享的理念，立刻積極安排我身邊的有緣人去上客製化的進修課：「關係療癒，財富豐盛」）。

我本來以為心理師應該超強的，理解能力跟個案相比應該落差會很大，我衷心期待這一群心理師能成為台灣前幾批的靈性心理師種子。但結果完全出乎我的意料，心理師的進展並沒有我想像中的神奇，反而，進展最大以及會繼續進行靈魂業力修改的都是個案！而且，上完課後一堆巧合、奇蹟的幸運事件也大多來自個案！

我真的是誤判，心理師沒有比較厲害！至少在這個團體中我的判斷是錯誤的！這讓興奮組團的我挫折好長一段時日！的確有我預測的「大落差」，但都是個案比較強！這讓我再次看到，科學頭腦超強的心理師們遇到靈性學習的時候，不見得比較厲害，竟然，大部分的心理師仍然習慣一遇到靈性就鳥獸散，人雖然在課程中從來沒有離開過（一樣是平時開會時乖乖坐在位子上的樣子，要做什麼也都會跟著做），但在腦中卻有意識或無意識的做了強大的隔離、還做了過多的抗拒與懷疑。這真的很可惜，比我之前抗拒與懷疑的影子還要強上十倍、百倍（紐約的文化還是讓我多了不少彈性與自由），當我們腦中科學、理智太多的時候，遇到靈性、神性的滋養，不見得容易立刻全然交托並臣服接受。在此我深深地理解，左腦太強大的醫療人員，或許真的不容易看見生命中靈性的美。反而個案少了心理學的科學禁錮，較能夠自由體驗生命中未知的靈性之美。

其實會跟著我大老遠從高雄去南投上信義老師課的心理師們，都已經比較相信靈性了，但他們的反應是如此抗拒、懷疑、難以放鬆，這讓我不得不思考，那些對身心靈課程不感興趣的心理師呢？他們豈不更固執僵化？

擴大類推來說：

一、大部分的心理師對心理治療感興趣，但對靈性成長不見得感興趣。

二、大部分的心理師不懂得靈性治療的課程在做什麼（通常只有正念、靜坐、冥想、禱告、瑜珈紓壓等等，讓心跳不太刺激的才較能被接受，但像信義老師的課程會讓人心跳常常加速、體溫升溫、爆喘、爆汗，那就會落入迷思中的：「太失控了！小心可能會走火入魔！」）

三、遇到靈性成長的機會，心理師的科學頭腦仍然不太肯放手讓靈性進入心理學的世界。畢竟靈性技巧有時候會讓人在意識上有暫時的失控感，心理師們喜歡理性、現實、邏輯，不喜歡在腦子上失控，很可惜，殊不知**永遠都是自己的潛意識接手在主控，不是真的全部都失控……**

在靈性學習中，很多現象跟催眠心理治療時一樣，潛意識在表達認知或情緒時，我們雖然不熟悉，卻不代表這些陌生不是我們的一部分（難怪，很多醫療人員在極度嚴謹的科學頭腦下，永遠學不來艾瑞克森式的催眠心理治療技巧，那些腦筋怕失控、不敢有彈性的人，是沒辦法理解深度催眠下的精髓的）。

在催眠過程中任何時候都可以醒來，在身心靈課程中其實跟催眠一樣，**任何時候也都可以醒來（除非被下藥，要不然醒不過來都是騙人的！**所以若被騙錢、被利用或被騙色，也因為心理有個缺，別人才容易見縫插針）！

從結果推算出理解力、吸收力最強的身心靈課程學生是：懂一些心理學卻又不被心理學禁錮的個案！身心科林耕新醫師是個數十年前便看見心理治療有靈性缺口的人，他嘗試改造，但台灣之前的醫療環境是石頭，不是共鳴箱。套句他常說的一句話：「沒傘撐的孩子跑得快！」醫療不覺得有需求，但個案沒有傘！我們看到個案不想再被雨淋的心遠遠超過心理醫療人員！只有求生的心打開的時候，腦子才會願意放鬆，才會願意讓潛意識出頭，嘗試重生的機會。個案比較不管迷信不迷信，在現實生活「有用」最重要！

允許我先做個案及心理師小團體中「好學生」排名：

一、懂心理學卻不被心理學禁錮的個案。

二、心理師。

這下子我也煩惱了，心理師都這麼理智了，更何況那些更相信科學、更講求現實、嚴格邏輯訓練的身心科醫生呢？他們如何在實務中讓自己突破傳統框架？至少心理師不想被雨淋的心也比醫師多……

心理師或醫師在上身心靈課程時要少些自己嚇自己的迷思，在一個優質老師的帶領下，靈性療癒絕對不會讓人喪失正常心智或道德，也不會出現惡意操縱、控制的現象，這就像催眠心理治療大師艾瑞克森的手法不是讓人與現實失去連結或失控的治療，反而是讓我們更看清楚現實，讓我們更能掌控人生方向與品質的「意識、潛意識整合法」。心理學從來不會因為靈性而放下，反而心理學是堅固的現實地基，會讓靈性的立場站得更穩！有這地基，在上面要蓋任何靈性課程都是事半功倍的，心理輔佐靈性絕對有加分的效果——只要心打開！

‧在身心靈課程中「過度情緒氾濫」的人

以上主述的是腦子「太理智」、「太科學」的身心科醫療者，這是一群偏向嚴格控管、不讓腦子不切實際的人；相對來說，有一群不想在理智上負責、不切實際、用力逃離現實的人，這是身心靈上「過度情緒氾濫」的人。

從個案的狀況講一個過度情緒氾濫的改編實例。我有一個思路、情緒很亂的個案，二十幾歲，打從小學開始，講話都不想專注，更不用談邏輯上的一致性（家暴家庭的小孩很容易如此，因為若把內心弄得比外面亂，外面看起來就比較不亂，這是一種相對性的自我保護心態，是麻木糟糕現實的方法）。有一天他嚴肅地對我投訴一長串有邏輯的內容，他說他父母帶他去一個「鬼地方」，哪裡有一個「號稱自己是活佛濟公」的人，一整天的活動，個案把主題訂為：「被嚇死的經驗」！他說，自稱是濟公的人拿著扇子一直打人，被打的人一直顫抖、激動地說「感恩！」「謝謝！」甚至下跪、磕頭。他被扇子打到的時候完全沒有神奇感覺，跟小時候被爸媽追著打的感覺差不多，「只有不爽」，他瞪了濟公幾眼，立刻被其他信徒壓著頭，強迫他對濟公說對不起。大家要喝符水，有幾個人很開心被濟公口中噴散出的水噴到，再次立刻全身顫抖，雙手合十。這一屋子的人一直狂哭、狂叫、狂喊、狂罵仇人、狂打自己巴掌、旋轉、搥牆、狂踢、跺步、蹲著不動、在地上爬；後來天上的「光門」開了，一堆人衝上去，有的掛著鼻涕，有的掛著眼淚，有的全身濕汗，瘋狂擠成一堆，從空中撈撿掉出的好康……他看不到空中有什麼金條或智慧之類的好康，但當時一窩蜂的人貪婪地抓取他看不到的東西，這影像讓他看呆了，相似韓國二〇一六年知名的恐怖電影《屍速列車》，他看了好害怕，「為了不要跟他們一樣瘋」，他當場變得很鎮定，雙手緊緊扣在背後。他覺得：「這是平時沒得渲洩的人趁混亂中瘋狂渲洩，可是不見得有神，因為我都沒有特別的感覺！」我納悶，我的個案為什麼在這種混亂狀況下，反而充滿理智跟鎮定，還有能力評斷別人「瘋了」？難不成他平常的混亂都是假裝的？衝著父母來的（我們有很多個案在家本來很亂，但一被送入急診或急性病房後，因為看到更亂的人，立刻不亂）？其實，真的是衝著父母來的。當他發現父母覺得「這樣又沒什麼？是濟公在治病！」這讓他的理智衝到「受夠了」的臨界點，他立刻看清楚父母數十年來都比他瘋，他反而有了病識感。

回家後個案打死不再去濟公那，只敢嘗試那一千零一次，他變得很安靜，然後他爸媽堅持說是「濟公」幫他治好的，捐了不少錢給道場，道場也四處宣稱這是「成功案例」！後來變成他爸媽週週去道場「代天宣化」，夫妻回家後也手牽手認真在佛堂前修持，沒人在家吵他，個案覺得這樣很好。再一次，這是一種家庭議題，當父母撤掉干擾源，孩子自然會好。

個案納悶，明明沒有能量貫穿他身，他不明白那種《屍速列車》式的自我崩壞跟群體圍奪的場景是如何催化出來的，為何這些人可以允許自己在行為上有如此瘋狂的激動？他是唯一的菜鳥，不明白為何這些人可以一去再去；但讓他更納悶的是，在靜坐或冥想的活動中，鮮少人能夠與神共遊，反而全都睡成一團。看來，參與者可能有個既定迷思，認為激動混亂中才能與「神」通，安靜中沒有？可是，神真的只能在激動下才出現嗎？這會是神的本質嗎？激動會不會只是人為捏造出來的「假神假怪」現象？那些要激動才能靈通的人，會不會比較低階？平靜保持靈通的人，會不會比較高階？

在此，讓我聯想到醫療實務上最常見的狀況：療養院、慢性病房有一堆「曾經」或「持續」是三太子跟濟公的病患。為什麼是這兩種神呢？因為，最能被「人」用「人性」的方式添油加醋地扮演跟呈現（要我演，我也演得出來，在演講、工作坊時我都當場示範，畢竟要迷惑、欺騙有「漏皆苦的」人心，其實是超級簡單的事，在廟裡或道場說來說去都是罐頭性的安撫性台詞或譁眾取寵的靈語）。以三太子來說，假扮者都以為儘量裝娃娃音、穿肚兜、吃小孩的食物（以棒棒糖、汽水、養樂多居多）、幼稚跳動、做一些叛逆的言行，這樣就是三太子了；以濟公來說，假扮者可以正大光明地講話不禮貌、走路可以斜著走、可以灌酒、可以有猥褻情色的動作、可以不尊重地越線要求一些福利，這樣就是濟公了。其實，很多假扮者根本不懂神，也沒跟神通，有的只是看過**《豬哥亮的歌廳秀》**，有樣學樣地模仿，剛好，鄉民可能從來沒有體驗過真神，分不清楚他們是迷戀豬哥亮式的心理高效安撫（我萬分承認、敬佩豬哥亮是極度機智幽默的娛樂之神），還是真的遇到神、與神對話。其實，只要曾經與高階神佛對話過的人，都知道高頻能量的神根本不可能是假扮者所捏造的偏頗樣子！但假扮者所做的一切卻可能跟低頻能量有關（有的只是跟比較有修行的鬼合作，有的有養小鬼幫他做事）！**唯有低頻能量才會脾氣不太好、鬧彆扭、講話前後矛盾、煽動畏懼、色慾薰心**……說穿了，這些假扮者，容易假藉神的名義，正大光明地不禮貌、霸道指揮人。我們不用懷疑，當他們卸下戲服，原本的個性就是不禮貌、霸道指揮（甚至是貪婪）！

在醫療警消界，常看見以下這種離譜的個案現象：有些「濟公或三太子」在喝醉酒後會大鬧社區，很混亂，但當警車到他家神壇門口或他被送到醫院急診室門口，他便立刻退駕，酒醒。

對身心科醫療人員來說，聽多、接觸多這類型的狀況，真的不會想深入接觸靈性課程或活動，因為我們驚弓之鳥的頭腦容易過度類推，寧可一次打翻一切，這樣才不用擔心良莠不齊中有不少不理智、不禮貌、偏愛霸道指揮的人藏在「假神真鬼」的羊皮中。心理醫療人員平日在工作上便忙著避開那些搞階層，搞崇拜，搞派別，搞競爭的人，不想在靈性課程或活動中還被這種沒完沒了的權力腐壞遊戲再次把一個人的身心捲入「工作」模式中。

我這愛分析的心理師，很佩服電視上所看到的「聖靈充滿」儀式，我相信人心與宗教連結時最原始的良善，我願意看到諸神在人身上破除魂結、顯化奇蹟的恩典，畢竟我身邊真的有人就是「聖靈充滿」中轉化人生，但也有人在「聖靈充滿」中走火入魔。二〇一六年年初，朋友的朋友送我「聖靈充滿」活動的入場卷，在可以容納一萬五千人的大型體育館中，有外國神職人員來台舉辦，我本來就好奇什麼是「聖靈充滿」，剛好藉此機會前去見識，我的好奇心還是會讓我做不少第一次的經驗。平常沒參加教會活動的我單獨前往，現場果然滿滿是人，超過一萬人，但是，不到一個小時，等不及「聖靈充滿」的療癒儀式，我就嚇到開溜了，因為光是開場唱頌聖詩，近距離就有許多情緒誇張及動作激烈的人，又哭、又喊、又叫，又講一堆我聽不懂的話，除了怕被揮舞不停的手打到，也怕旁邊的陌生人過度跟我裝熟要抱我，更怕有人過度興奮昏倒在我身上，同時我也怕空氣中一堆無形的氣味無邊界地漫延（除了此起彼落的口臭，也有跟著汗液飆出的狐臭，讓我愈來愈難搜尋到新鮮空氣）；後來，有人的汗也開始隨著動作掃出，體育館內沒有下雨，可是我的位子竟然開始飄雨，這讓我不開溜不行，出了體育館我一副驚慌失恐的樣子，心臟跳得超快，這不是我熟悉的社會規範或情境，一切太突然，完全沒有循序漸進的時間跟空間讓我理解。

或許是我從來沒有上過教會的關係，絕大部分的參與者，應該早已經熟悉這種社會情境，所以他們可以立刻啟動上手，但這對菜鳥的我來說，這實在是高階版活動，當時的我沒有與神連結的慧根……對一個菜鳥的我來說，真的太刺激，我無法快速接上線，非常需要有傳導師在旁邊帶我進入狀況；但當時縱使有傳導師應該也沒有用，因為過度理智的我仍然需要再慢一點，我需要有時間跟空間消化這些現象！當然，事過境遷後的我，後悔當下沒有把握難得的機會，我應該硬撐在現場堅持觀察及體驗整個「聖靈充滿」的儀式，可是當時的我真的沒膽撐下去，畢竟**我與旁邊的人都連結不了，我怎麼有能力與神連結呢？**

終於，我可以理解我的個案在濟公的活動中為何突然出現理智，因為當我閃離「聖靈充滿」的活動後，我也變得特別理智。說穿了，我理智的迴圈讓我堅持相信過度情緒化的迴圈很危險。當下我反而寧願頑固地在我理智的井中，害怕被拉進另一個用哭喊尖叫來處理問題的井。在家暴防治近二十年、自殺防治十幾年的經驗中，我已經變成一個遇到困難不哭喊的人，唯有理智、機智才能在危急狀況中摸索生機，拯救大部分的人。我知道對一般人來說符合情境的適當哭喊有助渲洩，但我無法相信在情緒上一直長期哭喊、尖叫甚至出現混亂、攻擊式動作的人，就能夠清理、淨化內在的委屈及壓抑，甚至解決問題？我覺得這是情緒過度氾濫的現象。

二〇一六年五月，對靈性活動改觀的時刻到了，高雄某知名學府邀請信義老師到校開課，兩天的工作坊，因為是諮商輔導室的心理師們主辦的，課程內容客製化（他們是我督導的心理師，曾經上過信義老師的課，去過馬來西亞磁塔），所以至少有他們理智俱足的背書，比較保證身心靈安全。現場真的高規格場護，隨時有十幾位助理在旁邊協助（包括信義老師帶領的奇人異士五、六位、學校心理師及助理七、八位），幾乎是以一比二的比例在做活動，比幼兒園褓姆對孩童照顧的比例還要強。

果然，兩天下來，「很安全」。信義老師的帶領是循序漸進的，先消融我們腦中僵化的科學限制，等到較有空隙容納新體驗了，才適時引進靈性世界的真實架構，在家庭議題省思下，我們自然而然會出現符合情境式的鼻酸哭泣、在兒時未竟事務的螺旋式探討中，也會一層層拆卸再也不管用的壓抑；課程內容所帶出的身心靈清理，是讓人掏心挖肺、又深又強的，所有的震撼來自真誠的感動。我在團體中覺得很安全，會這麼安全，除了老師本質與神同工、循序漸進之外，更可能因為這團體**同質性高**（其實這間學校本來就是以高度社會規範及禮儀出名，二、三十個人都是經過篩選的理智型學校師生），所以**根本沒有看到任何放任、不理智、越線碰撞他人的狀況出現**。這課程太質優，從這開始，我對身心靈課程大大改觀，基本上，一切都是因為理智上安全的界線沒有被冒犯（而且名校布置的五星級環境太舒服）！在安全下我成長很快，後來，我跳出來當領頭羊，八月，我帶著一群心理師及個案去南投上課（兩天），除了最後一秒為了補齊人數而誤判讓他加入的一位個案，一樣同質性強，一樣有社會規範，一樣安全。

其實，高度品質控管的我，在靈性學習中出現一個讓自己緊張的問題：過度講求安全及秩序，反而讓我變成過度排斥情緒過度氾濫的人。在南投的課程中，那位不同質的人，曾經拉低整體上課的情緒幾次，我不喜歡有人在我嚴格管控同質性中還出狀況，我心中只希望他自覺不相容、自動離開，但信義老師的因應措施不是隔離不同質的人，他圓融地示範共存。在這一次的活動中，我看見情緒過度氾濫的人是靈性學習中正常存在的社會自然現象，我仍然需要學習突發狀況的因應技巧（其實，靈性課程跟心理治療團體差不多，差別只在於我自己的角色：當我是心理治療的老師時，我一定是穿著防護衣，在防護衣下我可以承受外界較高的情緒氾濫，可以處理怪異情境；但當我是靈性課程的學生或觀察者時，我過度天真無邪，不知道心理防護衣一樣需要穿戴著）。

後來我學聰明了一些些：**上靈性課程要穿戴心理防護衣！**二〇一六年十月，從年初的「聖靈充滿」活動開溜後，我再次鼓起勇氣報名參加一個大型的活動，名為「現象與禮物」（The Phenomenon and The Gift）。這是印度合一大學（Oneness University）在台灣台北南港展覽館舉辦的身心靈課程（兩天），來自台灣全省各地約一千五百位學員，我第一次參加，場面很盛大，一片白色，因為大家都穿白色衣服（白色是光的代表顏色）。事先我很聰明地安排與熟識的十幾人坐在一起，其中有好幾位都是我在信義老師那認識的奇人異士，我需要被前輩的安全網包圍著（這是防護衣的一種形式）。我有點不適應的是視訊教學，方式是很特別，對我而言卻太科技化了——不是真人蒞臨現場，是從印度網路連線，由一、兩位小麥膚色的印度合一資深老師輪流透過大螢幕來跟大家互動，現場有中英直譯。場面很壯大，音效也很好，只是跟老師的距離太遠。

在大會中，刺激源是一樣的：一樣的靈性引導、一樣的音樂、一樣的食物、一樣的燈光、一樣的人我距離（每一個人有一個瑜珈墊的空間）……大部分的學員都很溫和友善，但到了做活動的階段，有少數幾個人的反應開始過度激烈，甚至持續激烈，竟然可以無邊界地狂哭、吶喊、尖叫，逐漸演變成干擾全場氣氛的因子，位於遠遠聽、遠遠看的我，覺得噩夢又來了，對我來說，這是尺度過大的激烈！我納悶；「我不覺得我會比他們駑鈍，可是我真的覺得**情境強度**還沒有我上信義老師課程的十分之一，真的可以到這麼激烈的反應嗎？這不是視訊教學嗎？通常應該比真人在現場的效果小啊？光是翻譯，還會隔一層紗，不是嗎？」當下，我立刻要求我自己再激發多一點深層潛意識跟情緒，結果，我擠不出來更多前意識跟情緒，依照當下的活動情境，我只有溫溫的反應，身旁的幾位奇人異士前輩也是溫溫的。

休息時間，突然聽到抗議聲，原來是坐在他們旁邊的人抗議、要求換位置，因為這些激烈的人屬於**不符合情境**的吵鬧、而且手腳動作過度誇大，打到旁邊不認識的人身上數次，這讓旁邊那些極度忍耐、有包容、有修行的人都覺得精神不應該受如此地干擾，身體更不應該承受如此地疼痛，這絕對影響旁邊他人上課的品質及權益（這跟出國旅行一樣，若同機、同車中有嬰幼兒或醉漢一直不停哭鬧、碰撞、伸手抓到鄰座客人的身體、或嘔吐物弄到整個空間的空氣味道變質，大家勢必會精神緊繃甚至起身抗拒，旅遊心情已經被影響到了）。

當時我持續觀察那幾位外顯情緒及動作很多的人，他們又哭、又喊、又尖叫、又狂動，但是到後來，不見得比那些溫溫中庸的人進展多，只有被抱怨比較多。對我來說，這當然是個美中不足的事，我原先有個誤會，以為身穿白衣的人就應該跟光一樣平靜祥和，不應該出現這種過度情緒氾濫的現象，當然，這是我的盲點——若以我們醫療體系中慣性認定的靈性課程（冥想、正念、靜坐、瑜珈……），我們當然不太會遇到過度情緒化的人或情境，所以我們都先入為主地誤會「靈性課程應該從頭到尾都祥和平靜！」然後當我們看到過度情緒化的現象，就認為這一定是邪教或邪靈充滿，趕快跑！趕快閃離！

抱著不允許別人在靈性課程中有過度情緒氾濫的心，神介入調整教導我了，若要一個人的意識場域快速開闊，最快的教導就是「體驗」。二〇一六年十二月，我去馬來西亞磁塔，尷尬的狀況來了，在那裡我竟然在一次次深度清理之中，從沒有聲音的落淚，逐漸變成掩面啜泣，更後來，進入更深層的創傷核心中，終於悲傷難過到放聲大哭、用力吶喊及動作，而且，其他同學也都是如此！這下子不妙，在自己身上竟然出現我最不能接受的過度情緒氾濫，而且身邊所有的學員都是過度情緒氾濫！這絕對比「現象與禮物」及「聖靈充滿」都還要誇張。以「現象與禮物」的活動來說，一千五百人裡面大概十至十五個人過度情緒氾濫（大概只有〇．一成的人），在「聖靈充滿」一萬多個人當中大概有四、五成，然而，在信義老師磁塔的課程中，竟然二十幾個學員全部都在做我嚴格禁止的「起肖」！

為什麼會有這種誇張的現象呢？信義老師帶的磁塔課程竟然才是最可怕的情緒氾濫製造場，可是，更誇張的是，過程中我縱使曾經對神祕現象害怕過幾次，卻一點都不想從磁塔場域中逃走，更不曾起心動念定義這是邪教——我只持續專注在前所未有的身心靈豐盛收穫中！

從磁塔回台後，我必須對身心靈活動中的情緒氾濫重新下定義。可惜，一次的磁塔是不夠多的樣本（這跟我們研究心理議題一樣，樣本量要夠，也要縱貫性長時間觀察，否則若對一個一生只進手術房開一次刀，只抓狂、哀號那一次的人，就定義他的心性是情緒激動的人，這是偏頗且失公平的）。

我沒有辦法從既有的頭腦中得到頭腦外的答案，必須從一次次的課程及活動中累積情緒性體驗及驗證答案，才能確認新定義。後來我研究了一年多，參加過很多次身心靈共修，也在二〇一七年十二月去磁塔第二次，做另一次實驗，然後二〇一八年二月不小心又去上第三次，結果，每一次都會看到一些會叫、會喊、會大動作的人，因為同學間有私交，所以我清楚知道他們平日不是不友善或不明理的人。任何一梯的七天課程裡，從頭到尾，大家的情緒完全符合信義老師營造的情境，也符合個人深層（累世）潛意識正在處理的議題，似乎，情緒只要符合內、外在其中一個「真實」環境，內心仍然是安住的！

無法避免的，菜鳥的確比較容易被不熟悉的聲音或動作干擾到，會從學習情境中岔開來，零星極少數的幾個老鳥，心理盲點未解，則容易慣性不自覺地干擾到別人。當然，在同一個場子中，每一個人學習成長的權力是一樣大的，大家都需要減少一些人為的干擾因子。

終於，我整理出一些心得，一個情緒不氾濫的人：

A. 情緒必然是循序漸進醞釀出來的（只有歇斯底里或情緒、想法不自主的人，才能在老師一說話或音樂一放就啟動反射性激動反應）。

B. 情緒反應必須符合外在象徵性的情境、內在心理議題、前世今生的創傷印記或未竟事務。

C. 在課程「外」的時間，言行必須具有靈性及現實上的邏輯。

D.縱使眼睛閉著，在有神通的狀態下，不可能會撞到其他人（神其實會看護人我距離，也會讓人有其他感官上的眼睛）。

E.在課程「內」能夠自動有覺知感同身受他人的不舒服（至少，在別人提點後立刻修正）。

基本上，在「現象與禮物」中被抗議的那幾位，只有B可能符合，其他則完全不符合。在「聖靈充滿」中，光是D，就有四、五成的人不符合，因為一堆人越線干擾到別人，至今我還是懷疑那些激動的人是否真的跟神相通。

通常一個團體愈大，同質性愈少，內在的歧異性會愈多，個人相對分散到的社會責任也愈少，所以有些人便容易因為個人（長久累積壓抑）議題，而脫序做出不負責任的非社會道德言行。

以下我要做的比喻不見得很優雅，但力道多少等同我們被情緒過度氾濫的人所影響的強度。一個過度情緒氾濫的人，其實就像是在電梯中「選擇」放屁的人。當我們只有兩個陌生人在電梯中時，過度情緒氾濫的人不見得會放屁，因為很容易知道是誰放的。但假如電梯中有十幾個陌生人，尤其是再也不會見到面的，過度情緒氾濫的人，則可能會因為分散出來的責任變小，而選擇放屁，甚至任由屁持續一直放。其實這個人可以選擇把肛門夾緊，等出了電梯、人都散了再放，反正屁的量還是一樣多，**但因為個人心性上的慣性，他的常模跟別人的常模早就不一樣，有觀眾時特別愛上演折磨他人的老梗，潛意識中否認、拒絕同理別人的苦，不容易延宕私人的自我滿足，愈是有觀眾時，愈想上演攻擊性的言行**；為什麼會這樣呢？是因為過度情緒氾濫者的父母，通常在他成長過程中頻繁示範界線超越的折磨，讓他不自覺中也在創傷中傾向超越界線——他的父母在他兒時容易讓他在別人面前難堪，父母設定了他的傷痛迴路，讓他不自覺地在有觀眾時容易給大家難堪，潛意識中跟他父母一樣，需要在別人面前爆發渲洩的衝動。

但是，身心靈課程中的學員並不是他的父母，在課程情境中，除非課程原本的設計就是要從家庭衝突吵鬧中看見壓抑性的盲點，否則絕對不代表一個人在情緒、言行上可以沒有道德良知，毫無顧慮地干擾別人，或假借清理渲洩之名行個人沒界線之實——不傷害他人的團體規範仍然是要遵守的。

我不免懷疑，有些人在身心靈的課程中真的是**在情緒上趁火打劫**，我曾經看過毆打陌生人的場景，或許「彼此前世業力未解」可以是情緒氾濫者有台階下的合理化解釋，但至今，我看到的都是情緒氾濫的人在攻擊情緒穩定的陌生人。然後**情緒氾濫的人在心底，都仍然在生父母或伴侶的氣，把發不出去的氣投射性渲洩到陌生人身上！**

從心理學的角度來看，我從來不相信，一個人在身心靈課程中的言行跟他**原本的內在**無關，不管怎麼樣，**一定是內在長期存有的東西才會投射到外面來**，這跟**喝酒**、**催眠**、**卡到陰**、**身心疾病**的人都是一樣的狀況。一個在課程中會自爆或攻擊他人的人，縱使平日是個「乖巧的好人」，我也仍然相信他本來就是個不定時炸彈，隨時會自爆或攻擊他人！

讓我們如此嘗試解釋：**唯有意識或潛意識相信外星人的人，被催眠後才會演出外星人，不相信的，大腦仍然有太多嚴苛機制可以控管行為能力，讓自己永遠是地球人！**所以，會裝瘋賣傻或激進破壞的人，並不是因為喝酒、催眠、卡到陰或身心疾病才讓他裝瘋賣傻或激進破壞，是參加身心靈課程之前本來就曾經裝瘋賣傻或激進破壞，然後在課程中**等著繼續**裝瘋賣傻或激進破壞。

我在醫院、診所、機構常常見到這種「恐怖式爆發式情緒」的人，然而，他們**會爆發，往往跟過往難解的心理議題有關**，很久以前，他們便慣用情緒爆發來因應及操控環境，**大多是操控型的人格**。用極端一點的現實來做說明：在身心科急性住院病房中，百分之百是情緒混亂的人；在監獄，若我們將重症反社會人格或邊緣性人格集中在一起做心理治療，光是猜想，也知道團體會百分之百情緒混亂，彼此轟炸到炸開屋頂的程度（我在紐約的犯罪人中途之家實習時曾親眼目睹多次，縱使中途之家已經是他們即將出獄的最後階段了，情緒控管、衝動控制仍然是普遍的困難議題。但有一種特殊現象：只有菜鳥才會輕易衝動，老鳥因為待久了，習得中途之家的表面社會規範，不會在獄卒面前不聰明地造次——人還是有能力控管自己與環境的互動）。基本上，**「情緒反應」與「情境」符不符合，跟一個人的身心靈想不想合一有關——身、心、靈愈解離的人，愈慣用情緒氾濫方式發洩，不合宜情緒現象出現的比例當然愈高！**

我們不是說上身心靈的課程不能爆發任何情緒，是可以的，甚至有些人在爆發時真的充滿神祇介入的威力，這是讓人很讚嘆的，但是神絕對不會讓這個人超過尺度地打別人，或白目地用聲音持續干擾上課。**基本上，與神靈相通的療癒現象，仍然以人與人之間的界線與尊重為原則，世界上沒有任何一尊神會像人一樣哭喊、尖叫不停或拳打腳踢的**，「歇斯底里」跟「與神相通」絕對有很大的差異。

其實，很多「與神相通」的人，在神威介入時，眼睛閉著可以做無限多睜著眼睛才可以做的事，神的眼睛與心都與他同在，所以真正與神相通的人會不會「因為看不到」而越線打人？完全不會！至於真正與神相通的人有必要一直說「天語」嗎？應該也沒必要，因為神不是用嘴巴或耳朵跟我們溝通的，是用感應的。

我們若說壓抑的人傾向於否認問題，爆發很多情緒的人也是在否認問題。為什麼說他是在否認？因為若長期觀察來看，這類型的人常在情緒中做一種跳針、重複爆發的模式，不太做跳脫、也不太換方式，這就是在否認自己可以改變。這種哭喊、尖叫、動作不見得跟與接觸神有關，但跟**內在的心理紛亂及低頻能量有關**。二十幾年來我在工作上所觀察到的，那些常常過度大哭、大喊、亂動的人，真的不見得是渲洩的功夫厲害，反而到後來容易被解讀成「業障重」，似乎是卡在某個嚴重的業力關卡而跳不出來。

跳針類型的人往往累積很多未解的原生家庭創傷，生活中有非常多難以自覺的盲點，負面情緒像火山一樣一爆再爆，雖然噴發的外表看起來有很明顯的清理動作，看不懂的人會誤會哭喊、尖叫、動作便是與神相通（其實乩童有很多是假的），但一座火山一爆再爆，山底下要怎麼樣才能孕育不被它摧毀的生命呢？上課旁的同學被拳頭打到、指甲抓到，同學在無法忍受時可以要求換位子，請問他的家人呢？他身邊的伴侶小孩可能是辛苦、想走卻走不掉的，他身邊也可能已經走掉一堆人，我們多少可以猜想他兒時在家中也是個可憐的受害者，從小他可能就在火山群中長大，家中的慣性情緒儀式本

來就是哭喊尖叫，然後他從受害者的角色不自覺變成跟父母一樣的加害者……

這種在負面情緒迴圈中繞的人，往往在重複家庭的歷史，在潛意識中認同危險刺激為慣性，不太容易靜下來看自己的盲點，負自己該負的改變責任。情緒很容易趁火打劫地哭喊、尖叫、爆發（平時卻可能掩藏在安靜的外表下），人我界線模糊，容易逃避現實，容易怪罪別人，還常常在吵到、弄到、打到別人時而不易自覺、自省。其實，在這個人身上很容易因為內在創傷，而在意識跟潛意識中把自己弄得低頻混亂，不自覺中吸引不少倒楣的事。這個人不見得在週週上教會、週週進廟宇、週週去共修、反覆收驚祭改或不斷追逐身心靈課程就好了，因為光是在心理治療中，就有一堆心理真相需要強迫自己看清楚，更何況是在身心靈課程或宗教這種沒有任何醫療約束力（強調現實感）及道德被過度濫用的狀況下，更容易讓他以「渲洩清理」或「聖靈充滿」之名，放任自己行沒界線、底線之實，合理化一切……

簡單說，有一些人真的把靈性療癒的高亢氣氛跟家中的危險刺激環境混淆了，在腦子分辨不清之下，用過度情緒氾濫的言行攻擊到不該攻擊的人，也刻意「選擇性忽略」旁人的平等權利。真的是神進來嗎？神會這麼躁動焦慮嗎？高頻的神會想打那些高頻敬拜祂的人嗎？**難道這些人不知道身心靈課程中有不少前輩或奇人是看得到神鬼的嗎？**至少，會做催眠的我知道，安安靜靜地坐在位子上，將腦波轉換成潛意識波就很容易與神連結。

療癒性的清理在活動結束後，靈魂會有安定淨化的效果，會神清氣爽、眼神亮、跳脫當下不管用的慣性模式、會開運；但跳針式的盲目自我放縱，在活動結束之後卻跟運動後疲累、神經想休息的安靜差不多，認知上的正向轉化不見得會出現，然後，沒多久又反射性按下「對混亂上癮、重來一次」的開關，一次又一次，反覆堅持不管用的慣性或儀式。一個人若不想面對自我，不想勇敢有智慧地在意識、潛意識中跳脫的人，不見得在身心靈成長上可以演化得很快。

不是只有在身心靈的活動或課程中，才容易看見過度情緒氾濫的人，其實，一般的修行網路社群也很容易發生爆衝。我曾經看過好幾個過度情緒氾濫的人過度合理化一句話：「修行不是為了要讓別人喜歡你，是為了要讓**自己**活得舒坦。」乍聽之下好聽，畢竟是從好文章中斷章取義出來的，但他們裱框這句話，就是為了要給**自己**點盞「永遠否認」的光明燈，好讓**自己**能夠在社會中一直擁有歧異突出的方便。接著，他們可以繼續像鴕鳥一樣矛盾、自我欺騙。通常，把頭埋在土堆中的人，都傾向斷章取義地「完整接納自己」，眼睛在陰暗的土堆中是看不見陽光的，也看不見陽光下的影子（相反的，愈是在陽光底下的人，愈是看見自己斗大的影子）。自我否認的人可以騙自己說那些話出自靈修大師，不用修改歧異的衝突特質才叫「完整地接納自己」，這讓他可以一直躲在自己的陰暗面，可以持續不自覺地破壞社會制序，仍不用在乎別人……

假如我們每一個人都是一本小說，我們一定要負責改寫自己書中重複跳針、卡住的部分。跳脫不了或寫不出新梗時，總不能老用哭喊、尖叫、攻擊自己、攻擊別人的原始本能。改寫不出來時，老用情緒氾濫的慣性方式也沒用，神只會覺得你怎麼老是賴在原地不肯嘗試走別的路，而且**用情緒勒索神**

應該是行不通的……

・被霸凌的爛好人

現實生活中，有一些人很特別，他們是默許並助長情緒過度氾濫者繼續無邊界情緒化的人，這些人常被稱為：「爛好人」。**他們往往過度壓抑情緒跟認知**，默默地什麼真話都不說，認為保持表面鎮定就是個人修行到家或有修養，其實這些人**真的不夠有生活上的真勇氣與真智慧**。爛好人在團體衝突事件中，斷章取義的功力絕對不輸情緒過度氾濫的人，他們表示：「修行不是為了要指正別人，凡事要反諸己」、「心如止水」、「如如不動」、「事件本來沒有意義，是你賦予它意義」、「菩提本無樹，何處惹塵埃」、「有相皆幻」、「於一切相莫執著」、「凡事雲淡風輕」、「如實如是地逆來順受，才是真智慧」……相信嗎？我們身邊真的有很多這種莫名其妙「接受命運安排」的人，認為「逆境絕對是種考驗，是在考驗我們忍耐的功力（或者，是在考驗我們不被撒旦影響的功力）」，「一切都是最美好的安排」，對他們而言，任何事情都可以用極端美化、合理化的方式，引經據典地解釋對方並沒有錯，是自己「修行不夠」……其實，當這個人可以這麼優雅地引經據典的時候，真正目的是要自誇並突顯自己「修行的很好」，根本不是在說他「修行不夠」！另外，爛好人很崇尚一種「空性」，在現實生活中，這種「空」很多時候是被濫用的，很容易被誤會成什麼事都不管，都不在乎，成為有心人士用來逃避現實的「防空洞」。但是他們的心性真的像靈修大師般的「空」嗎？還是只是屬於否認功力高強的達人？然後旁邊那些幫忙擔責任、處理事務、收拾垃圾的人，若出現不滿的情緒，真的就顯得沒修養、沒智慧、沒佛心、沒平常心、愛計較嗎？其實，在爛好人的眼中，心理師都是「愛計較」的人，因為在精神分析之下，心理師老是抓著他否認、矛盾的點不放，我們很難裝作「一切沒事」，也很難有「平常心」。

或許，過度壓抑的人，可以考慮搬到情緒過度氾濫的人隔壁住，不確定會不會長久相安無事，**但可以確定的是：兩者是盲點中的共犯**。

過度壓抑自己情緒的爛好人其實是個騙自己也騙別人的大騙子。他們選擇一輩子不看見真實的自己，不活在真實的世界，不替自己的權益說話，不爭取，不捍衛，沒膽，**傾向把不合理當成合理**。當身邊有蚊子型的人不斷飛來叮咬他們、吸他們血的時候，他們不動聲色，可以扭曲式地解釋：「我身上有牠們要的，能夠當一個供給的人，這何嘗不是一種天賜的幸福？」、「忍耐是一種修行」、「指正別人是一種『錯』，我們修行人『不做兩極式批判，不講對錯，不講黑白。』」（試問，句子中不是才剛剛定義：指正別人是一種『錯』嗎？），**聽爛好人說話總是會讓我們覺得自己的耳朵及心裡有業障**，有很多不符合人性的說詞，也有很多矛盾。我不相信他們的靈性哲學真的能夠行走天下或在任何情況都適用。被蚊子型的人咬或許沒關係，但當豺狼虎豹型的人來咬的時候呢？

基本上，**過度類化或淡化危險情境，在心理學上是一種生病的現象，我們不相信修行的目的是要讓一個人失去自我保護的危險意識，或在被欺負時還在認知、情緒上持續扭曲**。當我們的人生一直活在「逆來順受」的斷章取義解釋中，其實是活在**「認知扭曲」**（**congnition disorder**）的世界裡，意識看起來是種「超人」理念，潛意識、神經細胞卻往往是在苦中哭泣，腦子跟情緒其實都跟真正的「豐盛、圓滿」矛盾了。正因為腦與心的世界是扭曲、不一致的，這些看似超人的人往往有著心因性的身體疾病，也往往不經意地就招惹來不太幸運或辛苦的事，然後當辛苦降臨時他們又惡性循環地認為，一切的磨難是上天賜予的「考驗」，「就像釋迦牟尼佛成佛前也有很多魔難的考驗」。若不相信認知扭曲會讓人生病的人，請在醫院的一般門診觀察一段時間，看看有多少修行人或宗教人在看高血壓、心臟病、腦中風、腦神經衰弱、血管栓餰、關節炎、脊椎疼痛、胸悶、鼻咽癌、肩頸酸痛、過敏、胃潰瘍、大腸癌、乳癌、子宮癌、洗腎、紅斑性狼瘡……這些全都跟否認、壓抑、強忍的情緒在身體上說「受不了」有關！

我在心理治療室常常看到讓人心酸的事：只要是學校老師代替父母帶學生個案來，通常這代表父母失能、老師是爛好人，然後這些孩子通常是在學校被霸凌然後在家仍然求助無門的人（兒時若喬不好，長大之後很容易換社工帶他來，霸凌他的對象變成是伴侶或工作上的人）。

這些孩子的「父母」，用台灣的實務概況來說，約五成是家暴加害者（通常，本身在小時候是家暴被害者），五成是爛好人。

家暴的父母會虎毒蝕子是大家知道的狀況，但大家可能認為爛好人的父母對小孩應該不會造成任何殘害，錯！基本上，爛好人的父母很容易**間接殘害**小孩，因為他們在心理上並沒有好好保護孩子！

在家庭治療中我們常常看到爛好人的父母過度示範文明化的禮貌、過度壓抑不規矩的言行、過度宗教化人性本善的迷思。他們太常鼓勵孩子「打不還手，罵不回口」、「忍耐，以和為貴」、「世界上沒有錯誤的人，只有錯誤的思考，當你採用兩極對立的思考，這就參與、製造了社會紛爭」、「你爸媽是有頭有臉的人，你千萬不可以在外面不禮貌！」……結果，這往往導致孩子是非不分，黑白不明，弄到後來過度否認、淡化環境的危險變化；孩子在心理焦慮時還是會找個渲洩出口，「若環境沒有錯，那一定是我的錯」，孩子開始在身體上出現很多心因性的詭異症狀；在不被教導也不被鼓勵分辨危險情境之下，一個個都容易成為被霸凌的受害者。

爛好人的孩子在學校就很吃虧，出了社會之後更吃虧，畢竟社會上不是每個人都跟家裡的說話方式、行事態度一樣優雅。挫折狀況輕的孩子是跟父母一樣，聽不懂別人真正在表達什麼，在人際溝通上有隔閡問題，傾向在自我封閉的小社會中；挫折重的孩子，在求學階段就已經長期是被霸凌、被猥褻或被性侵的對象。源頭問題往往不是學校沒保護好，而是家不允許他辨別事實真相，不允許他用「與現實相符的方式」化解困難。另一個可怕的現象是：因為在家中從來沒有大人教他如何有界線地保護自己跟尊重自己，可憐的孩子從學校滿肚子委屈或皮肉痛回家之後，父母還是用否認、淡化的扭曲方式，分不清楚人我界線，再一次委屈個案，要他「逆來順受」、「把忍耐當成是一種修行」、「『光』跟『愛』是慈悲的，我們要有信念相信對方遲早會改變！」通常，這樣的孩子往往長期累積一肚子的委屈跟火氣！當情緒不被真實對待的時候，孩子很老實，通常有兩種衍生出來的發展方式：

（一）孩子學習像爸媽一樣的模式，一輩子悶悶地不吭聲，但有很多壓抑下扭曲衍生出的身體、心理疾病（很多是身心症：輕的咬手指頭、拔毛、拉肚子、氣喘；重的強迫症、躁鬱、憂鬱、解離、多重人格等等）；（二）壓抑不住委屈跟火氣，情緒開始連環爆炸，孩子變成情緒化的人，甚至有攻擊現象。但孩子生氣的對象仍然不是別人，是爸媽。然後這些爸媽又會說：「天下沒有不是的父母，凡事請反求諸己。你一定要學會自己負責任！」聽了真的很心酸。

過度壓抑的人跟過度情緒氾濫的人往往是盲點中的共犯，兩者都是界線模糊的人。

當一個人界線模糊的時候，「卡到**陰**」、「**陰**靈充滿」其實都不是稀奇的事。我雖然說這本書不談鬼，但在此時不說過不去，因為很多宗教修行的孩子反而會「卡到陰」，這是高度相關的。當我們長期在內心過度鬱悶地哭喊尖叫，在吸引力法則之下，這容易讓低頻的我們跟低頻的人或鬼共振，因為不懂自我保護，在界線上有太多的滲透性，不完整性，人或鬼會覺得這種人是最好被占便宜的依附宅體。用比喻性的畫面來說，這像是在頭上點著閃亮的霓虹燈招牌：「歡迎想占我便宜的人或鬼入住！不用徵信，可包月，供食宿，意者不用問，自己進來住！」

結論是：靈性高度進化不易在一個過度理智、過度情緒化或過度壓抑的人身上輕易發生，更不會發生在放縱自己私心甚至是沒有社會規範、道德良知的人身上。

做好自我保護的結界，不與低頻的人或鬼共振，其實不是簡單速食的過程，歷久不衰的方法：面對、處理原生家庭中的深層恐懼。當身體的細胞釋放開靈魂（累世）的傷痛，不恐懼，自然不沾低頻。

細胞記憶

在心理治療中，我有為數不少的個案在抱怨心理議題時會順便抱怨身體問題，私底下，我自己本身也有一些身體疼痛是我會抱怨的。感謝現在的坊間已經出現一堆書解釋「心理影響身體疾病」，甚至是「心理吸引身體上的意外傷害」，這些多少可以幫助我們了解「身體」在說什麼「心理」語言。我們在身體上可能有一些持續性的不適或傷痛，在生理上一直都查不出病因；有的甚至是意外傷害，我們更一直不明白為何會承受這些突如其來的狀況。其實，**許多生理的症狀是在反應內心及靈魂上的狀況**，身心靈這三者真的很難分家。比如說胃脹氣跟消化不了的壓力或負面情緒有關；肩頸酸痛跟心有餘卻力不足有關；意外斷手、燙傷手跟過度干涉他人生活有關；糖尿病跟生活中該節制自我有關；洗腎跟內心有太多恐懼毒素排不出來有關……用最普遍的一句話來說就是：「心靈表達不了或勸不動我們的事實，就會用身體來反應。」

通常我的個案來找我源自於心理上的恐懼，但身體卻飛快講出更原始的靈魂故事，很多時候，潛意識會透過身體跟我們溝通，前世創傷記憶會在催眠回溯中自動出來說明原委，說話的內容可能是今生的，也可能是前世的。今生的內容不難從心理學上來看，前世的內容卻可能要從精神分析或用前世回溯來解讀細胞記憶。

舉例不用捨近取遠，光是我自己今生的身體經驗就和前世的相似，這是非常有趣的現象，讓我在病痛苦悶中還能因為頓悟而自娛娛人！以我來說，今生的我在三十歲初頭就開始有恐慌症，這竟然就是我當年在法國家破人亡時的年紀，當時的心理感覺跟恐慌症的症狀一模一樣，覺得快要死掉了、胸悶、頭痛、喘不過來、心悸、手腳冰冷；在法國逃難後，我讓自己像墓碑一樣站在草地上，太久了，站到脊椎受傷，偏偏這輩子也在差不多的年紀，四十初頭，脊椎又再痛。原來，我在法國至少站了十年！至少十年，身體怎麼可能不記住那輩子的創傷？其實，在我未做前世回溯幫自己解讀身體的細胞記憶前，今生我在演講、工作坊站太久時，我腦中也常常在想：「我再這樣繼續站下去不行，我的脊椎會斷掉！」還好，我這輩子不再像法國女人自殘式地說：「就這樣死了算了！」現代的我會說：「我要坐下來了。」「我才不想死！」歷史不讓它再重演。

教大家不需前世回溯也能解讀細胞記憶：當身體在痛的時候，聽聽看自己常說什麼台詞？**與前世相似的語言，常常會在心理抱怨時浮現。細胞記憶非常會說靈魂故事，今生身體受傷的部位，其實多少是在述說前世的創傷或恐懼**。

很多人，在**「時間到了」的時候**，身體會自動打開前世今生的記憶，這就是身體潛意識，也叫身體記憶或細胞記憶。在前世回溯中也會開啟創傷記憶，但這時間點一樣依循天時，跟出生前的靈魂計畫有關，一切都是潛意識透過身體跟我們述說靈魂故事。身體發生疼痛時我們可能不知道它在說什麼，但我們若進入潛意識或前世回溯中，我們會驗證「身體」、「心理」跟「靈魂」的記憶分不開家，會聽得懂它在說什麼——細胞記憶中很容易說出靈魂有哪些未竟的心理事務及需要彌補的遺憾。

簡單舉幾個以前世回溯做心理治療的例子，已改編匿名過。我有好幾個個案常常擔心時間不夠用，在二十幾歲便極度懼怕早死，但在現實生活中卻是生理檢查健康無礙、學業或工作也不需他們如此緊張擔心。

個案一：二十幾歲的男生，帶著他「很怕熱」的困擾來找我談，他說他一熱全身會慌、焦躁、起疹子、覺得自己快要死了，而且他會瘋狂打電話找女友。當然我們不會荒謬地建議他吹冷氣，或搬到寒冷國家，也不可能讓他女友配合，接他不合理的過量電話（他的女友覺得他在騷擾她，超級希望他能放她走，她需要的是跟他分手）。我們做了前世回溯，他看到關鍵性的前世是當軍人的那一世，他是個二十幾歲在戰場上熱死的軍人，當時他沒有預期自己會這麼早死，他在離世前整個念頭一直掛念著未婚妻，一心只想回到家鄉和已有婚約的女友相聚，那時的女友也剛好是這世的女友……我們在心理治療的過程中讓他把「熱」、「死亡」、「跟女友分離」三者做了釐清，協助他清理靈魂中對死亡的恐懼，看見靈魂真正想說的是「對生命安全的渴望」。當他在潛意識中不再讓「熱」→「死亡」→「與女友分離」這三者成為等號或邏輯性因果，身體便不需擔著負面情緒的提醒作用；後來他身體再也不怕熱，再也不怕死，再也不怕失去伴侶。

這場前世回溯的副作用是：他跟女友分手了。他發現當他處理完前世對死亡的恐懼後，他再也不執著於女友，因為他清楚看到他愛的不是她這個人，他其實不太認識她，確認一個人在不在電話線的另一頭，只是自己的一種「未竟事務」，說清楚一點，他愛的只是「**前世**的未竟事務」，他上癮於打電話的焦慮中……他在那世死亡前腦中一直想的是：「我要找她」，而不是：「我好愛她」。他終於知道他在那世跟這世根本不是這麼愛她，他在感情上尚不能成熟到平等付出。

個案二：二十幾歲的大學女生，一年前開始怕沾到塵土，塵土一多她會覺得有蟲在咬她，會把她咬死，因為有蟲的幻覺而被診斷為思覺失調症。但她後來發現洗澡可以將蟲洗掉一些、減輕問題，所以她變成瘋狂不停地洗澡，後來的醫生診斷她是強迫症。在談話中她很難表達內在的真心話，老是用學業壓力來掩飾。我通常不會卡在強迫症的症狀或個案自己歸因的表面源頭上，因為學業壓力不會讓一個人日復一日瘋狂地洗澡，洗澡絕對是個果，不是因，處理一個果是沒意義的事，要根治就要處理因。我們在心理治療中順勢運用前世回溯，看到關鍵的一世是她在塵土飛揚的中東國家：她在市集中長大，但在二十幾歲的時候就死了，死亡時是在高度的恐懼中。起因是她在市集中賣東西老是不老實，後來因為貪婪、說謊而被鞭打及活埋，泥土中有蟲，一直日以繼夜地咬她。死亡的時候是二十幾歲，然後這世她會怕塵土也是開始於二十幾歲……。她理解到，在一堆塵土及蟲咬中，她充滿恐懼地離世，那輩子的潛意識記住了死亡、塵土、蟲咬、謊言。偏偏她這輩子也很愛說謊，愈說愈容易將身體記憶勾出。若不說謊，對自己跟對別人都誠實，自然就是消融一切業力的關鍵，絕對不是我們在前世影像中將她從塵土、蟲咬中拉出就不再受苦。

以上這兩個個案都年輕，但都在二十幾歲，身體健壯的時候覺得自己會死。其實，個案在前世回溯中通常會看見，不是只有一輩子早死，有好幾輩子都是在二十幾歲的時候早死，說穿了，是因為靈魂在同樣的模式中不知道怎麼跳脫，靈魂為了學習到這門功課、彌補未完成的生命**遺憾**，只好一次次重修、一次次想辦法圓滿。原始的創傷，通常來自生病、天災、戰亂、人為、意外疏失……等等非自願、非期待的死亡，在潛意識中深埋「生命提早終止」的恐懼，然後身體容易老實地在**時間到了就自動開啟靈魂議題設定的反應**。

其實我們不需要對死亡有所恐懼，一個人若能夠有「好幾世」都是早死，這就表示他曾經有好幾世的生命；**能夠死這麼多次，就代表「靈魂真的不會死」、「死亡只是假象」**。所以縱使他有早死的重複模式，只是他在出生前都計畫每世存活期限短，好讓他在相似的困境中找到翻轉的鑰匙。

了解靈魂累世的共同課題，找到翻轉的鑰匙之後，接下來可以帶個案在催眠中往未來去看看，轉折後的人生樣貌也是一種指標性的參考。在深度催眠中因為有自己高層靈魂（higher self）的幫忙，個案通常會說出比一般情境下更有智慧的話，較容易超越恐懼、面對盲點、嘗試用**不遺憾**的「**選擇**」方式過日子。當他們在超越恐懼、克服盲點之後，再問他們「在新生活態度下」會活到幾歲？他們通常都看到自己活到六、七十幾歲，甚至是七、八十歲，至少是自己滿意而且足夠的年紀。盲點、心性、個性改了，「命」、「運」、「細胞記憶」往往就跟著改了，一切都掌控在自己的轉折上。前世回溯後的日子能夠過得比較輕鬆、解放，通常是「自己」積極「選擇」來的，前世回溯本身不是奇蹟製造者，最大的奇蹟製造者是「自己」在「選擇」上的改變。

除了自己之外，有人可以幫忙修復細胞記憶嗎？寶治老師在此領域是專家中的專家。老師擅長與聖天使團隊及我們的系統指導老師合作，療癒名稱是「脈輪修復」，她是解讀、清理、修復、重組細

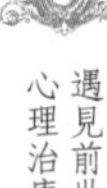

胞記憶的工程師。其實，可以修復到什麼程度，都跟個人「認識自己有多深？願意在自己身上做多少功？能不能不自相矛盾？」有關。愈是能夠把身體與心理連結成為神聖殿堂的人，靈魂自然會修復到更深的程度。**基本上，一個人一定要在心理上持續願意跟自己的身體和諧，願意跟靈魂合解，這樣的修復才有根治的意義與機會**。不可能不努力，就能平白獲得外力修復的奇蹟，神在治療上很嚴肅，希望大家傾向「絕對的自助」之後，才值得天助。畢竟，人的執著及慣性常常把自己放在神之上，不讓神做工，我們若在心理上執著於慣性不放、不傾聽身體述說的聰明，神又不能阻止一個人撿回慣性的自由意識，層層的身體的創傷記憶當然是拆不掉的，身體及心理的不舒服當然還是會在。

Ⅳ 穿梭時空的跳躍靈魂

接下來我要述說羅森醫師帶我看的其他三世，他要我「跳開畫面」，遠離法國的哀傷，去看看其他**「比較舒服」**的輩子。這個指示語一下，我的畫面便從十七、八世紀的法國跳開，往前流轉，我看到我在十三世紀，室內，四週圍繞著精美的中東建築及擺飾，採光充足、通風良好。那時候的我年紀不大，只有十幾歲，是個漂亮女生，深邃輪廓，深色捲曲的長髮，穿著中空、露肚子的上衣，下半身是燈籠褲（這有點像阿拉丁神燈中的服飾），衣服的質料非常好。那時的我很安逸，舒舒服服地躺在一張大圓床上吃黑棗乾（我這輩子仍然超級愛吃棗乾這類食品）。在我身旁有兩個包頭巾的侍者，正在為我搧風，白色大羽毛扇子。我好像是受邀來訪，因為我感覺這不是我家。羅森醫師問我這是什麼國家？我可以立刻回答他：「土耳其的宮廷」。

在那一世的那一刻，我的生活是舒服的，果然我有立刻「依照」羅森醫師的引導與建議，往**舒服**的那輩子走。

羅森醫師將指示語帶到幾年之後，畫面一跳，我看到我已經嫁人了，但也是十幾歲的孩子而已，在那年代，十幾歲便嫁人是很正常的年紀。我看到我仍是在同一個宮廷中，感覺上是嫁給擁有宮廷的君主。

接著，畫面再往後走，我身處在一堆色彩鮮艷的絲綢坐墊及靠枕裡，上面的繁複刺繡精緻又亮麗，四周布滿從上端垂下來的長紗，隨風飄逸（布料顏色皆屬單色，不像現代的布料有印花圖案）。有時候，我躺在靠枕堆中悠閒地欣賞中東音樂；有時候，一時興起，愉悅地起身到場中央隨性跳舞——我的舞蹈像肚皮舞一樣是有難度及技巧的，背景音樂中有著節奏分明的鼓聲、琴聲、鈴聲、笛聲、歌聲、掌聲……這些聲音讓我非常的興奮！原來，在這世，我不只有錢、有閒、有權、有人緣、有純熟舞蹈才藝，更有著活潑開朗、熱情奔放的態度！我當女主人時非常有自信、健康而且充滿個人魅力，身邊總是有許多讓我交心、喜歡的好人，我常開懷地笑，輕鬆慷慨地招呼人，舉手投足的動作都很大，在人群中我好安逸、快樂、自在、自由……

再往後過了好幾年，仍然是住在那個宮廷中，我莊重地坐在雕刻華麗的高椅上，頭頂上、脖子、衣服上都是豔麗、昂貴的珠寶。座位旁有另一張高椅子，原來，上面坐著跟我一塊看表演的君主（前世畫面有時候是從一個小範圍開始看，之後才會慢慢地擴張到整個畫面，所以有些人不見得會同時登場）。君主在笑，我也是開心的，幼小的兒子在前方玩，這天似乎是在慶祝兒子的某個重要日子。憑直覺，我立刻知道君主跟兒子是現代的誰，而且累世跟我都是正向、正直、有信任的好關係。不管在哪世，君主跟兒子都長得很帥，樣貌輪廓也都與前世相似。我感覺那個宮廷被治理得很好，我們的關係中也不曾出現過一句謊話。

坦白說，君主是我當時在紐約交往中的華爾街副總裁男友，很巧地，他身上有太多跟前世雷同的點：他在這輩子仍然擁有貴族血統，仍然有著當時清澈的眼神，容易因為美好、善良的事物而泛淚光；一樣的捲髮、一樣的正直敦厚、高學歷、高社經地位、高藝術品味；一樣常常詢問我多元人文的看法，也喜歡我給他家具、藝術品、裝潢、風水的意見；他是這輩子第一個介紹我認識蒂芬妮首飾、迪奥香水、美東貴族生活跟眾多歷史文物的人……後來，當我跟他說我在前世回溯中看到他在土耳其時，他嚇了一跳，因為他在認識我之前，才搭著東方快車到土耳其去玩！本來，他一直都不能解釋自己為何對土耳其有如此莫名的熟悉感跟喜好，聽我這麼一說，他流出眼淚，原來一切都在潛意識中被記住了。

那世的兒子跟我的緣分也很深，他是我現代這世很要好的男性朋友，來自台灣，家世有後盾，金融精英，他一來紐約念書時，我便是最照顧他的人，幫他安頓住的地方、連結人際及社會資源……我在校稿時突然想起來，他出現時，正是我擁有最多中東朋友的時候，他也會跟著我這些朋友出去玩……

基本上，我在土耳其的那一輩子過得很舒服，地位一直很高，我感覺我是君主唯一寵愛的老婆，因為那種吃醋妒嫉的感覺從來沒有浮現過。臨死的時後身邊還圍了好幾圈人在守護著，是受人愛戴的，老死時很高齡（九十二歲——其實我覺得不太可能這麼老，但，忠於當時腦中浮現的年紀，先紀錄下來再慢慢查證），自然老死，安詳無痛。

接下來，羅森醫師帶我離開土耳其，靈魂飄高，進入藍天白雲中，飄浮了一段時間，在光跟愛之間做休息充電。之後羅森醫師請我再次從空中返回人間去看另一個令我感興趣的一世。他說我或許可以嘗試使用「時空門」來進入另一世，這倒是新花招。催眠新手的我並不熟悉這種現代化找另一世的方式，所以我花了一點時間才看見藍天白雲中飄浮好幾扇門（再一次，我在小時候看太多小叮噹漫畫，所以它們長得都像「任意門」），打開其中一扇，逐漸進入門的另一邊，進入另一個世界，我跑到十五世紀的義大利。

我看到我是個小男孩，十三歲，名字叫羅柏特Roberto（註1）。羅森醫師要我低頭往下看我的鞋子長什麼樣子，我看到前頭尖尖往上捲的形狀，我心裡想：「這些鞋子長得真怪！」後來我去紐約大都會博物館看義大利那時候的鞋子長什麼樣子，竟然也是前頭尖尖往上捲的形狀，我那時全身雞皮疙瘩地訝異，不敢相信這種事情在現實的歷史文物中可以證實，「怎麼會這麼像！」

義大利小男孩的手上有彈弓，憑直覺知道他是拿來打野鴨的。我穿著深色及膝短褲，白襯衣，白長襪，在莊園房子附近站著，地上有野餐墊；我的身邊有褓姆，她是我的主要照顧者，跟我很親近，但她一向覺得我很調皮（我認出這褓姆竟然又是我這輩子的媽媽，然後她同時也是十八世紀跟著我在法國出生入死的褓姆）。至於我那時親生的母親、父親都不常在我身邊，連吃飯都很少見到面，我很

註1：後來我去紐約的超市，我的名字竟然跟義大利橄欖油牌子羅柏特（Roberto）一樣，自己看了都嚇一跳。我在那時從來沒買過義大利橄欖油來做過菜，我大部分是用法國奶油。但打從前世回溯後，我開始嘗試使用橄欖油，而且刻意買一瓶Roberto牌的橄欖油來讓自己愉悅回味，每次用它，就令我嘴角上揚。

直覺地知道，我的父母有自己的政治、社交活動在忙，照顧小孩子絕對不是他們優先的事。在那畫面裡，我視線中遠遠地看得到我的父母。穿著澎澎裙的母親忙著跟一群上流社會的貴婦聯誼，父親則跟一群人騎馬呼嘯而過，後面跟了一堆獵狗汪汪叫。那年代跟政治有關的父母，通常跟小孩不親，這是正常的事，孩子的整個童年都是被褓姆帶大的。

因為羅森醫師在那時看見剩下不多的時間，所以在義大利那輩子沒有空去看過幾年後的事，更不知道長大後會是怎麼樣。這時來了個重頭戲，羅森醫師對我下了個極重要的指示語：**「去看看對妳『最有意義』的一輩子！**（Go to the life that means the most to you.）」我蠻會跟著趕工的，畫面積極一跳，進入石頭建築，是教堂，歐洲，大概是在十六、十七世紀。羅森醫師當時沒有問我是在哪個地理位置，所以前世回溯新手的我沒有主動去了解自己是在那個國家。我看到我是個修女，坐在窗下利用自然光在看書，那景像就像古畫一樣安靜，煦煦的陽光灑到身上與書上，很溫暖，很舒服。

我常常在教堂裡走動，關心並詢問前來禱告的民眾：「生活好不好？」不斷地給予貧窮的人物資及糧食（這跟我當年在紐約做兒童局家暴中心主任時，常給人安慰、安定是一樣的事，我的工作中常常提供資源、救援、訪視、支持性諮商、分配物資……）感覺上我很愛幫助人，也很盡神職；但我直覺發現，修女一直有個很大的遺憾，就是當別人問起任何有關婚姻與家庭的議題時，她都不知道要從何答起。當她講：「相信神、信任神，祂會解決所有的婚姻家庭議題。」這時她會嚴重心虛，因為她深深覺得聖經雖然是她倒背如流的專長，她卻不知道如何解決婚姻與家庭問題。

修女的內心話常常是：「我只知道如何服侍『神』，但我不懂如何幫助『人』去解決婚姻跟家庭的問題。」她那時的內心常有這樣的尷尬、遺憾，甚至是對聖經運用在生活上的困惑。修女從年輕時就一直把生命奉獻給神，雖然心地善良，個性溫和，熱心助人，完全沒離開人群過，她卻不知道如何進一步開導及修補人們在婚姻與家庭中所遇到的問題。她覺得自己在神職的身份中過度不食人間煙火，過度天真了點：「雖然我人很好，但我似乎不懂得生活的真實面，因為我都沒有進入婚姻家庭過……」修女心裡有一塊空洞、難頓悟的部分，她真實覺得聖經中的道理，不足以幫人家解決婚姻家庭中實際的問題！

在那個年代，訊息流通不像現代發達，要一個沒出過遠門、只待在自己教堂做傳統修行的修女回答神或聖經的教義已經很揭限，若要她回答婚姻、性、家庭的議題更是難，甚至是不可能的事！因為以修女的身份不能談戀愛、不能有性行為、不能結婚、當然也沒有老公跟小孩！她完全沒有家庭生活中的「經驗談」或「過來人的技巧」，沒經歷過這些事，自然沒有能力開導及修補人們在婚姻與家庭中遇到的問題，所以她在**實用的分享或教導上**當然是很弱的，那時的她真的是不懂！

羅森醫師看我是個有遺憾的修女時，建議我**「下輩子」**再學婚姻跟家庭就好。誰知道我**反射性**地變臉，突然板著嚴肅、沉重的臉孔訓誡羅森醫師，她說：「在我們的宗教裡沒有『因果輪迴、前世今生』的想法！」羅森醫師萬萬沒想到，繼法國那世之後，又再次被前世的我凶了一次，當下修女非常認真地對羅森醫師聲明教導的是——不可以有其他宗教！的確，在基督教或天主教裡，從以前到現代都強烈駁斥輪迴轉世、前世今生的說法，甚至有人認為這些是「邪說」。

在前世回溯中，一個人會自然流露出「當年」的想法、情緒、信仰、個性、遺憾……等等，修女那時便明顯地表現出她虔誠捍衛宗教的角色跟個性，甚至強烈排斥他教，視他教思想為邪說。修女的這些想法跟這輩子的我差異極大，羅森醫師當時就是假設喜歡前世回溯的我，比他更知道因果輪迴、前世今生，所以他才輕鬆地建議我「可以再輪迴就好」，怎知，修女的角色強烈認為輪迴轉世是個「邪說」，是個不被神允許的想法。羅森醫師在事後討論中，覺得這次中兩槍的經驗很好玩，每一槍都有歷史年代的獨特意義在。

這輩子的我從來不排斥基督教或天主教，因為我打從出生就一直喜歡祂們，我剛好就是在聖誕節生的，雖然父母信佛道教，但他們剛好在高雄的基督教聖功醫院產下我。我每年都要過聖誕節，而且比任何小孩都愛過，因為那是我生日，所以我從出生至今，一直都對基督教或天主教都有很熟悉及喜歡的感覺。我出生時的上升星座是在「雙魚」，懂星座的人必然知道這跟耶穌基督有關。基本上，我的出生日、出生地，已經是個命中註定要跟神相認的默契記號。回想起來，高一、高二時的學校對面有玫瑰天主堂，高三那一年進入出生地聖功醫院旁的基督教高中念書，大學聯考考上的是基督教學校，大學畢業後的工作也莫名其妙地跟基督教有關，一切都因緣際會地湊在一起。可是，怪的狀況來了，縱使這麼多年接觸跟基督教相關的環境，我卻從來沒做過禮拜、沒認真翻過聖經、更不可能受洗過。原來修女那世已經在潛意識中跟我說：「妳要的答案不在聖經裡，不需做重複的事。」

當我去歐洲玩時，最喜歡去看大大小小的教堂，有教堂必入，不管是天主教、基督教，只要是教堂我都愛。我超級喜愛教堂裡的彩色玻璃及雕琢細膩的燭台，我可以盯著它們欣賞很久！在我現代的家繞一圈，放眼望去，我看了也覺有趣，竟然帶有教堂的影子！有一堆歐洲復古式十字架、彩色玻璃燈具及教堂式的燭台……反而一些佛道的擺設相對較少。其實不是較少佛道教的文物，是幾乎沒有。雖然我是個會跟父母去廟裡拜拜的人，但我也一直不知道要怎麼拜。所以似乎不管是什麼教，我都不想被卡在「教義」或「儀式」中，修女在潛意識中應該也跟我說我要的答案不在教義或儀式裡。她應該是個很有效率的修女！什麼經文、教義、儀式都不碰，只專研她要的婚姻與家庭治療，她不想浪費時間做她早做過的事，或其他輩子的我在佛道教中做過的事。

我很感謝羅森醫師在最後一段回溯中，引導我至**「最有意義的一輩子」**。因為修女的這一世串連了所有歷史性的意義，絕對是關鍵。頓時我明白我在長島大學碩士班第二年下學期的轉折時刻：一念到「婚姻與家庭治療」，瞳孔用力放大，不想回台灣了，當時心中立刻燃起熊熊烈火，一股不可抹滅的強烈力量推動我一定要繼續專攻「婚姻與家庭治療」，而且內心的台詞是：「不可不念！不念不能回台灣！」

紙上談兵、發表實驗、專攻論文、發表期刊等等偏向注重排名、以學術為導向的研究，所都被我刪除，我只要「**有能力做實務**」的學校，我需要真實了解「婚姻與家庭治療」，終於，找到紐約豪福斯特大學。原來，專攻婚研所是修女的強烈意圖，她的靈魂要求我一定要做到她未完成的重要任務。

其實當修女在二〇〇一年三月的催眠中講出她的遺憾時，我是劇烈被嚇到的，因為就在兩、三個月前，二〇〇〇年十二月，我剛從紐約豪福斯特大學的「婚姻與家庭治療研究所」畢業！難怪我這三年念得極度起勁，捧著一堆書一天到晚鑽研我都不嫌累。**靈魂在前世的遺憾可以在來生被彌補，承諾也可以在來生被履行實現**。

坦白說個誇張的內幕，在我去美國念書前，我真的考慮去加州念神學院裡的諮商輔導所，那時有好幾間神學院吸引我，內心很想跟神接近。但後來我沒去加州，除了我不會開車（註2），更因為課程介紹的細節，讓我腦中的潛意識開始抗拒，他們讓聖經框住了現實婚姻與家庭中的多元性，再一次，婚姻與家庭在框架中不單純，仍殘留中古世紀宗教裡「人為操縱神意」的陰影，所以修女轉彎了，不想讓人的本質蓋過神意（註3）。

人真的有「出生前的靈魂計畫」，它知道我應該要往那裡去念書跟工作，才是對我個性及專業素養最有幫助的地方。二〇一六年年初，我看了一本絕版書**《天堂頻率：提升振動能量，活出最有力的人生》**（Frequency: The Power of Personal Vibration），有一段話提到：一個城市的「能量」及「精華」會影響一個人能吸收到什麼。我以前其實是個不勇敢的膽小鬼，不敢說出自己真正的想法，但紐約的**環境**刺激、鼓勵、訓練了我，讓住在其中的我跟著共振、轉化，重新設定腦部的迴路及生存模式，讓我變得勇敢與獨創。紐約，滿街都是積極展現自己風格特色的藝術，連街頭塗鴉也都求新求變；不管那個社經文化，總是展現出源源不絕的創造力，與不歇息的活力。共振中，紐約讓我拋開很多在台灣時受限的心智與執行力，我允許自己發聲、不同、不平凡。果然，紐約對我而言是絕佳的選擇！在我出生前，我一定早就設定好這世要去紐約、待多久、念什麼科系的書、做什麼樣的工作、以及遇到什麼樣的人、事、物。

一個人要完成某世的願望或去除遺憾，基本上要付出相當比例的代價才能達到渴望的目標或理想，可能需要很多心力的投入，也可能需要一輩子以上的時間。比如說，修女想要搞懂戀愛、婚姻與

註2：在交通上，我的頭腦偏向古代，不懂開車，也抗拒開車，看到速度很快的車容易全身僵直，手腳不協調，但在加州不開車是行不通、有嚴重行動障礙的，所以這就讓我裹足不去加州了。但我深深喜歡馬，喜歡馬廄裡的稻草味道，喜歡馬車……這真的是古代人的偏好。

註3：近幾年的神學院或許不同了，但二十年前的神學院所教的東西，讓我覺得過度保守而且捐限——愛情、婚姻、家庭總是被框在教條中，光是人類性學就可能很尷尬地教或索性不教了，不允許婚前性行為，普遍壓抑性慾，污點、罪責、邪惡化性的各個面相，甚至，對同性戀有所歧見……然而，在現實生活中，人類不是這樣過日子的。我的個案不見得每個人都有宗教信仰，在我的學生個案中，青少年的性心理、性生理不是不談就不存在的，光是從小學高年級、國中階段，就有不少孩子已經有婚前性行為而且需要諮商輔導；基本上，從一個人有認知能力的時候，至少是幼稚園，父母就應該教導與**現實**貼切的安全性教育，才能讓一個人好好保護自己跟尊重照顧別人；在伴侶關係中，若性知識不夠，性技巧不好，光靠神的教義是不夠在現實生活中燃起熱度，或在實務上解套的；不管是工作上或生活上，我都跟一群同性戀者友善相處，我深深反對同性戀者在宗教中被污名化……所以在種種考量下，講求實務的我，在二十年前還是選擇讓婚姻與家庭治療的教育歸教育，教條下的宗教心理學歸宗教。

家庭，這絕對不是三、五年的研究所時間可以做到的，至今我已經花了二十年以上的時間，過程中還經歷無數次傷心、難過又挫折不已的事，才能讓我的技巧在現實磨練下日趨成熟。成熟也不僅來自這輩子的學習，是累世的，至少，在修女那一世**的靈魂**承諾學習之後，**立刻在下一輩子**經歷法國深刻痛心疾首的挑戰，但是，在修女之前的十五世紀義大利、以及十三世紀的土耳其，我都過得很愜意舒適——這告訴我們不要亂許承諾。

我們靈魂需求的人生體驗，神真的會給，只是，有時候，真實的人生百態是讓人很痛的！這跟印度濕婆神所說的一樣，圓滿的人其實無所求，拜祂是沒事的；但濕婆神是破壞、死亡、肅殺之神，當我們帶著恐懼去求平安，反而會經歷一些災難、疾苦，才讓我們的心性、個性知道什麼叫做不恐懼、真平安；求財富，反而會經歷一些消耗、破財、損失才讓我們知道什麼叫做真財富、真豐盛。**倘若我們都是從「缺」中找圓滿，必然會在缺中走一圈才會圓滿**。

乍聽之下，濕婆神不是好神，怎麼充滿了破壞、死亡跟肅殺？我們看事情不能只看表面。**濕婆神其實讓人們從恐懼中驅逐自己的不知不覺，從顫慄中得到覺醒，從毀壞中去除慣性上的怠惰（從慣性的輪迴中解脫），從懲罰中產生真理公平，從衝突中動盪出進步……**大家有個迷思，以為跟神祈求平安自己就會馬上平安，事實上，**內在若矛盾是不會在外在顯化並釋放出真平安的**；但神有聽到我們的祈求，所以我們若真的要平安，那我們就必須**面對自己該面對的恐懼、毀壞、顫慄、衝突、懲罰等等的挑戰，從中去除自己個性、心性中的慣性矛盾、怠惰及不知不覺中不停重複上演的壞習氣。心性**

要真正的平安是要做很多破壞跟重建的，舊有的無用模式就是要被打破，慣性逃脫的模式就是要被去除，內在跟外在都要認真面對恐懼並做覺醒跟清理；當一個人還不能澈底學習面對恐懼，他的內在就是會帶著潛意識中的自我破壞不斷重複上演相似的故事。神能夠幫助我們的就是在外顯環境中持續發生相似讓人恐懼的事，期待有一天我們自己會說：「我受夠了！」我願意做一些不同的選擇來改變我的現況了！神希望我們要學會面對**恐懼**，恐懼中的確會讓我們痛苦但恐懼並不是壞東西，恐懼中有神的恩典，也孕涵豐富養份以及轉化的契機。

靈魂的出生前計畫不見得是好玩又開心的。當修女的靈魂希望了解婚姻與家庭裡的人生疾苦後，我便開始經歷婚姻與家庭中的心痛，開始學習懂得什麼是顛沛流離、仇恨掠奪、貧苦、疾病、冷漠、無力、無助……我學習到的是，不管一個人會不會利用前世回溯了解自己的靈魂計畫，刻骨銘心的傷痛經驗都不單純是要折磨或扼殺一個人的靈魂，它們都暗藏著非常珍貴的靈魂課程，希望我們從中學習並且成長。基本上，我們的**家庭**、**感情**、**事業**、**錢財**、**健康**、**人際等等會有波折受創**，**都跟我們靈魂所事先規劃的「學習藍圖」有關**，**在我們未出生前早就已經承諾要去經歷**、**學習什麼了**。或許可以這麼安慰自己：頓悟痛苦，會幫人成長、演化。

十一月十七日　從線索切入時空裂縫（印第安圖騰）

其實我們很容易因為身邊一個小小的「線索」（cue），而從現實中不經意地竄流入靈魂記憶中。

只要是了解催眠或分析潛意識的人都知道，這種現象並不奇怪，**「線索」是一把打開靈魂記憶的鑰匙**。

以下就是跟「線索」有關的故事。這故事跟信義老師又有一點關係了，但**我們的靈魂功課往往不是在看別人怎麼了，而是「我」怎麼了**。二〇一六年十一月十七日，藉由信義老師的一張FB照片及一句話，我的前世記憶突然打開來。

信義老師平常很低調，但他在那一段時期做了一些搞怪的動作。我只能猜他小時候及青壯年時期，可能都沒有真正「無罣礙」、「無限制」的叛逆過。我們知道臉書是一個個人宣讀自我意識及雕塑自我形象的地方。剛認識他的時候，他的臉書照片很正常（二〇一六年五月），是個脖上圍著毛巾的農夫樣貌。幾個月後他不知為何將大頭照換成歪七扭巴像靈異照片的臉，讓我的心有些驚嚇到，害怕老師精神有問題……我本來不太敢問他怎麼了，但後來實在忍不住去問他了，他說歪七扭巴像靈異照片的臉，是脈輪呼吸時旁人幫他拍攝的能量照。我沒看過能量被相機補捉時的樣子，但他有，他常看，他也不覺得怪（後來我見多了，也見怪不怪了）。他不管我們「靈性幼幼班」的人怎麼看他，他就是喜歡這種靈性照片中充滿能量的自己。他不管其他靈性等級的人會怎麼想，也不管我那些醫療界嚴肅的人會不會來看他臉書，只有我自己擔心那些看不懂我當時在做什麼靈性昇華學習的醫生、心理師或學生們，他們一定納悶我怎麼跟這樣搞怪的老師走那麼近，若不是老師他瘋就是我瘋，要不然就是兩個都瘋了（我猜，大部分的人會認為我們兩個都瘋了）。基本上，不是每個人都能深入知道信義老師內心自在到什麼程度（「自在」等於「別人都不在」），是因為二、三十年的修行深，當單擺盪到一個極嚴謹的程度後，開始享受另一端叛逆的春風少年路線。我懂這種兩極的擺盪中有陰跟陽的融合，但，不熟悉他、不懂精神分析的人哪懂啊？

當我好不容易習慣信義老師在臉書上歪七扭巴像靈異照片的怪照片時，他竟然在二〇一六年十一月十七日又換了一張照片，但是，一樣是「不正常」的。他拿下了眼鏡自拍，他在自己右臉畫了一堆墨色符號，許多菱型印記，像是原始印第安部落的圖騰。老實說，看了之後，我臉上三條線，再次懷疑他瘋了，然後心理師的我「認知失調」了（「認知失調」的簡單舉例解釋是：吃到酸的卻調整認知，安慰自己說不酸），我安慰自己不強求別人對美的標準跟我一樣，我只能接受我自己無奈的情緒，嘆一大口氣，當然，我還是擔心別人看他照片之後如何看我，內心祈禱我的醫療界朋友不要看他臉書！

然而，有趣的事情發生了，淡淡、不鮮明的感覺，開始匯集成比較強烈的感覺，不是討厭，而是一種對圖騰莫名的熟悉，潛意識開始流竄，蓋過無奈，不再在乎老師的頑皮，我內心浮出一句鮮明的話：「某一輩子，你的臉也是這樣畫的。」不知道為什麼，我鼓起小勇氣，憑直覺在他臉書如此留了言。當下，我覺得我對信義老師有一些不同時空的熟悉感，沒想到老師很快地回說：「那一輩子是您幫我畫的！」頓時之間，我的時空竟然大變，我的腦子立刻帶我跑到我的前世，我看到印第安小女孩在草很高的草原上開心奔跑，開闊的原野，我是女生，但我跟一匹野馬一樣奔放。

我只有看到我在印第安人的原始環境中，並沒有看到我幫老師畫臉的畫面，因為老師一直沒在我的畫面中清晰出現（我當年猜老師他們夫妻皆有擋住不讓別人擅自開啟個人前世檔案的功力，高頻之下的保護網可能是加密的。後來，我開啟檔案的經驗多了，證明低頻真的開不了高頻，但高頻可以開低頻，但也仍然有檔案管理者在更高的層次掌控著資訊）。當時「靈性幼幼班」的我，憑著直覺，憑著單純的感覺，畫面中能看到的是關於我自己的部分。我知道我是個印第安部落中會做醫療的老奶奶，滿臉皺紋，臉髒髒的（其實是畫了圖騰），綁著兩根長辮子，抽著菸斗，在火堆前弄藥草（後來才知道這種人叫做「薩滿」），有好幾個調皮小孩在旁邊玩，模糊中「感覺」信義老師是其中的一個，我跟他的關係似乎是祖孫。或許就是因為老師調皮搞怪、畫臉、對話中出現熟識關係，這三者便成為竄入前世的「線索」，在此我終於「感覺」我跟信義老師曾有前世因緣過，不管是不是百分之百真確，但**判斷前世回溯「真」「假」的分水嶺，就是從「感覺」來看**，通常「感覺」不會莫名其妙流竄出，「感覺」往往比理智還要真實！當時，當我認出身邊有個前世良好互動關係的人，我好感動！

後來，我開始專心看我自己的前世畫面，我再次看到印弟安女孩，在曠野草原中跟另一個玩伴玩耍，當時兩人大概都十四歲，對方是我的小男友（在這之前，其實我已經在其他次的前世回溯中，看過我跟小男友在曠野草原中玩耍嘻戲的畫面好幾次）。我那個小男友，其實就是我這輩子的老公（但不知道那世後來有沒有當夫妻），當時我們兩小無猜，我的名字叫Hana（中文翻譯是「花」，我大學時的措號剛好就叫做「小花」）。

我一直在開啟前世記憶，看到我在膝蓋高的柔軟草原上無憂無慮地奔跑，在曠野中豪邁率性地騎馬奔馳，開懷的笑，我愛在陽光下仰著頭，雙手朝向天。我好喜歡那個充滿喜悅的我，總是在享受陽光舒服灑下來的感覺。我憶起我常觀察家族長者們用藥草及巫術幫人治病的畫面，大人會念我貪玩調皮、不協同治療；我其實也會他們那一套治療，只是我更喜歡在陽光下奔馳，沉溺在與大自然合而為一的快感……後來，我看到我二十幾歲時安靜嫻淑多了，出現一個在幫人治療的畫面。當我是印第安人時，我好健康、快樂、活潑、自然、自由，這些畫面讓我的靈魂好感動，那個時期的健康，可以是我「身心靈都健康」的完全指標。我開始鼻酸，也淚流了，多年來我最缺乏的正是身體健康，我的靈魂會在這個時候讓我看這些畫面，其實就是要我做一些改變，讓我重新健康起來！

仍然沒看到我如何幫信義老師畫臉的畫面，但是，談及畫臉，我知道我一向莫名其妙地擅長。十幾年前，在紐約兒童局家暴中心工作時，有一次萬聖節活動，主事的社工對著幾個無辜小朋友的臉一直道歉，她說她真的不會畫，我看小朋友的臉真的不能走出大門討糖，當時不確定我會不會（因為我從來沒畫過），卻立刻捲起袖子幫小朋友們畫，後來，竟然連家長們都在排隊，要蝴蝶的圖案就有蝴蝶的圖案，要驢子有驢子，要獅子有獅子，要圖騰有圖騰……當時我便納悶我怎麼對畫臉這麼有才華？每個臉都畫得很鮮活立體，好像我手一摸到臉及顏料，就很熟悉地把臉當畫布的樣子（反而現代女性的彩妝我不是很上手，因為畫法不一樣）！或許，我靈魂中真的曾經擁有過這技藝。

接下來要談另一個巧合，十一月十一日，我本來就在購物網上訂了一堆馬賽克型的燭台，有希臘、土耳其、印第安等等的風格。平常我很愛買一堆東西，有時買到我都不記得商品的外觀跟細節，但是當十一月二十日收到這一箱貨時，我嚇了一大跳，其中一個燭台竟然跟信義老師臉上的菱形印記幾乎一模一樣，而且中間還有個太陽的形狀，象徵性意義之高！當下我雖然訝異到楞住數十秒，卻在楞住的當下，立刻知道神要送信義老師這個禮物。

你們知道有多巧嗎？十一月十七日看到信義老師換成印第安圖騰的照片，十一月二十日收到貨，十一月二十一日正好老師要來高雄教室帶共修，可以讓他把禮物帶回去。神透過我給信義老師一個「巧合」的燭台禮物，也給我一個「巧合」的經驗。

當然，信義老師早已經習慣神讓他隨時經驗的「巧合」，他早已見神心喜，見怪不怪了。但，這種狀況太「巧合」了，從這時開始，我愈來愈留意「巧合」訊息發生在我身上的頻率，後來，多到不可思議，多到數不清！

十一月二十一日　大日如來，神光療癒

十一月二十一日，信義老師從南投來高雄共修教室帶脈輪呼吸。那天，我除了給老師一個「巧合」的圖騰燭台禮物，還從他那得到一個「意外」的體驗。如同老師常說的：「你所給出去的，神都會加倍俸還給你！」

前一天，十一月二十日，當我收到貨並決定送禮物之後，老師他突然「意外」地私下連絡六、

七個學生，說他可以在進行脈輪呼吸前，幫幾個人做「如來神掌」（神光療癒的一種形式），一人大概三十分鐘，很幸運地我是這六、七個人之一（老師當時尚不知道我會送他禮物，並非因為他有禮物收才挑我的）。對信義老師來說，突然開放靈性療癒時段是個常態，雖然我不習慣突然改變自己的行程，卻滿心歡喜地馬上說好。工作再做就有，但是靈性療癒的體驗機會罕有，所以我趕緊推掉手邊的工作，把握讓自己的靈魂出來說話的機會（打從二〇一六年五月，知道信義老師很能引導我們接觸神及自身神性之後，我現在對於天上掉下來的機會都很容易說「好」）。

老師透過手掌傳遞的神光療癒不是天生的，是多年實修來的。有很多體驗過的同學說像有「氣」穿流過、有「電」通流過、會「麻」、會「刺」、「有熱感，還愈來愈熱」、有的說：「沒感覺，但很舒服」（「沒感覺，卻很舒服」——這種自相矛盾的說法，通常來自自相矛盾感重的人）。大部分的同學在過程中會走屬於自己的旅程，有的充滿高我智慧、有的很有情緒、有的閃過前世今生的畫面、有的看到自己的神、有的跳起來，有的說天語或奇怪的話、有的狂哭吶喊、有的抖動清理、有的搥地板、有的一動也不動，有的勾起前世身體創傷記憶……簡單說：因人而異（卻又讓菜鳥的我看了很詭異）。心理諮商室不見得能見識到這些不尋常情節，但這些跟**「靈魂」**的狀況有關，因此值得我放下工作來親自體驗。

以下的描述會跌破你們的眼鏡，因為我接如來神掌的感想跟別人很不一樣，跟上一段印第安老奶奶認調皮孫子的溫暖也不一樣。基本上，過程中，我大大變了個樣，一向很喜歡信義老師的我變得非常不喜歡他，甚至一直出現要「處死」他的念頭。

要寫這段我其實有很大的顧忌，怕冒犯信義老師，也怕「處死」的想法嚇到大家，但真實呈現療癒的歷程，才是不自欺欺人的重點（事實上，信義老師知道之後，一點都不在乎）。基本上，這一段跟「破壞後，再重建」有關（看到曾經怎麼破壞過自己，才知道怎麼重建自己）。

就讓我們來看看到底是發生了什麼事。

以下是如來神掌（神光療癒）的體驗分享：

未開始之前，信義老師放了背景音樂，但當時非常不懂宗教的我不知道那是什麼（我真正接觸神佛菩薩是在二〇一六年十二月馬來西亞磁塔行。後來我終於在二〇一七年年初，才知道十一月放的那個音樂叫做「大日如來心咒」！所以縱使我當時是做「如來神掌」，但我真的無法連結那音樂是跟大日如來有關）。一旦面對面坐定，靜心，我便看見全身發亮光穿白衣的「觀音」坐在眼前——其實我再次鬧了笑話，後來才在學習中知道如何分辨不同的神——原來祂不是觀音，祂是大日如來，正是我們熟知的釋迦牟尼！在此證明，我們一般人不一定認得神，但神認得我們！神可能在我們不明白的時候覺得我們傻傻的，可是神還是一樣愛我們、會來照顧我們。

接著，信義老師要我針對今天要做的神光療癒先下個「療癒意圖」，**大部分人的意圖跟最近身心靈最困擾的議題有關**，意圖可以是滿足物質上、靈性上的需求，可以是開啟天賦，得到智慧指引問題解決……因為我的腰椎、尾椎太常酸痛，酸到我上班時都坐不住（我有椎間盤突出的問題）；我也被近期的褓姆掠奪財物及迫害身心安全弄到像驚弓之鳥，八月底雖然已請走人，我的心卻仍然有一些說不出的不安定。所以我下的意圖是：「我要我的脊椎康復與累世財富收回」（我的意圖在字面上下得很誇張，自知這兩者在一次性的療癒中要能做到，是不太可能、也不合理的意圖，但我當時真的是希望有神蹟，「我就是這麼想！」——我的脊椎已經痛了好多年，不想再痛了！我也不想再想在家中再次被掠奪）！老師笑了笑，不干涉，隨便我們要下多誇張、多不合理的意圖都行，不管怎樣，都是療癒自己的一個正向方向，總是要有個開始，奇蹟式想法中存有確信一切都可以被療癒的神性信念（其實老師心裡知道，他只是個能量傳導的管道，功能是在誘發我們與神合作，啟動我們潛意識中的療癒系統，至於什麼時候會發生「奇蹟」？他早已經臣服於神的時間，或快或慢，應該如同英文所說的“you will see when you see it”「當你看到的時候，就是發生的時候。」）。

老師出手時會先在眉心輪誘導學生的高我智慧出來，啟動神性，畢竟不是老師要聰明頓悟，而是學生要頓悟，**從靈性根本解決問題！**要出掌時，老師固定會繞到學生背後，前後脈輪是相通的，手放在異性學生背部心輪的地方，彼此才不尷尬，之後再依「感覺」移動手掌，逐一疏通脈輪，清理淨化。

老師出掌後，我不像其他同學會晃來晃去、感動到哭或有其他任何的大動作，很長一段時間，我很淡定，坐得直直的，一動也不動，我僵直到老師可能誤會神的能量進不來……其實，前面十幾、二十分鐘裡，我雖然不動，我的內心戲卻很豐富，腦子也一直在跑畫面。我感覺自己跟神的能量相似，一樣安定淡然，我的身體、手腳壓根沒有想動的感覺（後來我從信義老師口中知道，大日如來真的不太動——他說他在印度合一大學當學生時，在「與神共舞」的活動裡，他的大日如來也是不動，當各國同學都在活蹦亂跳，開心狂舞，只有信義老師一人尷尬地楞坐在原地，一動也不動，懇求祂動一下，後來，神只動一隻手指頭……）。

「如來神掌」，顧名思義就是透過施做者的手掌，傳遞大日如來（及其他與我們累世有緣神佛）的能量，**施做者只是個傳導的管道**，神的能量自己會跑。外表看起來有點像氣功，但實質比較像靈氣療法，但又不僅是靈氣（reiki），**是神的能量在引發人與神合作的療癒：協助個案釋放負面印記中的情緒、增加高我認知上的頓悟、更新身體細胞記憶、擴張靈性意識場域於無限的光與愛之中。**

大部分的同學會隨老師手掌的帶領而在能量流動中晃來晃去，可是我除了跟大日如來的能量共振不動，我打從心底其實也不太想晃，我感覺我的靈魂似乎「不准許自己晃！」很奇怪，一向靜坐是坐不直也坐不久的我，在此時卻一直腰桿打直地坐著（平時因為盤腿坐會讓我的脊椎超級酸痛，所以我一定會像一隻蟲一樣，一直換動作、並且用各種語言抱怨不停）。後來我終於知道，這跟我最初設下的意圖有高度相關：「我希望我的脊椎康復及累世財富收回」，所以在我的脊椎打直不動裡，已經偷偷藏了不少細胞記憶中的玄機，接下來，神讓我看到為何一直打直的脊椎會產生問題。

在能量流動中，「我」的態度起了變化，有一部分的「我」跟今生個性是一致的，但也有一部分的「我」是我不熟悉或完全不知道的艱澀個性——擅長做前世回溯的我，知道我的腦波已經變成催眠波，前世的靈魂已經準備好要訴說我不知道的靈魂故事了。態度上，我逐漸出現我在紐約對羅森醫師才出現過的頑固態度，接著出現幾種我未曾見過的貴族高傲味道，再接下來還有一種我很陌生的霸氣……（這絕對不是「多重人格」，而是多世人格），通常這跟某幾世的個性有關，然後也跟脊椎及財富問題有關。

信義老師並沒有要我跑前世（大部分的同學沒學過催眠，也不擅長自己跑），但我真的是個太容易自動轉換成催眠腦波而看到前世畫面的人（台語俗稱「一兼二顧，摸蛤仔兼洗褲」），在轉換時空中，第一世畫面看到的是古代中國的「我」（這是我在之前的自我回溯中便看過幾次的角色，第一次看到是十幾年前），我歷史概念非常不好，覺得像是清朝宮廷，我是格格。但這回不是我以前看到的畫面（之前我總是跳針重複一個片段——冬天，在宮廷高牆上逃命的跑，被一堆人抓住，要被處死，是很慘的被害者，又怕又悲傷，感覺是因為我很敢說話，卻說了一些不該說的話，我對雕刻華麗的紅暝床一向極度恐懼跟厭惡，會讓我全身糾緊、難以呼吸）。

但這次，我不再像以前重複跳針在即將死亡的逃命畫面，我的時間變了，流動到更早的時間點，我看到我是自由之身，有權貴，有勢力，走在宮廷花園，紅色梁柱迴廊，有兩排人敬拜，我走路時很有氣勢，站得很正，腰很挺，下巴高，明顯是個驕傲有權勢的格格。

中國畫面快閃而過，換成第二世，竟然我再次回到法國（一看到法國，自知原因，這世持續出現，正因為太多負面情緒印記未消融）！但，很奇妙，不再是跳針卡在冬天草地上像墓碑一樣站著的畫面，竟然是進入室內了，這是我第一次有能力看到災難發生之前的房子內部！是在家中宴會廳，紅絲絨牆壁，金色華麗的木雕花邊，鋼琴，燭光，我依偎在一位男性政治人物身邊，在一堆穿禮服的賓客圍繞之中，我覺察到他是我丈夫，平時我暱稱他John，接著，不由自主滾滾湧出「摯愛」的感覺，我明顯感受到我們感情很濃、很美、很幸福，多世裡我最愛這男人及這個法國年代。我一直看著他，我好感動，因為我太久沒見到John，跟他久別幾百年後終於再次感受到他的溫度，這次，我不再跳針難過他死掉，不再是看到他上斷頭台的場景（註1），而是能夠看到他及家中最具有生命力的房間——宴會廳，我多少知道生命要翻轉了！

後來換場景，離開那一世的人間，跑到了天堂，庭園，很多花，我看見John跟我穿著法國那世華服，愜意地坐在雕琢細緻的白色涼亭中對望，粉色的紗隨風飄逸，突然我有念頭跑進來：「我們最初是靈魂伴侶！」這讓我眼淚立刻掉下來！再一次，我好感動，因為我打從婚姻家庭治療研究所時便長期研究、尋找「孿生火焰」（twin flames）（靈魂伴侶最極致的一種，為原始靈魂一分為二的「那一半」），在此，神讓我理解：不用在人間找，「孿生火焰」永遠都在我們靈魂揚升的地方，在天堂沒有時間、空間上的區分及死亡的議題，彼此永遠都是伴……原來，「另一半的『你』在地球的另一端」，是指靈魂永恆長存的這一端！「一回去他都在！」

神光療癒的其中一個意圖是收回財富。二〇〇一年，我被羅森醫師催眠時，整個家的畫面是黑暗淒慘的，財富被衝進來的暴民全數掠奪；二〇一六年五月在信義老師教的「覺醒課程」（初階）中，法國家毀人亡的畫面再次爆開！二〇一六年八月「關係治療財富豐盛」課程（進階），在「啊」的原音（丹田「啊」起來）中，趕走可怕迫害我們的褓姆，設柵欄，不再對殺我小孩的人不忍心撤職；之後郊區的莊園外觀不再暗黑一片，從庭園至莊園，色彩逐一變亮，漸漸恢復生機，有池塘，有黑、白色天鵝，有狗，草地上有賓客走動，遠處有幾個小孩（但當時不確定是不是我家的）！十一月神光療癒，直接進入巴黎家中光亮華麗的宴會廳，我依偎在丈夫身邊跟賓客說話，還在另一個房間看到金庫外觀，能夠在畫面中「收回」家庭當時的「命脈核心」，宴會廳跟金庫，絕對是個好兆頭，好改變。

畫面再次變動，自行轉換成沙漠，這是第三個前世，又是十幾年來在自我回溯時便看過多次的畫面：在沙漠中我只露出一顆頭，是個年輕女生，垂死狀，駱駝在旁仍活著。不知道我要前去哪裡，只知道權貴在身，這一死，跟那世的財富權力是要說再見的。有個忠心保護我的男生，不得不去找救援及找水，但我心裡知道他一去便凶多吉少（這男生其實是我這世的老公，我一開始會喜歡他，也因他會開車接送我，跟沙漠那世的關係很像）。風沙好大，很難呼吸，我突然發現信義老師剛好走到恐懼集中處：腰椎（對應的是太陽神經叢），勾出來的正是身體記憶中不知道該怎麼放下的負面情緒。我好怕地上狂吹的風沙，很抗拒，偏偏信義老師這時還施力讓我往前傾趴，我超怕，覺得我快要死了，此時我硬撐也要撐回坐直，避開風沙，也要抗拒死亡！

臨死中，或許是我抗拒死亡的念頭出現，眼前同時出現一個歐洲中古世紀的盔甲戰士，身材高大壯碩、樣貌只能用「世界無敵超級帥」才能形容他。本來，我以為他是另一世的John來帶我升天，結果不是，我很快地理解到，他不是John，祂不是普通角色，祂是**大天使麥可**！我此時也是個穿盔甲的男戰士，祂帶我對抗恐懼，騎馬迎戰風沙（在馬背上，再次，戰鬥時我需要打直腰桿），所有的風沙竟然逐漸轉換成光，不再可怕。

大天使麥可接著帶我去天堂，坦白說，之前我已經造訪天堂多回了，但這回最興奮，因為大天使麥可就在我眼前咫尺，一手臂內的距離，我並不介意時空就停留在這裡，二十一世紀的我可以一直盯著這麼帥氣英武的祂，祂已經代表天堂……

去天堂的整個路程，不時出現的都是比人高的大型十字架，華麗壯觀，細膩雕琢，一次又一次在我眼前浮現，我們同時也需要推開幾個繞著藤蔓的中古世紀大門，每一道門都長得不一樣，但總是華麗壯觀。最後一道門，一推開，我看到耶穌，坐在椅子上，我前去跪在祂面前。這個時候，信義老師剛好重複將能量從我上臂刷往下臂，竟然同時，畫面一轉，我看到我是歐洲女貴族，披著紅袍，敬跪在某位王者前，全身發光（有點像宗教的加冕儀式），這畫面停留的時間很短，我很訝異，因為我從來沒在回溯中看過自己有這角色，偏向懷疑自己曾經有這一世。

最後，是我曾經看過的女生（第一次有畫面快閃而過是在二〇一六年八月「關係療癒，財富豐盛」課程的脈輪呼吸後，看見山坡下有一片美麗和樂的城市，同時也浮出我完全聽不懂的詞：「亞特蘭提斯」，我從來不知道什麼是亞特蘭提斯，我覺得超越我能理解的現實，所以之後我標籤它為「不切實際」而擱著不研究它），這次，可以很清楚地看到她在做什麼，長髮，身穿飄逸淡色的長袍，站在視野很好的高處，位於巨大殿堂平台上，面對著月亮，雙手在空中揮。這次，浮出三個字「女祭司」，甚至還浮出「埃及」兩個字（因為我一向不懂史地，沒興趣研讀史地，也不怕人家笑我不懂史地，但這些內容讓我很困惑，從來沒有聽過、沒有看過「女祭司」這名詞，更納悶埃及怎麼會有這類人物）？只是我多少知道「祭司」屬於神職人員，明顯地，這是莊重、腰桿需要挺直的角色。

各個角色的我大多是內心戲，從頭到尾，一直都到尾聲了，我仍打直我的脊椎鎮定著。當今生的我覺得外顯行為不夠戲劇化表現時，女祭司開始讓我感受到她可以有大動作，幾隻手指開始在地上敲敲，手掌根不離地，但可以輕微地揮揮，接著，竟然整個右手臂開始提升，揮動及肩，超過頭，在空中揮了好幾次（二〇一六年八月我在脈輪呼吸大休息時就曾出現過兩次小型的揮動，今天，終於知道這是屬於「女祭司」的動作，原來她早就想出來跟我說話了）。我尚不理解她在做什麼，看起來像在畫蝴蝶或畫花，但似乎不能如此粗糙解釋，比較偏像祈禱或祝福……總之，十一月的我無法理解，我只知道此時不用定型，反正我的靈魂會在時機到來時，一層一層地揭幕讓我看到，這也像在拼湊拼圖，拼一個片段之後，又再拼另一個片段，到後來會看懂全貌。期待後續發展，然後後續真的有發展（下一本書會說出女祭司的全貌，這屬於二〇一七年、二〇一八年的蛻變）……

過程中，我的腰桿一直不能跟著老師運行中的手而鬆軟，別的同學會放鬆，但我真的不能！更怪的是：（一）我腦中鮮明、持續地定義：「男人不能碰我」；（二）不知道為什麼，我從頭到尾一直覺得「他的身分比我低」、「他以下犯上」；（三）「我想處死他！」

好可怕的內心話……我從二〇一六年十一月一直壓著不敢說，只敢跟一個好友分享，我們都覺得我內心戲中的信義老師好可憐，被我投以處死意圖好多次。我腦海中一直沒有一個合理的解釋。後來幾個月後，我忍不住跟信義老師坦誠訴說，他只是笑笑的，提點我去看深層的意義。時隔七個月後，在校稿中，終於讓我搞懂了：就像精神分析或催眠心理治療一樣，要從**象徵性的意義**去看，而不是看表面的意義。每一世的我其實都沒有看到信義老師在畫面裡，實在沒有什麼理由要處死他。清朝格格、法國女人、沙漠中的女人、戰士（是歐洲貴族），歐洲女貴族、女祭司，這六個角色裡並沒有出現信義老師，但我好像對於掌控生死權勢的男性是生氣的，仍有未竟事務的；另外，不允許我自己被別人碰觸，似乎是我很大的議題，女祭司是神職，當然不能被碰觸；但其他五位基本上也都掌權，擁有不能被碰觸的貴族身分，多少有階層中傲慢的人我距離。其實，格格的角色最鮮明，誰碰了她、似乎立刻就會被殺，她的個性貫穿整個神光療癒的過程，她持續念著：「他身分比我低」、「他以下犯上」、「我想處死他」……以時間上來排續，是從女祭司開始，再來是沙漠中的女人，歐洲男女貴族，法國女人，然後才是清朝格格……我看到我的脾氣在清朝格格時變得非常壞、非常硬，一定是有一些需要被了解的原因（在此先不劇透一切，暫時賣個關子，在二〇一六年十二月馬來西亞磁塔行的內容中就會出現意想不到的驚人轉折，足以解釋所有的前因後果）。

人腦的潛意識有許多層次，眾多前世的個性、心性、習性，都影響我們過去至今的議題。我的腰桿一直都是挺直的，跟以上這些掌權的角色就是有關，每一世看似不同角色、不同個性，但挺直腰椎

與權勢在身的心性卻有多世重疊處，上一世沒解決掉的議題，通常會殘留到下一世繼續被處理。所以我脊椎要康復、財富要豐盛，勢必要深入這幾輩子去分析處理議題。

註1：二〇一六年八月，在「關係療癒財富豐盛」課程中，有一場極為特殊的頌缽療癒服務，由三位老師聯手合作，空中迴盪不同力道、音頻的缽聲，此起彼落，聲聲自動共振到身體每個需要被療癒的細胞。缽聲是非常悅耳好聽的，整體來說，有安定神經的效果，但是，怪異的事情來了，當時全身下都可以接受缽聲靠近，唯獨脖子不行！缽一靠近我後腦勺，我就緊張至極，反射性用力縮緊，恨不得像烏龜一樣有殼做保護，很害怕、很痛苦，但偏偏頌缽老師已經察覺我在脖子上應該有創傷印記，反而來回在我身邊嘗試加強處理幾次，我一直想用力揮走缽，但礙於不禮貌而強忍著。

後來，在二〇一六年九月初，我找頌缽老師梅芳做一對一療癒。這回因為是一對一的療程，老師可以把時間跟力道全都用在我一個人身上，很快地，詭異的現象再一次出現，缽一靠近我脖子就讓我緊張至極，神經刺麻，我仍然反射性地用力縮住保護，很害怕、很痛苦甚至變得不能呼吸、心臟糾結、兩拳怕到僵直扭曲、狂出汗……一個缽竟然會讓我怕成這樣！但事實上我不是怕缽，而是創傷記憶從細胞中浮出了。梅芳老師憑直覺，立刻將缽移轉到心輪，也放第二個缽在我的腹部（太陽神經叢），兩缽共振，很神奇，同樣是詭異的現象，我的害怕逐漸減退，然後逐漸浮現法國的前世畫面。

這下子一點也不好玩，完全不是開心的畫面，我看到白天的廣場，塵土中昏昏黃黃，萬頭鑽動，聚集難以數計的人，空氣中凝結很糟糕的味道，有人要看好戲，有人快要心碎——我是那個快要心碎的人；台上有人要被行刑，我分不清楚我在人群中還是在台上，有好幾個人會被斬首，我的心很糾結，很悲傷，更充滿困惑……這不是我曾經看過的畫面，但我很清楚知道，我絕對不會喜歡後來會發生的事（難怪以前潛意識不曾讓我看過，因為一切都深深地壓抑在恐懼中，而且還儲存在脖子的身體記憶裡）。困惑中，隨著缽聲畫面消失了，我比較不怕缽在我脖子旁邊繞，頌缽也剛好悄悄結束。回神後，坐在治療床上正準備要離去前，我跟梅芳說：「縱使我看到斷頭台，我感覺到的是，似乎不像我會死，可是為什麼要儲存在脖子上？」梅芳憑直覺只是輕輕地說：「或許是重要的人。」她一說完，我的前世記憶頓時潰堤爆衝、它完全不管我能不能招架，畫面一直竄流、撞擊射出，我立刻全身癱軟，心痛大哭，我一邊哭一邊鮮明地看到我的丈夫即將在台上要被斬首，他旁邊還有幾個人都是要被砍頭的，跪著面對群眾。（我似乎還認識其中幾人，但在頌缽之前，尚未在今生跟那些人碰過面。後來，二〇一八年三月，某次神光療癒操作中，我看見同時上斷頭台的其中一人，是我那輩子的弟弟，竟然我們是磁塔14班的同學〔時間為二〇一七年十二月〕，他在今生是「她」，在磁塔教室便有緣分地坐在我旁邊，神大概認為時間到了，可以碰面、處理哀傷了……）頭顱掉下的那刻，就像我被斬首一樣，我立刻昏倒，旁邊的幾個僕人撐住我……梅芳當場也是要用力撐住我，不讓我暈倒撞到，她要我儘量哭，縱使我們時間已經到了，但我真的癱軟走不出那個門，她要我把痛苦深壓的負面情緒扔出來。我看到人群散了，我仍在現場不肯離開（跟我走不出治療室的門一樣），下雨了，我也不走，一直撐著，有人幫我在雨中撐黑色的傘……後來暗夜雨水中，幾個僕人把僵硬、凍壞的我拖上馬車。之後，每一天，我都穿著黑色喪服在廣場僵站著，盯著中央行刑處，每晚都是僕人硬把我拖上馬車回家。一直到幾天後，家被暴民瘋狂闖入、砸毀、燒毀，錢財都被掠奪，小孩竟然也被殺了，幾個倖存的僕人那晚連夜駕馬車，顛簸奔波，護送我去偏遠安全的郊區避難，之後，就是我像墓碑一樣，冰凍地一直站在草地上的開始……（註2）。

註2：前世與今生其實有很多相似性的，在我去紐約念書的第二年，一九九七年夏天，我去法國南部波爾多Bordeaux拜訪姊姊、姊夫及兩歲大的姪女，姊夫當時是飛官，在那接受飛行訓練。波爾多是鄉下地方，四處是葡萄園及森林，盛產美酒，我在那住了頗長的一段時間，一個多月，住家窗外全是自然的森林景象。除了遠至瑞士渡假，平日軍官會有一般派對及國宴，假日我們會去法國南邊的幾個城堡、美麗鄉鎮，曾去過充滿鮮艷花海的海邊小鎮，從優雅白色石階走下海邊去玩沙（部分相似我前世回溯中的畫面）。回紐約前，我終於能夠進入巴黎玩兩天，然而，在數百年古跡的區域，景色常常讓我不自主地全身充滿雞皮疙瘩，「甦醒」的感覺一直跑上來。很難解釋的是，我常常在不刻意、不看地圖的狀況下知道如何走，那時，知道路怎麼走，我解釋是我「運氣好」。

二〇〇一年我在羅森醫師幫我操作的前世回溯中看見自己真的曾經在法國活過，二〇〇二年好奇心驅使我在一個很美的四月天再訪巴黎！第二次旅行，我發現，憑感覺找到路的「好運氣」再次出現！對於巴黎古老的區域，我特別有一種「如魚得水」、「屬於那裡」、以及「似曾相識」的自然感覺。在Le Marais舊區特別明顯，這是歷史上眾多高層社交活動及豪宅群聚的地方。基本上，Le Marais有不少數百年前的巴洛克式豪宅在今日已經改建成美術館，而我在參觀「古典」或「古董」的內部格局、裝潢或擺設時覺得好熟悉，我很訝異自己對於那些精緻細膩、富麗堂皇區域竟然一點也不陌生，甚至有些時候覺得像進入朋友家一樣……我在前世回溯時感覺到的年代是一七二〇年，而巴洛克正是十七、八世紀的華麗產物，時間上是吻合的。

當自己自助旅行時，更能夠與自己的靈魂深度對話。後來，我在軍事博物館Les Invalides發生一件詭異、無法解釋的現象。以歷史上查到的資料來說，今日的軍事博物館Les Invalides是路易十四花了短短五年時間便在一六七六年建造完成的巴洛克建築，壯觀宏偉，當時主要是用來照顧傷殘士兵的豪華醫院，近代則是拿破崙靈寢及軍事博物館（但，我並不是感動拿破崙（一七六九～一八二一）的事跡，他的年代對我而言太新了）。這博物館沒有很吸引我，當我參觀完室內的展覽，本來我是在打哈欠，覺得軍事、兵器的文物無聊，想找個地方歇眼休息一下，但，一走進建築外側的漫長迴廊時，眼前迴廊、廣場的景象突然讓我屏住呼吸，頓時，不知道怎麼搞的，竟然整個鼻子、心臟跟脊椎都酸痛、難過，心情快速墜落，全身顫抖，雙手不得不摀著我的臉，因為一串串眼淚無法控制地掉下來。二〇〇二年的我，在那時不知道掉到那個時空隧道去！在無止盡的迴廊中，椎心之痛的感覺好強，有個模糊的男人影像浮出心頭，我不知道「他」是誰？或發生了什麼事？我只直覺知道是跟一個我愛得很深的古代高階男人死亡或分離有關的故事，我在那站著鼻酸、淚流了好久，走不開……

後來，我在下一年（二〇〇三年）又自助去巴黎旅行，又刻意去Les Invalides的同一個迴廊，我想做「實驗」！我必須要知道「這到底是單一事件？還是重複可驗證的事件？」「還是，我中邪了？」然而，當我再次走進迴廊時，心痛的感覺仍然強烈無法控制地跑出來，我仍然悲傷、依然思念那個影像模糊的男人，我知道我深愛著他。當下我知道，這是一種「可以重複驗證的事件」（後來才知道這叫做細胞記憶）。

我後來查到，以傷兵醫院而言，從一六七六年起，那個地方真的死了不少人，而迴廊外的廣場正是法國大革命斷頭台設置的地方，當然慘死不少人……但這些都不符合我記憶中的年代，一個太早，一個又太晚，我不知道法國是否真的發生過我記憶中的事件，我也不知道透過誰才能查到詳盡的法國史，但我已經痛到不想再查了。然而，在梅芳老師頌缽後，我終於知道我在迴廊悲傷思念的人是誰，也知道發生了什麼事，「時間到了」，神就給看了。

同時，我也可以解釋二〇〇五年，第四次去巴黎時為何一切變調了，那次不是自助，是第一次與伴侶前去的，然而，當時的伴侶讓我覺得「他帶屎」、「毀了我的幸運巴黎」，完全不像我一個人自助旅行時開心順利。那次，怪異至極，從紐約一上飛機我便被後座的粗暴法國年輕人弄到不開心，他一直嫌座位空間小，踢椅子，我一直沒得睡，怕伴侶跟他肢體衝突，也怕入境後被暗算，下了飛機很疲累，不易叫到計程車，不易換到錢，一直昏迷，常迷路，排長隊，好幾頓飯都要拖很久才有得吃，金碧輝煌的歌劇院及凡爾賽宮在我眼中變得黯淡悲傷，想跟他分手……原來，他數百年前正是參與毀了我的巴黎的人，當時我嫁給John沒有嫁給他，多少對John後來的生死不利，今生我跟他的開場白來自他想搶走我，而後他只是來重現法國災難的部分場景並還債的（偏偏這個人在我的歷史中出現好幾世，我跟他還有其他的議題，跟這個人在一起時，我的恐慌症一直發作）。

原來，脖子知道「一切的事」，法國女人竟然把一切的痛苦都鎖在脖子中。靈魂記住這些創傷真的是很辛苦的事，沒得說，說不出口，便讓身體有著深藏的印記，今生我的脖子其實頸椎有被醫院診斷出壓迫。

之後我又再找梅芳頌缽一次，本來我預期缽靠近脖子時就要緊縮脖子，準備要不舒服了，沒想到，這一次的頌缽沒事了？缽聲不管在我脖子哪個角度振動，都不再讓我緊張，竟然，我不再糾結害怕。原來，當脖子對「不知情」的我把話說清楚，釋放負面情緒，走完心理歷程，責任便可卸下，身體不需記住已經「交待清楚」的事件跟情緒。

反而左膝及左腳踝在這次頌缽時是有異狀的，會刺痛的（其實上次頌缽時也有，平常我站或坐也都有，只是相對於脖子的高度緊張刺麻來說，都不算異狀）。我大概知道為什麼，法國那世站了這麼久，腳不痛才怪，但是不見得全然是法國那世，**因為同一個身體的部位可能有好幾世累積的創傷，倘若某一世曾經有一些事讓我的左腳踝及左膝卡住負面情緒的議題，為了解決，在之後的某一世身體記憶容易吸引差不多的情境，勾起差不多的身體疼痛，來讓我有機會處理那個原始的未竟議題**。梅芳老師補充說她看到打戰的畫面，我是男的……我從來不知道我曾經是個上戰場的男人，自認為很女性化，但我的個案**剛好**在不久之前，才在她的前世回溯中看過我指揮作戰，然後她看到我的腳受傷……我本來只是笑笑地把個案述說的情節當參考，但當梅芳老師也感受到差不多的情境時，這打戰時的未竟事務應該就是靈魂的待辦事項之一，聽到了，願意處理了，這樣就會讓腳踝及左腳筋舒服一些了）。

二〇一六年九月初，在頌缽中我看到的是法國丈夫上斷頭台，然後他脖子的痛，原來就是我靈魂印記中的痛。二〇一六年十一月，看見巴黎家中的宴會廳及天堂中的他，認出我跟他是靈魂伴侶中孿生火焰的關係。二〇一七年六月，校稿時，很怪的現象發生，時機到了，答案揭曉了；邊校這段稿、邊竄出一些從來沒有的感覺跟領悟，我終於認出法國丈夫是我十幾年前遇到的名人。我跟這個人相遇是在冬天，只見過短短的幾天面，遠距分開之日，必須接受彼此在地球的另一端；竟然我在晚餐後恐慌症發作，巨大的內在聲音持續對我說：「我必須要先離開，我不能看他離開，否則我會傷心而死。」然後我就快速走人，把心門也關上……事實上，以現代科技及交通並沒那麼困難連絡，只是我超級害怕遠距思念一個人（法國女人無法再遠距思念他一次，終於，可以解釋我那時的怪感覺了）。盲目了十幾年來，我終於認出這個人是我某輩子的誰，原來他早就出現在我的靈魂生命中！其實我會認的出來，只因某一週，FB一直莫名其妙跳出他的直播，而且FB又在那幾天自動提醒一個人的生日，我簡單送出一句生日祝福，竟然他說他的「時間也停在十幾年前沒變」，突然間，我掉入法國的時空漩渦，一切變清楚了，過去的一切故事都兜在一塊，這讓我的靈魂在下意識中覺醒！校稿真的是靈魂透過書寫而打開深度靈魂對話的管道。在所有人之中，這個人的眼神，是唯一讓我看了會立刻掉到無數個不知名時空漩渦的，看了會暈眩，原來，這是個靈魂的時空。

我在工作發展上，其實一直以這個走在極前端的名人為成功模式在跟進，但因為我結婚了，十幾年來我們保持禮貌。沒想到，關係不只是我遠距時空感謝的那樣，靈魂也不僅因為智慧跟才華投契而相互吸引。

在我上一本書《遇見紐約色彩的心理治療督導》，已經寫出我對靈魂伴侶的部分研究與觀察。孿生火焰，一分為二的靈魂，在特質上是極度相似的，不管是在智慧、才華、工作、興趣、意志、對藝術的品味、寫字的形狀、身材、說話方式、人際影響力、家庭經驗、教育等等都會有很多相似性……不見得生生世世都會在一起當夫妻，可能會在很多輩子都分開各自去學習，各自體驗人生；但縱使在地球上不同的點，一邊的提升也會拉高另一邊。一邊開心時，另一邊也會莫名其妙開心，一邊難過時，另一邊也會莫名其妙難過，在心靈上有著超越時空的共振。我深深感謝神讓我在校稿時頓悟出法國的伴侶是誰，知道這個人現在在這世活得很好，很安全，大大幫助我離開幾百年前的傷心，讓那些負面情緒可以告一個段落。

十一月二十六日　是祖先解脫？還是我解脫？

我之前不是個明白祖先需要我們做什麼的人，我沒有足夠的祖先概念，小時候清明掃墓我會去，長輩要我拿香拜牌位我會不知所以然地跟著拜，但我一向不懂祖先跟我們的作為有什麼關連。十一月二十六日，我去上信義老師開的「祖先解脫」課程，純粹是因為「好奇」，而且，坦白說，還因為「免費」，因為信義老師為了感謝一堆學生在十一月五日去參加他父親的告別式而特別免費開課，我忍不住報了名，搭了順風車去上課。

好奇的我當然想搞懂祖先為何需要解脫？我們的生活跟祖先有沒有解脫真的有關嗎？在我們家，從小到大，逢年過節家族都有在拜祖先（牌位不在我家），但我從來不知道拿著香到底在拜什麼，大人們總是對著祖先牌位問著：「這樣拜您，您有高興嗎？」但我從來沒見過祖先牌位在我們拜拜之後有在笑……燒金紙，我也不知道這些紙燒了去哪，但擲茭都說「收到」……

我其實真的不知道這堂課要做什麼，我雖然對輪迴轉世有研究，我卻從來沒見過我的祖先投胎去誰家了，更沒見過他們選擇再次回來當我們的家族成員……我小時候掃過墓，但我記得我總是把那當成是很辛苦的勞動，畢竟，荒郊野外對一個小孩子來說是不好玩的，車程也顛簸到讓人吐，長大之後，我樂意去補習班上課遠遠勝過去掃墓。

可是，「祖先解脫」課程有個很有趣的點：在世的我們，過程中要當自己家族成員的代表，會有一些超渡祈福的儀式，像是當自己家族的「師公」，目的是要協助祖先「揚升」！我一聽「師公」就很興奮，一顆心噗通噗通的亂跳，因為我想趁機玩道士作法的那套很久了！

但是，後來非常失望，因為老師上課的過程是很莊重嚴肅的，沒有灑冥紙、沒有燒一整把的香、沒有劍、沒有鈴鈴鈴、沒有道服、沒有喝一口酒噴灑在符紙上、沒有火燒紙屋、紙紮人……只有素靜的鮮花、乾果、水、水果與蠟燭。竟然，我們的心就是最好的法器！看到不是想像中的那樣，明白今天完全不會出現電影場景，我的心只好乖乖地靜下來。

一開始請祖先的靈在時，全班立刻有人在咳嗽，共有兩人，就是我跟另一個女生。我當時不敏感，不知道那時我也可以懂神鬼，我一直以為是我鼻子、咽喉本來就不好，冷氣讓我因空氣溫度不同而過敏咳嗽，但後來隨著課程的進行，我發現好像不是那麼單純……

在那一整天過程中，身體偶爾會發冷，但不是冷到牙齒會打顫的那種；精神比較嚴肅，原本活潑的學員都在祖先解脫的課程中，態度自動變得比較收斂；頭比較容易昏，注意力比較不能集中，身體非常容易累，那天的中午幾乎每個人都躺平睡午覺，完全不像平時還有力氣聊天或討論。後來我才知道「祖先解脫」真的會讓有些人跟已死亡的親戚接觸到，然後亡者的靈魂跟在世的人畢竟不是一樣的頻率，接觸久了之下，「他們」的確是會讓人容易累。難怪我一直腰酸背痛地坐不住，當我發現隔壁同學有按摩球，我便跟她借，然後我像隻蟲一樣狂按全身，動個不停，信義老師看我這樣大動作也不會制止我，原來老師知道我們的本能會想要平衡能量。

老師他們也真奇怪，其實可以早點跟我們說可能會冷、會累、會咳、會酸痛、會頭痛、會腰酸背痛、會吐、會拉肚子、會打咯、會脹氣、會暈，這樣我也比較能接受身體上可能不適的變化（但我更可能不參加課程了）。當然也怕有些人明明沒那麼敏感，本來就不會出現嚴重的身體反應，卻在事先講了之後自我催眠，反而會有以上的其中幾項反應，這就變成是暗示性誤導了。

過程中我們會做五體投地的「大拜懺」，在二〇一六年十一月時我是個大菜鳥，跟其他前輩比，我真的不會做大拜懺。當天，我猛瞄旁邊前輩、同學怎麼做，然後依樣畫胡蘆，至少讓整個人趴平就是了。別人做好幾個，我才傻傻地做一、兩個，我自知自己做得亂七八糟，沒有臉站起來，所以沒信心地讓自己儘量在地上趴著的時間久一點，想說趴在地上看來較虔誠，可能可以彌補其他不會的動作細節。技巧或許不好，至少，我的心很虔誠。我本來有些擔心：「這樣不標準的動作有效嗎？」可是神似乎不在乎制式上的樣子，神反而讓這種腦子憨憨的人逐漸聽懂神話，不會做就不會做，沒有制式化的擋關反而比較容易吸收新東西。所以重點真的在於「一顆謙卑至誠的心」。

在「祖先解脫」的課程中，我本來是想跟從小最照顧我的爺爺、奶奶說說話，看看他們好不好，但是，竟然沒什麼大互動，只有閃過他們遠遠對我笑的模糊畫面，看起來一點都不真實，我覺得應該是我自己幻想的。我內心開始討價還價地說：「假如沒有『師公』的作法儀式，來個『觀落音』的旅行也很好。我非常想看『觀落音』！」結果……仍然什麼都沒有！但，此時，我已經聽到旁邊有幾個同學在啜泣，我猜他們已經在走自己的過程。

每個人跟祖先接觸的型態不同，我不知道我到底會經歷什麼。正在空轉、發楞、徬徨、東張西望、擔心這一天要怎麼耗過的時候，我開始聞到「克寧奶粉」的味道，聞到這個，我馬上知道是大伯母，竟然，是我小時候常照顧我的伯母出現了！她在我記憶中是「克寧奶粉」的代表性人物，因為這個牌子的奶粉，是我小時候寒暑假在他們家天天喝的沖泡式牛奶。不知為何，她一出現，我的心好酸、好重、好捨不得她，因為她當年是喝強酸自殺死亡的，我感受到她離去前的無奈，也心疼她離去後的無助。她說她需要我的幫忙做靈魂揚升，我不確定我能做到什麼，但我還是立刻答應她，三腳貓的我會盡力，老師怎麼教，我就怎麼試。

伯母她說了一些讓我確信是她的台詞，可以公開在書中說出的是：她謝謝我媽媽在她生前願意幫她買一帖一萬多元的藥，雖然當時沒奇蹟式地治好她身心長期的受苦，但至少有人願意「以她要嘗試的方式」幫她；她理解治療心痛的藥難找，家務事也難介入……她感謝我媽媽幫她死後做了很多善後，也燒了很多的紙屋、紙人、紙錢……很多小時候被伯母照顧的互動畫面像跑馬燈一樣閃過，我感謝她在我小時候對我非常好。

接下來，爺爺、奶奶近距離出現了，他們真的出現了！這次的感覺很真，但出乎我意料，他們竟然說不需要我的幫忙，因為在宗教上很虔誠的大堂哥，已經幫他們做了很好的揚昇。大堂哥也來了，他對我笑笑地，他表示他已照顧爺爺、奶奶，還照顧了他的爸爸、弟弟。大堂哥對我說他們家孩子的事他自己會處理，不用我擔心幫忙。這對我來說當然是最好的界線安排，畢竟我一個小晚輩並不是影響他們家庭故事的主要人物。

接著我看到因為生病而死亡的二嫂，她狀況雖然比死亡的時候好卻不是在一個沒人間罣礙的狀態，她尚不想揚升，因為她想留下來看護她的女兒及孫子，這種選擇的確是當年護子的她會做的事，我在此時很感動她隔著時空，仍永恆在母愛上對女兒及孫子有所眷戀及照顧（後來我終於進一步知道，為什麼二嫂會這麼堅持不昇華離開，因為她女兒在我做祖先解脫後三、四個月便生了第二胎，二嫂想疼惜自己的另一個孫子）。

我對於亡靈一向不太有概念。平常不曾有這麼鮮明的互動，但那天我就是不小心跟幾個本來就常在互動的親戚長輩有了心靈上的對話。或許也有其他一些我不認識的「人」來，但我不認識他們當然就沒什麼戲好唱了。

那一天我因為身體比較敏感而不舒服，在表情上相對很嚴肅，經過信義老師身邊時，他總是要我笑一笑，我也想笑，但嘴角真的不易上揚，遇到已逝親友，另一世界的事務總是比較沉重，多少還是會感同身受。幸好，最後有一個儀式把他們送入光中，老師很好玩，放了一個迪士尼遊行散場的音樂，黃金馬車出現，這就真的讓我笑了，而且多少讓自己覺得一定要有迪士尼的精神，「把不可能的事變成可能」，真真假假，假假真真，假中有真，真中有假。我本來就一直堅信自己是個「夢想實踐者」（pratical dreamer），在此當然要實踐，最後看到祖先他們一個個在高空中開心離開，身影消失在光裡面！

「祖先解脫」課有個課後花絮，額外的。真的是額外的！我不知道上完「祖先解脫」課還要做十一天的實修儀式！在課程快結束前，老師提醒大家：「要做實修喔！」我的下巴立刻掉下來！我有些哀怨為何我上課前沒看清楚課程介紹，只聽到「免費」就趕緊報名？結果，「上了一天課，需要再做十一天的實修儀式！天啊！不小心多了十一天課！」我好哀怨這意外繁殖出來的實修……

實修的內容對我而言不簡單，因為天天要念一百零八遍印度文的《根本真言》、實修前後還要各做五個大拜懺，及供奉水果或祖先愛吃的食物。這些，都是我這輩子不曾做過的事！我平時不念經，不做大拜懺，我也不買水果！但是，我曾經答應過伯母，老師教我們做什麼，我都會試試，所以我還是有做滿實修，整整十一天！賭性堅強的心理師就是想試試看「祖先解脫」能夠有何功效，既然遇到了就面對，邊念經時我邊跟我祖先說：「不能嫌我念得不好，也不能嫌聽不懂印度文，我都已經這麼付出了，大家寧且信其有，試試看……」我覺得我的祖先們絕對集體同意——不曾看我這麼認真過！

我都在白天做實修，因為我膽小，不想在晚上做實修時出現任何風吹草動的現象，我會心跳加速到睜眼無法安睡。

其實，「祖先解脫」課程之後，我發燒不舒服一兩、天，有著莫名其妙的酸痛、頭暈，不太想動腦，也不太想理人或理祖先（我在校稿時才明白，我當時就已經是個有敏感體質的人，低頻能量對我有不小的後座力）。發燒或許本來就會好，但我覺得我這次發燒的身體反應好像跟平常不太一樣。可是，做了幾天實修後，我身體的狀況變得很好，有一種整合感，念經還念得很開心，覺得房間的氣氛是舒服的。供品也從一顆水果、一份餅乾，而愈變愈多，供奉的過程我覺得蠻好玩的（我太活潑，有點在回味兒時辦家家酒的感覺），後來竟然變成滿滿一桌，包含祖先愛吃的零食以及各種我愛吃的零食（這絕對是一種「摸蛤仔兼洗褲」的概念）。同時我也愛上大拜懺，縱使我仍是不標準的動作，但我做的時候很有穩定感，心可以慢慢靜下來，後來我在家一想到就做幾個來靜心。最後幾天做完實修後心情都變得超好，運變得很順，甚至覺得祖先在最後幾天都有說：「謝謝你！」最後一天，第十一天，當然最開心的是我，因為「我解脫了」！

我真的分不出來，我的心情是因為「結束了！再也不用做實修了！」還是因為祖先真的解脫，而讓我的心情解脫，嗨翻天？沒有任何科學根據可做評斷。我只知道這一切過程突破了我的大腦限制，多少是有作為、有收穫的，我在感覺上真的很開心，而且是身心靈整個都很舒服的狀態！

連帶地，這十一天的實修讓我連結上一間廟。十一天實修結束後，要在大廟中燒掉寫有祖先名號的三張紙，將祖先交託給神，所以在即將結束前，我開始找廟，然而，這不是件簡單的事，我平時沒有在拜拜，所以我真的不知道我家附近哪裡有廟。光是找廟就讓我找了好幾天。後來，有天下班騎摩托車時，不知道為什麼我就是想走小路，紅綠燈時還彎錯路，迴轉，又再迴轉，竟然，眼前出現一間不小的廟，古色古香，布滿大紅燈籠，我感覺它似乎發出呼喊我的聲音，非常吸引我！最有趣的是，充滿巧合，這天我身邊剛好收到一大袋診所團購的餅乾……我心裡想說：「這一定是神帶我來的，連供品都自動備好，那一定就是這間了！」

找到廟，對一個平常不懂得如何拜拜的人，仍然是個困難的挑戰。長這麼大，我並不清楚拜拜的流程，我自知，過年過節幫忙端供品上下桌、等著吃拜拜的食物，不能稱為「會拜拜」。在紐約十年，我從來沒有在紐約拜拜過，回台十年來，雖然偶爾跟長輩去廟裡，我的心態及知識也仍然跟小時候一樣。我連點香的現代化機器都不會用（我只認得持續燃燒的傳統紅色大蠟燭），我不會買金紙，也不懂燒金紙的順序（金紙的大小、造型有太多種，總是讓我覺得很困惑），我不知道進到廟中要從哪邊開始拜，每尊神有何差異？然後對神又要怎麼說才恰當？（以小孩子的角度看神，每尊神都長得差不多，小孩子也沒意圖跟神祈求什麼，通常只想去別的地方玩）

我之前一直找不到廟，部分原因是心裡自設障礙，擔心自己進到廟裡會出糗。

我那幾天因為十一天的實修已完成，不趕緊燒掉那三張有祖先名號的紙不行，要燒掉才真的叫圓滿結束。神可能看我傻傻的，索性祂帶路，讓我在迷路中找到廟，連供品都意外備妥，這下子人都帶到廟裡，水到渠成，我硬著頭皮也要完成最後的手續。廟公是個很老的一個人，和藹可親，這讓我比較有勇氣踏入這間廟，一踏入廟，我筆直地走向他的位置，完全豁出去，我直接跟他說：「我不會拜拜！可以教我嗎？」懇請廟公能教我所有步驟，他白白的眉毛一挑，看我一眼，微妙笑了一下。他教我先備妥金紙，用機器點香，結果光這兩個步驟就卡了很久，我在金紙堆前比手畫腳跟他確定款式，也拉他過來示範機器如何開（其實就跟家中廚房瓦斯爐一樣的開法）。我不確定要從哪個神先拜，也不確定香要插哪個爐，每做一個步驟便轉過頭去看他，我一直抓頭、出現困惑的表情、來回找廟公，幾次之後，我成了廟公那晚最大的娛樂，他一直偷笑，笑一個長這麼大的台灣人竟然不會拜拜……後來，終於可以燒金紙了，我在冬天戶外的金爐前面也來回徘徊很久，我不知道該怎麼辦，因為金爐裡面沒有火，我找不到升火的開關，又不好意思再進廟裡拉白髮的廟公出來做戶外教學。我一直在金爐旁邊晃，一直等到有人來燒，我才知道原來可以用打火機點燃幾張金紙之後就可以開始……

終於把三張有祖先名號的紙燒掉時，我鬆了好大一口氣，這真的是個浩大的工程！

騎車回家路上，我覺得我們家的祖先們在稱讚我（我心裡想說，「祖先們應該要謝謝我沒錯，為了您們，我這回真的豁出去太多了！」）

後來我發現，這間廟其實位於我平時上下班的途中，繞個彎，不難經過。這是供奉「天上聖母」及「佛祖觀音」的廟，叫做「慈明宮」。我之前應該也曾路過幾次，廟一直都在，只是我可能心裡不習慣拜拜，眼中便一向把它當成一般建築物忽略過。萬萬沒想到，小迷路中會讓我進到這間細緻有韻味的廟，充滿雕刻精緻的天花板及壁像，處處都是歷史古蹟；甚至，讓我開啟靈性療癒的照顧連結（後來，我若接個案不小心沾到過多負能量，超過我自己可以清理的時候，我會繞進廟中幾分鐘，讓神幫我把負能量拿走後再回家）。我感謝神把我對拜拜的心理障礙移除，讓我跟神有更深一層的連結，讓我跟神有療癒的關係，我邊拜拜邊讚嘆祂的美好，感謝神奇暗藏在日常生活中，謝謝神！

現在倒帶講另一個課後花絮，十一月二十六日的「祖先解脫」課程結束後，臨走前，寶治老師竟然主動上前，要幫我「看」目前身心靈的狀況（這是老師暨二〇一六年五月後，第二次主動幫我看狀況）。對我而言，「當然好啊，天上掉下來的禮物！」寶治老師跟信義老師一樣都是奇人異士，她並不是受祖先所託而要傳話給我，而跟我自身需要知道什麼有關。寶治老師能夠跟天使合作，是個靈魂分析師跟工程師，她能夠在聖天使的協助下打開一個人的阿卡沙檔案，閱讀對方的累世狀況，然後更神奇的是能夠卸除累世的靈魂創傷印記。寶治老師看著我左邊的脖子立刻說我**「有很多靈魂的碎片要回來了！」**

當下我是菜鳥，當然聽不懂！後來，當老鳥時才知道老師的話大概要怎麼翻譯，也才懂得如何處理、面對一些前世能量負荷、意識沾黏的議題。「靈魂碎片」的意思是指：最原本的靈魂應該是清澈完整的，但歷經累世之下難免會有一些人與人之間摩擦衝突造成的問題與放不下的傷痛。當靈魂仍在某世心痛創傷時，這就像失落的一塊靈魂碎片一樣，仍停留在那個心痛的時空，「有很多碎片」，就是指很多世都很創傷，然後很多生命關係都要處理；通常只有當業障的功課處理完，卡在那個時空的靈魂才願意鬆動，唯有透過那世的負面情緒走完、意識負荷清空、關係經驗修復，才能讓這塊碎片完整歸隊，讓累世靈魂合而為一。基本上，請允許我將「有很多碎片」翻譯得更白話一點，意思是：

「慢慢清吧！每一塊碎片都要花很長的一段時間修復啊！」寶治老師可以分析、處理、修復靈魂的一部分、但身跟心都需要我們自己平日認真轉性、轉彎，這跟心理治療或一般醫生對我們的照護是一樣的概念，平日身心靈三方面都要靠自己在醫護後持續清理照護。所以坊間算命師說找他化解幾次就會好，都是騙你的！改命、改運不可能自己不變，神或別人卻幫你變出來！

寶治老師接著說：「是巫師」。她可以秒速看前世，我瞪大了眼睛，我也可以秒懂——知道她在看前世。老師在二〇一六年五月第一次見面時曾經對我說：「是女巫」，我不知道這是同一世？還是不同的兩世？聽起來性別不太一樣（不過今天沒有時間去問清楚，我們只有短短幾分鐘，因為我要趕著搭上回家的交通車）。聽到「巫」師，我笑得開心，我喜歡這個「巫」字。不管是巫師還是女巫，對我而言都是有魔法的人。老師又說我是從別的星球來的，這我就聽不懂了，因為我一直不相信人會從別的星球來（當時有說天狼星，但因為聽不懂而故意遺忘）。

接著她的眼神往我最困擾的脊椎看，她說我的坐骨神經處（就是我近幾年最痛的地方）「在打戰時被插了一把劍」，她問我能不能讓她幫我拿開？我說：「這還用問？當然行！」但寶治老師事先告知我：「接下來的幾天會比較酸。」需要我同意，也願意接受這酸，她才能幫我做。我當然是立刻用力點點頭，因為我猜這再怎麼酸，也不會超越我近幾年來每況愈下的腰酸背痛及坐骨神經痛。沒想到才幾秒鐘的時間，寶治老師便說處理好了，我沒有什麼感覺，不像有東西被拔出。但很奇怪，後來，坐在交通車上跟同學聊天中，坐骨神經處開始出現像傷口一樣的酸痛感覺，真的也酸了好幾天。但是，過了酸痛期，我的脊椎變得舒服許多，身體也變得比以前靈活，比較能久坐做個案。這是我第一次被卸下靈魂創傷印記。

從那之後，我對寶治老師有著永恆的信任與感恩，這很像動物本能，動物腳底若曾經有多年的刺，會把拔刺的人當成永遠的恩人。

寶治老師一向很低調，我們通常都把老師跟「脈輪修復」劃上等號，在此可以透露一些她的神奇之處：老師**擅長開啟阿卡沙檔案查詢個人累世生命經驗、解讀細胞記憶、喚醒細胞意識、切除沾黏在乙太能量場的負能量管、卸除創傷印記、卸除累世中所經歷之詛咒或武器的移除消融、協助靈魂片段體的回歸跟修復、指導靈魂業力清理方向、圓滿累世生命關係、更新身體組織與相對應磁場、加強能量防禦的護罩、解除不再適用的誓言……等等**，基本上，能夠做到這些，必然是與神連結的專家，而且是專家中的專家！她從小看得到神鬼，透過實修拉高自己的頻率，與能夠瞬間連結神及聖天使，緊密一起工作，可以只花一、兩分鐘便說完學員一堆前世情節，並清理、卸除當下可以被拿除的靈魂印記。身心靈被處理後的舒服，只有被清理過的人才知道。

寶治老師總是很謙卑地澄清，不是她做的工，她只是做神及聖天使團隊的翻譯，「是神及天使在努力做工」，修復、清理的過程涉及天使們幫忙開啟前世檔案，然後老師看到什麼畫面就詮釋什麼，有時看到的是象徵性的畫面，仍需再次分析、解讀。有些人可以很快地就讓寶治老師看到一堆畫面，有些人卻要讓老師等一下才有畫面，有些人可能讓老師等很久、畫面硬擠出來了，老師跟天使一樣仍猶豫是否要轉述……當我自己開始出現一些開啟阿卡沙檔案的連結能力後，我終於知道，純粹跟那個人的靈魂已經準備好要改變什麼業力？以及天使、神覺得那個人今天需要知道哪些訊息？卸除什麼才是對他有幫助的？……一切跟個人**靈魂準備度**有關。

寶治老師常謙虛地嘗試說服我們，要我們相信她「什麼都沒做」，她往往說得輕鬆，但事實上，寶治老師純淨的通道不是一般人想要有就有的，能夠光速連結神與天使、光速開檔案，私底下精進實修的世界絕對不是我們所能想像的，而且寶治老師更厲害的部分是能夠翻譯成讓人安心、舒服又能讓人安全接受的溫暖話語，這絕對是修心修性，扎實實修來的。

我當老鳥時問過寶治老師：「您眼中的世界，神、天使長什麼樣？」她說祂們頻率很高，是一團團光體，不是我們想像中的神跟天使顯化的樣子。

其實，寶治老師在我眼中一直都在變化，最初我覺得她像是個大家庭的媽媽，後來像朋友，再後來竟然像小朋友……我自己反思地想，是不是因為我自己也愈活愈有靈性上的純靜天真了，才對老師有這種感覺的轉變？後來證實真的如此，因為我身邊的人，也認為我愈來愈年輕（從二〇一六年十二月馬來西亞磁塔回來後，我一近距離見到寶治老師，都會有「兩個小朋友開心抱著跳、跳、跳」的衝動）。

我跟寶治老師初次見面時是很有趣的畫面，二〇一六年五月我們第一次見面，上課時我**剛好**坐在寶治老師旁邊，她看了我一眼，立刻說出讓她自己也嚇到的話：「我可以幫妳看（阿卡沙檔案）

嗎？」」。說完她自己訝異不已，立刻又說：「真的很奇怪！我從來沒有主動邀請一個人過，妳是我『第一個』這麼做的人！」當時老師在直覺上就是「想」，我讓老師深刻記住那次不尋常的反應，然後不知道為什麼我也記得很深，可能是因為我這輩子第一次在靈性上讓奇人感興趣！想知道老師那次說我什麼嗎？寶治老師瞳孔睜大，呵呵笑地說我某世是「女巫」，當時換我不可思議地瞳孔睜大，老師擔心菜鳥的我歸錯類，她立刻補充澄清：「是好的那種」。「女巫」真的是我從來都不知道的一世，因為我在見到寶治老師之前，未曾在自己的前世回溯中見過女巫的畫面，但隱約中我對這角色是非常有感的，我在紐約學生時期便常看《聖女魔咒》（Charms）這部跟女巫有關的電視影集（從一九九八年開播後看了好幾年），另外，《超異能快感》（Pratical Magic）（一九九八）則是我一看再看的女巫電影，我喜歡月圓（後來，一年後開始浮出跟女巫有關的解釋，但這屬於下一本書的內容）……

然後老師又對我說：「另一世是戰士，受過傷。」這也是我未曾在前世回溯中見過的畫面。基本上，寶治老師只花「幾秒鐘」便說了一些情節，我當時覺得自己遇到一個好有趣的人，幾秒鐘頓時擴大成好幾世，當時我本來想再多問、多說，但信義老師開始上課了。

十一月三十日　磁塔有磁力？還是神力？

「磁塔」並不是一個讓人一聽就會想去的名字，只怪前人不太會取名。地點還遠在馬來西亞郊區，完全不屬於觀光景點。雖然上網看見「磁塔」位於「渡假村」中，名為「樂居林」（Lucky Valley Resort），畫面卻不是我們想像中的渡假方式。之前去過的前輩不見得很會介紹，他們或許很有感受，但他們不是做公關職業的人，大多是很老實的人，所以很難用言語表達真正發生了什麼事。一般人若只是為了好奇而去，沒有老師帶課程，跑這麼遠的一趟似乎是冒著不少敗興的風險（有地利，卻沒天時、人和），這就像之前不懂拜拜的我進去廟中根本不知道自己要做什麼一樣。

我是在二〇一六年十二月去磁塔，其實早在一、兩年前，就曾經有去過的學員對我介紹「馬來西亞磁塔課程」，介紹的人是我長期督導的學校心理師及行政人員，人都非常憨厚，擅長寫公文卻不擅長說生命故事。他們跟我說：「很感動」、「很特別」、「一定要去」，但是我聽了卻完全不會想去，我只能把它當成一般旅遊的地方，甚至聯想成「台灣進香團」挪移至馬來西亞的荒山野地中舉行（其實課程中一柱香都沒拿，完全不是進香團模式）！雖然他們雙眼發亮、滿手雞皮疙瘩、面對面地親口述說，卻無法繪聲繪影地協助鐵齒的我理解：「什麼樣的前因後果及場景畫面讓人感動」，我不騙你，他們說完之後，我就忘了，因為真的說得不精彩，也不符合我的需求。我心中很納悶，這幾個未退休的青壯年「真的有錢沒地方花嗎？」我每年去巴里島渡假也有很神聖的感覺，有山有水，還有五星級的享受，去「磁塔」聽起來很很像在做科學或物理實驗，很僵硬、很清寒、很偏遠、沒人煙，完全不是瀑布、彩虹、鐘乳石、峽谷之類的……所以一、兩年來我一直當它是個平庸的鄉下地方，除了我不想承認我老了需要參加進香團之外，我更不想花錢參加一個不能把握有收穫的課程。

校稿時回想起來，覺得當時「完全不想去磁塔」的想法很好笑，萬萬沒想到，後來的我，竟然會因為磁塔行在我身上施作的劇烈轉化而感動寫書！我去個七天，回來竟然花一年多的時間繼續研究它，而且效果竟然持續不斷。甚至隔年冬天，為了親自表達感恩，我又前去磁塔一次！這一次，發生更多神奇的事！甚至，隔一個多月，我被神用強烈明顯的方式點名（直接透過信義老師），去第三次，發生更多震撼五臟六腑、幾個月內都消化不完的事！在這本書出版前，我在十三個月內已經去三次磁塔了！這一切應該都跟個人演化的時機（timing）及任務使命有關，也就是所謂的「天時」及「人和」，不快也不慢，應該是什麼時候，就是什麼時候，應該是什麼人，就是什麼人。時機若未到，就是很沒感覺，態度也會很「鐵齒」，**時機到了，個人翻轉的時刻就是到了，擋也擋不住！**磁塔行對我而言，不只是人生中的一段回憶，也不只是一張紙本文宣就能說明分享的，而是一本本厚厚的書，有太多激勵引導人生翻轉的故事可以述說……原來，「磁塔」真的「不是觀光用」的，更不是「進香團」，而是讓自己的身心靈走進化過程用的。其實，同一梯的成員，雖然來自四面八方，（在去磁塔之前）彼此可能今生不認識，（到了磁塔之後）卻發現彼此有著深厚的累世因緣，這不是人為因素所能控制的。難怪，磁塔行的招募顯少積極宣傳，這跟個人及團體成員的共同時機有關——時機不對，我們的眼、耳、鼻自動會關閉，嘴巴自然會鐵齒，心自動會冷默；時機對了，自己會追著前輩問，問了之後「嫌個半死」、「猶豫個半死」，也還是會去。

磁塔有一股怪力量，**只對該去的人施展吸引力**，吸引力不是從老師們來，通常來自於神，而且會透過生活上一些大小事自動「巧合」發生（雖然我二〇一八年第三次去磁塔是由信義老師罕有地介入，卻是非常「神奇」的神介入方式，請允許我在下一本書再述說）。

塔團的招募方式很特別，異常地低調。沒有課程簡章（從頭到尾沒有半張紙本的文宣品，讓一向習慣從傳統紙本判斷內容的我不知所措），沒有課程說明會，沒有信義、寶治老師在背後積極鼓吹推動，基本上，老師們只是在line群組中丟出一個決定好的日期及費用，還有一小段讓菜鳥完全看不出任何所以然的描述，然後就……停止再宣傳了，句點。兩位老師出乎意料地在群組中一直保持沉默，常常讓我誤會「是不是不去了？」我當時真的搞不懂老師們怎麼完全不再廣播？「怎麼會有這種招生法？」然後，其他**資深**的學長姊們也不積極，全然配合老師們的態度說：「憑感覺看自己想不想去。」這些弄得我一頭霧水，我這菜鳥哪會知道自己感覺對不對？但我也開始在想，這行程可能不是往外看，而是往內看……（因為「外面什麼都沒得看！」）。

然而，正當我一頭霧水時，我的腦中應該已經萌生一絲絲「想去」的心。我若不想去一個地方，感覺應該是很清析的，光憑我數十年在購物下單的精準功力，我會有很清楚的「要」或「不要」的明確判斷，絕對是知道如何快、狠、準下手的，但假如我在猶豫，這猶豫中必然有「想去」，也有「不想去」的抗衡成分。若偏向不想去，就不需再想，可是我想放，竟然又放不下，過一陣子又浮出「想去」的念頭，隱約中就是有一些說不出來的感覺……我開始想搞懂「磁塔到底是什麼東西」？但想了又想，可能我最想搞懂的是「自己的心在想什麼？」

我再去問了幾個學長姊，但他們講的話沒有一句能夠讓我停止猶豫，反而我覺得他們是在幫倒忙，因為他們說：「住的像是台灣二十幾年前的旅館」、「沒有其他旅遊行程，只有同一地點」、「沒有盥洗用品」、「沒有商店」、「沒有冷氣，但有電風扇，不過，氣候不會太熱」、「沒有網路」、「沒有電視」、「沒有冰箱」、「沒有洗衣機」、「是兩人一間的套房，一人一小張床，但至少不用去外面上廁所洗澡」、「偶爾會下雨，要帶雨具」、「要去餐廳廚房裝飲用水」、「全程吃素」……基本上，光是學長姊說的這些就要讓人要多考量了，聽起來一點都不好！我心裡反覆想說：「我在巴里島多次享受五星級的渡假，頂級吃喝玩樂應該在身心靈上才比較爽快享受吧？去磁塔真的會比去巴里島好嗎？」「而且『全程吃素』？吃這麼糟？」「我要去的這梯要付五萬四，竟然吃不到半點肉？這什麼團？」我不是個能吃素的人，過農曆年時在親戚家一年吃一次，就已經覺得自己很厲害了，所以光是考慮要在那七天都吃素，我覺得是相當困難的事，我不確定我是否能忍耐那七天，所以每次一想到要吃素，我便打消要去的念頭。可是沒多久又覺得想去磁塔看看……一下子想，一下子不想，來來回回我打消好幾次要去的念頭。

要不要去？到頭來真的是**憑自己的感覺跟直覺**（以我而言，還有反覆的猶豫）。別人勸誘不見得有用，畢竟費用不是便宜的，最常聽到學長姊們說：「以這種價錢都可以在五星級飯店住得很爽了。」這句話跟我內心的台詞是絕對共鳴的。然後學長姊接著用至誠的眼睛說：「去磁塔不是在物質上渡假，而是讓『心』去上課的。」物質慾很強的當然抗拒讓自己的物質生活失調，我心裡想說：

「他們認知失調！人生是要享樂的，日子絕對不可以過得那麼苦……」（我嫌個半死，卻還是想繼續問）。

其實磁塔從我**抗拒**的那一刻就開始在做工了，愈是抗拒的，竟然都是我今生最需要去面對的人生議題（後來，從法國那世的苦，便可以明顯看出我的靈魂在述說什麼問題，我其實是在說：「我在法國那輩子便認知失調，我過得很苦，日子『不可以』過得那麼苦……」）。但當時的我沒那智慧理解，我只知道我一直努力在物質上抗拒受苦，然後，仍然繼續很愛問……

我要去的這梯（第十二班）要付五萬四的學費，不包括機票。前一、兩梯的費用是四萬多，後來在磁塔跟同學閒聊時，探聽到第一班的費用是：兩萬多。看來已經逐年上漲了，之後應該也是一班比一班貴（這本書出版前，磁塔第十五班已經是六萬多）。要去的人多少要安撫自己，下個合理化理由：「因為老師們的功力一次比一次強。」事實上也真的是如此，長期認識他們的人都說：「一年前的他們跟一年後的他們很不同。」我是見證人，我認同他們的功力「嚇死人地大增」。雖然用我的狀況來比喻老師們的功力是小巫見大巫，但這真的如同我在婚姻家庭治療及前世回溯業力治療的功力，「現在的我」絕對比「幾年前的我」強，我以前便宜，現在比較貴，正是因為我愈來愈強，我做一次治療，可以抵別人做好幾次……

其實，老師們功力強不強，我們沒遇到哪知道？認知上的說服是不可能讓人安心的。但是，我們內在潛藏的祕密或盲點若被神不斷地勾出來，卻是能夠說服我們自己的！

打從我在猶豫是否要報名的時候，自我的盲點便被神悄悄勾出了。我平時很會花錢亂買東西，常常沉浸在狂買物質的開心及享受中，在物質充滿中讓我自覺豐盛，雖然從沒欠過銀行信用卡的錢，但我的盲點是：身邊不放多餘的錢。意思我「突然發現」我沒有多餘的錢去付學費，這讓我很猶豫、也很困擾，所以我開始出現罕有的金錢憂鬱。基本上，我被神勾出的盲點是很嚴重的。

我的亂花錢一向都在我慣有的金錢藍圖計畫中，「是不好的習慣，但我不認為這是個大錯」、「原本不是個大問題」，一切都在我能「過得好好」的「安全」範圍內，連房貸也都在計畫中付得輕鬆；但就在信義老師突然宣布要開馬來西亞磁塔團後，突然冒出這一筆不算小的錢，我竟然深深覺得「我的金錢藍圖被撞壞了！」原來，我沒有能力一次拿出五萬四的學費及一萬多的機票錢，我不能做如此突兀的開銷，這是我金錢藍圖中極大的金錢岔路！在此我因為現實的衝擊，頓時打消去磁塔的念頭。

我愈想愈覺得這五萬四衝擊到我，竟然讓我開始有金錢憂鬱！平常我不會無聊到檢視自己的理財，但當我突然拿不出這一筆錢來時，我開始檢視，然後愈檢視愈覺得我在紐約單身時沒事，打從嫁人後，竟然持續讓自己過著「身邊沒有半點餘錢的日子！」突然之間，我覺得「我很窮！」這金錢岔路嚇到我了！為了讓自己不要有憂鬱的感覺，我停止去檢視，決定用否認跟淡化的自我防衛方式，跟自己說不要去磁塔就不用煩惱這筆錢，因為我若不去磁塔，我還是可以過我原本的日子，接下來根本就不會過讓自己過消費緊縮、用力湊錢的生活。

不再去檢視已經浮出檯面的盲點，是很困難的事。愈抗拒去檢視，問題愈是自動逼近眼前。我愈抗拒，愈覺得「身邊沒有餘錢是讓人恐懼的」，曾經有好幾次，我過度反應，竟然莫名其妙有著「破產」的害怕（其實，我明明只是個壞毛病而已：婚後不再儲蓄自己工作賺的錢），這真的是很怪異的感覺！

後來，我才知道一旦想要去磁塔，神便在我們的心性、個性上開始做工，會勾起累世中最需要解決的一些盲點。

讓我覺得諷刺的是，就在這時候，半路衝出一個不熟的人來跟我借三萬元，她擺明是一種有去無回的借法，我當然跟她坦誠說：「無能為力。」她說她不相信我沒錢，我哀怨地說：「我也不相信我無能為力啊！」我心裡想：「神您在刺我盲點也就算了，難道還要叫一個路人來刺我嗎？您不認識我嗎？看不懂我身邊沒有餘錢嗎？」其實，不是神看不懂我，**是「我」不認識我自己**，是「我」看不懂我身邊沒有餘錢。真的很奇怪，四十幾年來，我身邊幾乎沒有人會跟我借錢，卻突然跑來這麼怪的「巧合」，讓一個路人來加重我問題的重量？她的借錢提問，再次衝擊到我，讓我必須認真檢視「自己」身無餘錢的壞毛病。我再次看到，自己在財富上有大漏洞，平時狂買東西，一直漏財，全都漏光而不自制、也不自知！

漏財的覺知讓我開始深深反省……然而，好幾次，小我冒出的第一個省錢之道總是：「不要去磁塔，一次省下六萬多才是省錢、理財之道。」（然而，這招絕對是沒用的，這就像：伴侶關係若不好，老公不去酒家撒錢，關係就好了嗎？這是不可能的，不是根治的方向）。

我在心中開始碎碎念：「我實在不知道我大老遠跑去馬來西亞要做什麼？在台灣不行嗎？磁塔真的有那麼神奇？聽說是能量很高的一個場域，能量又長什麼樣？去那之後又會怎樣？有其他景點嗎？聽說出了很多『奇人異士』，我會嗎？為什麼連個小商店都沒有，臨時東西缺了怎麼辦？晚上會不會很無聊？聽說晚上不無聊，因為晚上常常上課上到九點、十點甚至更晚！上課上到這麼晚，沒什麼休息，不要去好了，好辛苦！吃素應該很難吃……」

我腦中出現許多阻礙，打消的念頭一堆，但怪的是，我竟然持續把磁塔放在心上猶豫著。此時，我突發冒出一個奇想：「可以分期嗎？」五萬多若分期的話，我是付得出來的，但又不好意思開口問老師。

我持續考量許多現實因素，要有時間、要有金錢、要家人支持、要拋棄原來渡假的觀念、要簡樸、要減少物慾、要能吃一些苦，最詭異的是：這顆心持續「**猶豫**」著。**「猶豫」中，其實，有神！**祂不停地在跟我們的心性、個性對話，對話一直沒有停過。

其實早在十一月十八日便有個明示我去磁塔的有趣過程，這是印第安圖騰出現的隔天，本來不想出門，卻有個感覺要我前去高雄某百貨公司買個物件。騎摩托車前去的路上，陽光異常燦爛，路面平坦、寬廣無人，風迎面舒服吹來，我不由自主飆高音唱著《冰雪奇緣》的主題曲（Let It Go），其中有一句歌詞說著：「**寒冬不再困擾我**」，我不知道是不是燦爛的陽光融化了我，還是在無人的路上飆高音讓我高頻共振，頓時我充滿感動，眼淚竟然順著眼框流出來，我突然有好多的想法跟情緒……我大概知道法國那世有話要說了，在寒冬中一直站著的法國女人似乎是在表達某種「需求」，不想再受寒冬情境的困擾！我不知道為什麼她會在這個時候出現，等不及釐清自己為何這麼感動地騎這段路時，已經到了百貨公司，電梯門一打開，竟然立刻從電視牆傳出陣陣的聲音，大聲重複地說著：「馬來西亞！馬來西亞！馬來西亞！……」

我當場楞在那，突然笑了，我知道這是個**「訊號」（sign）**，是個太過直接又明顯的「訊號」！我想說：「太誇張了，神竟然來這招？」神知道我對於「巧合」的訊息最能輕易接受，「巧合」中我知道是神在說話！當下，我便跟神說我應該會更認真考慮去馬來西亞，認真程度已經從五、六成，迅速攀升至八成以上。

雖然電梯門一打開便有「馬來西亞」在呼喊我，但當下我立刻分心，吸引我目光的是眼前賣包包的攤位，有一個黑色蕾絲袋子極像是前褓姆偷竊的那個，我立刻衝過去摸它，一股鼻酸湧上來，幾秒鐘內，我買下它，因為它讓我頓時少了被掠奪的失控、危險感，多了收復的控制、自主權，它讓我覺得破碎迷失的心被帶回來一部分（前褓姆是法國那世便掠奪我們家財物的人，校稿時我才知道，法國女人要我去馬來西亞磁塔，把碎落的心修復回來）。

那天的百貨公司逛得很奇特，竟然開始豐盛的連鎖反應：買了原本計畫要買的小物件，但我因為買黑色蕾絲包包而順勢意外得到百貨公司的來店禮，是日本「原子小金剛」圖案的折疊椅（看來神是希望我要堅強對抗，而且要能伸能屈的象徵性意義），還有摩天輪的招待卷（或許是希望我的財富眼界不要停留在那麼矮的高度，可以像摩天輪一樣高了）。要回家之前，不小心瞄到一個超美的絕版陶瓷壺，白色，法式，極像朵優雅的海芋，我一眼就愛上它，因為它讓我覺得法國的家被補了一小塊回來——透過一個茶壺，讓下午茶的優雅多了法國味。那天我還意外地得到很多其他額外的禮物及折扣，在一波波的豐盛之中，我更聽得清楚神在說什麼，祂的確是在招喚我去馬來西亞磁塔，祂要我去收復失落的心與財富（法國那世的創傷印記會影響其他世的豐盛）！

果然，神對不同的人，會用不同的溝通語言，對一個愛買東西的我，讓我豐盛幸運，我會聽得懂其中有神！這就像讓賭徒贏錢，他一定會相信神在暗中相助一樣！在我逛完街回家的路上，我的認真程度已從八成攀升至九成以上。

我回家後，提起勇氣姑且一問：「能否讓我分期？」老師竟然很快地回答說：「可以！」這就讓報名的意願衝到百分之百的程度了（金錢的現實考量絕對是關鍵）！

在靈性成長上，我一直有個很大的底線：不能跟家人借錢去參加。若合理的、可以負擔的費用，我就報名；若不合理的、不能負擔的，我絕對不參加，不能讓家人覺得我沒有自由意識或被身心靈課程給控制住。欠家人一堆身心靈課程錢的，家人若不覺得身心靈課程「怪」、「是邪教」、「騙錢、斂財」、「綁架無知者」才怪！

其實，我本來就有五、六成的報名認真度，因為這一團的出團時間剛好落在我的生日週：我十二月二十五日生日（課程是二〇一六年十二月十九日～十二月二五日），光是這個**極度巧合的「生日」（Birth）與「重生」（Rebirth）的意義**，我便可以合理地給自己一個生日禮物。只是「鐵齒」的我，心裡自然希望再多來一些擋也擋不了的「巧合」，才叫神蹟。

逐漸我認同學長姊們說的：「磁塔（神）自己會找人！」一個人會不會去，自然有很多「巧合」，甚至幾近乎「奇蹟」的徵兆在呼喊。有的人是夢中有神或祖先跟他說一定要來，有人是在現實中老闆或伴侶竟然破例准假；有的人必須綜合「幻境」與「現實」的巧合，就如同我一樣，在百貨公司聽到神透過電視牆的廣播呼喊以及豐盛禮物的「賄賂」！

原來，要不要去磁塔，最依靠的竟然是：神的功力（但沒經歷過的人會覺得怪力亂神）！

信義跟寶治老師很早以前便臣服於神的奇妙力量，他們會在接收訊息後釋放出團的時間訊息，做到「人」該做的範圍，之後他們就放輕鬆，讓其他的宣傳、招募上的一切，全然交由「神」來做工，藉著組團，彰顯神的能力！畢竟**只有神能夠將因緣俱足的人在同一個時間點匯集在一起，也只有神知道這一梯要處理的是什麼樣的累世議題，以及即將會發生什麼業力上的撞擊與消融，一切只有神知道！**所以由神自己去招募是最恰當不過的了。就這樣，「人」與神之間一直在玩這潛藏的遊戲規則，玩了十幾個梯次，每次總是能夠自動成團（神甚至事先會告訴老師們這次有幾個人，這才玄）！信義跟寶治老師被神訓練到，機票先訂好，人還沒湊齊，卻仍然要大膽信任神，總是有幾個成員要在出發前幾秒才會結束猶豫、願意出現（我在第三次去磁塔時，就是最後才出現的那幾個人之一）！

信義、寶治老師一年只開零星的幾次磁塔團，我去上課之後才知道他們不是隨意地挑日子，而是配合自然運行中的春、夏、秋、冬，四個節氣在開課，我去的時候是冬至，正是四個節氣之一，節氣也是大地之母的生日。我接著知道，信義、寶治老師不是一年開四次團，是他們想去才去，就像二〇一七年，只在春跟冬去兩次而已，一切隨緣，依心而行。

我會在十一月三十日寫出「磁塔有磁力？還是神力？」這段，其實是因為我在報名後的這天，在磁塔十二班的line群組中抗拒「自我介紹」。身為心理師的我，老早就有一套不用腦子想便可自動背出的自我介紹，工作一直都在用，但我遲遲不想用這一套。因為我直覺在這趟行程中：「我可能很難再用之前的定義來描述自己！」我一直拖延，深深覺得自己無法再用慣性的方式述說自己，但我又不認識新的我，不知道該要怎麼說，有點不知道自己是誰的感覺。後來證實如此，我真的不再是以前那個我！

並不是說決定去磁塔之後，就不會抗拒任何跟磁塔行有關的事，在自我介紹時，我就很抗拒。暗中我還不太想理人（校稿時我發現，法國女人的個性已經出來說話了）。

信義、寶治老師們說：「打從報名的那一刻，神便在我們身上做工！」其實老師們是保守含蓄的說法。學員們身歷其境地（老實）說：「打從腦中出現『要不要報名』的那一刻開始，縱使你仍在猶豫，神早已經在我們身上做功了！」對我而言，猶豫是否要報名時，影響我最大的前世創傷便逐一浮出（法國那世的議題），在在顯示今生的障礙跟法國那世的未竟事務有關。其實，再拉長時間來看，我在二〇一六年五月遇見信義、寶治老師，就已經是神的安排，祂一直在鋪設靈魂去磁塔蛻變演化的路。沒有跟他們學習，我不會去磁塔。然後再從更長遠的角度來看，十二月二十五日，我的出生日早已說明重生日，會遇到什麼人，去哪裡，做什麼事，一切都是出生前的靈魂計畫。

磁塔行程從報名之前就已經讓我發現神、認識神，磁塔後，我更明白神數十年來一直在幫我清理、轉化累世的靈魂業力，療癒關係，豐盛財富，甚至祂還在課程中帶我「尋回」累世的天賦能力，這讓我更願意相信神、與神同在、與神同工、臣服、交託……

十二月三～六日　挑戰心性的磁塔「行前功課」

報名參加磁塔課程後，改造的功課竟然一項一項地來，感覺像是掉入神設的一個個陷阱，全都在治我們自欺欺人的盲點。報名前，信義、寶治老師們都不事先講明會有什麼流程，或需要什麼樣的心理準備，我是平凡人，我這學員之前沒有修行或宗教的經驗，老師們都不知道平凡學生在「不知情」的狀況之下，突然被祭出額外的「行前功課」，會產生很大的壓力——我的人生不愛岔路，對一個當時酷愛規劃、控制旅行行程的心理師而言，真的很痛苦，我只認定多出的功課是岔路，是不小的壓力，會讓我恐慌症發作！以下就是我被刺到盲點而意外發飆、抓狂的過程。

（以下都是自己嚇自己的盲點，所以才叫「自欺欺人的盲點」。當然後來我發現**岔路**、**負荷**、**功課皆是額外的心性改造**，**是福利**，**應該要歡迎它們來**。寫這本書有一個小目的：減少大家在改造過程遇到岔路時自己嚇自己的壓力。）

十二月三日，寶治老師突然在十二班line群組中發了一則訊息，說她半夜前會陸續將個人的「行前功課」私訊給大家。我從來沒聽過什麼「行前功課」，也沒見識過「行前功課」的威力，我臆想得簡單，甚至亂猜「行前功課」應該是像廟裡籤詩一樣，在漂亮文字中帶出隱喻性的人生指引方向，頂多是要我們避開歹路，多做好事，多說好話而已。我甚至繼續亂想，平時自己工作上有積善業，我摸著良心，真的不覺得神會說我壞話，所以滿心歡喜，充滿無限期待，笑咪咪地準備被神摸頭稱讚。

其實，「行前功課」不是寶治老師自己出的，她純粹是個接收訊息的通道，訊息來自龐大的聖天使團隊，依照累世與我有緣的神佛菩薩、指導老師之建議，來幫我做身心靈準備的。每一個人的功課都不會一樣，一切量身訂做。

晚上九點四十一分，寶治老師傳來一則私人訊息，內容不長，但跟我期待的「完全不一樣！」我一看，開始恍神，有兩個功課，一個是「每天貼著牆壁站，三分鐘」，我猜這跟矯正脊椎、頸椎有關，我同意，因為很神準，我的脊椎、頸椎真的常酸痛（後來，再次發現我想的跟神想的不一樣，祂是藉著這動作在調整我的心性），我眼中很快晃過這「罰站三分鐘」的訊息，心想這根本不難，簡單就可以做得到。但是另一項是「蔬果蔬食，悅性食物」，我的心開始用力翻騰……

（以下您所看到一些**不合理**的情緒，完全跟磁塔行有關，請儘量去看到「**不合理**、**不理性**」的部分，因為它挑戰的**不只是今生的議題**而已，您會看到累世未解的傷痛議題一一被勾起。若看到我的情緒沒理由如此激動，請暫時當成黑色喜劇接受。）

看到「蔬果蔬食，悅性食物」，突然之間，視線變得模糊，恍神中，我覺得天崩地裂！心情變得很糟糕，臉色鐵青！像一堆大石頭從山上丟砸到我頭一樣！

我很難消化這「蔬果蔬食，悅性食物」的訊息，衝擊太大，很難反應過來！我在認知上天旋地轉，我很不敢相信這會是真的！臉色鐵青半個小時左右，我忍不住，不管丟不丟臉，我在群組中問：「請問蔬果蔬食，悅性食物，這就叫做『吃素』嗎？」我真的很希望有人說：「不是！」果然，我被尚未見過面的幾位同學笑了，主責輔導這團的恩雅前輩（本名郭淑芬）跟我說：「是！妳沒看錯！好好接受吧！」確認後，我整個人繼續被大石頭砸，比原先更難過，直接趴在山谷底，不想起來面對了。有同學好心安慰我說，上一梯的前輩吃了二十八天素，這次因為老師晚公布，所以才只需吃十四天素，我的內心話是：「這是哪門子安慰法？」「他們（學長姊）吃幾天素跟我有關嗎？我就是不喜歡吃素！」（在此應該看得出來我沒理智，火大了！）

因為我的臉色實在太難看了，我身旁的老公、小孩以為我接到什麼噩耗，我在家中超級不安地來回踩步。我一跟老公、小孩說狀況，他們立刻明白我真的收到噩耗，因為我們家中沒有人在吃素，我們家每餐必有肉！我當時完全沒有幽默感，這真實地勾到我「打死不吃素」的「個人議題」！我老公聽了幸災樂禍，開心有人可以整我，兒子、女兒則完全看得出媽媽沒吃肉會很痛苦。

我非常不開心地在line群組中貼「快死掉」的貼圖，仁慈的寶治老師立刻跳出來說：「改變飲食可以調整一個人的身心靈狀態，這樣子的準備去磁塔會比較『**通**』……」好，這聽起來是我要的，勉強可以接受。但我不知道為什麼，我仍然心情好難過，好低落（情緒繼續處在不合理中）。我算了算日子，報名磁塔前本來只說服自己在那裡吃素七天，已經夠委屈忍耐說服自己才報名的，現在卻又多了十四天，總共是二十一天！我覺得這行程「得寸進尺」！不開心至極，「看來真的要吃素一陣子，完全沒有翻轉的餘地了……」趕緊把自己扔去浴室洗澡，忍不住我反鎖自己在浴室門內（我們家浴室從來不需鎖門的），邊洗澡，邊偷偷掉淚……「人幹麼活得那麼辛苦，為什麼不可以吃肉？」「我幹麼要去這種苦命的團？」……（請留意我的內心**台詞，其實都跟前世的感覺及內心話相似**。）

我真的難過到快發瘋，洗完澡後我仍然哭喪著臉，在我家焦慮地走來走去，不停地嘆氣。大部分的人看到我這樣的言行，一定會覺得我莫名其妙，同學們又說：「吃個二十一天素不會死掉啊！」、「還沒有人因為吃素而死掉的！」您們看到這，應該也知道這是我個人的議題，我的議題跟別人不一樣，這梯沒有人因為要吃素而難過成這樣的。

沒錯，正是「個人議題」！而且還是**累世**的！已經被勾出來了（**神會讓一個人先有相似的情境體驗，之後才讓人覺知、領悟到這是在做什麼調整，不是一下子就給答案的，基本上，從頭到尾不說教，完全是讓人體驗、走過程，之後再體驗、走過程……**）！

那一晚很難睡，我難過到不時掉眼淚。我深深覺得「生命中很重要的一環被剝奪。」隔天早上醒來，心情一樣糟糕。那天我們一家四口剛好要去參加高雄美濃白玉蘿蔔節的拔蘿蔔活動。「早餐沒碰到肉並不難，但第一餐過了，第二餐呢？午餐怎麼可以沒有肉？然後還有晚餐？我覺得生命備受威脅……」

後來，恩雅姊姊很有同理心地安慰我，她說：「這很像吃素的人突然被告知要『斷食』一樣，也是**腦袋對於慣性被改變時的抗拒**。」她的話讓我腦中突然點了一盞明燈：「對！真的像『斷食』！因為我的腦、我的胃突然真的不知道要怎麼運作了！」難怪我會驚慌失措！

前去美濃鄉下的車上，我的臉很臭，一直嘆氣，我很直接地對孩子說：「媽媽有二十一天不能吃肉，現在心情很不好！」我仍然不由自主地哀怨，覺得馬來西亞磁塔此行不易。當我們遠離城市，漸漸看到美濃美麗的鄉下綠意，我竟然不像以往欣喜見到自然山水，反而聯想，覺得去馬來西亞的荒山野地「好可憐，好擔心自己要去一個『鳥不生蛋，狗不拉屎』的鄉下地方。」

我的小孩那時年紀才六歲跟八歲，他們在中午吃飯時，趁機很搗蛋地鬧我說：「這個妳不可以吃喔，有肉！」「媽，這素的喔，妳可以吃！」、「媽，妳快死掉了嗎？妳的臉好臭！」我的小孩貼心地幫我分辨葷素，卻又趁人之危地挖苦我。沒肉吃之下，我覺得「我失去當媽媽的功能」。

後來，在蘿蔔田的綠色環繞中，有同學開始在line群組裡表示他的行前功課很難，不只要念經咒一百零八遍，還要做五體投地的大拜懺一百零八下！今天第一次做，不熟悉，花了他三個小時！看到這內容，我突然在田中大笑出來，大大同情這個人，他更慘，他的行前功課實在好重（後來這個人不需要花這麼久的時間，而且我竟然跟他最有緣，在磁塔時發現彼此認識好幾輩子，然後他一向都是會逗我笑的人）！另外幾個同學也說他們要念一百零八遍的經咒（一人說是解冤咒，一人說是妙法蓮華經，另一人說是普門品……不管是什麼經，這些我完全都沒聽過）。因為我更不愛念經，我看不懂這些經文，一點都不想碰經咒，突然之間，我覺得我的吃素沒他們可憐了！我絕對不可能花三小時做一百零八下的大拜懺及念一百零八遍經，這會讓我死掉，我不覺得我有那個時間跟體力！所以吃素，相對是輕鬆很多的選擇，然後不是只有我要吃素，竟然所有的人都要！知道這些之後，這下子，我心理平衡許多，似乎是每天靠牆站三分鐘的我最輕鬆！

信義老師跳出來說話了，他說他看過全班的行前功課，明明最輕鬆的是我，只有天天靠牆站三分鐘，甚至磁塔十二梯以來最輕鬆的也是我，以後的梯次也不見得有人像我一樣輕鬆，可是，有始以來，純粹因為吃素就被打敗的也是我！信義老師笑得好開心，我本來以為他只是在取笑我、鬧我或逗我，後來才知道信義老師開心是因為我已經在走磁塔行程中面對真實自我的課程，也已經在做累世清理的內在過程了。**磁塔衍生出的恐懼，很少是與現實情境合理符合的（但跟前世情境符合）。然而，恐懼中，有神！**信義老師超佩服寶治老師身後的聖天使團隊，以及我的系統指導老師們（累世跟我有緣的神佛、菩薩、天使、耶穌、聖母瑪利亞等等之簡稱），祂們真的厲害，完完全全抓到我的死穴（罩門）！

信義老師藉著我的狀況發揮教學，他建議大家不要假裝沒看見自己的不開心或恐懼，**「故意沒看見也是一種抗拒！」、「您所抗拒的將會更強大！」**老師接著鼓勵我**「看進去！看看抗拒中有什麼禮**

物隱藏在其中？」老師後來又加了幾句建言，他要我「別度日如年，因為那二十一天可是會變成漫長的二十一年。」可以的話，**去「看見」我在抗拒什麼、去「經驗」著抗拒、最後就會完整地「接受」了**。這是面對真實自我的不二法則。看來就是要認真地面對自己的負面情緒，了解我的「抗拒」在說什麼，怕什麼……「抗拒」會因為好好地被聽懂、接納，才容易轉換成生命的禮物。

可能我真的表現得太淒慘了（我太坦誠，不符合一般台灣人的保守表達），寶治老師也來補充幾句，當然她不像一般人會世俗地說：「吃素對你的身體健康好」，她說的是：「我們吃進去什麼，都會影響我們身心靈的意識結構，為了要讓我們在最短的時間內快速提升身體、心理、靈性的狀態，讓我們在較無多餘干擾波的狀態下好好地在磁塔進行本源合一，才會如此建議吃素，成為行前的基本準備。」我也不知道從何時起，可能是從十一月二十六日寶治老師幫我卸除身體創傷印記時開始，她所講的話總是能夠像雲中的天使飄進我的心，優雅、溫和，很容易讓我消化。她的這一番話又讓我更安定了一些（其實，寶治老師講的話很多時候是「傳話」）。

當時我不知道我要花幾天才能走完這些高張的情緒，但我決定在我適應以前，那幾天索性拋開文明、壓抑的我，「邊吃素邊抓狂」，寧可抓狂地走完情緒，也不要壓抑、否認、當成沒這回事發生（這樣子更能幫法國女人走完未竟情緒）。

第二天，我的肚子好餓，「不吃肉就好像沒吃飯一樣」，頓時之間的確否認不了身體的飢餓感。我腦中一直覺得「我找不到東西可以吃」。第三天，想到某個巷弄裡有間素食自助餐，這像是找到救星一樣，我一買就是三餐的量，因為我還沒發展到如何覓食的功能。真的太詭異了。我剛去紐約念書時都還沒那麼難找食物，竟然素食大大難倒我了。沒吃肉真的「像是權力被剝奪了一樣」。我有著**過度**的害怕跟恐懼，當時不知道我是怎麼了（不知道自己在跑前世議題），不過，光是看我吃素時的臉色，我老公完全不擔心我參加這磁塔行後會改吃全素或想去廟裡出家。或許因為第三天有好好地吃了一整天飯，腸胃有被安撫到。當腸胃少了不安，較不緊張，心也跟著安定起來。睡前請求神幫助我理解，第四天，一覺醒來，好怪，我發現我對吃素的情緒跟抗拒都大部分走完了！很有意思的是，我終於整理出一些覺知，我發現我這幾天並沒有活在真實的現實中，因為這害怕恐懼就是在走我最深的前世議題：法國。在此更讚嘆磁塔的威力。

是法國！幾百年前就是因為家破人亡，要逃難，逃到鄉下（美濃剛好是鄉下，環境也巧合），頓時失去習以為常的美酒佳餚，我好餓，逃難中及安頓後都吃不到肉，只有粗糙蔬果能裹腹，當時我超恨那種只能吃清淡蔬果的貧困苦難日子，因為只能吃蔬果青菜代表「別人對我的迫害」及「難翻身的落難」。這個定義竟然黏著在我潛意識中數百年！

看到，就是解脫！這謎一解開，從前世今生中得到頓悟，心情好轉至少一百五十度（其他三十度仍然轉不過來，是因為我累世不是吃素的人，本來就不愛吃素）。後來我發現今生尋覓蔬果會比法國那輩子簡單方便，因為人住在台灣，素食做得很好，比在法國時幸福太多了。

走過這幾天的動盪心情，萬萬沒想到，這不是單一議題，一個議題解決了，我開始換其他的狀況：另一個鮮明的狀況是跟交通有關。所有學員一定要從台北桃園機場集體出發，搭早上八點半的飛機，然後早上五點半要集合。意思是午夜人就要在路上奔波，天亮前人就要趕到，「那天晚上根本不用睡了！」我深深地覺得「我無法這麼苦」，從學生時代留學搭機這麼多次，「我從來沒有這麼辛苦地在交通上奔波」。再一次，我的臉又很臭了，在家中再次來回踩步，「不開心這行程即將讓我很累」，我覺得「我會累死，實在很過分的累！」，繼蔬果之後，再一次，情緒強到「我會死掉」的感覺。交通奔波前往一個「偏遠的鄉下」讓我很抗拒！就在我不開心時，法國那輩子的逃難創傷從潛意識浮到意識中了，我感覺法國女人那時就是帶著極度的痛苦、極度的憎恨一路奔波，不能自主、不能選擇，必須深夜逃離繁華都市，一直到很遠的鄉下。她那時很悲傷的念頭：「一切都跟原本的富裕繁華有著天壤之別……我會死掉！」當我看到是法國女人在說靈魂的創傷故事時，我反而鼻酸，安靜下來，靜靜讓今生與前世對話。

我每天都要靠牆壁站三分鐘，履行我的行前功課，大部分時間我當它是在調整脊椎、頸椎。後來，有一天，左腳筋很怪，明明只是罰站幾分鐘，我左腳的舊傷卻又痛了起來，接著出現一個很心酸的畫面，我突然看到法國女人穿著深暗冬衣，持續站在鄉下草地上一動也不動，一直在哀悼死去的家人，一直在憎恨那些迫害她的人，哀怨命運……當下，我聽到我內心的神問我：「是否仍要在好幾世紀之後仍然選擇做一樣的事？仍要一直站著嗎？」我聽到之後，鼻酸，掉了眼淚，我開竅領悟了，這不是我原本想像的「三分鐘輕鬆站立調脊椎」的功課，這是關於一個人的「慣性要做改變」的**選擇**

時刻！神要我親自體驗，看到「**選擇**」**永遠都在**，改變選擇，我的人生就可以得到解脫，身體就會跟著好起來。我若選擇繼續站著，那世跟這世的人生就只是跳針重複。我跟站著的法國女人做不停的協商，之後我們兩個都**選擇**不要再站著了。

與累世靈魂合一、身心靈合一的磁塔課程威力太強，行前就在處理靈魂的創傷記憶了，它持續勾出我腦中深埋卻又天天作祟的恐懼，原來心理所抗拒的一切都跟前世未解決的議題有關係，讓我情緒好漲、好滿……

在此跟考慮要去磁塔的人先做個心理準備，**這行程絕不是只有前後七天，至少是前後各一個月（至少有兩個月都強烈地走過程）**，甚至歷時更久，像我寫書、校稿都超過一年了，卻仍然持續在走改造進化的過程。基本上，要去的人要看自己受不受得了身心靈不只七天的顛簸旅行，絕對不輕鬆，但是絕對值得，也絕對物超所值。七天課，很可能變成年票或者下半輩子一直握在手上的票。

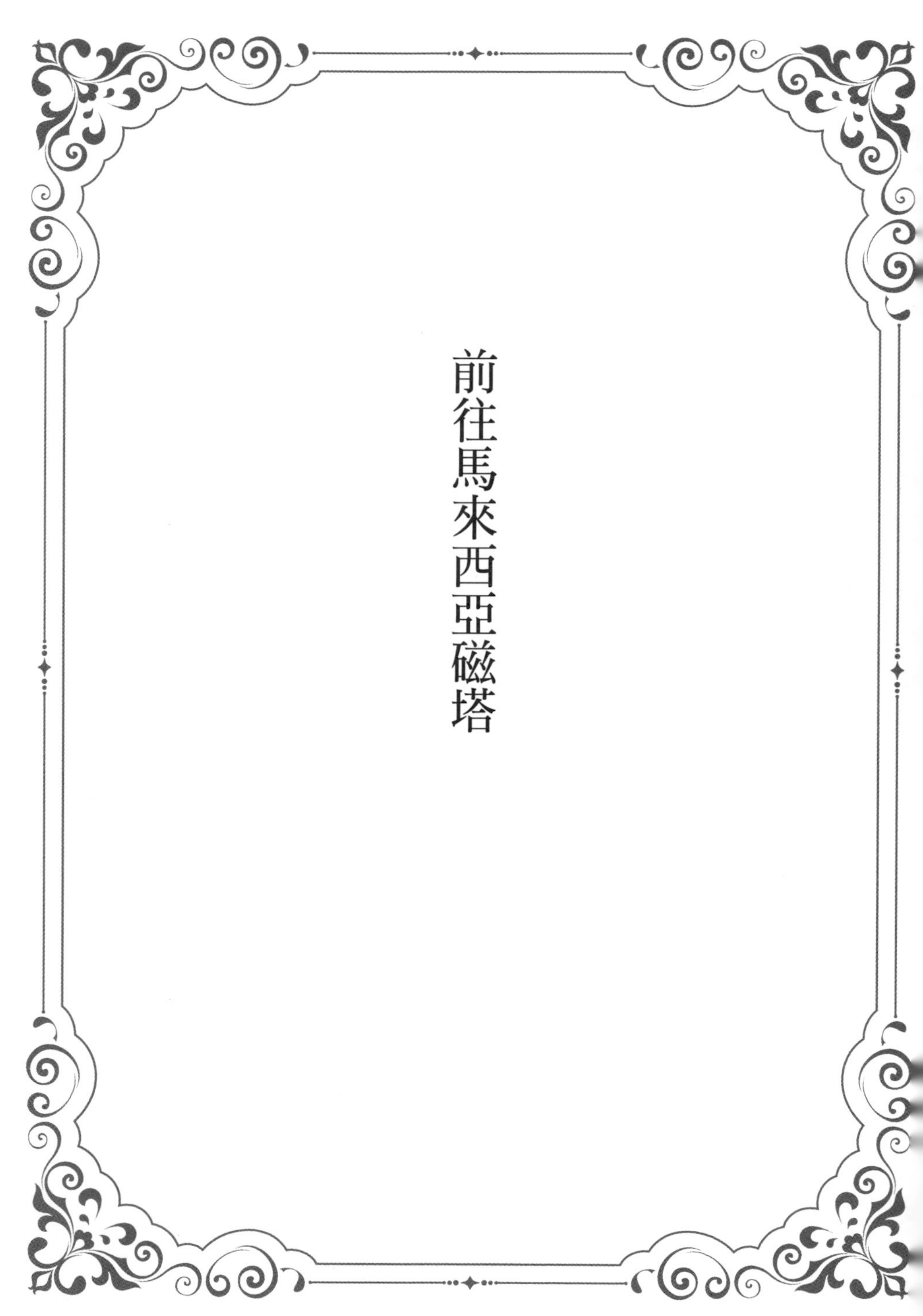

前往馬來西亞磁塔

十二月十九日

室友跟你的緣分很深——來自前世

交通，沒有我想像中難，完全不是我行前害怕的困難樣。晚上十一點四十從高雄出發，因為有兩位女同學同行，一點都不覺得孤單，反而因為頭一次半夜搭客運，我像小朋友一樣，一直玩自己獨享的豪華按摩座位，超佩服台灣旅遊業者把客運改裝成這麼新奇有趣的設備，讓旅行不再寒酸可憐。在轉運站旁有豆漿店，溫暖的熱豆漿喝下肚子時，一點都不覺旅行飢寒交迫了。機場的空氣在半夜很清新，候機時我一直到室外呼吸新鮮空氣，讓法國那世連夜逃難的恐懼持續吹散。

我們這梯有很多人，若不包括老師們，都快三十個人了，所以完全沒有孤獨害怕可言。從桃園國際機場至馬來西亞其實也才三個多小時……雖然下飛機後要再搭四個多小時左右的巴士才會到磁塔，信義老師卻在下機後立刻招待大家先去吃香噴噴的印度甩餅、炒泡麵、熱奶茶（這是我們跟當地文化接觸的唯一景點），讓旅程繼續。交通巴士，很新、很漂亮，原本以為一路可以睡覺，錯！完全沒有讓人無聊的時間，一上車有了麥克風之後，信義老師便開始上課了！在車上先讓大家輪流自我介紹，恩雅姊姊負責主持這一段，一點都不浪費時間。到了磁塔，剛好大家也都自我介紹完了（所以要睡覺的人，要趁人還在飛機上時趕緊睡，上了巴士你就屬於信義老師的人，立刻開始上課了）。

晚上八點多進入磁塔的土地時，有個石頭堆砌的「時空門」，門的內外是不同的能量場域，老師們要大家順著感受走，若有反應的就讓它順勢而出，若沒有也正常。我是菜鳥，完全沒有神奇能量改變的感受，我覺得它只是一般的石頭門而已。我很淡定，但也有點小失望的納悶。同團真的有人感動到哭，有的打嗝，特別是曾經再訪磁塔的前輩，反應更是激烈，有人開始說靈語，有人打手印，有人甚至準備好塑膠袋要吐出滿腔情緒了（但後來沒聽到吐聲）……我有些擔心我的靈性神經在此地不敏感，怕學費白繳了。

下了巴士，站在綠意蟲鳴自然圍繞的中庭，旁邊便是爺爺奶奶年代的古董住宿區域，我再用力感應一下……結果，仍然失望，我依然沒有任何感覺，感應的能量是零。周遭環境真的一點都不豪華，雖然我進時空門時沒感覺，但時空多少因為房子太老舊而立刻倒轉二、三十年，我開始擔心這七天可能就這樣平凡地過了。

我們先分配住宿，沒有空讓我們換衣、整行李，進房僅只是放行李，之後要立刻轉身朝磁塔的方向前進，進磁塔上課！很不可思議的，夜晚九點多還要進教室（心裡忍不住開始認知失調）……放眼望去，除了餐廳的燈光，幾乎一片都是黑的，沒有其他房客，只有我們這一團人……

拉著行李進門，門一打開便有隻超肥的壁虎失足，重重地掉在我身上，我不是唯一尖叫的城市人，房間內外不知道有多少隻壁虎、多少種昆蟲，各個房間的尖叫聲此起彼落……出門前快速瞄了一眼，房子位於蓮池塘旁，原來每間房都有個浸潤在綠樹間的後陽台，夜晚環繞在蟲鳴蛙叫中，此時心裡開始莫名興奮。

幾分鐘內我們便在中庭集合，往磁塔的方向走，城市人對大自然的黑暗其實是不太適應的，多少有些膽怯，一群人開始像大學生在夜遊，許多人都故意講話來壓下害怕，靠著稀疏的幾支手電筒，才走到森林路口，有人便驚訝地大聲喊叫！幸好，他不是喊：「有鬼！」否則我們大部分的人都會立刻抱緊成一團，或做鳥獸散！

他是喊：「有飛碟！」

天呀！趕緊把頭往上仰，真的！有飛碟耶！而且，不只一架！天空中竟然有好幾架！全部的同學都在驚聲狂叫！生平第一次看到飛碟！

這裡的天空很乾淨，沒有光害，我們用肉眼就已經可以辨視出飛碟，它們閃閃發光，在空中持續做特殊的運行，外型跟星星很不一樣，有幾個長的像短小的三腳架。信義老師建議我們透過手機去看，哇！更是驚聲連連，原來有好幾架一直跳動，不規則的運行方式比運動跳舞中的小蜜蜂還精彩！從手機中看到的畫面因為更清晰，讓我們完全相信它們絕對不是星星，也不是空拍機，因為飛碟會一直動，星星卻是固定不動的，空拍機也不可能在那種高度飛（甚至一整片突然消失）！我們都不管仰頭的脖子有多酸，瘋狂錄影拍下好幾段，回台灣後，一定要跟親朋好友分享這意外的驚喜！

信義老師來磁塔已經十五趟，見怪不怪，但他也理解我們第一次見到飛碟的興奮指數，絕對百分之百破表。老師還是要提醒大家，「進磁塔了！」一群人全都捨不得離開星空下，修正，是「飛碟空下」，老師不得不多次中斷大家，畢竟我們不是天文團，來磁塔看星星是附加的，看飛碟也是附加的，來跟神互動才是主要的！

進入磁塔區域短短一小時內，情緒已經上下變化多次了：進時空門時因為沒感覺而很呆滯，一下子卻又因為壁虎從天而降而被嚇到，一下子怕森林的黑，一下子因看到飛碟而起了天真童心，一下子又因為即將要看到期待中的磁塔而很興奮，在這裡好容易因為人事物的快速變化而一直心情上下波動。

走過森林，突然之間，一棟白色金字塔造型的建築物進入眼簾！再一次，大家興奮地驚聲尖叫！夜晚再次變得異常熱鬧！

信義老師帶著我們慢慢靜心，繞磁塔三圈，一邊唱頌著《根本真言》（Moola Mantra，有興趣的人可以參考網路），一邊燃起神聖莊重之心。但坦白說，繞了三圈我並不覺得能量有什麼變化（住慣城市的我不適應深夜的戶外，反而對身邊飛來飛去的昆蟲緊張，還怕有鬼冒出……）。

終於可以進去窺探了，心臟跳得很快，興奮寫在每個人的臉上。映入眼簾的是一片純白色，很亮，金字塔構造，天花板挑高，水晶燈位於正中央，有兩、三公尺長，地面皆是白色磁磚，每踩一步都滲透出清涼來。中間有一個四方形白色場域，這是一塊挑高約一公尺高的平台，四面皆有階梯往下連結，這平台不小，可輕鬆容納我們三十個人繞成一圈。我終於知道這課程為何叫做「磁塔」，因為光是從外形來看，磁塔真的就是金字塔的形狀，而且這裡是最主要的上課地方。可是能量呢？我在內部了，仍然沒有能量變化的感覺……

老師要我們憑感覺去找到這幾天在磁塔內連坐六天不變的座位（只有六天，因為第七天一早就離開去搭機，不會進教室），老師說：「去感受神在你心中的感覺，也去感受你在神心中的位置」，老實說，我很慌，我不知道那是什麼樣的感覺，也不太知道我應該坐哪兒？乾脆抬頭看著上端的水晶燈，看它會不會指引我方向。幾秒鐘之後，我憑直覺坐了下來，這一坐，往左右兩邊看，我嚇一跳，怎麼左邊兩位又都是飛機上坐在我旁邊的女生，而且順序都還不變，右邊則是在機場便跟我一直聊天的男生（他在飛機上是坐我前面），然後他在來程巴士上還坐在我右邊跟我一直聊……我們全都眼睛瞪大，面面相覷，大家集體狂喊，「太奇怪了吧？」

平台正中央放了個盒子，老師要我們在磁塔的這幾天玩「小天使與小主人」的活動。當下每個人各抽一張紙，紙上是姓名。身為「小天使」的人要一直默默地為他的「小主人」做一些事、幫一些忙、做一些保護、寫一些鼓勵的卡片……但一定要撐到第六天晚上才能揭曉誰是誰的小天使。

信義老師說平台正中央的四方形銅片能量很強，建議大家坐在上面感受一下。所以當老師宣布解散後，縱使時間已晚，一堆好奇的人並沒有急著走，很多人忙著試坐，想感應一下什麼是能量。結果，好幾個在我前面試的人都說：「沒感覺」，只有一、兩個人說有感覺。輪到我時，我當然很希望我是有感覺的人。我坐了一下，沒感覺，再次失望……大家看了看彼此，無言，很有默契地走出門外，再次大喊：「看飛碟去啊」！至少一群人看飛碟時都很有感覺，還像傻瓜一樣一直想把飛碟召喚過來！飛碟有來嗎？當然沒有！今晚，暫時當成天文教學或召喚外星人的活動吧！

後來我們全都爬到磁塔的最尖端，因為信義老師在下課前也說磁塔尖端的金屬柱「更是有能量」，所以我們一群傻瓜衝到磁塔尖端的小平台上，繼續呼喊外星人，也一個個輪流抱著那根金屬柱子，結果，仍然沒有能量的感覺……今晚再次證明自己是能量感應的絕緣體。所以，「我們還是看飛碟吧！」（雖然這一天我坐在銅板片上是沒感覺的，但等你們看到第六天，十二月二十四日勞動靜心那段內容時，就會看到不同的內容；甚至，下一本書，會看到我第二、三次來磁塔時，未進時空門，在車上便一堆感覺，甚至在磁塔發生更多神奇的事了）。

不過，很奇怪的是，我們在磁塔尖端的小平台上聊天時，有巨大白色閃光，突然在眼前的森林出現，然後就消失了（它很像是有人對你用巨大的閃光燈照一下的感覺），然後，又有一道碩長的白光在旁邊一掃而過……其實我看了會怕，和同學也是再次互相對看，沒有人解釋得了這是什麼現象，當然這不可能是遠在天際的飛碟，若飛碟真的來了，我應該也會趕快閃人，我還不想被抓走。但因為大家都有傻膽，仍想繼續留在磁塔尖端當傻瓜，所以就把這些光當成森林中的「自然」現象就好。

我們可以自己找室友（聽說曾有用抽籤決定室友的團）。我找了一個我在高雄共修教室便有點頭之交的年輕女伙伴當室友，她是一位我想跟她多熟識的人，跟我相差快二十歲，雖然我們一路從高雄搭同班的紅眼巴士至桃園國際機場，卻在昏睡中尚未有機會多說話。其實，之前我對她就有一種特殊的感覺，隱約中想幫她放開些什麼，只是我一直不知道什麼東西限制了彼此的自由度。

＊在此慎重警惕，之後要來磁塔的人，若是對任何同行的人「感興趣，有感覺，但覺得少了自由度」，聽好了，「絕對要小心！」因為磁塔行根本是**與累世有淵源、有未竟事務的人重逢的地方！**在磁塔，感應能力會變強，會讓我們逐漸認出對方是你前世的誰，也可能覺察未結束的前世事件正在重演！

看完飛碟回房後，我的心情本來很開心，活潑的她去別家串門子，我去洗澡，彼此不浪費時間，一點都不違和。但是，在磁塔的第一天晚上，我被不熟的她刺激出哀怨的脾氣，與前世相似的情境逐漸浮出，後來發現我對室友竟然暗藏著未解的前世怨仇。

室友在出門時把房門從外面反鎖（這門鎖及復古型銅鑰匙皆是古董年代的產物，外面鎖了，裡面的人若沒鑰匙的話便打不開），反鎖其實並不會怎樣，只要我不出去就好。只是意外接二連三一直來，我洗完澡後很冷，剛好又忘了從台灣帶浴巾來（這真的不是一般的「渡假村」，浴室裡面完全沒有任何方便盥洗的備品，若自己沒帶齊，沒有任何商店讓你補）。我一直不能出門去借吹風機吹暖頭，又沒毛巾可用，晾著濕冷的頭，雖然索性用衣服擦身體並且把頭髮包起來，頭卻一直愈來愈冷，愈來愈覺自己慘遭禁錮，這時，詭異的磁塔現象竟然悄悄上來了……

在身體冰冷的不舒服現象中，我腦裡開始自動浮現前世影像，看到自己曾是中國清朝的格格，在寒冬中被單獨關在高塔房間中的寒冷。這格格影像我之前不是沒有看過，但我從來沒有看過我被關在塔中！畫面立刻放大，聚焦在看守房間的人，這下子，不妙，我看到當時看門的小宮女就是我的室友，然後我最轉嫁怨恨的人就是她，因為她不只奉命不能放我出去，還常常反鎖，自己跑去別的地方玩，任我在裡面呼天喊地，她都不能心軟，也不讓我方便得到我要的東西……我頓時記起，我「當時」恨透這小宮女，然後我室友竟然半夜兩點多還不回來，我已等了兩、三個小時，我的頭很冰冷，可是肚子裡的火卻愈等愈旺。她回來時竟然跟我說她在「等」我去叫她回來洗澡……我一聽耳朵差點掉下來。我問她：「我哪出得去啊？」我崩潰了，遇到世界無敵的天兵室友！至少我還有這世的理智，我很坦誠地直說我冰冷交加的委屈（但沒跟她說我經歷了什麼前世，不是每個人都懂前世今生的），請她明天出去千萬不要再反鎖門。

後來，我終於能出門去借吹風機吹頭髮，我的感官終於趨於暖和了，當時已經半夜兩點多，一個人在充滿各式昆蟲及肥大壁虎的空曠餐廳裡吹頭髮，真的有點小恐怖。餐廳的空間是二十四小時開放的，許多門跟窗沒有玻璃，也開放給緊鄰的茂密綠生態，吹頭髮時我一邊害怕自然生態飛過來，一邊忙著消化剛剛的一肚子委屈及怒火。當我準備要離開時，看到餐桌上停了一隻很大的黑色蝴蝶，赤膀張開至少有十四、五公分，不知道為何，這隻黑蝴蝶深深吸引了我，頓時安慰了我剛剛被關住出不去的心，牠似乎是在說牠出入自由，鼓勵我當下也讓心自由。當晚，入睡前有些不習慣這麼自然的蟲鳴蛙叫環境，但因為身體終於暖和了，而睡得很沉。

十二月二十日

行前沒課程介紹，當然也沒有課表，我們完全不知道信義老師什麼時候會上什麼課，純粹讓老師依心而行。

神引人，知易行難

我們一群學員在早餐時都打扮得閃閃亮亮的，準備要進磁塔迎接聖典，然而，早餐進行中，老師宣布：「今早要在戶外活動，儘量換上可以弄髒的衣服！」一聽到這宣布，大家很有默契地在早餐後乖乖回寢室換衣，因為當老師禮貌性地說：「有可能會弄髒」的時候，不用懷疑，「一定會弄髒」！

活動是從中庭開始。三人一組，一人發一條厚到能夠遮住眼睛視線的深色長條布。我們要進行「神引人」的課程。信義老師通常在上課時會先教導及講解一段時間，才讓我們開始體驗，絕對不能小看這些事先鑲嵌的內容，後來都是讓我們進入活動狀況的必要序曲（也暗藏神曲）。

我們自己找伴，三個人一組，輪流當「神」、「人」、「引導者」。所謂輪流，是因為在這一個早上每個人都會輪到不同的角色，然後信義老師會在每次的變化中加入不同的元素，他也會確保難度愈來愈高。

「神」要引導兩個遮眼的人，一個人是扮演「人」，另一個人是「引導者」，然後這兩個人都不能說話發問。「神」只站在旁動口指揮方向，其他兩人都可以聽到他說話；「引導者」可以動手帶領「人」，但不能用說的；「人」不能動口，但能接受引導者的帶領（「人」到後來一定會忍不住開口）。蒙著眼睛在平地走已經夠刺激，信義老師還要我們帶「人」去摸一些奇奇怪怪的東西（其實只是帶刺的樹幹、冰冷的電線桿、路邊一堆花草……等等）、跨越大障礙（平常只是個一跨就過的小排水溝）、爬山（只是個小坡）、涉水（下雨未乾的積水而已）……在這個眼睛被遮蔽的世界裡，感官竟然完全改變了，心開始不安、手開始抖、人開始煩躁、腳開始跌跤、怒火開始竄升，有人甚至開始哭、開始打引導者、開始罵神不會指揮……處在壓力狀況下，那些「原本」好脾氣的「人」全都崩盤了，我們會突然發現自己平常根本不是我們想像中的「遊戲人生」，根本是帶著不自覺的「恐懼」在過日子，因為我們多麼習慣「只用眼睛」了解這世界，竟然不是用「心」。

我寫書時才理解，**這活動的目的是在快速激發我們沉睡的其他感官，因為要看見神的確不能只依靠眼睛**，大部分的人在眼睛上是看不到神鬼的，要跟神通，**很多是靠心領神會或者是心電感應**。我們是用心眼看見神的樣子、用心耳聽見神的聲音、用身體每一個細胞去感受神的能量、用鼻子去聞神的臨在（舉例：藥師佛身上很容易散發出藥味來，觀世音菩薩很容易有檀香味，聖母瑪莉亞很容易有玫瑰味……這都是我在磁塔行之後，在靜心時曾聞過多次的）。信義老師的重點是，**讓整個身體發展成與神互通的神聖管道！**

我們的神，大部分只是動口，不動手！人有個迷思，老希望神動手，直接帶領或引導我們。人不知道，神常常透過引導者引導我們，但，我們不見得信任引導者或與他合作。我寫書時才領悟，在我們跟神的關係中，信義老師就是「引導者」，他對神的感受層面的確比我們多，然而，「人」在面對未知的恐懼中，傾向持續抗拒「引導者」；「引導者」跟人的直接接觸層面也比「神」多，然後，「引導者」帶領「人」前進的時候也常被人抓傷。

「人」，很容易繞著自己的不信任跟恐懼走，基本上，不輕易放手交託給「神」跟「引導者」，也蠻會弄傷「引導者」。但，在一個密切合作的關係建立之後，縱使面對更困難的挑戰，人卻少了許多質疑及恐懼，多了很多信任，雙手比較敢去碰觸看不見的東西，雙腳比較敢去跨越看不見的障礙。

當我寫書時才明白，信義老師一開始就做這活動的用意，因為當我們對磁塔周遭環境完全不熟悉的時候，絕對會讓我們放大對「未知」的焦慮。當眼睛被蒙住時，身體的其他感官會開始彌補性地擴大感受這世界，連帶地，整個「心」變得極度敏感。一般人在眼睛被蒙住的時候，會開始面對自己平常看不見的心性跟個性，而且面對的絕對是自己的盲點！若平時是個很容易產生莫名擔心、恐懼、跟不信任的人，在這活動中絕對很快面對自己深壓的盲點！

現實生活中，神「看得到一切」，但是我們看不到神所看到的，所以我們會「投射」自己「看不見」的恐懼至神身上，觀點上的差距來自我們不信任神。在此活動中，我雖然在前半段被嚇得半死，不敢走、不敢摸、不願相信神與引導者，但後來，我體驗到神其實很愛我們，很想保護我們，祂並不會刻意讓我們跌倒或受傷，後來我便走得很安心，很順。但是當我們太自以為是，太一意孤行，太衝動，太不相信神，太不願意接受祂善意的警告或睿智的指揮時，**跟祂的頻率偏了，麻煩也跟著來了**。

其實我們走不到三分鐘，便有人輪番在草地上跌倒、在跨越水溝時踩空；當我們聽到別人跌倒或掉落時，我們很容易擔心自己會不會是下一個跌倒或掉落的人？看不到整體環境的時候，自然而然地，我們傾向以別人的狀況來判斷自己的狀況，以為別人遇到什麼大災難，自己也容易遇到，一堆疑惑的聲音與尖叫聲此起彼落，愈是挫折、愈是怕往前跨步、怕探索、怕接觸摸東西……（其實我們像是處在大型恐怖箱中）。這時候真的要學會不受外在環境的干擾，要從內心穩住。我們的心中總是有一堆莫名可怕的想像，但拿起眼罩一看，一點都不危險。

當然，你是否有「像豬一樣的隊友」也絕對影響你敢不敢從內心穩住的品質。在我們的活動裡，其實有些「神」真的不太會指揮，「引導者」也很不會協助……然後也有「人」的腳衝動性亂踩，用力踏入爛水中，噴得「神」滿身淤泥。到頭來，我發現一切都是命運的安排，我們跟誰有緣當隊友，也是**自己的內在世界所註定**的。我們內在的感受容易顯化成外在的實像，內在不安定，容易跟不安定的隊友有緣；內在調皮，容易跟調皮的隊友有緣（我在這一梯所遇到的隊友是很調皮的）。

連信義老師都愈玩愈調皮，若不透露信義老師有多麼不符合他年齡的調皮搗蛋，就不能如實如是地表達這活動的狀況。從第二輪開始，挑戰愈變愈難，身旁的障礙物一堆，也感覺是在翻山越嶺；第三輪開始，信義老師覺得大家適應得差不多了，便開始啟動惡魔模式，不時往人身上不同部位吹氣，拿怪異東西往學員身上亂掃，也故意碰撞你、拉你腳，甚至害人失衡跌倒……這讓強作鎮定、專心閉眼走路的「人」嚇都嚇死；更調皮的是，一堆「神」後來都不認真當神，全都上梁不正下梁歪，有樣學樣，越來越多人像信義老師一樣胡搞瞎搞，活動變質成整人遊戲。過程中「人」也忍不住一個個睜眼偷瞄，忍不住冒出髒話來，甚至會罵「神」……基本上，我們不可能像釋迦牟尼悟道前在菩提樹下不受外在事物的干擾。

坦白說，不管是認真實做還是胡搞瞎搞的部分，都蠻好玩的，畢竟我的人生已經太久沒這樣亂玩了！我那組的「神」本來是個非常會指導並保障我們安全的神，但是，被信義老師啟動遊戲模式之後，最調皮、最愛玩的也是他，他很有創造力，拿了「乾掉的動物毛皮」要我們摸，但事實上，那只是椰子樹的枯老樹皮，這讓我摘下眼罩後追著他打……我覺得在後來的幾輪活動中，名稱已經不再是「神引人」，而是「大地遊戲之大型恐怖箱」。

當活動告一個段落時，每個人的鞋子都變了個樣，在我們來的前幾天，這裡曾下過雨，路上充滿爛泥，結果我們每一個人的鞋子都裹滿厚重的紅色爛泥巴，有的人連襪子也都滲透浸溼，甚至，整隻小腿都蓋滿紅泥；有的人衣服像被蕃茄醬噴到一樣，畫面很狼狽，但是在這活動中已經讓我們不想管外型美不美、漂不漂亮，只要盡力開心玩就好！我後來想到，我們這群城市人已經很久沒有像小朋友一樣輕鬆玩耍，弄髒雙手、衣服、鞋子了，不是嗎？

這下子，一堆大人都在短時間內變成了小朋友，聽說**小朋友的頭腦通常比較容易與神溝通……**大人的頭腦，往往很硬，不容易接收神的訊息。頓時之間，覺得這活動好美、好有隱喻、好有體驗、好有轉化性！

我們最後在湖邊停下來休息，滿地濕透的紅泥，沒地方坐。信義老師要我們吸收湖的能量並把這感覺畫下來，大家都站著畫畫，遠看，每個人都活像個小畫家，很有架勢，近看，圖畫紙裡的作品，也真的只是小畫家畫的，都是幼稚園兒童版的畫風……

想要走回去餐廳並不簡單，因為腦變輕，腳變重。每只鞋子都沾滿紅泥，全部都看不出原本的鞋型，雙雙比原先體型大兩、三倍，然後重十幾倍，我心裡笑說，這根本像是美國有名的傳統點心：「焦糖蘋果」——腳像竹棍，腳底一坨又大又圓的紅色泥巴，不就像是一顆蘋果嗎？回程中，有人苦笑，新鞋在此變成想扔掉的鞋子，因為已經被染成洗不掉的紅色，再也不見名牌白鞋蹤影；我的步鞋因為爛泥太重，鞋底與鞋身意外脫膠，當下我便知道這雙鞋子會留在馬來西亞，不會跟我回台灣了（其實，我在校稿時發現一個非常特殊的喻意：鞋子的狀況竟然跟「這個人該如何改變？」有關係！乖乖牌的人要學會染壞一點，完美主義的人要學會包容不美好的部分；至於我呢？則是要學會「斷捨離」！太神奇了，沒寫書還真的看不出來這關連）。

‖ 神話，神畫

下午上課時我們分享在湖邊的畫，很多幼稚園的畫作讓人看了很開心。一般人憑靈感畫一張便需要一點時間，我不是畫畫的高手，也已經很久沒畫畫了，但是在湖邊我卻可以連續畫兩張構圖滿滿的畫，當下很有直覺、很有靈感、很有自信、速度還很快，我甚至覺得自己畫得不錯（以構圖的形式、筆觸及色彩的搭配來說）。自己其實嚇到自己，不敢相信這是透過自己的手畫出來的，我內心不可思議的台詞並不是：「我怎麼會畫畫啊？」而是：「我怎麼會畫這個？」

分享時，我們發現好多人的內容都是跟「光」有關，原來，在「神與人」的活動後，縱使每個人身體都很狼狽，卻也因為這樣的狼狽而不得不放棄身體外在的矜持及腦子的固著，當外在的框架消融了，內在的靈性就開始活躍，我們每一個人竟然都開始跟神有一些溝通，在湖邊都可以從「心」感受到神的能量。

我畫了兩張，其中一張是畫出被暖光包圍的感覺，當下我感受到一股股比我還要高大的光圈旋繞著我，由紅、黃、橘三色融合交會，讓人很舒服，不停地在我身邊環繞流動著。同學們用的色調跟我都很像，大多是用紅、黃、橘之一的顏色，看來，這是神光的基本顏色。我的另一張圖畫讓我訝異到下巴掉下來，跟第一張的反差極大，完全不同，是又黑又暗的冷色調。其實，我在湖邊曾經猶豫是否要把這影像畫下來，正當我猶豫時，沒幾秒，一連串前世的畫面像電影一樣，突然一直跑到腦子裡，情緒是悲傷的，我不知道為什麼我會有這個感覺，但，我立刻知道應該把它畫了下來，有些特殊的意義在，只是需要慢慢被分析。後來，沒想到，我在這張圖中所要述說的暗黑內容遠遠超過第一張。

祂帶我看到我的某一個前世，跟湖、樹、小船有關（磁塔的湖邊有幾艘小船，我的前世畫面裡湖邊有一艘小船，所以小船剛好構成了我前世回溯的線索）。

畫面裡，我看到「我」是一個悲傷的女人，站在湖邊，黑色長髮，很年輕，二十多歲，夜晚，寒冷的冬天，身穿深色衣服，厚重長袖、長裙，未婚，但不見得想結婚，跟男友住在湖中小屋。她看著湖中的小屋，看著漫長並延伸至湖心的木板棧道，這是唯一條連結湖岸跟小屋的通路，她心情好沉重，充滿不願意繼續住在湖中小屋的無耐奈與抗拒，站在湖岸邊盤算著「離開」……（跟我站著畫畫應該也有關係，身體站立的姿態是個勾起前世記憶的線索之一）。畫面一度閃過小屋中面湖的閣樓，是主臥，她托著下巴坐在床邊，思索兩人的關係，房內的氣氛很悶。

我總覺得這女生非常不想回去小屋，看著湖中小屋的時候充滿悲傷，她知道自己不能再跟這男生繼續過日子了，她想離開，我感受到她很不快樂，跟男友住在湖邊幾乎與世隔絕，很悶，事實上，她很想死，想跳湖；每天所過的日子太無趣、太清苦，她不喜歡男友在無人的空曠地方太過於自得其樂，她搞不懂為何他凡事無所謂、不在乎金錢、不做家事、不在乎未來，彼此沒話好說。後來，她覺得她在暗夜裡有兩條路，一是投湖，一是走人，她思索這問題很久了，她常常看著湖水想跳下去。不知道是不是旁觀者的「小我」影響畫面，身為自殺防治中心督導的我勸她不要死，寧可選擇在暗夜裡永久走開。

很巧合的是，當今生「小我」思索有無能力在暗夜裡選擇進入森林走開時，我們剛好從湖邊離開。回程路上，我靜靜地思索，同時我也很訝異，今生，我在紐約其實已經遇過這個男人，真的曾經交往過，然而，最後我也是在冬天的黑夜中走人……永久走開。

現實生活中，其實有不少一模一樣的「巧合」情節：這個男人其實非常喜歡帶我去有水的地方旅行，尤其是山中湖，有木屋的那種渡假村；我們也曾去過河上木屋渡假，門一開就可跳進河水游泳；跨年時，搭遊船，繞曼哈頓島……本來，我一直以為，一切是因為他極度懷念年輕時服務過海岸警衛隊（coast guard）一小段時間，然後船上年輕時的開心及被海浪搖晃下的睡眠記憶，讓他很想再次複製。原來，不只是這樣，一個人的心性特質跟前世還是脫離不了關係。其實交往沒幾個月，他就對我說他想要買艘船住在水上，那時候起，我整個人開始有莫名的恐懼感，恐慌一直冒出來，我打從心底強烈覺得不願意，整個人湧起一波又一波深深的不安。我當時一直不懂自己的慌從哪來，也不明白他「為什麼一定要住在船上？而不是安穩地在陸地上置產？」他這一世的經濟是很好的，生活也充滿冒險刺激，但我還是離開了他。

他真的很認真地要買一艘遊艇住在紐約哈德森河上（這是曼哈頓島面對紐澤西州的河）。他說得很有道理：（一）方便在華爾街上班；（二）週末開著船出遊。對他來說，這是他的美夢，可能很有趣；但我非常不喜歡，對我而言這是「漂泊感」，他的美夢反而升高我莫名的焦慮。我們也真的有去看船，那時剛好在馬里蘭州有超大規模的國際豪華遊艇展，上百艘大大小小的遊艇，他其實可以輕易買下一艘。但我真的很焦慮，因為我沒有足夠的「安全感」居住在水上。我們邊看船，我的內心逐漸勾出糾結、不安全的感覺，我超級害怕他簽約買船住，我真的不想跟他住在水上。參觀著一艘艘的豪華遊艇時，縱使很多船都建造得像豪宅，挑高樓層，寬敞空間，很多層次，很多落地大窗，有中島廚房，有按摩浴缸，有附加快艇，有高爾夫練習台……其實真的可以住得很舒服平穩，我卻愈來愈難呼吸、愈來愈心悸、頭痛、整個人痛苦到要昏倒的程度，竟然恐慌症當場發作，人都癱了……後來我們沒辦法看完船展（其實，遇到這個人之後，我出現最明顯、最頻繁的恐慌症狀，後來分手，也是因為我無法過他所過的生活，我那時常常相信我的心臟會因為跟他在一起而停止）。

我在磁塔湖邊時聯想到，十幾年前，我曾經幫這男友做過前世回溯，他其中一輩子的一些場景，就是湖邊的畫面，當時，他說過，有個黑髮女人好像是我，但她後來離開了……我跟他感情好時我不相信，我覺得不會是我，因為當時我還不想離開。我那時很不了解為何那個黑髮女人要離開他，我認為湖邊還不錯啊，很有渡假的感覺。結果，原來湖邊住久了會出毛病。當我感受到黑髮女人的痛苦時，我才知道她真的必須要走。這下子時空背景全部都兜在一塊了，兩世的我都漸漸覺得不能跟這個人耗一輩子。

經濟狀況或許跟前世不一樣，但神讓我看到的是，問題不是出在金錢或社交圈的有無上面，而是心理、精神上有無核心的安定。他的經濟在這世很優渥，每天都有華爾街數不完的豪華派對可去，有秀可看，常在VIP包箱，可以吃遍紐約最好、最酷、最難訂的餐廳（《慾望城市》影集裡的餐廳我大概都去過了），週末一定出門玩，甚至是搭飛機去別州或者出國……可是我真的累翻了。我分手的其中一個理由是：「我這樣子會累死，我不能再這樣過日子了！」我沒辦法每天在下了班之後，還跟著他熬夜參加派對，一晚還跑好幾攤，數不完的社交圈，數不完的紙醉金迷，我的心臟已經被弄到常常心悸！

我想，在湖中小屋的日子很悶、很清苦、很沒變化、四周無人，悶到我在靈魂上常常發誓：我希望有個炫爛光彩、酒池肉林、夜夜笙歌、東奔西跑的日子……但今生當我真的如願，跟他日日如此狂歡時，我還是從這個人身邊跑掉了。我在磁塔時沉思好久，重點再也不是金錢、不是新鮮變換的生活、不是有趣有名的朋友、不是崇高權重的職業、不是光鮮罕有的跑車、不是貴賓包廂的禮遇、不是炫耀奢華的渡假……，因為當我曾經擁有過這些物質的時候，我就真的不再追求，也不在乎。

我真正要的是一個能跟我安定過居家生活的人。

就以跑車來說，流線型的外表很美，坐久卻很有壓力，因為底盤很低，跟地面太靠近，上下空間狹窄，跑遠路其實有強烈的壓迫感，出國回來也完全不能放行李箱。兩人座的跑車其實很虛華，極度不實用，裝不了人生中應該有的責任跟現實生活方式。那時我曾經在搭公車跨越中央公園時，反而覺得可以呼吸。

其實，在去磁塔之前，我曾經在自己做前世回溯的時候，看到我跟這男人還有兩世淵源。不是不好的緣分，只是總是遺憾不能長長久久。這兩世都比湖中小屋這世的年代早。有一世是在義大利，中古世紀，在嘉年華（Carnival）的面具舞會中認識彼此，當時夜夜在派對中狂歡（今生我跟他也常在變裝派對中狂歡，曾到加洲參加變裝遊行，也曾去紐奧爾良參加嘉年華（Mardi Gras）……變裝時酷愛中古世紀的貴族打扮）。在義大利那一世，政治因素，我必須接受家族的安排嫁給別人，跟他不能成為夫妻，當時我離他而去時，我的靈魂說：「我願放棄一切奢華的身分地位、珠寶、財產，再也不要跟政治、世俗及他人的牽絆掛勾，只要能夠跟你在一起就好。」另一世比義大利晚了幾百年，歐洲，跟他又是在舞會上認識，我一樣是個未婚的年輕女孩，他是很帥的軍官（他真的就是當過軍官，難怪他對軍旅生活很眷戀），我一樣有政治婚姻的束縛，家人一樣不能讓我嫁給他。我那時也是說：「我要放棄一切跟這個人在一起！」

可是當我在湖中小屋那一世，真的「放棄世俗的一切」，真的「**只有**他一人」的時候，我想的「一切」竟然都是我要放棄的那些浮華……然後當我在紐約，再次擁有這個人，也再次擁有派對過日的生活時，我又再一次退出、又離開他……突然之間，我看到我的靈魂一世世都是自己騙自己，都是**想擁有自己不能擁有的，擁有之後又嫌困擾……**我覺得我的靈魂有好多盲點是我以前不知道的，原來我是個很麻煩的人，我的靈魂在感情上根本像單擺，在兩極中擺動不定，不整合，到後來，甚至連整個單擺都想丟掉！我真的是個太麻煩的人！

我在磁塔中，楞住，開始思索我要怎麼樣才能停止這種麻煩的人生，不再兩極晃動，我想我必須要在單擺的兩側中晃到一個平衡……或者，換個不是單擺的方式，但我還不知道這會是什麼方式。

十二月二十一日

內省懺悔的「成佛之路」

吃早餐的時候，信義老師宣布今早活動的穿著打扮之後，立刻，叉子、湯匙掉滿桌！竟然，每個人都要「全程打赤腳」！老師的理由很瞎，竟然說：「不想讓大家的鞋子再次像昨天『神引人』一樣，弄得全是泥巴。」聽來貼心，直覺卻覺得有陰謀。再一次，在台灣沒行程說明會便被騙來的我們，又被老師突如其來的怪招給弄到楞住，當下包括我，有好幾個城市女生們都反對，覺得沒鞋走不了路。我的心裡有數百萬分的掙扎，數十年來，縱使在家裡，我也總是習慣有個拖鞋在腳底，沒有拖鞋我不能走路，我實在沒有打赤腳的習慣。

腳已經好久沒肌膚落地了，對我來說真的是個打破模式的大挑戰。光是在房間脫下鞋子，頓時打赤腳時，腳掌一直縮著，踩前面也不是，踩後面也不是，我用手扶著牆在地板跳來跳去。很彆扭地走在集合的路上，一拐一拐的，腳底跟心底都很不舒服。一到集合地點，我看到很多人的腳掌也是縮著的，並不適應如此碰地。

很快地，我的注意力被轉移，老師說我們接下來要學釋迦牟尼的「成佛之路」！大桌上布滿溢出水的碗，看來，陰謀跟這些碗有關。果然，除了要像釋迦牟尼一樣打赤腳，待會每一個學員也各自要端一個裝滿水的碗離開，前去神性媽媽所在的金鼎涼亭。信義老師說：「走到金鼎，雖然只有短短四百公尺，但大家勢必會走的很久，幾個小時都有可能……」我一聽我都呆了，因為，當老師說：「幾個小時都有可能……」這真的就是有可能，看來前去金鼎不是條簡單的路（後來聽老師說，有前輩走了四小時）！

老師讓我們模仿釋迦牟尼的救贖故事：只要一滴水灑出來，就會有家人因為釋迦牟尼的錯失而被處死。當然，釋迦牟尼沒有讓半滴水滴出，所以沒有家人因他而死亡。老師要我們：「戰戰兢兢地呵護這碗水！」我的中文不夠好，當下在內心翻譯成：「只要有一滴水滴出來，就慘了，就準備要哭了，因為我害死某個重要家人。」我的心聽老師這麼說，立刻戒慎恐懼、心驚膽跳，還沒捧那碗水，就知道這碗水不好捧。沒有人想害死自己的家人，可是看著那碗溢滿出來的水，困難度實在太高了！

當然沒有家人會因為這活動而被處死，這活動沒那麼淺層，深層的規則是這樣的：當水滴出來的時候，我們要停留在原地，好好地聯想：「這滴出來的水跟誰有關？我們曾經傷害了他什麼？要好好地『感同身受』他的痛，跟那個被傷害的人對話，跟那個人說對不起，覺得他可以接受你了，再跨出去，一切就是要讓所有未走完的事件情緒走完。」這活動是在走很深的內省及清理，我們常常因為內、外在的情境而失控，有意識或無意識地讓習性冒出而使人受傷，這活動是要讓以前壓抑、否認、欺騙自己說：「不要緊」、「沒關係」、「不在乎」的情緒全部都出來，唯有澈底清理乾淨了，我們才會變輕，才不會一直背著關係中的債，才會轉化。重點是要往內深看，要去省思自己曾經因為錯失而傷害了什麼人，等我們覺得跟這個人因果處理得差不多的時候才可以繼續走，這是一種藉著內省跟懺悔去做業力平衡的方法，讓關係圓滿。有的人很可能會掉幾滴眼淚，有的人可能會狂哭，有的人也可能會喊叫、尖叫、狂吼、大罵，有的人可能會眼淚、鼻涕滴滿整個碗，有的人可能會想跪下來……全都依心而行。我們不需要理會旁邊的人正在做什麼反應，要完全專注在自己的過程，讓壓抑的事件情緒一直釋放出來，讓事件真正結束。

我本來擔心，說出活動模式會不會讓別人模仿信義老師的智慧財產，後來想想，其實根本不會，因為「模式」並不具力量，看不到的內容才是別人模仿不來、也帶不走的。光是老師沿路依隨感覺播放出來的背景音樂、臨場說出的台詞、氣氛營造的功力、隱約中滿滿充斥的神力……這些深刻細膩的部分，都讓曾經去過其他老師帶團的人說：「真的不一樣！我們之前去都沒有這種感覺！」

我們在出發前老師便說了一堆引導語協助我們靜心，往內接觸，在冥想中，當我們與神連結、祈請神協助我們理解及清理我們的習性時，心裡便開始冒出五味雜陳的感覺。有些人心知肚明傷害曾經或正在那些重要的關係中發生，所以有些人在老師陳述引導時，已經開始心酸，開始啜泣，許多人心裡都有譜，知道在活動中會浮出什麼人來，知道水一定會滴出，也知道一定要面對那些曾經被我們傷害過的人，要感同身受並誠心道歉。我看到有幾個勇敢衝得快的人立刻捧起碗來，但是，後來他們都快不了！因為每個人一捧起碗來「一定會滴水」！「一定一捧就要道歉」！我心裡想說：「裝得這麼滿當然會溢啊，擺明就是要大家一開始就哭吧？」所以我們在大桌子旁一開始便嚴重塞車了，塞好久，好久，好久……前面那幾個人久久都離不開桌邊。有的人更強烈，連碗都還沒碰到，手就抖個不停，還放聲大哭了……（大部分的人都是對父母道歉），愈看前人塞車，愈看他們爆發情緒，我心想這條路真的不妙，這四百公尺應該會走很久，很久，很久。

我不知道為什麼，在旁邊等待時比較有時間亂想，心裡開始偷偷地盤算：「反正都會滴，倒不如一開始時就故意先倒掉一堆，這樣待會就可以走得輕鬆了！」我覺得這應該是蠻棒的策略（我看起來像是在用小聰明，但待會您就會看到「人算不如天算」的曲折情節了）！

好不容易有個空間可以輪到我時，我的腳覺得好噁心、好掙扎，非常討厭赤腳踩到濕漉漉的地板，但仍然勉強自己踩進去，因為不踩會一直耗在原地。實在沒空管雙腳有多噁心，大腦下令要我「趕緊雙手舉起來，把碗捧著，先走人再說。」然而當我雙手一靠近碗，這碗不知道那來的魔力，竟然頓時讓人心情好嚴肅跟沉重，讓我整個人秒速認真專注。果然，裝滿水的碗，一捧起來就滴了一堆，我心想：「慘了，我這輩子真的在不知不覺中傷了一些人！」我的心更沉了。但，我還是有堅強頑固的個人意志力，我真的還是依隨我剛剛的小聰明策略，難過中，手稍微抖大力一些些，讓它不露痕跡地再倒一些出來，還偷瞄一下旁邊，看看有誰看到我作弊，但我腦中立刻聯想到我媽：「天啊！我小聰明的行為跟我媽一樣！」

我想到我媽時，尚沒什麼情緒，數十年的家庭治療讓我與原生家庭的家人沒什麼表面傷痕。幾秒鐘之後，我開始想到她供應我去美國紐約念書，花了她好多錢，五年從不間斷，數不清楚到底有幾百萬元。但我從以前到現在，真的一直都不太去思索她賺錢的過程，我都把她「賺錢很辛苦」的話，左耳進、右耳出，覺得她反正能夠一直供應、一直源源不絕，就代表她有能力賺錢，所以我從來沒有好好同理過我媽的辛苦，從來沒認真替她煩惱過她是怎麼賺的？接著，我立刻聯想到，當我回台靠自己能力買房、付房貸時，每一萬元的付出，我都覺得「賺錢賺得很辛苦，『腰帶束緊』的感覺很痛苦，我想把錢放在口袋暖著，不想把錢還銀行……」

只有長大為人母，當自己也是為家裡的人付出跟打拚的角色時，我才從勞累、哀怨中體驗到媽媽的辛苦，長久以來她的付出絕對吃力透了！她的辛苦是我的好幾倍，但我從來沒有認真聽她說她有多辛苦……我一直都聽不懂，因為我在經濟上一直有她堅強地撐著，她在上頭幫我撐傘，所以我都不知道傘的上面下雨了……我一直沒有看見她煩惱、失眠、追著錢跑的樣子，我也沒有看見她嘆氣、盯著天花板、求神的樣子，我只是一直逃避聽她哀怨，我也一直躲閃接觸現實中女人要扛家計的苦，我一直不願意當辛苦的人，所以我嫌她愛念……我突然覺得我在留學過程中，在每次伸手要錢時，曾經一次次否認、淡化她的辛苦，雖然不是直接的言語牴觸，「不關心」也是一種傷害媽媽的方式……我心裡開始捨不得她，好自責自己長期的盲目、冷默、不同理，我好責怪自己的不應該，竟然老是覺得媽媽在金錢上的供給是「理所當然」，我心酸到從心底湧出一堆淚來。

當我也會因為家人而哭時，我才知道身邊的同學「原來真的是有事」才哭，不是隨便情緒化的。

大家都忙著走自己的歷程，都沒空理旁邊的任何同學（信義老師事先說過，不用理會身邊同學的任何反應，要**完全專注在自己的情境**中，放下沒必要的社交，絕對不准跟同學交談，一句也不行，讓老師們及助理看護全程就好）。活動是在幫助我們認真洞見自己的盲點，哭出（融解）內在傷痛——此時，我心裡聯想：「老師下了這伏筆，意思是說，我們這幾天都會像這樣三不五時就哭嗎？」我覺得我不喜歡哭的本性又出來抗拒了，對我來說，在別人面前哭是丟臉、有困難的。

好不容易收乾眼淚，過了「跟媽媽道歉、懺悔」這第一關之後，我站直、轉身、走離桌邊，仍然滴了一些水，可是我決定要賴，我不想停在原地，我繼續走開，因為我再也不想在別人面前掉眼淚，我必須要遠離人多的地方才能好好地走自己的過程。我心裡更對自己說儘量不要再滴任何一滴水，因為我真的不是個輕易跟別人道歉的人，我心裡想的是：「我不喜歡這個活動，我不要一直哭，我也不要一直跟人家道歉！」結果我又因為不適應赤腳，腳一顛簸，再次晃動、震出水滴來，我當下真的因為活動太離開自己的舒適圈、太困擾我心、太強迫我去做我平常不願意做的道歉而混亂，我再次耍賴、我不要在人多的地方道歉、我焦急，我超想趕快走完那四百公尺，但捧著那碗水真的走不快，終於，我被自己氣哭了！當下完全浮出我個性中不願意對人認錯的特質（平時，若捧個碗我才不可能有這麼多情緒，水再怎麼滴，都應該勾不出我的情緒。但當下整體的氣氛、情境，就是讓人很難繼續壓抑文明的矜持、頑固樣子）！

震動了兩次，耍賴了兩次，水震出不少，眼見我碗中的水不像別人那麼多了，的確方便我行走許多。怎知才輕鬆走十幾公尺，才超越三、五個同學，正在得意自己使用小聰明倒掉一些水，讓自己很好走而已，兩隻小腿突然刺痛起來，我低頭一看，嚇死我了，我跳起來，竟然有一堆黑螞蟻爬到兩隻腿上，少說也有二十幾隻！嚇到，手一晃，水倒了一堆，我極度慌張擔心，因為水倒得比我原先設定得還要多，楞了一秒，必須即時打破遊戲規則，我不可能笨到留在原地讓牠們叮，不可能留在原地做懺悔，怕螞蟻繼續進攻，我趕緊帶著腿上一堆螞蟻蛇行，跳離原地，四處找人幫我撥掉；但大家都忙著走自己的過程，沒人知道我發生了什麼事，事實上，也沒有同學的手有空，他們的手也跟我一樣捧著一個碗；我找到蹲在地上拍照的課程助理恩雅姊姊，但她默默地看著我也不理我，好狠心的活動，一定要我體驗到很澈底（恩雅後來說她當時在發呆狀態，不是故意不理我——這讓我更訝異，神在那個時刻竟然空白她的腦子）！我索性用雙腳交互撥，同時繼續蛇行；終於甩掉螞蟻，也找到一個安全停留點，心跳急速中強烈地覺得「靠自己最好了」，這證明：在困難中，別人不見得知道你發生了什麼事，這時真的不要懷疑自己的判斷力，自己會是第一個能幫自己的人，不能太傻，不能一直站在蟻窟，危難中一定要跳脫遊戲規則，不能讓自己死得很慘！這也算是一種生存道理的領悟。

當時心很紛亂，本來不可能再灑出任何的水，硬生生地灑出很多來，當時我心裡想說：「神，算您厲害！」「果真道高一尺，神高一丈！」當我被螞蟻攀爬狂咬的當下，信義老師偏偏正拿著麥克風經過，他催化大家：「想想你們的伴侶……」唉，我本來把老公放在台灣家中，不想帶他來馬來西亞的，竟然被他賺到要我對他懺悔，而且是排名在第二個（要懺悔的對象）。平常不太跟老公道歉的我，只好認真地思索我跟他之間的事，想著想著竟然也是鼻酸淚流了，在磁塔，人比較有良心，較能同理他這幾年來夾在我跟他家人之間所受的委屈跟傷害，在「老娘」跟「新娘」之中的確不易做到一個平衡……

（後來活動結束後，老師說在那個地點有好幾個人都被螞蟻咬，不是只有我而已。大家跳來跳去，水都灑出來，一個個被強迫做懺悔，他在旁邊看了偷笑，但老師自己都忘掉他當時是說「跟伴侶有關」。當他被同學告知是伴侶時，他只說：「難怪喔！」因為伴侶本來就是常常你傷我，我傷你，是最容易發生磨擦跟爭執的關係，這是個一定要道歉的關係。）

接下來，我可能是被螞蟻咬到生氣了，覺得自己是受害者，竟然在不知不覺中再次改變遊戲規則，在這之後的內容全部變成以「**受害者**」的角度在想。

剛好經過一個果園，不知道為什麼，突然想起我在法國逃難，當受害者的那世（果園讓我想起從城市逃到郊區時所經過的景象），一秒之內，我鼻子好酸，這一幕的鄉村果園頓時變成哀傷充斥、心酸腐蝕的前世場景。接下來的幾秒，更是嚇人，我竟然再次看見上斷頭臺的前世老公，非自願的生離死別，讓我眼淚狂流、全身酸軟（我本來以為十一月做「大日如來，神光療癒」時已經將這一世處理得差不多了，沒想到，還沒有！還有續集）。雖然沒有以前難過，但我想活在當下，不想再被前世受害者的角色給捆綁住，不想再跟那世曾經迫害過我們一家的人再有糾纏！帶著如此糾結的未竟情感並不會讓我活在當下，既然法國這一世的畫面在磁塔都找上門了，那就順勢將它清理得更乾淨，我不知道該如何結束幾百年來的情感哀傷，或許藉此機會，神想讓我知道：「祂知道！」

有一個直覺要我用吼的把所有的苦扔出來，但我不是個擅長嘶吼的人，可是我**選擇接受直覺的建議**。看一看果園暫時沒有其他同學，我終於故意在那裡努力發出聲音來，連續吼了三聲，我自己都覺得我「像是小貓在叫」，看來我在法國那世真的沒把情緒扔出來過，這角色真的被繁文縟節深深框住，竟然在能夠嘶吼的時候，仍然很壓抑情緒，不太能放出聲音來。原來，法國女人站著是因為她連發瘋、歇斯底里的權力都沒有，她只能像墓碑一樣站著抗議，並且求死神帶走她……

法國女人非常壓抑自己。這個時候心理治療就要拿出來使用，所以當下我刻意讓「二十一世紀的我」站出來，帶著「法國的我」勇敢渲洩，把憤怒跟悲傷用吼的清理出來，我心酸那年代的女人有不平沒得申訴，有情緒也沒人可以接得住，文化是很沉重的累贅。為了讓「法國的我」清理得更乾淨，「二十一世紀的我」讓負面的情緒儘量跑出來，終於大聲了一些些，雖然仍不夠大聲，至少已經達到我們的極限。「法國的我」對神開始訴苦，她老實地說她恨死讓老公冤上斷頭台的人，她恨死那些摧毀巴黎奢華家園的人，她恨死忘恩負義掠奪破壞家園的女傭，她也憎恨殺死我小孩的褓姆……碗中的水因為她極度難過，手一直用力晃，而灑出更多，「二十一世紀的我」看到碗裡已經不多的水仍可以灑出，我更氣，眼淚也跟著流出，我氣這法國的苦難在我潛意識中竟然卡得這麼深？竟然可以讓我失控成這樣？竟然害我還要因為水灑出來而哭……我在那裡站了好久，後來眼淚乾了，我想起我當時也是在草地上一直站著沒動，一直在哀悼，一直像墓碑一樣站著，心凍結，時間也凍結，我突然想起磁塔行前功課就是要我領悟我在「罰站」什麼？在此我又哭了，我覺得我好可憐，也感動神很早以前就心疼我，祂知道我來磁塔就是要處理法國這世的議題，這次真的就哭得更大聲了！好幾世紀以來，法國這段印記太創傷，偏偏我又一直不肯放手，我悲憐以前的我不同情我自己，我是受害者也同時是加害自己的人，我了解是我詛咒了我自己，我最傷的人就是我自己！我最該懺悔的對象應該是我自己！可是，我「一個人硬撐」的習性很難一時改掉，我還是顧慮旁邊有沒有人，偷瞄旁邊沒人之後，我才能選擇用力渲洩吼出，這次，聲音竟然可以從腹部深處自然湧出來，我用力地哭，用力地把哀怨扔了（信義老師曾經教我們使用「用力吼出來」的方式來幫助深層清理，我終於知道為何一定要用力才能清到深層壓抑的部分，因為以前用多少力壓抑、壓縮那些想遺忘的創傷，現在就要用多少力清倉整理倒出！）

後來，有同學開始經過我，我的自我封閉習性立刻上來，法國女人要我把情緒收起來，從果園走開，但法國女人對這世實在太執著，太依戀，有太多深層議題需要處理，過多複雜的情緒讓她捨不得離開。嘗試走開，卻又再繞回來，走開，卻又再繞回來……來來回回好幾次，共三次，走不開時，我們反而哭出來，更難過，因為我們都不會做斷捨離，好難不回頭看那片果園。

神可能看我們再這樣執著在法國失去的家人不行，二十一世紀的我今天可能會一直站在果園邊。祂讓我開始出現二十一世紀的畫面，都是近期不開心的現實：我腦中開始出現在工作上干擾我催眠的學生、兩位可怕的前褓姆、讓我破相的醫美醫生，看到這些人時，我的情緒開始有轉折，很憤怒不想看、想扔掉他們，當下我立刻轉頭走人了。

我邊走邊看到一些畫面，很詭異的是，這些畫面自動繞著法國那世在跑，不再是這世的現實情節：

（一）學生

原來法國那世她便出現過，她是住離我家很近的友人（在二十一世紀所住的距離，竟然也跟法國那世差不多遠），當我家中巨變時，她很沒同理心，不管我的情緒是否已經在另一個世界哀悼，她還要我幫忙處理她的小事，她還在想她的派對怎麼辦？這狀況跟這世一樣，當我忙著處理我的工作時，她會插隊，要我先處理她的事，但事實上她的事一點都不急迫，也不曾重要過我當前所要處理的事情。兩世，她都做出困擾、麻煩我的事，難怪今生我一看到她有事找我，法國那世的沉重立刻從潛意識中冒出，非常抗拒回應她。原來，對人不對事！打從我收實習生以來，難得會被學生踩到要我犧牲的地雷，但那年就是奇怪的一年，連學生也來提醒我處理法國那世的議題。今生的我，當下當然是選擇拒絕、延緩，要她學習配合我的時間，當我做出不同的因應，就可以跳脫這因果。

（二）兩個褓姆

在磁塔再次看到她們追殺我小孩的恐怖過程，看到這些迫害細節，讓我更傷痛、更害怕……

（三）醫美醫生

在磁塔，更多黑暗不公平的答案浮出，原來在法國那世也跟他有關，他正是為了錢財而政治陷害我老公的其中一人，我看到這畫面，更明白今生為何我不想放過沒道義真理的這個人！接著另外兩世的畫面浮出，都在歐洲，一世是他被我公開舉發他強暴其他婦女的醜狀，那時他派人從背後拉住我的雙手，然後他拿長箭報復性地劃傷我的臉（相比之下，我這輩子鼻頭的傷小太多了）；另一世是更早之前，女巫時期，我是被迫害的眾多白女巫之一，他再次作賊喊抓賊，不公平地陷害一堆無辜的好女人。在磁塔，我的畫面停在女巫那世，好像最早的梁子就是那時深深結下的。我在那世死前曾深深地詛咒過這個人，我說：「這輩子我沒傷過任何人，但我絕對要看著『你』不得好死！」但這詛咒也把我跟他一次次、一世世地捆綁在一起，沒完沒了！我從來沒有解除這因果過，因為我一直找不到理由原諒他，他也沒有做到讓我可以原諒的理由，所以這讓我在往後的眾多輩子，仍然會一次次地遇到他，然後每次遇到，又會發生差不多痛苦的事。

這真的很諷刺，**是我自己下的詛咒讓我跟這麼痛恨的人多世綑綁在一起！**以歷史的發展來說，我們先是在女巫那世結下梁子，之後在法國，之後是他強暴女人那世，再來是這世。三個歐洲前世，他都是讓女人痛苦的壞人，這世在醫美界一樣為了錢工作，一樣讓女人有傷，一樣不會在法庭上道歉，一樣讓我怨恨他。照這樣「沒完沒了」的循環來說，可以很簡單地類推，可能還有其他我沒見過的幾世，然後一樣都是怨恨收場……但我不想再跟這種人一直累世糾纏，太不公正、太失衡、太負能量了，這回我要終結它。

我實在不想再看到他，我知道**解決辦法不是叫這個人真正死掉，而是要在我的腦中結束掉**。我必須在我的靈魂記憶中跟這個人做澈底的切割，把這扇不停循環的因果之門狠狠地關起來。我的生命中不能再有他出現，有他，就代表社會不公平、不正義；有他，就代表我會受苦、受災難。所以我在磁塔走這「成佛之路」時，我選擇在已知的最早歷史——女巫那世，跟他做乾淨的切割。以前我在自我催眠時，已經把他手腳都綑綁起來，讓他不能再動手傷我；但我這次除了繼續把他手腳都綑綁起來，還把他甩到一個我找不到他的時空，把時空門給關了，還自己心中一片淨土。我以前每世應該都是說：「冤家路窄，狹路必相逢，你絕對躲不過我，我一定會再見到你，而且給你好看！」但我這回選擇跟以前的台詞大不相同，我心裡一直說：「我再也不要見到你！」我相信當我們的內在台詞不同，在吸引力法則之下，也會讓我們的人生軌道改變。

當我在看這些前世畫面時，我其實一直劇烈地過度換氣，每處理一個人就痛苦地過度換氣一陣子，喘到後來，讓我其實有些害怕，擔心我這樣子的喘會不會出事？我在二〇〇一年開始有恐慌症，這現象只有嚴重發作時才會出現，但在磁塔，我喘得甚至比我發作時更劇烈。頓時之間，我澈底明白，**恐慌症就是潛意識在述說靈魂故事中的心痛歷史！**我心中感覺神讓我用力喘、用力咳，全都是幫我把深壓的傷心痛苦清出來，反正我也停止不了這些用力喘、用力咳的動作，那就讓它們全都出來吧！

我頓時了解神好像是在幫我治療十五、六年來的恐慌症，我之前雖然理解恐慌症的造成跟**累世的不安**有絕對的關連，我卻一直不知道內容有多複雜，以及要用什麼樣的方法才能根治它？當下，我想神就是在教我怎麼根治（後來，我在這趟磁塔行程中，真的根治了我從二〇〇一年紐約９１１恐怖攻擊後發病的恐慌症）。

當然不是這樣喘一喘，恐慌症就會不見的，神引導我一定要看見累世痛苦中有什麼「共同盲點」。神不是讓我沉溺在生對方的氣，或無盡頭地指責對方的錯，神也不讓我哀怨、無奈地當個受害者，而是讓我看到並理解我的個性、心性中超極討厭別人傲慢、衝動、自以為是、自我中心、不懂界線、不負責任……等等的壞特質。神提醒我，**別人就像一面鏡子，帶著這些特質的人，不斷地出現就是要提醒我留意自己身上是不是也有傲慢、衝動、自以為是、自我中心、不懂界線、不負責任……等等的壞特質是需要改掉的？若這些特質繼續殘留在我身上，我才是最讓自己危險及帶有傷害、攻擊性的人。很多時候，我們看到別人壞，總是記得別人要改，卻忘了自己也要改，或許這些特質多少我也有，只是從來不知道要從根部去除，才能停止吸引差不多的困難人事物來到我們身邊**。討厭別人很簡單，討厭自己卻很難，我們不能老是自欺欺人，很可能我在有意、無意中也曾經做過一樣的事，傷了身邊不少人。在磁塔場域中，縱使我尚不知道我有意、無意傷了多少人，我這輩子卻從來沒有像這次這麼震撼地親身體驗深層盲點，我衷心誠意地願意看見更多我的盲點，願意看到最深層的真相，也願意看到最清楚的解脫之道，我坦誠我仍需要一點時間，去學習對被我傷過的人做最深的道歉，因為我不習慣跟別人道歉，目前仍有點難，我需要時間適應……

我在寫書時，已經是個比較會道歉的人了。我突然也領悟，原來所有我不喜歡的壞特質都在我媽媽身上，這是另一個嚇到我的盲點（當然，在我及在我媽媽身上偏向程度比較弱的討厭程度。但長久累積下來，不見得會是弱的程度）。**出生前的靈魂計畫的確是極為精密的安排，我們出生在誰家？面對什麼樣的家人特質？家人在教養上讓我們成為什麼樣的個性？這樣的個性會吸引、遇到什麼樣的人事物……全都是在協助我們面對累世一直未解的靈魂問題，後來，我們會發現，找我們麻煩的人都是來幫忙改命、改運的臨時演員。那些需要解決的靈魂業力議題，絕對會讓相似的議題一直出現，直到我們願意面對、願意根治為止。**

我想到我女兒、兒子，他們出生在我家，他們多少也被我的個性所薰染。**做一個媽媽可以做的最佳保護，就是改變自己心性、個性上的瑕疵**——這絕對可以幫助兒女解決很多靈魂業力上的問題，會幫助他們去掉很多源自於父母這一代的苦難，這才是真正的禮物。

離開那片果園及一大片樹叢後，其實離金鼎涼亭就不遠了，在一百公尺遠的地方就看得到傳言中「神性媽媽」所在的金鼎，她矗立在一片開闊的草坡上，兩層樓高的金黃圓頂涼亭，我先是呆呆地看著它一陣子，深深地喘了好幾口氣，我覺得我走了好漫長的一段路才走到這。這不是一段只捧著水、怕水灑出來的路，而是一段面對自己累世個性瑕疵，與自己累世靈性生命深深和解的旅程，這至少是數百年遠的一段路，我好震撼自己在這段路中做了這麼多的領悟。**進入「神性媽媽」之前，神先幫我把「願意當孩子神性媽媽」的特質給帶出來，她讓我跟她的特質相似，讓我更相信人可以有神性特質，讓我更有能力與她同頻共振……**

踏入金鼎之前，我先深呼吸了好幾次，我預期進入金鼎涼亭時，感官應該要有明顯的改變，會有被電到、發麻、暈眩或大哭……等等諸如此類的神奇感覺，我尚不知道會是什麼，可是我期待要有所不同。

結果，「我竟然完全沒有感覺！」很平靜，太平靜了！我感受不到任何波濤洶湧的能量湧上來，至少也要有時空交替的前世畫面浮出，但是，「什麼都沒有！」我不甘心地在階梯交接處上下走幾次，「還是沒有！」我很失望，在一樓的平台一小步、一小步地走著，不死心地繞著涼亭晃一圈，「還是沒有！」沒有人注意到我在上下來回測試什麼，一群坐在石椅上的同學看起來只是一副很累的臉、滿身是汗、很多人的嘴巴都累到打開，看不出誰進來涼亭後已經經歷過任何神奇……

我狐疑地想，之前跟我講故事的學長姊們會不會太誇大了？說什麼「金鼎媽媽那邊很神奇！會有神！」可是我繞過來、晃過去，不就只是一個普通涼亭嗎？不管我怎麼看，沒有任何人有特殊的神奇反應。此時我的皮膚因過度日曬而繼續發熱流汗，但我的心卻寒了，「傳說，應該都是虛構騙人的！」

只剩下零星幾個人仍很認真地在走「成佛之路」的過程，他們快進來涼亭了。信義老師突然說：

「還好你們這班不用走到四、五個小時！」我人雖累，卻仍然聽得到前輩創下的驚人紀錄。我腦中還是忍不住頑皮地想：「四、五個小時，他們是做了多少壞事？有多少人要道歉啊？」此時我瞄到有人裸膝跪在尖銳的碎石路上前進，我光是看就覺得痛，更何況身歷其境的人，照這樣苦行跪五十公尺上來金鼎，膝蓋應該是會皮破血流。在這裡，個人選擇怎麼走這條路是會被尊重的，聽說跪著走還不算是最厲害的，還有爬著來的。

我很佩服這些曾經有修行概念的人，在他們原本的信仰中，或許因為人為因素而相信靈魂業力能夠藉著苦行抵消許多，可是，我後來發現，身體有無皮破血流或任何苦行性的疼痛，在神通效果上不見得會加分，反而，著重在心靈有無開通還比較有效果。在此我真的不建議在這段路上讓自己跪著走或爬著走，若要的話請穿十層衣服護肘、護膝，因為之後在另一天的上課，還有一個多小時的大拜懺要做，在破皮、滲血、潰爛之下很難讓關節又站又趴，然後當頭腦及身體無法一高一低做大拜懺循環運行時，呼吸不容易順暢，累世靈魂也不容易出來說話，更不容易接收神的訊息，反而會大大降低大拜懺的效果。所以請大家在這段路上儘量留著膝蓋、手肘皮肉完整。

‖ 神蹟式天賦下載

接下來是我在金鼎的震撼時刻！

正當我覺得金鼎怎麼跟台灣一般的涼亭一樣有蚊子會咬人時（在磁塔場域我只有在金鼎被蚊子

咬過而已，其他地方都沒被咬過），信義老師開始放特殊的背景音樂催動情境，另一個活動揭幕了，他先示範一個「接氣手印」，然後引導我們站著靜心，然後要我們所有人憑感覺、憑直覺，隨意動起來，依隨己心去動，信義老師說：「這是一個跟神連結的過程，有的人可能會想跳舞、有人可能會打拳、有的人可能會想哭、有的人可能會想喊……想做什麼就做什麼！」

我不確定我該怎麼動，基本上在別人面前我動不了，也不可能有奇怪的動作，光天化日之下，我沒有任何想跳舞的感覺，我也不想打拳，「會這麼做的人是怪異的人！」我楞在原地，先咪著眼睛偷看同學們都做些什麼，一個在陽光下揮動、一個像在跳舞、一個雙手朝著太陽、一個偏向打拳、一個像在做健康操，眼睛才瞄到四、五個人，信義老師便冒出一句說：「不用管別人怎麼動！」請問，信義老師是長了幾個眼睛呢？怎麼我偷看或內心出現疑惑都會被知道？

我索性閉起眼睛，當自己是公園老人隨便左右亂晃，可是，就當我放棄僵直，允許自己不顧形象地豁出去時，幾秒鐘之內，突然，我的雙手活生生地往上不斷伸高、伸直，像是在吊單槓一樣，我的整條脊椎自動被扯得直直的，頓時，脊椎變得舒服很多！

接著，我的雙手開始不自主地由下往上甩手震動，一直甩，一直甩……愈是甩動，整個人的關節、脈輪愈是鬆開來。

接下來的狀況先用預告性的說法讓大家心理有所準備：**在磁塔，很多時候身體的反應比心理快**（這句話在這之後我還是會重複提幾次，因為這是在磁塔常有的正常現象）。

沒時間用腦子理解發生了什麼事，我突然不自主地往前彎，一彎便用力吐出後腰脊椎的壓力（脊椎是儲存很多情緒壓力的地方），我突然鼻酸、心酸地哭，腦子空白，只感覺自己的身體好可憐，承受過多壓力，接著我開始在前彎的姿勢中過度換氣，也不停用力咳（像在果園一樣，但更劇烈）。等到較不喘時，我站起來，竟然有股力量讓我再次前彎下去，再次釋放出脊椎後側的壓力，繼續過度換氣，繼續用力咳，來回好幾次……在這過程中，雖然腦子裡完全不知道是怎麼一回事，我卻哭到眼前一片模糊，鼻涕掛整臉（我在校稿時才理解這些動作都是在清理心輪之下的三輪——海底輪、生殖輪、太陽神經叢，因為腹部一直用力換氣跟重咳，腰椎、尾椎也一直釋放壓力）。

我突然覺得左手掌背有蚊子咬我，所以我忍不住一直用右手搓左手掌背。這一搓不得了了，我開始按摩式地搓抓、鬆軟我的左手手掌，左手鬆完換右手（我納悶自己怎麼出現按摩師父的技巧）。接著，技巧及重點皆變了，重點擺在手掌心，用力按壓、搓揉左手掌心後，又換右手掌心……我完全不知道我為什麼要做這些動作，我只知道一切自動發生。

搓手的過程中，也覺雙腳被蚊子叮，本來只是抓抓癢，後來忍不住，開始不時往小腿被咬的部分又壓、又刷，後來是整個小腿都要刷，我一彎腰刷腿，又是邊哭邊過度換氣；好不容易站起來時，又回到雙手的互搓，再一次，著重在手掌心的按揉，我心裡想說：「我的手掌心又沒被叮到，為何要按那裡？」我上面的手一直互搓忙個不完，下面的雙腿也忙著要被搓，一下子上，一下子下，一秒都沒休息，我的手好忙，心裡也完全搞不清楚這是怎麼一回事？我緊張害怕到一直「ㄜㄜ」叫，眼淚也一直狂流……這真的是我人生有始以來最混亂錯亂的狀態。

此時信義老師已經悄悄地飄到我身後，他把手放在我背後心輪，連結大日如來的神光能量，突然，一個女巫被火燒死的不公影像浮出腦海，心中頓時衝出強烈的委屈、哀怨與痛苦，身體在古老的時空雖然只有一、兩秒，我卻立刻跪倒、大聲爆哭、哀嚎無數聲（比在果園還要大聲），我不由自主地用力咳，不間斷，感覺好多的苦及負能量不斷地從身體中被推擠出來，身體不屬於二十一世紀的我，我好訝異我怎麼停不了這些過程？這種情緒清理及平衡業力的方式太嚇人，一切都是陌生沒經歷過的感覺！下腹部仍然持續用力在咳，一直在釋放那輩子冤死的創傷情緒，雖然不知道原因，卻從情緒中清楚知道她慘遭天崩地裂的苦難，女巫冤枉而死的影像及死前哀號的聲音嚇到我，我好同情她，不敢相信女巫真的曾經是我的前世，甚至慘死成這樣？用力釋放後，全身癱軟，整個人跪坐下來休息，我仍記得自己的眼淚、鼻涕在此時的空中晃來晃去……

當我比較能夠呼吸時，腦中有一區塊提醒我「千萬不要浪費此時！」，雖然腦子大部分的區塊還不能理解到底發生了什麼事，幾秒鐘後，我的意志力又讓我再站起來，一定要勇敢冒險，繼續探索看看還有什麼事會發生。竟然，站起來後，我再次出現自動發生的動作，不由自主地搓手刷腳，當我由上往下不斷地彎腰刷腳時，我開始明白這些動作是將負能量帶開身體、往地底排出。

當我再次站直時，再次搓手，突然之間，我的右手快速地從左下手臂往左肩飄移，精準地按壓我左肩常常會酸痛的一個點！

我領悟了，這手法根本不可能是我在做，是有「神」或其他靈界的力量在帶！速度、方向、步驟、部位、停留的時間、力道……等等，都是跟身體細胞記憶的需求精準地呼應著，全都是在做清理、整理！但是當我有能力思考時，我開始擔心是否還有另一股力量在干擾：「這是不是卡到陰？因為厲害的鬼要用妳之前也會先給妳好處？」

沒有時間空隙讓神或鬼回答我，接著我的雙手在頭頂十公分處，開始以逆時針的方向繞，繞了幾個大圈之後，雙手一直往外扔掉頭部（眉心輪、頂輪）的東西，然後又在脖子後面（喉輪）一直隔空抓東西扔掉，往旁邊甩開。雙手不停地扔出東西，祂邊扔，我邊害怕，我還是很怕鬼，開始哭了，跟祂說：「不要附身！我不喜歡這樣！」祂不理我，仍然繼續做祂的清理，之後雙手又再次在頭頂逆時針繞圈，仍然是在抽出不再有用的負擔內容及心理垃圾（數量很多，讓我突然有點尷尬，覺得之前的我在腦中裝了一堆垃圾）；扔了一堆之後，手開始撥開前額瀏海，原來祂的目的是讓眉心輪接收光；接著祂在眼前、前額、耳朵旁、脖子前後，都隔空搓洗，一度拍打整個頭部，捏除頸椎僵硬塞住的不舒服，還特別在前額做了一堆清理，編織……我愈來愈舒服，此時我較清楚祂應該是好的能量，是在幫我開頂輪、開天眼、開耳朵、開喉輪，我若卡到陰應該不需要有這些複雜的處理（可以直接上身就好），不可能有編織的手法要我腦子聰明，不可能把光送進眉心輪，不可能讓我的能量拉高。我安定許多，清楚祂不會是鬼，無謂的恐懼便驅散了。此時我在腦海有畫面浮現，看到祂在建立像圖書館大小的檔案，做了一些分類（校稿這段時我震驚地領悟，原來祂是在此時此刻授權我打開阿卡沙檔案）。之後祂像在下載檔案一樣，手勢開始變化，祂從空中一直抓東西放入腦中，我猜祂們開始植入一些東西，至於是什麼東西，我至今仍然無法清楚定義（後來詢問信義、寶治老師，才知道這些過程因人而異，至少是在**轉化我的身體細胞**、**刪除一些沒有用的程式**、**卸除一些身體創傷印記**、**下載系統老師們的獨特手法以及溝通程式**、**從阿卡沙記憶庫中灌回我前世的天賦**……簡單說，把我改造成為更好的溝通接收放射器，或者是說，更方便被祂們使用的通道）。

之後左手像本書一樣放在眼前，右手開始在空中揮動，接著雙手握拳，右手繞著左手做逆時針倒轉，右手又在空中揮了十幾次後，停在攤開的左手上方像翻書一樣地揮動，我意會到祂是在教我開檔案，因為這像是在圖書館找書一樣，好幾排書在我眼前出現，然後書拿出來之後，可以翻頁……當下我覺得與電影《露西》雷同，好多我前世的畫面在眼前快速流過（在閉眼狀態下），其實這些動作的發生及畫面的出現，讓我當下會害怕，但我同時又充滿好奇心與期待，想要繼續體驗下去，很矛盾，眼淚一直流，能量好到讓我極度感動，只是我真的不知道這些陌生的過程會對我產生什麼影響（原來電影「露西」的女主角在進化時，這些不熟悉的未知的確會讓人害怕，電影公司真的有參考真實的靈性爆發狀況）……

整個過程中，我感覺有一些神佛菩薩的手印不停地浮出，我的手除了做清理，也一直像在講手語一樣，一直比個不停（後來知道這也是靈語的一種）。我雖然閉著眼睛，眼前卻好亮，好多畫面，也有好多尊彩色的神一直到來，每一尊都在教我一些東西。畢竟我以前跟神佛不通，只能憑感覺亂猜，我感受到觀世音菩薩、玄天上帝、九天玄女、大日如來、耶穌、聖母瑪利亞、天使、以及一些我真的不知道要如何稱呼他們的神。我的腦子不知道該怎麼辦，但祂們好像都知道該怎麼辦。

突然，信義老師說：「活動在此要結束了」，我們要從涼亭的一樓上二樓。我的神還沒處理完，我也才剛開始學會不害怕、正在享受正能量時，我仍閉著眼睛，繼續在原地讓神做工，我聽到「金剛」兩個字，祂把我從上到下用手用力拍了一遍，此時的手法特別不同，很有力道，有些機械式地在我身體外圍做出像白色水晶的構造，一層層地保護框住我。我心裡想 這是「金剛罩」嗎（我那時從來沒聽過什麼是時輪金剛或大威德金剛，所以我就自己造詞成為「金剛罩」）？

III 療癒圖騰

我其實不想上二樓，但老師們都在催我了，總不能等我完全搞懂後才上二樓，我依依不捨，我仍想在一樓繼續跟神互動，「太酷！太過癮了！」但「金剛罩」其實像是收尾的動作，看來還是可以上樓的。

上樓後立刻是個驚喜，視野超美，四面都是廣闊的森林，地板是冰涼乾淨的大理石，讓人立刻想躺下來睡午覺。大理石的造型有特殊設計過，正中央是黑白交繞的太極，外圍是八卦陣。信義老師要我們將「成佛之路」所端來的碗，繞著太極圖圍一圈，然後我們也圍成一大圈坐在八卦陣上。

將近三十個碗集合在中央時，我有了比較性的參照點，我發現我的碗剩下的水最少！我心裡當然有數為何我最少，因為我一開始就故意倒掉一些，中間被螞蟻咬時又逃又跳，溢出更多，後面在果園還因為生法國時期的氣而繼續灑出來。但我突然想到：「每一滴水都代表我曾經傷害過的人！這……大事不妙了！」依照我的水位，「我應該是所有人裡面最會傷害他人的人！我是第一名，是萬惡不赦的大罪人！」

我心一慌，忍不住從座位上低低地匍匐爬行，溜過去信義老師身邊，壓低聲音問老師說：「老師，我的水最少，是不是我曾經傷害過一堆人？」信義老師看我的臉真的很凝重，一副是真心惶恐的樣子，這下子他沒跟我開玩笑了，他安慰我說：「水多、水少都沒關係，活動的主要目的是要大家認真學佛陀悲天憫人，學佛陀靜心、內省，不是因為水剩很少而解釋自己曾經傷害過很多人。」其實，恕我在內心翻譯成更通俗的白話：「會怕嗎？最好！就怕你們平日言行不謹慎，常常有意、無意傷人造業！」

信義老師學佛修道數十年（兩千五百多年前曾是跟隨佛陀修行的弟子），他知道嚴肅地講經說道，沒辦法帶領像我這樣「只有專業知識，沒有其他常識」的凡夫俗子與神合一，但將深層用意融入動態性活動中，一步步帶我們體驗，光是不尋常的赤腳走路，就會讓我們每一步都踩得謹慎，也在用心不讓水滴出來的象徵性意義中，逐漸學會刻意靜心、反省、同理、懺悔，**可以幫助我們避免製造人際互動中有意識或無意識的傷害**。正因為活動是動態的，容易刺激所有脈輪，讓全身六十兆細胞甦醒，深層又快速地讓自己的心轉換成佛陀慈悲的心，把心打開，自然能夠讓自己跟自己的神性連結，進入轉化的狀況。

信義老師說金鼎媽媽就是「神性媽媽」，是「瑤池金母」，也是「大地之母」。他要我們拿出紙筆，試著感受神性媽媽跟我們之間的連結，畫出神與人之間有意義的暗號，這將是回台後覺知彼此相連的圖案、印記，或者是叫做「信物」，讓我們以後一看到這圖案就知道神性媽媽在身邊。

我直覺地感受到一個古代女人的側面肖像，有點像馬雅或埃及女人，中長髮，頭髮上綴有特殊的髮飾及髮帶，耳上的大圓型圖騰是主飾，我若看到圖片我會認出，但我真的畫不出來。還好信義老師這時說：「若神性媽媽給的圖太難，可以跟她說給個簡單一點的，好讓你能畫得出來。」（愈來愈覺得信義老師偷聽得到我們的內在語言！）

靜靜想了一下，拿起紅、黃、橘三個粉彩筆開始畫了，頓時，十字架出現！是一個鮮紅的復古型十字架，這立刻讓我知道我的靈魂在西方活躍過的次數比較多（我們這梯有好幾個同學是畫卍字，或畫像太陽的圓型簡圖）。簡單的十字出現之後，我的手並不想停，仍是拿著粉彩筆持續繁化、華麗它，後來漸漸成了雕琢精美、有立體橘、黃光暈圍繞的十字架，我心底不由自主地佩服神力，與神連結的優勢，讓我遠遠超越原本的繪畫能力。當我畫好時，我愈來愈欣賞紅、黃、橘這幾個顏色，我漸漸定義這些顏色是在代表「光」及代表「神」，我轉頭看了一下涼亭外的太陽，也是紅、黃、橘這幾個顏色所構成，我想，我以後會更喜歡太陽光。畫完之後我又開始偷瞄別人，原來我畫畫的速度很快，還有很多同學低頭在畫或還沒連結到，還有時間，我突然覺得千萬不要浪費此時，**神若能用說**

的，祂一定也能用畫的，所以我立刻低頭翻了另一頁紙，繼續畫，漸漸地，從幾片花瓣演變成一層又一層往外開放的花朵，內有花蕊，外有漸層花瓣，很細緻，是一朵很美的大紅花，看了就覺得很像一顆心臟在跳動呼吸，充滿了生命力與正向能量！過程中，我不斷感受到筆有自己的意圖及方向，若依我自己的能力絕對不可能有這些構圖，也不可能畫得這麼細緻漂亮！

突然之間，我楞了一下，鼻子從心底感動到酸酸的，因為我的第一本書《遇見紐約色彩的心理治療督導》封面就是朵鮮紅色的玫瑰花（圖案是我給出版社的設計構想），完完全全符合這圖騰的味道！不可思議的巧合，原來神早在二〇一一年就給我圖騰了。其實在自我催眠中，我看過前世的我曾經是個虔誠天主教修女，跟紅玫瑰有相關，然而，我這輩子在高中時曾經住宿過玫瑰天主堂，去南投上信義老師課時也住過玫瑰天主堂，去歐洲超愛進教堂……跟玫瑰天主堂有關連的故事還很多，聯想到這些，我的眼睛睜大，連瞳孔都訝異到放大了！

我好感動，這兩個圖騰帶出我累世靈魂的象徵性印記。我回台灣後更是不時在感動中雀躍，因為光是我家中的擺設物件就有一堆是這樣的圖案，我的生命中其實早已經有太多的東西繞著這兩個圖騰的印記在走，原來，神早早就在，祂一直都在我身邊布滿祂存在的訊息，只是我不懂祂而已，我好開心祂一直都在……

回到台灣，我的神還是在圖騰的畫中，不，其實是我一看到圖我便立刻被帶入神的世界，不，其實是神會立刻進入我的世界……基本上，難以分辨！以上這幾種狀況都會發生。回台一個月後，我跟圖騰的連結更強烈，一看到祂，我的心輪就會用力震一下。然後在實修更精進之後，在看到圖騰或想到圖騰時，更能感覺能量竄流進來。

IV 第一次操作靈性療癒

信義老師有過人的膽量！這天下午的課程，讓我至今仍然萬分佩服他，竟然能夠如此大膽放手，讓我們操作靈性療癒。

先分組，老師要我們憑直覺找人搭配，兩人一組。有位女同學在我腦中一片空白時，便主動朝我這邊走來，我順勢接受。

坐定後，信義老師才宣布：「利用早上活動下載的圖騰，來幫對方做靈性療癒！」此時，大部分的人都眼睛瞪大、倒抽好幾口氣，好幾個人的下巴都掉下來。「誰會做啊?!」一堆人開始叫：「我們不敢！」「我們不會！」好多人都面面相覷，尷尬地苦笑。老師說：「**只要將圖騰放在自己的心輪上，便可啟動與神的連結，療癒的功能不需來自自己，而是來自『神』，讓我們自己只是個管道，是個傳導的路徑，一切療癒會『自動發生』……**」

其實當時我聽不懂老師的意思，我非常不相信，簡單放個圖騰在心裡，我們就可以做療癒？「不可能！」我楞著等了一下，等老師說他是鬧著我們玩的……可是，信義老師完全沒有要更改的意思，我盯著他，他揮手示意我可以開始做了，「看來他是玩真的，也真的太看得起我們了！」這絕對是趕鴨子上架的概念。

我們這組由我先當療癒師，我也佩服那位女同學敢在我面前躺平。靜心的時候，一開始我很慌，我真的覺得：「這輩子的我不會，上輩子的我也可能不會，每一輩子的我應該都不會！」我的腦子充滿擔心跟害怕，那時的我沒有所謂的「高我」，只有像小雞一樣想開溜的心。老師又再次鼓勵：「把自己當成神聖的管道，只要把自己弄通，讓神借著我們的雙手，來為對方做靈性上的淨化、清理就可以了。」我心裡仍然想說：「太難了，不可能的事！老師您真的很不認識我們，我們才三兩三，您就要我們上梁山？」

持續靜心的時候，信義老師教我們把神性媽媽所給的療癒圖騰，以想像的方式放入胸口。我照做，我放了，可是一分鐘都過了，我的手沒有「電流」的感覺啊？看著眼前躺著的同學，我不知道我該怎麼辦。

信義老師此時又說話了：「憑直覺把手放上去就對了」。我心裡沒有直覺，但我想說：「好喔，你說的喔，我已經說了很多次我不會做喔……」慣性偷瞄其他同學，不確定他們是真敢還是假敢，還真的有人服從地把手放上去了。我腦中緊急搜尋可以用的靈療資源，慘了，沒什可用的，只有一、兩個勉強擠出的資料，是我在台灣體驗過的靈氣治療師手法，當下我決定，縱使不會也要先模仿動作，至少可以將雙手放在皮膚上五到十公分左右。我實在很遲疑、也很沒信心，心裡也像個焦慮的老太婆一直碎碎念，雙手還是乖乖放上去了，可是，這一放，我竟然開始有著無與倫比的信心從身軀直衝到頂輪，我的左手不由自主地高舉像天線，右手開始浮在她的上半身做掃瞄，突然，我的直覺選擇雙手放在她心輪。我很想從心輪下手，但不好意思一碰就碰人家胸部，畢竟我跟這個人真的不熟，所以我改往太陽神經叢做處理。

很奇妙，我不再只是浮在皮膚上五到十公分高，我不由自主地跟對方說在必要時我會接觸她的身體，對方同意後，我的雙手像連結雷達或眼睛一樣開始有自己會跑的方向，再一次，**我身體的反應比我的心理跑得快**，我的腦子是手在帶的，腦子頓時變得很輕鬆有自信（我相信我那時的眼神是很睿智的）。我用我這輩子會的催眠語氣引導對方釋放壓力跟情緒，讓語言、聲波也成為一種療癒力量，我感覺全身很有力量，從手掌心更有一堆能量湧出幫對方做調理（原來，我的療癒感覺不是像「電流」的刺、麻，而是像股「氣」的流動；一旦認同「屬於我的療癒手法」是種氣流，我的腦子不再執著於「等待被電到」的感覺）。我感覺她的腹部有一堆苦跟哀傷，當我想像有光透過我的雙手進入她的身體時，我的伙伴開始哭，她的反應讓我知道肉眼看不到的世界中有玄事在發生。很奇怪，我懸空五到十公分的雙手摸起腹部的那一團空氣是有感覺的，有微量的稠重感，直覺就是想把它撈出來扔到空中，我扔的時候很有警覺心，不往其他組的同學身上丟，扔向空中，想像光吸收了它（我的直覺真的很有趣，的確不能往旁邊同學身上丟，會害其他同學變得不舒服）。

我自己覺得最有趣的部分就是我充滿感覺與直覺，不知為什麼就是能知道對方的身體哪裡有阻塞或沾粘，會主動撈、抽、拔出東西往外扔；對於深層的沾黏，則一層層剝開，往內挖、切斷、切碎，扔出；也會開口讓穢氣渲洩；按摩疏通經絡；覆蓋外層做收尾……我被神的手法給完全收服了。我本來不相信我的手有能量，但當我的手跑得比我的心快時，不相信也不行。然後不管我的手跑到伙伴身體哪個部位，她就是有反應，當我跑喉輪時她會一直咳，在心輪時她會一直哭，到頂輪抽走負擔、雜念時會讓她頭部釋壓……藉由她的生理回饋，我逐漸確信我的手真的有能量在跑。

我覺得我的手法很有趣，寶治老師在旁邊一直觀看大家的狀況，結束後我忍不住跑去問寶治老師我是否做對？老師回饋說我的手法是綜合型的，有氣、有光、有手術、有穴點按摩……我問老師是否這就是靈氣界有外科手術之稱的「凱龍」？或者像氣功？光療平衡？經絡按摩？寶治老師笑笑不理愛下名詞定義的我。

過程中，好奇的我多次忍不住偷看別組的同學在做什麼，我發現一個有趣的現象：縱使我的眼睛不在我的伙伴身上，或者我的眼睛閉著，其實都可以知道這部位該怎麼做，我的雙手從來沒有停過，手真的有長眼睛！難怪我在台灣被靈氣服務時，治療師們可以雙手不停，嘴巴卻可以跟其他人講一些話。此時，信義老師說：「看吧，都會做吧？你們在怕什麼？」我心裡回答說：「是啦，您都對！您什麼都知道啦！」信義老師的大膽來自跟神契合工作，他覺得人人可以，只要相信！

換我躺下當體驗者時，很有趣，前世畫面會自然竄流出來。漸漸地，我覺得自動誘發前世回溯是我的強項天賦。我看到我在黑暗的隧道中，歐洲，火車鐵軌，我是修女，衣服很髒、沾滿泥土，匆忙地推推車救人，車上有好幾個年幼的小孩，火車突然來，我左腳卡在鐵軌上，閃不過，右臉被撞上，左腳踝粉碎性骨折……神沒有讓我看到最後一刻，生命是怎麼結束的我並不知道，我也覺得應該沒有那個必要，太血腥的我並不敢看；祂讓我以第三者的角度觀看摘要性的畫面，知道故事的大概內容即可，不需以第一人稱的角度身歷其境，否則我應該會痛死了（若以第一人稱的角度承受，經歷結束後，可能會跳起來罵人——我曾被前世回溯的個案罵過，因為太痛了）。當我的伙伴跟我分享時，她說她感受到我的左腳受重傷，尤其是腳踝，我跟她確認我這輩子常會酸痛難走的腳正是左腳……感謝她在操作過程中讓卡在身體的創傷記憶流動，將故事從潛意識帶至意識，讓我腦子理解真的有一段歷史曾經影響左腳的不舒服。

很玄也很巧合的是，昨晚寶治老師幫我秒速做脈輪掃瞄時，她看到我的右臉上方有撞擊，左腳至腳踝有受傷。結果在這活動中，我便看到相關的前世畫面，原來我的臉跟腳是在修女那世受傷的，我不得不訝異這「巧合」，然後我也開始猜想寶治老師應該有能力看到未來會發生的事，她會預言（後來多次證明是如此）。

V 家庭關係大震盪——破除「自我欺騙」及「拒絕關心」

這一天，太過豐富，晚上的課程仍是充滿震撼。教室中間放了一個神祕的盒子，信義老師安排大家抽一張「家庭關係卡」，聽聽看神給你什麼指導。本來應該是一人一張，但從歷史上的經驗來說，有些人在打開後會發現是兩張或三張疊在一起，此時可以順勢接受神送給你的多個回饋。我抽的時候是一張，但是，回到座位打開時，彈出另一張來，當下我的眼睛立刻翻了一下白眼，感覺自己「很有事」！我抽到的是「拒絕關心」及「自我欺騙」。

頓時之間，我搞不懂神為什麼這樣說我？因為我真實覺得「我是不錯的人」，縱使仍有個「錯」字，整體來說也仍然是「不錯」。自覺在工作上很認真，是個憑良心做事的拚命三郎；突然，有個聲音提點我，這兩張卡並不是指我的工作表現，這是「家庭關係卡」，祂所指的是我在「自己家中」未解決、面對的盲點。理解這個，我也沒多開心，一樣沉重了下來，開始思索我在家庭裡是否有著「自我欺騙」跟「拒絕關心」的議題。在原生家庭裡讓我覺得沒什麼大議題，畢竟我拿自己家人當婚姻家庭治療的實驗品已經做了二十幾年，或許我的媽媽仍需要少一點溺愛孫兒，跟我們夫妻多一點合作，在管教上才不會彼此抵消；公婆跟我緣分不深，老公跟我早已經度過磨合期，不過，我覺得我還是個沒什麼把握的新手媽媽，孩子一個六歲半，另一個八歲（最初寫書時的年紀），發展變動性非常大。

有幾個同學開始分享「家庭關係卡」，他們都在淚說卡片所言屬實，完全一針見血！從卡片中，大家都忍不住回想自己跟父母未解決的關係，一個個都是被父母忽視、沒被照顧好的小孩。一個打從骨頭裡生氣父母，另一個從內臟裡怨恨父母，另一個跟著跳起來、氣自己的家庭背景……這下子，「骨牌效應」來了（平時我在家庭雕塑/心理劇中看過很多次這種骨牌現象，讓大家會串在一塊並共同解決相似家庭議題，沒想到信義老師也會用這深度心理療癒的一招）！已經爆出至少三個家庭的議題，信義老師請其他同學加入讓自己有感的對象，漸漸地，自動分散成好幾個小團體上演家庭中的震撼戲碼。加入的人原本是要幫忙對方走歷程，結果自己家中相似的議題卻被勾到，一個個跟著主角驚滔駭浪，甚至哭成好幾團。

一開始我還在觀望，畢竟心理師的休假、渡假理智還是滿滿存在的，我期許我自己是花五萬四來當學生悠哉，並不想讓心理師的角色出來上班，對於別人的家務事我不確定是否要職業性地「插手」。但是當我看到大部分的人都在跟父母討愛、討錢、討真誠、討公平、討諒解、討注意、討解脫……各個憤怒到顫抖，都是極度受傷的小孩，這些家庭狀況終究會勾出我的職業病來，讓我技癢，我趕緊把下巴縮著，雙手扣緊，忍著，提醒自己「看看就好了」。跟其他同學相比，我沒卡在這麼重的心酸程度，我慶幸我在二十幾年的心理治療中已經先苦後甘了，已經深刻處理我的原生家庭議題千百萬次，早已經不讓我委屈（**所以我才有空一直看前世**）。但他們這些未竟事務的委屈一定要出來，這是讓內在小孩「長大」的必經過程。

我繼續觀看的時候，開始覺得有些無奈，同學們在職場上或許是管理階層的人，卻沒玩過我們心理治療上的深度同理及情緒引導，所以他們用的往往是比較通俗的民間台詞，比如說：「神是愛你的」、「神就在你身邊」、「別以為沒人理你，你還有神」、「你的爸媽不管做了什麼，都還是愛你的」、「天下沒有不是的父母」……不少人誤會在磁塔講「神」，或者把父母神格化會很好用，結果很多被關懷的人聽了反而更氣，覺得被否認、也不被支持內在真實的感覺。當被關懷的人拒絕再聽神話或神格化父母的台詞時，旁邊的人誤以為他聽不懂而講得更大聲，或再多講幾次……

基本上，要講神可以，可是不是這個時機！要講他爸媽像神也可以，可是也不是這個時機！

我知道為何被幫的人愈聽愈氣的原因，我在旁邊看了猛苦笑，因為，在我們的心理治療中，他們這種安慰法叫做「錯誤示範」，說這些話的心理系研究生通常都會被教授當掉，重修。這些「錯誤示範」的台詞就是會讓當事者越聽越氣，因為這些話都太冠冕堂皇、太虛幻、太不同理、太不能貼近一個正在情緒中的「小孩」（在情緒中，我們通常是心理年紀退化的）！在此講神或者神格化父母，都是再次殘忍否決一個人的成長需求。一個小孩在悲傷難過的時候，那會管你有沒有神（至少我家養的那兩個小孩就不會管），他要的是把父母拖出來說明白、講清楚、給公道、給安撫、做和解……小孩子在情緒恢復上是有階段性的，這時候需要的步驟是先同理、渲洩，讓心裡有空間了之後，才是引導。但大家都太快做引導，還沒同理，就已經想要息事寧人。

我想持續裝傻、不想發聲，畢竟心理師在磁塔不想上班，我想默默地尊重大家實驗，也看看神怎麼帶大家。但是，我慢慢被一個憤怒、抓狂中的同學給吸引，因為他的動作實在太大，旁邊的人招架不住。他們沒看到他早已經在傷痛中退化成小小孩，若持續用大人的方式跟他說話，是不可能找到他的！我憋不住我的職業病，忍不住從座位上起身，走過去做了心理師可以做的「替身」技巧，我把我自己當成是一個工具人，我演「他」，代替他說出內心不知如何表達的話，帶他安全地面對情緒，帶他面對兒時傷痛的議題，這是心理劇裡很深度的同理跟接納方式，完全沒有建議，**純脆像鏡子一樣一直反射對方的深度情感**，通常可以協助對方排出壓抑的情緒苦毒。

隨著我當「替身」的時間愈久，我愈能感同身受他沒被父母照顧好的苦。其實，也正因為他完全沒有考慮到音量，持續在我耳朵旁邊大吼、大叫、大怒，我被勾到惻隱之心（神一定覺得我耳背，才會找一個吼這麼大聲的人，來確定我一定聽得到，才能治療好我的盲點）。我覺得這小小孩真的好可憐，讓我不想再拿著心理師該堅守的角色界線（反正我在磁塔也不需要當心理師），我去掉心理師的角色，當一個有心理治療技巧的我就好了，我開始私心思索自己的狀態。他的過程讓我想到，我自己小時候並不喜歡被疏忽、跟被騙的感覺，我跟他一樣曾經很孤單無助，一樣是情緒上父母沒接住的小孩。過程中我本來是「演」他的「替身」對父母訴苦，竟然，在他逐漸穩定下來，述說他渴望被什麼樣的爸媽對待後，我竟然跟著情境轉變成他的爸爸跟媽媽，跟他說對不起，請求原諒及和解，此時有另一個視窗突然同時上演：我覺得他是我兒女的替身，我是在跟我兒女說話（**心理學上「移情」與「反移情」的現象在磁塔場域會很嚴重，所以千萬不要帶著心理師的職業去磁塔，神會讓我們吊銷執照**）。

逐漸地我覺得他的說不出話，就像我家兩個年幼小孩缺乏字彙做真實狀況的表達一樣；我也突然理解他的生氣，像是在幫我家六歲半的女兒，八歲的兒子「象徵性」地表達生氣，同時他也勾起了我對小孩是有虧欠的感覺……

原來神在說我仍然花太多時間及心思在工作上，我家的小孩有委屈、會生氣，需要媽媽更多時間上的陪伴，以及品質的提升。我頓悟，我不能以「當年我媽媽很忙，沒空理我」來相比，這是一種

「自我欺騙」，是一種逃避面對問題的藉口。畢竟我的環境不像媽媽當年的困苦，我的選擇權也比她多，我必須**選擇**當一個我「想」當的媽媽，而不是一個「我因為兒時受傷才想『演』個好媽媽」的勉強感覺。我的腦子「總是用以前的情境在跳針嘔氣」騙自己：「當年我媽媽更不常在我身邊，我更孤單、更沒人陪、都一個人在家、還亂吃東西。你們現在一直都有褓姆陪，有熱騰騰的健康飯菜，我沒在遠地工作，常帶你們出國、在國內也常出遊，晚上有人陪著閒話家常……我覺得我已經夠好了！」神跟我說，不能說這樣就足夠了，祂看到我還可以有「進步空間」，祂知道我的能耐不僅於此，祂知道我很懂得填縫跟創新，祂相信我可以為家人更付出、也更圓融。更重要的是，**我要放下當年生媽媽氣的部分，我的內在小孩才會真正願意長大。**

我慢慢了解神所說的「自我欺騙」、「拒絕關心」真的是一針見血！我不見得是沒有把握當媽媽，**是某部分的我不想當媽媽！因為有一小部分的我仍是當年生氣的小小孩，缺乏親密感，不想在親子關係上太靠近——不想長大，小孩子是沒辦法顧小孩的！**

這一晚很震撼！我們下課後，我仍割捨不下內心對我家小孩的心疼跟激動。這一晚讓我決定回台灣後對自己的孩子要更好一點，我要當一個我「想」成為的媽媽，而不再是跟自己媽媽計較，仍然停留在兒時縮手、不敢認真去愛的小女孩。

在此我稍微分享一下回台後的狀況，我一出高雄高鐵站，跟同學們邊走邊聊天，正準備前往捷運站時，突然有小手拍拍我，低頭一看，發現身邊有兩個熟悉的天真臉孔在旁邊又跳又繞，我真的沒想到他們會近十二點不睡覺還來接我回家，這讓我萬分窩心！他們手上還拿著小禮物要送我（因為當天是我生日），哥哥拿了一顆橘子，妹妹拿了一本小雙星KiKiLaLa的本子，我萬萬沒想到在另一個時空中改變對孩子關心的心態後，親子之間的關係也已經悄悄地在這一個時空中大大改善！當然，能夠帶他們來高鐵站的是站在旁邊默默給我驚喜的老公，他總是一副假裝沒事的輕鬆樣子。頓時，我對他長久以來默默的付出給了深深的感謝！後來，我也較懂得如何善待我老公，不再視他的默默付出為理所當然，我不再「自我欺騙」認為他呼吸空氣就會心理健康，畢竟在他不吵不鬧之下也有個不太會表達的內在小孩，他不說，不代表不需要，我看見我「拒絕關心」的盲點，所以當我改變時他也受惠了。後來，我在工作上也更懂得放柔軟，去帶個案的內在小孩長大，更懂得個案退化時需要的是什麼樣的安撫與引導。感謝那一晚的震撼！

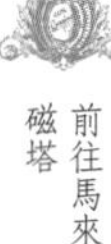

十二月二十二日

繞山，繞出前世來

今天早上的活動是繞山。已聽學長姊們說過這會是「非常神奇」的活動，當然從他們籠統的說法聽不出到底有多神奇，所以我非常期待這時刻到來。

寶治老師昨晚幫我掃瞄時曾說：「手想動就給他動，嘴巴想說什麼就說什麼。」當下我便覺得有事即將會發生。然後老師又說：「啊！妳會看得到精靈！」寶治老師在說這個的時候自己很興奮，我也很興奮，但事實上我不知道我在興奮什麼，因為我對精靈沒概念，不曾研究過。老師接著說：「妳也可以跟花、草、樹木、昆蟲溝通。」我覺得我的頻率應該不搭，我在家中不太會養植物，我也從來不覺得它們會說話，所以我不太相信。寶治老師接著點出我椎間盤及左肩的痛快要拿開了，當下老師幫我先拿開椎間盤的一些，讓我更舒服。左肩的傷因為卡得很深，不易拿開，「但在這趟磁塔行中是可以拿開的」。其實，長期以來最讓我困擾的就是身體上的疼痛，所以我只要一聽到疼痛快要遠離我而去了，我都異常地欣喜。

一大早，住在樂居林Lucky Valley這裡的員工便忙著跟信義老師們說前一陣子下大雨，有部分山路實在不適合走。老師說：「便宜你們了，你們只需走前輩的三分之一，七公里而已。」其實聽了有些失望，因為總覺得走越多會有更多的收獲。但心裡也是擔心，若像「成佛之路」這樣的走法，七公里可能要走到明天還在走。

活動一開始信義老師一樣會講一段靜心及啟動、引導的話，過程中全程靜語，重點擺在自己與神的對話，意思是不能跟同學講話，這不像一般爬山跟朋友聊天、吃零食或泡茶的狀況，也不是為了強身健骨而劇烈運動，主要是在「探索未知的自己」。自己絕對要跟自己講話，需要與神連結，回歸最天然的感覺，情緒來了就哭、就喊。

住在這裡的工作人員在最前面帶路，順便打草驚蛇，因為真的有蛇在自然的山中生態裡，也有幾隻狗會伴隨我們一塊走。我本來是走在前面的那幾個人，想要呼吸較好的空氣，因為我怕走在後面會被揚起的塵埃撲上臉鼻，但下過雨的土地仍是有些濕濕的，飄不太起塵埃，所以走在前段、中段、後段真的沒什麼差別。很快地我就變慢了，唯一的需求反而是不要跟其他人走得太靠近，因為在這段時候，非常需要有自己的空間及時間跟自己好好互動。

我一直在期盼神突然顯靈或出現任何神祕異象，但走了一段路，仍然覺得山依舊是山，樹仍然是樹，石頭仍然是石頭，完全不覺察有任何異樣，失望了，心沉了下來。當下我立刻轉念，當自己是來踏青就好了。再繼續走了大概五分鐘左右，我竟然開始在喘，絕對不是運動累的那種喘，而是像昨天在金鼎轉化時的喘，後來再次用力咳，每走幾步路，就停下來用力喘及用力咳一陣子……我索性停在路邊用力喘，用力咳，沒一下下，我已經在隊伍壓尾的寶治老師前面而已。

因為有看得見神鬼的寶治老師在旁，所以我不需害怕，畢竟有任何突發的狀況（中邪或失魂）她都可以處理。我直覺神是在幫我處理另一層次的恐慌，祂的意思主要是說：「一切都跟創傷情緒有關」，我知道祂有部分是指我最不肯放的法國災難那世，看來我一定要好好地放掉那些傷心的記憶及情緒，才能澈底改善身體健康。

過了又喘又咳這關，我的手竟然又在頭頂逆時針地繞，動作像昨天在金鼎出現的那些招式，手很快速地把腦中一堆東西往外丟，也很快速地用手開天眼、開頂輪、開耳朵、然後又把一堆東西輸入頂輪中。這回我不像昨天那麼地害怕這些怪異的動作，反而欣喜知道祂在為我做工。

突然之間，雙手像在比手語一樣，開始用手跟樹葉、花草、昆蟲「說話」，我看傻了，我的雙手跟自然竟然有好多的互動！當我看到一株枯掉的灌木，我本來只想走過去，手卻將我往後拉，停在原地對他做療癒性的祝福。當我發現我持續在森林中做這麼詭異的事情時，我突然想到昨晚寶治老師所說的一番話，話中就是包括「手想動就給它動」，我內心立刻變得好雀悅。

原來我的靈魂極度喜歡這綠色，對自然有著深深的懷念。我懷念的好像不只是綠色的森林環境，好像還有那個喜歡浸潤在無人森林中的「我」，然後那個「我」好像真的會跟樹葉、花草、昆蟲說話的，或許是女巫那輩子的能力，或者是哪世的能力，我尚不能確切知道這感覺是來自那世，但我知道這是另一個天賦禮物。之後，我很自然地在綠色中給了這片森林祝福，手很自動輕盈地往外揮，有著花跟蝴蝶的形狀，我眼睛一轉，笑了一下，覺得祂很有趣，當我不確定時，祂立刻輸入答案，讓我從動作中清楚確定我跟花、草的最初連結就是在亞特蘭提斯（請參考二〇一六年十一月二十一日內容），那時人們跟自然的關係很密切，而且良好互助（每校一次稿都會有新鮮事，二〇一七年七月，校稿時，我知道還有一世是「薩滿」時期）。

（回台灣後，很奇妙，我開始覺得我較能養活花、草、植物，我發現我的植物長得比以前好，更有生命力及療癒力。我可以跟植物、泥土療癒性地玩一整個下午，重新點綴整理它們的家，弄得更像森林中的童話世界。我一累時往陽台走去，看看綠色植物總是讓我心輪好舒服，後來想起，心輪的代表顏色是綠色，原來這兩者最原始多少有這層關係。）

在磁塔場域的森林中，我眼睛開始怪怪的，有一些「看」到精靈的感覺……我剛開始是嚇到立刻轉頭，閉上眼睛。我的眼睛縱使不看，手卻動個不停在講語，坦白說，我不知道我的高層靈魂跟精靈們在說些什麼，但我至少知道這是友善的關係，再次連結上（其實有沒有張開眼睛都沒有關係，因為不見得是用肉眼在看，是眉心輪的眼睛）。慢慢地我鼓起勇氣，嘗試了解祂們長得怎麼樣，原來有大有小，有遠有近，都是開心的精靈（回台灣後，我在家中偶而也會看見精靈。有一次是銀色、小隻的在窗外，另一次是金色、大隻的在我家通道上方……果然，寶治老師說我「看得見精靈」不是隨便編故事的）。

天賦顯現了不少，我持續處在開啟前世記憶的狀態中，先是看到一片森林（再一次，周遭的環境會成為一個開啟前世的**線索**，在此，**森林容易勾出森林的前世**），我是中古世紀的戰士，黑夜，在高山上的大石頭旁和幾個戰友躲著，埋伏等著更深黑的暗夜。敵方正在低處紮營、生火、飲食中，我們要伺機奪取敵方放在山洞中的三大箱金銀珠寶，可是蠻陰謀的，竟然選擇在對方的水中下毒，害死一堆人……二十一世紀的我心變得好酸，眉頭也皺了起來，我覺得古代的人好狠心，同樣都是人，可是卻硬要分成敵我兩邊，為了錢財竟然造成如此大的傷亡。難怪我在財務上心理很抗拒處理錢，常覺得「不是我的錢」，原來這潛意識中影響到我的金錢觀。

我在寫書時也震驚地發現，「奪取不義之財及造成傷亡」，在我法國那世不正有報應嗎（縱使不見得是同一批冤家，但不管怎麼樣，掠奪總是不對的行為）？領悟這些，我覺得我不能再以「受害者」自居，當我開啟更早的歷史檔案時，會發現其中必有因果，在因果循環中，害別人的，後來也會被害。我想要在這一輩子就要好好地告個段落，中止這冤冤相報的惡性循環。**掠奪的人，後來會被掠奪，真的不能拿不屬於自己的東西；害人死亡的人，後來自己會被害或飽嘗身邊重要他人被害的心碎，所以真的不能害人**。我很感謝我能看到前世，縱使常因畫面而讓我心酸，但這些覺知能幫助我快速理解一些事件的前因後果，更知道化解的方向。

接著我看到另一世，在叢林中打仗，再次，我是猛壯的戰士，比小麥色的皮膚還黝黑，上半身沒穿衣服、流了很多汗，正處在很緊張的作戰氣氛中，旁邊的草長得比人高，希望不要被敵人發現……這時間比剛剛的中古世紀早很多，從濕熱度、手上原始的武器及臉上的圖騰，我感覺這大概是在馬雅的年代（縱使我在這輩子沒研究過馬雅文化，但有些直覺在磁塔中卻是敏銳的）。他們又是為了敵我之分在打仗，這是生存性的作戰，我被長茅射中下方的脊椎，這正是我這輩子常常在痛的坐骨神經處！頓時，受傷處好酸、好痛，我忍不住彎下腰哀叫起來，**趕緊用催眠技巧，把自己從那身體抽離開來，當自己是看電影的第三人稱來旁觀這事件就可以了，身體才不會身歷其境地痛**。二十一世紀的我覺得：「這些人很無聊，不知道他們爭什麼？」可是這是從完全旁觀者的角度，若以當年、當事者、當時狀況來說，他們應該有「拚個你死我活」的動物性生存之必要。

離開了森林，立刻接上昨天經過的果園，這是我的「法國區」，神馬上考驗及挑戰我的心性，看我是不是願意放下報復，我尷尬了一下下，我這次頭也不回地經過我的法國區，「我願意放下了！」我需要放下，才好結束因果輪迴。

我是最後一、兩位墊後的人，因為累了，後來走得更慢，這條路是開闊筆直的黃土路，我看見眼前一堆人遠遠地走在前頭，排成一直線，上坡路，我突然心裡一震，好酸，頓時覺得我曾經害死前面「所有人」（我在「成佛之路」灑出來的水特別多，真的沒有相關嗎）？

腦中開始飄進前世故事，這次我看到歐洲小村莊，我是個男巫師，長鬍子的老人，擅長弄藥治病（這是比女巫早期許多的年代）。這巫師在大鍋子前面弄藥，旁邊有個五、六歲的小男童在旁邊一直吵他，一直嘰嘰喳喳講個不停。小男童是他收容的孤兒，很貪玩，巫師請他幫忙拿藥材，小男孩沒認真聽，亂拿藥過來，吵鬧著要出門去玩，巫師忙，被小男孩弄到分心，巫師生小男孩氣，沒認真看小男孩拿來什麼藥，隨手把小男孩拿來的藥往大鍋中扔下，並揮手叫小孩走開，「出門去，別在這邊吵！」這一大鍋藥是要分送給村莊所有人服用的，然而，巫師當時犯了致命的錯誤，在生氣之下沒認真看小男孩拿錯了藥，害得全村的人開心喝下在健康上被祝福的藥水，後來卻全體中毒，死到剩下零星幾人（走在我身後的都是當時沒死的人）。巫師崩潰，罪疚至極，他後悔當時沒有再次檢查藥！巫師懊惱、盛怒之下趕小男孩出家門，再也不讓他回來，巫師知道趕走他根本於事無補，但他無法再見到小男孩一眼，一見到他就如同見到所有因他們的過失而死去的村人；巫師在痛哭罪責之下，無法面對空盪的村莊，述說千百萬次：「我不是故意的」都沒有用，畢竟全村的人都被他害死了，他沒有辦法昧著良心活著，他想跟村民們一起死，他選擇上吊自殺，身亡。死後巫師的靈魂仍然一直罪咎哭著對村民說：「是我害死你們的！」死前他發過重誓：「再也不碰藥草！」我後來發現，巫師的罪咎影響到我潛意識中怕錢的金錢觀，他不要村民遺留下來的錢，他只要他們活著！

難過之下，我在此再次又喘又咳一陣子，整個心好糾結，看來又喘又咳是我這趟磁塔行中清理前世未解業力的方法。有個聲音告訴我，我若鬆開，多少也會鬆開所有的人，因為業力就像一串肉粽，有同樣業力的人都串在一塊，所以只要拉高其中一條線，其他的線也會跟著往上拉——這句話對於有責任使命的我很中聽，會想立刻振作起來，站在前頭負責扭轉業力。神後來告訴我可以站直了，祂也協助我把上吊的繩子給切斷，我掉了下來，脖子鬆開，吐出積壓不放的罪疚。我頓時明白，我脖子在內疚時不容易呼吸的原因。身體的症狀解除了許多，心理卻不太能跟得上，我一直對眼前所有人說對不起，我還是想要多做一些彌補，因為我擔心「當時生命突然消失的事件」可能會影響心裡的印記，希望去除他們從那世遺留下「意外而被扼殺的莫名焦慮」。這都是我的錯，我從心底深處發出無限多個對不起，希望能化解共同的業力。

其實我認得出這小男孩是誰，畫面一出來時我就認得了，一樣是我們這班的同學，正是我室友。她在寢室常常吵到我，當我直接表明干擾後，她變得很怕吵到我，自動不想停在我身邊……看到畫面後，我總覺得我應該釋放我與她的業力，一定要幫她做些什麼，好幫我們都跨越靈魂的這道障礙。之後我一見到她，我就在心裡面默默地跟她說對不起，也深深地祝福她，我選擇在磁塔場域中便跟她做個關係圓滿，讓她再也不要因為巫師的原因而自責流浪在外，不敢回家……

後來，我覺知**業力會自動反撲**：在巫師那世我不聽他說話、趕他出去、留我一個人在家，結果，到了格格跟我這兩世，她聽不到格格跟我都在叫她，把我們都鎖在房內，讓我們可以好好留在裡面。

路徑走到「神引人」的那個湖邊時，這是寒冬暗夜中女人離開伴侶的場景，又是一個神對我內在慣性議題的測試。當下，我變得很灑脫，我手揮一揮，像把小船、小屋揮走一般，我說：「過去了」，讓這湖只是二十一世紀的湖，不再是卡在我心中的那個黑色暗夜。陽光很大，我想享受陽光！

＝湖中小屋v.s.隱藏版前世拼圖

繼續沿著湖邊走，竟然湖還有不為我所知的另一邊，眼前竟然冒出一個「真實」版的湖中小屋，跟我前世的影像有五成神似：一樣有個狹窄的棧道連結，然後另一端只有一千零一間小木屋，沒有其他房子在旁邊。

走過棧道時太陽很大，湖光閃爍不停，一直吹著徐徐微風（還好我走上棧道前，已經願意放了前世的悲傷，否則走在上面的心情應該不一樣）。這小木屋其實是蓋在一個湖中小島上，不像我的前世畫面只有房子架在水上，木屋旁邊繞著一百公尺左右的草地，有許多花與樹。老師要我們在草地上好好吸收陽光及湖水的能量，一樣要靜語（到下午三點之前都不能說話，其實我們都累到不想講話，有無提醒靜語都沒關係了）。

時間不知道過了多久，在陽光底下似乎可以融化更多累世傷痛，讓光自動把不需要的創傷印記都帶走。

接下來信義老師說要進入小木屋，我楞了一下，這不是間荒廢的空屋嗎？還能進去嗎？我不知道為何，在小木屋門口我止步，我先給自己做了層層保護才敢進去。經過前廳的時候直覺不舒服，覺得陰陰的，我肉眼看不到鬼，但我真的不喜歡這木屋給我的感覺，總覺得在老師們及恩雅身後，有幾個不是友善的靈體在觀看我們（在我寫書時，有另一個想法，或許，是我仍不喜歡前世的湖中小屋，我之前可能發誓說再也不要踏進去，所以是抗拒心在做怪吧）。

穿越小木屋，來到後方，原來這荒廢木屋的另一側別有一番天地，不只涼爽消暑，我的心也在穿越後整個人融化在眼前的秀緻景色，維多利亞風格的木造平台，深咖啡色，一百八十度開闊的視野，迎面而來的是一片翠綠色的波光湖水，一整片湖邊綠樹，涼爽的陣陣微風，可以想像這裡曾經有搖椅的擺設，這是個讓人可以邊閱讀、邊打盹的好地方。

信義老師在這裡開始另一個活動，邀請我們想像湖水中央有朵綻放的蓮花，蓮花上面有我們的神，我們可以涉過這舒服的湖水，去看看神長什麼樣子，儘量跟神靠近一點，去跟神說說話……當然，蓮花，很容易讓我們第一個聯想到的是大日如來釋迦牟尼佛，也可能是觀世音菩薩……不同的人所看見的神都不一樣，我覺得到目前為止，在磁塔這邊比較少看到我熟悉的耶穌基督、聖母瑪利亞及天使（在台灣，我時常感受到祂們），或許多少是因為信義老師播放的背景音樂偏向中國式（百分之九十八），所以在磁塔場域中我的神也只好入境隨俗，跟著中國式的音樂搭配適合的外顯型像，或者，祂們暫時因為不受邀而隱形幕後當配角（曾經有一片刻信義老師的音樂是歐洲式的，我的耶穌、聖母瑪利亞及天使立刻活躍起來）。

後來信義老師要我們「看看有沒有可能，我們的神跟我們長得一模一樣？神就是我們，我們就是神，我們在神的心裡，神也在我們的心裡！」信義老師說得很真誠認真，但我真的因為曬了一路太陽，在這涼爽舒適的地方就是暗示我們逐漸進入睡眠狀態，讓我特別放鬆，我已經假裝在冥想而閉眼打盹，旁邊有好幾個人則完全不假裝，大聲打起鼾來了，我聽了忍不住邊打盹邊偷笑，至於接下來信義老師講了什麼話，其實我都沒意識了。

正想好好繼續睡時，信義老師放了首紐奧爾良式的輕快音樂要我們準備起床，老師可能不知道這不是單純的爵士樂，其實，這是播放於紐奧爾良喪禮的，我會知道是因為我本來就喜歡美式的輕快音樂，也去過紐奧爾良。我對美國這州有好感，除了優雅的法式建築，也有特殊的南方美食，當然，我也好奇它神祕的巫術色彩。輕快的音樂讓我的精神變好，可是我竟然出現一些畫面，我看到正在跟著哼歌的同學前世，他是空軍上將，不是純種黑人（有個特殊名詞是克里奧人），身材跟這輩子差不多，其實，膚色也蠻像的；時間不偏不倚地清楚浮出一九四五年，因為為國打戰，機毀，光榮身亡，喪禮地點就是在紐奧爾良；喪禮有紐奧爾良的傳統結束方式，除了白襯衫、黑外套的樂團，還有一堆穿黑衣服的胖女人跳舞揮手帕，有人撐黑傘……

畫面轉到他家中，他的老婆並沒有因為輕快的喪禮音樂而被撫平傷心，旁邊有個年幼的小女孩正傷心地找爸爸，這時我鼻子酸了，但同時我還倒抽一口氣，因為我認出那小女孩，她這輩子也是個女生，而且她就在我們十二班的同學當中。巧合的是，在彼此協助修復家庭關係的裂縫中，這位爸爸同學也真的走過去認真地接住女同學的傷心情緒，跟她說了好多次：「我是你爸爸，我在妳身邊！」神讓人團圓的方式真奇妙！

從湖中小屋離開後，仍是靜語的狀態。信義老師經過我身邊的時候，播放了一首有笛子的中國樂曲，我一聽立刻渾身不舒服，忍不住拔起腿用力往前跑，我才不管信義老師怎麼看我，我知道我想甩掉的不只是音樂，我想甩掉的是被追補的恐懼情緒，因為腦中自動飄來清朝格格的前世畫面。

有士兵在後面追補，我知道我快要被抓住，快要死了，因為這一幕在宮庭城牆上跑的畫面，我以前在前世回溯時便見過幾次。我以前一直認為這個大概二十出頭的年輕格格是可憐的被害者，我也一直認為她當時是因為斗膽講真話而被殺，覺得她很冤枉委屈、替她心疼、同情她生長在不公道的社會環境……但畫面很快倒轉到她被追殺「前」的故事情節，我頓時震驚地停下腳步，因為，完全不是我以前揣測的那樣，我的手竟然一直在砍人，左邊砍了好幾刀，右邊也砍了好幾刀，很快地我明白不是我在砍人，而是我示意要把人抓去砍（然後我覺得是我們十二班中的一些人被砍，這下子事情嚴重了）。腦中浮現一個傲慢跋扈的格格，腰很挺，下巴抬得很高，總是濫用高權地位，看誰不順眼，不分青紅皂白，下令殺人，非常殘忍不仁。這個性累積很多民怨，後來，不得不把我殺了，好平息眾怒。

我以前一直以為格格是被吊死，因為脖子讓我感到不舒服，但這次清楚看到格格被處死的方式是被砍頭，然後頭被吊起來！她砍了別人的頭，當然她的頭也要被砍來還，頭被懸掛在城牆上，這就是「斬首示眾」。我開始又喘又咳，二十一世紀的我對格格的作為完全不能認同、也很氣憤，心裡有無止盡的酸痛，我萬分對不起所有被我砍頭的那些人及其家屬，原來我曾經害過很多人，在靈魂上留下生命不保、生活不安的創傷印記，我一直哭著說對不起，帶著當時的格格靈魂不停地懺悔……

我更不捨的還有一個人，格格的爸爸（我的歷史不好，我不知道該怎麼稱號這個人）。他一向很疼這女兒，但他把她寵溺到無法無天。大家逼他很久了，要把格格殺了才能平息眾怒，他無法睡，天人交戰，一邊是心愛的女兒，一邊是需要公道的人民，他不得不同意。當女兒被砍的時候他崩潰地被架在旁邊，不准再幫女兒擋刑責；女兒死了後，他失魂地在城牆下不肯離開，天天都在牆下哭，他一直仰頭哭喊著：「女兒妳回來啊！」他一直站著，一直哭，格格的靈魂其實沒有離開，當她看著親生爸爸這麼心疼她的時候，她才終於認錯，知道自己做了無法挽回的事，她好希望爸爸不要再繼續傷心了，那個頭顱也一直哭，好捨不得爸爸……看著清朝爸爸站著哭的景象，她好心疼，想要爸爸回家休息，不要再站，也不要再傷心了；突然，這讓我聯想到，法國女人日復一日，一直站在寒風中的想法跟這爸爸一樣：「就這樣站著冷死算了！」失去了最重要的家人，什麼都沒了，什麼都沒意義了，健康一點都不重要，恨不得把自己健康完全搞垮，好跟著亡者一塊走……我不知道古代人為何都這麼傻？但法國女人突然心也酸了，她終於知道她傷了很多關心她的人的心。她的自殘、自殺方式跟這爸爸一樣，其實，法國女人認出他也是法國時期關心她的人，他在法國勸不動她，無法讓冰冷的她理解這種哀悼的方式不能長期用，但她堅持站著，不管活著而且關心她的人，所以他的靈魂在無奈之下給了很笨的誓言：「要不然我站給妳看？」這下子變成他在中國真的一直站給她看。

我不明白為什麼法國跟中國會突然連結在一起做比較，但我猜的是，法國女人應該在心中刻劃過無數次怨恨的重話：「我要那些傷害過我的人，也在我的刀下死！」「我要你們也一樣的家破人亡！」（其實在中國橫死的那些人都莫名其妙地跟法國時期的事件，或者更早期的女巫事件有關，他們都是當年直接或間接的加害者）。**怨恨真的是很可怕的詛咒力量，把所有的人都綑綁在一起，上演沒完沒了的爛戲！不管是加害者或受害者**，都是爛戲！

突然之間我也理解，法國是丈夫斷頭，中國這世是格格斷頭，看來也是法國女人心中重複下的意圖：「我寧可斷頭的是我！」可是中國及二十一世紀的我並不覺得這是個靈魂的好選擇，其實假如沒這些創傷記憶在作祟，中國的格格有機會過一輩子榮華富貴、平安祥和的好日子的，也不會因為報復性殺人而繼續跟所有的人陷在共業中。中國的這些拒補、被補影像，跟第一天室友（宮女）反鎖我的烏龍事件是相連的故事，因為我被補之後是被囚禁在高牆上的塔房。在此，我終於理解，為何我的頭在今生二十幾歲的時候就怕被冷風吹，因為頭顱晾在城牆上很冷（細胞記憶）！

突然有個岔出的念頭，以我而言，似乎很多重要的事件都繞著冬天走。我出生在十二月，我去紐約念書，兩個研究所都是從十二月開始念，得到學位也是十二月，我結束十年美國的人生旅程回台也是十二月，來馬來西亞磁塔也是十二月，我最愛的節日也是十二月的聖誕節……冷冷的天氣總是能夠讓我的靈魂勾起一些「開始」跟「結束」的事件。難不成，我們的「出生月」跟靈魂記憶中的大事有關？

III 靈性療癒伙伴與你的前世淵緣

早上走了很深遠的心理歷程，下午進磁塔的路上開始解除靜語，但我仍然留在累世靈魂對話的餘波盪漾中，頭一次知道自己曾經殺過人，歷史故事嚴重衝擊到現世認知，此時要我多話也多不起來。

信義老師要我們回神且提神上課，他說早上的繞山一定讓大家走得很累，想讓同學彼此做紓壓，

「兩人四手」應該比一人兩手更舒服，所以我們三人一組，練習做合作式療癒。經歷過昨天的一對一，的確比較知道自己與神連結的斤兩以及療癒手法，但是，都還沒穩定療癒能力就要跟另一個人搭檔，還真的是個挑戰！大家仍然是一陣驚訝，我愈來愈不覺得老師的活動很單純，往往在一個目的之下，還隱藏另一個目的，甚至再往下開挖，還有其他目的，一切依據個人開挖的功力，而有不同的收穫。要不然，就是我太高估信義老師，其實老師很單純，但我們的神都會讓一切變得不太單純！

再一次，我讓命運來找我，我喜歡被動地讓別人挑。在我座位附近的兩位同學很快地找上了我，一男一女。男生是我在機場一見面就很投緣的人，在國外住過很長一段時日，念到博士，活潑大方；女生充滿濃厚傳統女性氣質，一直讓我覺得溫和友善。

我們兩個女生先幫男生操作。我心裡暗定：「不需靠自己！還是把自己當成『神聖的通道』，看神想往哪裡跑就往哪裡跑。」這種想法是對的，因為我的「小我」在療癒上懵懂未明，用腦子想不可能有答案的，讓手自己去跑就好了，反正手有長眼睛。

我接收直覺，先從腳下手，做的時候純粹讓神帶，很奇怪，有一些靈感跟直覺自動飄進腦中，我不壓抑我的喉嚨，有什麼我就說什麼，我覺得他的腳很酸，似乎站了一世紀一樣的久，所以我花了很長一段時間在處理他腳的酸。但他覺得不準，因為他的腳並不酸，他猜測神或許是聽到他以後要站在無數多的舞台上演講，而幫他先做了身體上轉化的準備。我說他平時不好睡，在右腦卡了一個前世的傷，鼻子也有問題，他說這就有準，他的頭常在右邊痛，不好睡，鼻子也常塞。接著我又說這些傷都跟一個女生讓他很傷心、很難放下有關（頓時之間我竟然鼻酸到不行，因為我突然看到城牆下有個爸爸在對女兒頭顱哭的畫面，我的手開始發抖，我認出這個人是我清朝時的爸爸……但我當下忍著沒說出口，不想困惑他）。我在操作的過程中，以一個女兒可以道歉的部分盡力做出業力平衡，我也做了很多額外的祝福；神藉著我的手在他頭上及膝蓋都做了開口，把格格帶給他的傷心釋放出，還教他平時可以按壓頸子的一、兩個點，這可以釋放壓力，當下他覺得鼻子好呼吸多了。

寶治老師跟信義老師當時都不希望我把腦中出現的前世畫面跟同學說，一來怕新手的我在檔案開啟上「準確度」尚不高，二來更怕別人的「準備度」跟我不一樣（畢竟有許多人不懂前世，也沒業力的概念，知道前世有可能只是增加對方的困惑）。所以我必須選擇憋著不說。但我真的看到關連：一**個人若在某一輩子有創傷事件，看到前因後果，較容易釋放與消融；至於不知道的人，通常會在潛意識中重複一些前世殘留的慣性想法跟動作，持續在不知中受苦。**寶治老師安撫我，**「準備度」的概念一定要放在靈魂療癒的前頭，不需替別人著急，必須尊重別人的時間還沒到，或許，他們還需要面對一些其他的事件撞擊，才有意願處理這一塊業力**。

當我們服務女同學時，我直覺先往心輪及太陽神經叢跑，之後跑大腿，總覺她大腿有著太壓抑的部分，腳都為了別人而走，她在亞洲有很多世壓抑的前世（我直覺猜她也在清朝，但我沒有看到畫面，只知道這個人跟我曾經有「遠遠的關連」過。為什麼說是「遠遠的關連」？因為不管在哪世，她或許人在，卻都不是能影響我的人——此時我猜她的慣性壓抑讓她在人群中不容易被重視）。我當下覺得她的心輪還沒準備好，所以神比較專注在她身體上的療癒，神在她身上做了很多大面積的切割分解，有很多頑固、老舊的苦都需要從「大」變「小」才好拿開；有不少沾黏的部分，需要一層層切開，這是個不小的清創手術；神同時開了好多個出口做釋壓排毒，不停地扔出垃圾（後來在磁塔最後一晚的晚會中，公布「小天使」與「小主人」的關係時，我訝異地發現他們倆個竟然就是「小天使」與「小主人」的關係！在此肯定他們彼此在前世有比較深的關連）……

從昨天的一對一，到今天的二對一，神讓我看見因人而異的處理手法。有神在，其實真的沒什好怕的。練習結束後，我不再覺得信義老師很大膽，因為**「沒自信操作」都是「小我」的念頭**。

只是當我是體驗者時，內心依然在走格格的戲，我覺得我不是個擅長配合別人的人，我當下或許沒表現出來，但我在操作時，其實頗容易把自己當成高人一等的姿態，不小心就冒出幾句指揮別人配合我的台詞，會覺別人比較「弱」或「不對」。我本來猜想是格格的個性散發著高傲、愛指揮別人做事的濃厚特質，但當我靜下來想的時候，我也覺得他們這世的特質也仍然比較順從，不由自主地會勾到我靈魂中想操縱及當領導者的天線（畢竟我累世掌權、指揮打仗過好幾世，我的潛意識裡多少殘留這些老毛病）。我頗不好意思我有這種愛操縱的內在想法，但只要我能**覺察**到自己有這樣的內在，**外顯個性**就還會是在分寸內。

晚上信義老師讓我們再一次分享家庭關係卡，因為昨晚在下課前是五組人馬同時上演，一晚演不完那麼多深重的戲碼，續集是有必要的。當別人在用盡全力面對、處理自己今生的時候，我仍然先持保留態度，因為我早已經沒力，處理前世早已讓我累翻了。一整天我都處在「走過程」的狀態下，其實我一直在發燒，在三人一組的療癒後，我整個人的體溫更是頓時飆高，像隻累壞的老狗，活動後整個人立刻趴在大理石平台上，散熱解暈。我在校稿時終於理解，當我們**在施作靈性療癒時一定要一直堅守中立**，不能一開始說要神做，後來卻一堆「小我」的意圖在污染神的做工，絕對**不能帶太多「個人情感」**，**也不能給出「自己的能量」**，這樣的話會太傾斜、太失衡，療癒師自身的能量會快速耗乾——其實，這跟心理治療的「保持中立」原則是一樣的。基本上，**一個人在靈性上的接受度就像電池，當個人的電池容量小，再多外來的能量卻也只能充到少少的電，除非，個人把自己升級，換成更大的電池**。所以，療癒師不用消耗自己，因為別人舒服的程度是一樣的。所以，在施做靈性療癒時，都要謹記**「自身僅是一個神性能量的通道」**，這樣我們就會有源源不絕的正能量流進來，而且對方的負能量不會卡在我們身上，在過程中縱使進來了，也會不停流出。

菜鳥的我當時沒有力氣再站出去幫別人，但我的心很奇怪，或許是因為能量圈有了裂縫，我愈來愈跟低落的能量同頻共振，愈來愈認真聽著同學對原生家庭的生氣、不諒解。有一個人讓我愈來愈好奇，我覺得他是我兒子某一個特質的百倍放大版，我顯少認真聽兒子說這區塊，所以我耳朵豎了起來……恩雅覺察到了，她過來推動我走去那個人的身邊，除了幫助自己做更多的覺察，也看看能不能幫對方。果然，磁塔裡的心情變化都不見得是個單純的「巧合」，後來證明他真的有勾到我家中的潛藏議題。我先用接納、接受的態度去聽我「兒子」說話。縱使對方二十幾歲，不是我真正有血緣的兒子，他說的話卻能在我腦中**自動翻譯**成我所需要知道的訊息，口吻還真像我的八歲兒子會說的內容表徵。

回台後我刻意找我家兒子談開這議題，我兒子證實他生氣我不理解他那些委屈點；另一邊，我在磁塔的假兒子，也在他家中處理了他跟父母的議題。在磁塔演練過的這個橋段，在心底似乎讓我們有個更聰明的譜，知道怎麼在現實狀況中說才更容易有成效。我好感謝恩雅把我推出去跟這假兒子湊成堆，少了這一推，我仍然是以前的笨媽媽，仍會忽略我真兒子的心中，有八歲小小孩不能自己解決的憤怒跟哀傷。

回台灣後，我轉彎了，用不同的心境理解我兒子、更認真看他眼睛、更有品質地聽他說話、更幽默地互動、更有溫度的關懷……小孩子的變化會隨大人而變的，我兒子變得更開心、更有想法、更懂表達情緒！我超感謝在磁塔這兩晚的家庭關係大動盪，讓我轉化成更好的媽媽。

十二月二十三日

自製手繪療癒卡

從二十一日家庭關係集體療癒的晚上，我的身體便不舒服，二十二日變得嚴重，幸好這天早上信義老師像天使一樣讓我們在磁塔的場域內「自由活動」，靜語，畫出專屬自己的十張療癒卡，只要在十一點前在金鼎集合就好。真好！這代表我可以依照自己的速度活動，解散後我立刻溜回寢室，躺平做「冥想」，想想自己要畫些什麼……其實，這只是藉口，我溜回寢室前早已經知道我要畫什麼了（我要畫寢室陽台外的景色），我只是想休息十分鐘再說，畢竟身體處在又暈又熱的狀態。

坐在陽台畫畫時，我發現另一個女同學也是挑這邊開始，只是她不像我留在房間的範圍內，她直接坐到一樓的草地上畫（她跟我「神引人」同組，後來發現，她跟我還是小天使與小主人的關係，在某個前世應該也在綠色體系共處過，難怪我們對藝術有相似的療癒性反應）。陽台外的景色總是給我寧靜詳和的感覺，一片無止盡的蓮池塘、蛙叫、蟲鳴、清新的空氣，涼爽微風、濃密高大的森林中不時飛過大嘴鳥、還傳來陣陣哺乳類的動物叫聲，從來不知道是什麼動物，只見其聲、不見其影……我每天其實幾乎都會花一些時間站在陽台上欣賞、聆聽這些自然的景致，所以這些當然是我的第一張療癒卡。我在畫作背後隨著感受寫出一些相關喻意：「寧靜」，「往內看，不外求」（Look Inside），「綠色治療」（Green Therapy），「超越界線（雖然我是在陽台欄杆內，內心的視野卻是超越欄杆限制的，整個人跟綠色的無限融合為一）」。

接下來我走出了房門，依序畫了：

畫作	影像內容	代表性喻意 （照當時註記的用詞）
2	石屏風中的大圓洞	有禪味意義的「專注」、「簡單化」
3	運轉的農車（在磁塔場域中極罕見移動中的車）	「迎戰」（Take the Fight）、「堅毅」（Be Tough）、「不尋常，不常規的戰爭」
4	森林幽徑	「需要獨處」
5	磁塔	「父性之愛」
6	小白花	「欣賞自然的美與優雅」
7	狗（黑白色）	「別亂叫，別人又沒有要侵犯你」、「呆呆傻傻的比較好過日」
8	成排的景觀路燈	「有人會指引你光明正確的道路」、「回家」
9	黑色大蝴蝶	「神祕」、「自由」、「蛻變」
10	金鼎	「母性之愛」

我的動作因為身體不舒服，所以進展不快，最後三、四張是匆匆打草稿，後製完成的。十一點鐘到了，一堆人都在金鼎上集合，並分享自己的十張療癒卡，大部分的人都像幼稚園的繪畫程度，這是讓觀眾很娛樂的；除了磁塔跟金鼎是信義老師指定一定要畫的之外，最高上榜的兩個景物是：「狗」與「森林」，但涵意因人而異。

後來當信義老師在金鼎上帶活動時，不知不覺中，我感覺很多神一直來說話（似乎就是第一次上金鼎時來幫我做療癒、開天眼、開頂輪的那幾個神）。因為我的身體還是處於發熱、頭暈狀況，所以當別人還站著冥想時，我便因為無力站著而自動跪坐了，但我一邊坐著，卻又忍不住拿起筆來，突然我覺得需要寫下、畫下祂們所要傳達的，包括祂們打出的手印（我在台灣時從來不知道亞洲的神有手印，甚至是不同的手印。但我打從第一次上金鼎後就有一堆手語，剛開始，我不了解我的高層靈魂到底在跟神說什麼，但後來猜測是「靈語」的一種，不管自己意識是否理解，我後來領會到祂們要我：「先畫下來，以後有機會再慢慢理解」）。旁邊的人沒有一個人比我忙的，連老師讓大家都躺下休息了，我還是不時拿起紙筆來又寫又畫。不舒服的人還這麼忙碌，真的很奇怪（但信義老師好像見怪不怪，完全沒阻止我這麼做）！

旁邊的同學都開始在討論今晚要在金鼎這大聲念出的許願清單，前輩們說很靈驗，但我不知道為什麼，我沒有興奮感，許願對我來說並不是太重要的需求，平時我會私下對神許幾個小願望，但要我刻意寫出十條願望，而且還要宣讀出來，我竟然腦子斷電，寫不出來，我的心裡對於不理解的手語對話反而更有興趣。

＝發燒v.s.「走過程」

近幾年的我很怕感染到感冒，前去磁塔的過程中，不論是搭飛機或巴士，我一直用口罩保護好自己，目的就是不讓自己感冒，以免影響我上課的專注度（其實我知道我對感冒的緊張，應該跟呼吸道出狀況而身亡的前世情節有關）。在磁塔的第三天晚上（十二月二十一日），在家庭關係動盪的活動裡，我的咽喉已漸漸不舒服，身體開始有感冒前會有的微熱感。

我一不舒服，追究責任的方式跟大家差不多：（一）慣性怪自己身體虛；（二）慣性怪傳染源。怪完自己虛之後，立刻歸究坐我座位旁的女生（在飛機跟磁塔都坐我旁邊）。第一天晚上，在磁塔，當我發現她「巧合」地坐我旁邊時，我本來認為這是個非常美好的緣分，但看她開始擤鼻涕、「出現感冒症狀」時，我立刻像遇到鬼一樣，神經兮兮、心神不寧、提心吊膽、心跳加速、覺得周遭環境被污染、幾乎不敢呼吸……我想逃離她身邊（或許這也是前世故事重演，但我在承受「感冒」之苦時沒有前世，只有憤世，現實得很）！

我哀怨她在飛機上竟然不懂得戴口罩預防！我平時是個良善的人，但我對感冒病毒其實有神經質的反應，因為類感冒患者在醫院或診所沒戴口罩，絕對是個大禁忌，尤其像我們這種靠講話吃飯的醫療人員，最怕咽喉出問題，平常我們就有在做感控宣導跟處遇的訓練，預防交叉感染的發生；當下我很嘔，我不想讓沒做預防的人「害」到我！我覺得我憋了一整路的交通，盡全力戴口罩在預防感冒病毒感染，好不容易來到空氣清新的磁塔，我想我應該有呼吸的權力，也不想讓交叉感染發生，所以我第一天便懇請她戴口罩，避免繼續傳播；當然我被白目，還沒認識彼此就被討厭了，對方說她「不是感冒」，但我心想：「以症狀上來看明明就是啊！」還好她是個心地善良的明理人，隔天真的有戴口罩上課，當然大大降低我怕被感染的緊張神經，卻也讓我心裡愧疚不已。緊張怕感冒的我，進磁塔場域不到一小時就跟鄰居弄僵人際關係！

不是每個同學都會感冒，在這七天裡面，我們這一班只有三分之一的人會「感冒」（看起來比例不高，差不多十個人，但信義、寶治老師說這是歷界最高的人數），大部分的人身體還是像頭牛一樣，他們從來不需戴口罩也鮮少會「感冒」，老實說我超級羨慕這種免疫力超強的人。在團體中，有人很健康，有人很弱，這本來就是一個社會分布現象。我們在磁塔的第二天，開始出現一個怪現象，有一個前輩明顯地發燒，暈到走不動，看起來像是極端虛弱的代表，但她很確定地說她不是感冒，她是在「走過程」。從我這菜鳥的角度來看，我覺得她明明就是在感冒發燒，可是前輩她是第二次來磁塔的人，她確定她是在「走過程」，所以她的「走過程」聽起來是個「不科學但帶著豐富經驗談」的說法。

我看不懂「走過程」的人是怎麼了，但十二月二十一日下午跟我配合神光療癒的人在當天晚上竟然也不在課堂上出現，而在房間休息。我心裡想說，慘了，是被菜鳥的我操作錯誤而害的嗎？但她後來說不是，她說她也是在「走過程」。

來磁塔之前，曾經在共修教室時隱約聽過「走過程」這名詞，但我真的不知道這是怎麼樣的過程？前輩們都描述「走過程」的症狀「的確很像感冒，但又不是感冒。」基本上，我共修前都會依照我**舊腦子的叮嚀**，先吃維他命C增加免疫力，回家後也立刻吞一顆感冒藥壓下任何感冒症狀。就因為已經吃藥壓下了，所以我一直不確定這會是怎麼樣的流程（來磁塔前我曾經在高雄參與過幾次共修，做完脈輪呼吸回家後，五次裡有四次「感冒」現象。我免疫力不強，本來就常感冒，在脈輪呼吸時若戴口罩很不方便，很難用力呼吸，所以來共修前我往往預期「沒戴口罩的我會感冒」。果然，都會「感冒」，共修回家後也都慣性吃藥壓症狀，幾次下來我變得很不喜歡去共修，因為我並不喜歡這樣頻繁地「感冒」。）我自己清楚我對感冒症狀很神經質，這些也真的不是用理智或心理治療的方法所能夠化解的，能夠的話，我早就化解開來了。

身心靈菜鳥本來就不輕易放手舊有的「恐懼」，我不太能相信「走過程」這種陌生的怪東西是用「感冒」的形態出現，我寧可繼續相信「你感冒了！」我總覺得一定要用科學的病毒感染方式來解讀及處理感冒流程才適宜，至少也要說是心理壓力所引起身體的虛弱及不舒服，這樣我也比較能夠被說服。

可是，在第三天（十二月二十一日）的晚課中，我的咽喉愈來愈不舒服，身體開始有感冒前會有的微熱感。我忍不住在路上攔截寶治老師，請她幫我看看我怎麼了，寶治老師她上下打量了我一下，掃瞄過後，她很確定我是在「走過程」，建議我不吃藥，好讓身體自然地走完過程。我是個很擅長吃感冒藥的人，也擁有很多治療感冒的藥物，同時也很擅長狐疑非科學處理感冒的人，我腦中有個舊有的鮮明版本是：「**靈療延誤科學性治療是會出人命的**」。當時的我跟寶治老師還不熟識，所以我連問老師好幾次：「妳確定這不是感冒？」「真的？」「真的不是嗎？」我至少連問三次，還用FBI測謊及套話的技巧觀看寶治老師的語氣跟眼神（我研究過語言與非語言的心理訊息），但老師都很賭定，她的點頭太一致，眼神也太清澈了，確定不是謊言。但我決定……不見得相信，我再考慮看看。

我不可能這麼快就放下我慣性的感冒神經質，我還是很緊張，回到房間休息時，猶豫了十幾分鐘，觀看我的喉痛、微燒，一想到我人在荒郊野外、沒有醫生，我覺得需要自保，仍然不想放棄我在台灣舊有的緊急救治方式，雖然藥物依賴是個壞習慣，但它讓我非常熟悉而且盲目信任，我從小被藥養大，我覺得我還是吞感冒藥比較保險、比較安全，不想讓症狀更嚴重（我知道這絕對不是個健康的用藥方式，並不需要一有症狀就吃藥，但我自曝其短的目的，是要讓大家看到我曾經有多麼不健康用藥過）……後來我整夜因為咽喉不舒服而極度不好睡，半夜過後，變得更乾、更痛、更癢、也開始有痰。結果，隔天（十二月二十二日）醒來，我並沒有像平常吞了藥物便快速改善的狀況，反而變得更不舒服，身體很重，確定是在發燒、喉嚨更為疼痛、連吞嚥都有困難。我覺得很怪，我平時不會走這樣的感冒流程，不應該吃了藥卻症狀沒消失？或沒改善的？只能用兩個字形容：「詭異」。

十二月二十二日我們大部分時間是在戶外，繞山及湖中小屋，因為視野開闊、空氣清新自然，我的身體狀況都還不錯，但傍晚回到磁塔，做完三人一組的神光療癒後，我卻立刻像隻累壞的老狗，整個人趴在大理石平台上，散熱解暈。在二十二日晚上關係療癒衝擊分享及處理後，我身體更是不舒服，沒有體溫計，但我知道我的體溫非常高，都快要燒成小傻瓜了，別人摸到我也覺得我像個火球。我在發燒中還不停流鼻水、咳嗽。我真的覺得非常怪，以我「感冒專家」的經驗來說，這次的發病也**未免太快了，是非常不正常的速度！**以往我不可能在一天的時間內同時發燒又不停流鼻水、咳嗽、咽喉痛，通常這要三至五天，症狀一個一個慢慢孵化的。我哀怨地在路上尋覓寶治老師，仍然不死心地想要老師親口對我說：「妳感冒了。」但她清澈的眼睛掃瞄我後，仍然不改答案，嘴巴很確定地說：「你真的是在走過程。」我哀怨地回房，天人交戰地問自己是否可以放棄「慣性感冒處理」的方式？想了又想，我仍不願意。

但我仍然在猶豫，手上握著藥，一下子想吞，一下子又勸自己不要吞……我們這團已經有兩個人發燒到沒離開房間，然後他們本身都是曾經來過磁塔一次的前輩，她們一點都不像我這樣怕燒成小呆瓜。其中一位前輩說：「通常要兩天」才走得完過程。她們來磁塔前都有多次「走過程」的經驗，都對我說：「會走過！」、「走完就好！」、「走完會很舒服！」然後我隔壁那個女同學也是兩天就沒症狀了……睡前最後一刻，我把藥扔往旁邊，在發燒時第一次嘗試「用傻膽」，沒吃藥，冒著生命危險，怕怕地帶著顫抖的腦子睡覺去（我應該是第一個把磁塔當成「毒物勒戒中心」的人）。

十二月二十三日，醒來也仍然在發燒，基本上，我可以慣性硬撐、不輕言放棄，但我不會讓自己太不舒服，昨天趴過地板，喜歡它的清涼，所以下午的課我直接跟信義老師說：「我要趴著聽課。」我敢這樣要求是因為我坐著會暈，全身像個火球一樣一直燒，我相信是我半垂的眼皮讓信義老師立刻點頭答應。我的頭跟全身皮膚都很漲熱，不躺平不行，躺著至少有冰涼的大理石幫忙散熱冰敷。過程中，雖然我全身沒力、軟綿綿的，但老師看到趴著的我仍然可以常常抬頭寫筆記，然後又倒下去，有趣的是：我的腦子不見得不清醒，腦中仍然有一堆自我探索在跑，上課的內容其實我記得很清楚（這跟平時感冒發燒時真的很不一樣！感冒發燒絕對會讓我「九成的腦子處在當機的狀況」，但「走過程」卻讓我至少有七成是清醒的）！

晚上我們回到金鼎，我仍然是在發燒的狀態，已經連續燒了兩整天（十二月二十二日、十二月二十三日），我的背包一打開全是塞滿的鼻涕紙，有夠驚人的量！預先說出十二月二十四日一早醒來的狀況，我發現我的「走過程」似乎結束了，再也沒有那麼嚴重的發燒、喉嚨痛、全身酸痛、流鼻水。這真的不像是我平常感冒時會恢復的速度。果然驗證了學姊說的「要兩天才會好」。我真實體驗到什麼叫做「走過程」，竟然我這次也像其中一個前輩一樣，大概要花兩天來讓身體走完這個「過程」，然後所有類感冒的症狀全沒！

在磁塔這幾天，我終於學到一個新名詞：「走過程」。在這身心靈課程裡，「走過程」應該算是個專有名詞。基本上有兩種主要的情況：**（一）身體的轉化若追不上靈魂的轉化，身體會用發燒的方式來改變細胞跟靈魂振動的頻率，算是一種調頻的方式；（二）若壓抑的情緒沒有完全渲洩出來，身**

體只好透過發燒來幫你走完。數年來看過太多案例的信義、寶治老師通常會預防性地鼓勵大家：有情緒時儘量哭或用力喊，最好把自己當下的情緒清到一滴都不剩，千萬不要怕丟臉，不要再用慣性的方式壓抑，情緒清理乾淨了，身體才不需要發燒「走過程」。

「走過程」也算課程副加產品之一。就如老師自己說的「物超所值」。

我本來以為走一次過程就好，但這課程真的是「物超所值」，絕對不是七天就結束的。沒想到，回台的一個禮拜後，因為水土不服，台灣的空氣、水、食物等都相對太髒、太被污染，身體受不了台灣的環境而再做一次調頻。後來我們十二班有好幾個人都在回台後陸續發燒「走過程」（有時**跟群體的靈魂業力有關**，每一班在處理的前世狀況是不一樣的！我後來參加十四、十五班，因為預防性的實修做足，**幾乎沒人發燒走過程**）。其實在十二班之後，我的身體免疫力大增，已經鮮少碰感冒成藥（以前我常屯積一堆感冒藥在家），也鮮少看醫生，所以我才會說我是順便進入毒物勒戒中心。在我寫書的過程中仍走了好幾次「過程」，每走一次身體不舒服，就扭轉一次偏頗的信念、減少一些盲點、增加更多勇氣、克服更多障礙、業力真的輕盈許多，也躍昇感應的能力！磁塔，是年票，不是七天而已！

III 金鼎許願

繼續將金鼎的許願描述完，雖然在課程中占的時間比例不高，影響卻是回台後長長久久的！只要是再次參加磁塔課程的人，必然是因為不可思議的願望實現了！

晚上我們再次回到金鼎，看到男同學們幫忙扛了一大籠壽桃上來，原來，要給大地媽媽「瑤池金母」祝壽！大地媽媽一年有春夏秋冬四次生日，信義老師若帶團來一定是跟著節氣的時間走，讓我們從中學習自然的調息韻律，也懂得感恩、敬神、祝壽，讓我們在「有所拿、有所給」之下做個平衡。這壽桃得來不易，因為這是從台灣跟我們一起坐飛機來的，通常由來過磁塔卻又不能在此趟親自前來的前輩贊助（我猜是源於「有所拿、有所給」的概念，前輩們藉此回饋神所給的恩典）。每個人都得到一顆壽桃，大家都感動地說：「這是來到這裡最好吃的東西！」太大顆，我當晚吃不完，還小心保存，留著當隔天早餐）。

最後，我們每一個人都坐到正中央的太極跟金鼎媽媽大聲說出內心的許願清單。我非常不擅長許願，「衷心相信一定會實現」對我來說不是件容易的事，更何況是要用「現在完成式」。其實我只有靠自己的能力認真寫出幾條，一直到上課前幾分鐘，我仍然有好幾條未完成，在磁塔固定坐我右手邊座位的那位男同學大方讓我抄襲、改編他的清單而順利作弊完成——古代若有考試，他應該也是坐我旁邊，幫我作弊過關的人。

在金鼎上，我不知道為什麼，突然感應自己在有生之年會寫出二十三本書，但楞了一下，阿拉伯數字中間應該少了頓號，兩、三本應該差不多（每一本都要花一年半左右的時間才能寫完，寫書是很耗神、耗眼力的）。

我許的願望可以濃縮摘要成以下三條（細節及方法在此不贅言）：感謝神，已經（一）讓我的工作與著作都是「與神同工」；（二）個人及家庭健康、豐盛、和樂；（三）住在有管家的海景大樓，最頂樓。

其中，我有一條非常特別的願望，必須挑出來說，源自於二〇一六年五月第一次上信義老師的課，在第一次做脈輪呼吸時曾浮出一些夢幻式的影像，但這曾經在當月底立刻被一個濫權的外國老師嚴厲斥責，他要我「別再繼續作夢！」他認為「這是絕對不可能的事！」可是，這些影像在我腦中一直編織，不曾停斷過！畫面、細節、真實的相關性人物、相似場景，在我冥想、實修、脈輪呼吸、巧合的訊息中持續浮出。

我仍然選擇忠實於自己，忠實於畫面，我跟大地之母感謝，讓我已經完成的是：由財團協助蓋出一個綠意盎然的身心靈療癒中心。占地廣闊，內外皆偏像魔法世界的設計概念，有藤蔓繞房子外圍，有小森林，不是一般四四方方，水泥牆硬梆梆的感覺。

這身心靈療癒中心偏向歐洲中古世紀的場景，有分內外。對外是開放給一般民眾，對內是**給願意相信神、相信自己有魔法的人**。外觀隱藏在藤蔓攀爬的復古型建築物中（以下有一小部分內容是寫書時才編織的細節），有各自獨立運作的幾間身心科診所、身心靈SPA館、食療養生館、瑜珈中心、塔羅占星命理室、甜點咖啡店、復古型的手工藝品店、像天堂般的花藝店、中藥行……對內有綠餐廳、療癒用的英式古典花園、藥草園、中古世紀的白色圓型大教室、白色涼亭、數間獨棟的魔法小屋，深色哥德式階梯式教室，七種不同脈輪顏色的治療室由古式圖書館串連起來、戶外上課的靈性空間、一個小型健身房……有一些地方會像哈利波特及愛麗絲夢遊仙境的設計，有一些會像天堂的場景，有一些會像中古世紀女巫的住家，有一些像薩滿巫師的療癒場；然後在裡面的心理治療（醫）師、靈性治療師，可以穿得像他們前世曾經穿過的衣服，看似角色扮裝（cosplay），卻只是將當年的情景重現，讓身心靈的療癒可以精緻、美化到另一個**現實與幻境**結合的程度……

十二月二十四日

勞動靜心中的神祕現象

這一天早上竟然是要在磁塔前面拍團體照，難怪信義、寶治老師們今早吃飯時隱約建議：「要穿美美的或帶道具。」這種建議若在台灣宣布的話，我們還來得及準備，在磁塔才說的話，行李箱中沒行頭就是沒行頭，一切都已經成定局。我本來就不常化妝，上信義老師的課更是素顏慣了，整個臉部以「方便流淚用」為原則，所以我完全沒有任何彩妝可用。我的衣服也都是「粗穿用」的，隨時可以席地而坐、躺平做療癒、曝曬雨淋或繞山裹泥等等的那種。只有那些曾經來過磁塔的前輩們或者對外觀美醜的標準堅持不放下的人，才在這課程中能夠有「穿美美的時刻」。

然而我發現，這次的團體拍照卻是我有始以來最開心的一次，表情特別豐富，眼睛特別明亮，大家甚至愈拍愈放得開，愈是後面，愈是一堆搞笑的動作，在這幾天的相處下來，這班的感情愈來愈像家人。我在拍照過程中發現，我不像女生，江湖味立刻從潛意識中竄出，我太適合跟一堆哥兒兩混在一起胡亂搞笑的，頓時，我領悟到這些哥兒兩都是曾經跟我一塊併肩作戰的伙伴，大家曾經在戰場上同仇敵愾，同心協力打過好幾次仗，累世都是好搭檔，而且不止一世（坦白說，我在這幾天常常看見我前世是個男人的影像，影像中都是跟一堆哥兒兩同一陣線在戰鬥，難怪我跟這些男生特別合得來，講話也很隨性，當時都捨不得對方或自己戰死……磁塔這回讓我們超越生死，放下罣礙，安然無恙地再次團聚在一起，知道對方平安了，心也鬆了！

拍完照後，從十一點至十二點半，這一、兩個小時裡要做的活動是「勞動靜心」（打掃磁塔整個場域），一樣靜語。我本身很不愛打掃，心裡的抗拒絕對是有的；我抱怨磁塔行太辛苦，竟然不讓樂居林專職工作人員做環境打掃就好了。有一個機靈又調皮的男同學說：「信義老師可以直接跟我們說最後一天要大掃除就好了，要打掃可以明講，不用牽扯到靜心啦！」我突然很認同那位男同學。信義老師只是咪咪笑，竟然老師還能繼續說：「神會安排我們在最適當的地方『看見自己，看見神』。」

全體的學生都用抽籤的方式決定區域，有的區域小，會自己一個人，有的區域比較大，會幾個人一組。我心裡想說跟誰都行，千萬不要讓我抽到廚房，因為我在家裡最討厭的地方就是在廚房洗刷油膩的東西；我也不想抽中廁所，因為我在家裡非常不喜歡碰有尿騷味的地方（補充說明：廁所區域在磁塔被稱為「簽王」）。

幸好！我抽到的是磁塔外面的花圃、走道。這下安心了，但是要頂著大太陽在底下做個一、兩小時苦力，心裡還是會繼續碎念。

跟我同組的其他三人是兩男一女，再次出現神奇的現象，真有趣，這三人又是跟我超有緣的那幾位，看到別組也都是比較有緣的人抽中同一區域，竟然抽個打掃的簽也可以看見緣分。我們這組都屬於獨立作業的人，各自憑直覺，散開做自己的角落。

我挑沒人做的地方，就是在磁塔入口陰涼處，畢竟我剛走完「感冒發燒」的「過程」，身體像軟殼蟹，不適合過度曝曬自己（其他三人剛好都捨近求遠，跑到無遮蔽的幾個遠處花圃上）。這時候，迎面飛來一隻黑色的大蝴蝶，輕輕地飄過我身邊，停在門口的手把上，我看了很欣喜，因為這就是我第一天深夜在餐廳哀怨吹頭髮時安慰我的大蝴蝶；畫十張個人療癒牌卡時，我在第九張也畫了牠，牠代表的意義是「神祕、自由、蛻變」。這時我對牠更有感覺，覺得牠是**療癒使者**。

我先從門口兩側的花草整理起，神對我說：「妳回家後，只要摸摸（整理）陽台上的花草，就可以跟神連結。」我突然開心了，**打掃中神會說話！**神所說的訊息實用又窩心，之前在家修整花草時，對我來說就是個靜心及療癒內在的方式，我想回台後我會更喜歡（果真，回台後我更喜歡在陽台上做園藝靜心。以前很容易種死植物，磁塔回來後，我的花草長得更茂盛，花朵也開得更頻繁，而且我種了許多食用香草）。

當我開始拔掉一些枯的、焦黃的葉子，聽見神又說：「回家後丟掉一些不再管用、不適用的東西」。我知道，祂不只是指個性上的慣性特質，也特別指示我在家中要做個大掃除，**儘量丟掉不再管用、適用的東西（斷捨離）**。

接著，我開始拔地上石板間的雜草。祂說：「有些人從困境中長大，他很懂得生存，要跟他學」。我點頭同意，因為我腦中立刻連想到一個一直共振我的男孩（我的假兒子——雖然他是另一組，打掃的位置卻就在我旁邊），我超級佩服他在困境中讓自己迎向陽光活著。

我拔草拔了一陣子，我的手會痛，旁邊並無剪刀這種工具，拔小草還不難，但拔大草真的讓手很痛，我心裡想說：「笨蛋才會讓手一直痛，我要做別的事了。」這時神又說了：「（一）**生命中若不想要一直花時間用力拔那些無所謂的雜草，一開始就不要種他，不要自種麻煩**；（二）**有些人自己會無限制地繁殖麻煩，你不一定要靠近幫他，甚至把他自己該做的事攬到你身上來**；（三）**平時要多些自我覺察，在壞習慣小的時候就去除掉，等到壞習慣變大時才去除，會痛，會傷到自己**。」

當下我立刻放棄讓自己的手有破皮的危險，轉身思索我還能在沒工具之下做什麼？因為一直有神話竄流進來，所以突然之間，我領悟到信義老師笑咪咪的表情中暗藏著什麼玄機，他要我們從「勞動靜心」中獲得的禮物正是**「與神對話」**，絕對不是傻傻地埋頭做苦力（若要做，磁塔這麼大，幾天、幾週也做不完的）。倘若要苦做，回台灣多得是機會，光是我家也夠我打掃的，不是嗎？

一轉念，當下有直覺告訴我「去拿筆記本」，所以我立刻衝進去磁塔教室翻我的包包，拿出筆記本來，這不是簡單的勞動靜心，我的神會一直說話，照這樣下去，我的神會說個不停，我若沒記下來，我回台灣後一定不易不住全部的教導（果然是真的記不住，回台灣寫書時，好感謝自己當時衝進去教室拿筆記本，記下一切神話）。

接著，我蹲在另一區撿落葉。正覺得大太陽底下撿落葉變得無聊時，突然屁股底端及小腿中段被跳蚤咬了，我跳離原區，站著抓癢，也忍不住開始敲打被咬處，接著我跆高膝蓋踩步，來回走動，也不時往前踢，此時信義老師憋著笑經過我身邊，完全不阻止我這些怪異、自動發生的動作。我的腦中突然飄來一句：「當妳工作『坐』累時，拍打這幾個點，踏步，踢踢腿」。我立刻知道神在指導我疏緩釋壓，因為我常工作久坐而不知有效能地自我照顧。回台灣後，當我坐累，尤其是寫書太專注、忘了改變姿勢時，拍打這幾個點、踢一踢、踏踏步，真的超快速活絡氣血，改善身心靈循環狀況。

「神真厲害，還會在我身上用跳蚤做記號，讓我回家後照著被咬的點拍打就好了！」這句話是我在磁塔時想的，因為我若被跳蚤或其他蟲類咬，通常會紅腫一個多禮拜、甚至兩個禮拜才會沒痕跡。可是，玄異的點就在這：磁塔中咬人的昆蟲，似乎不見得是真的昆蟲！因為這幾個被咬的點隔天便不見痕跡了？這跟之前發生的兩個現象一樣：（一）「成佛之路」路上，二、三十隻螞蟻爬上腳，咬我好幾口，但連續好幾天我回原地去找螞蟻窩卻一直找不到。幾個被咬的同學也都回去找螞蟻窩（想跟牠算帳），但沒有任何人找到；（二）「成佛之路」目標地，金鼎涼亭，我的手掌背部及腳被蚊子咬好幾口，我因為癢而開始搓抓，但這下子反而將我的兩隻手能量搓通，雙腳也排出過多的身心靈負荷；最特別的是雙手，因為後來搓成可做靈氣療癒的工具，會說靈性手語以及輔佐阿卡沙檔案開啟的管道。這真的是很難解釋的怪異現象，沒遇過也說不出來。

真的是跳蚤嗎？不知道了！我只知道那時候的我已經不想再蹲下去。看見磁塔戶外階梯上的另一組人馬終於有人用完掃把，立刻跟他接手過來（從我假兒子的手中）。在大太陽下，我拿著掃把掃了一片花圃通道便累到喘，我右手撐著掃把站著休息，喘幾口氣，順便欣賞眼前的濃郁森林，神說：

「對，累了就要休息，不要累死自己。」我會心一笑，祂知道我在工作上需要多踩煞車，才不會讓自己累垮。突然，神又對我說：「妳之前當女巫時跟掃把一點關係都沒有！」，我說：「蛤？什麼？怎麼跟電影演的都不一樣？」我都不用問神，神便浮出Love Portion的字眼，中文大概可以翻譯成「愛情藥水」。原來我在當女巫時是好女巫，擅長用花草植物調製讓伴侶感情升溫或衝突和好的魔法藥水。難怪，抽中這張勞動卡，神就是要把我擺到我熟悉的綠色植物中，讓我更容易勾起前世記憶，並澄清一些迷思（我以前對女巫研究很少，但回台翻書、查網路資料後，發現神說得沒錯，祂澄清了迷思，以前的女巫很多時候**只是個療癒者**，**算是古代的醫生**，她們並不會騎掃把在天空飛，是有心人為了扼殺她們而故意繪聲繪影瞎掰出來的。難怪，在磁塔繞山時，在「時空門」前拍個人照，有人叫我拿著棍子跳起來浮在空中，我打死都不肯拍那種照片）。

再次掃地，看到草叢旁有一處螞蟻窩，本想將螞蟻軍隊及連螞蟻窩一塊掃掉，但，神立刻說：「注意原始生態！」祂說我認定的清掃「乾淨」並不代表我能弄死原來就在這裡活得好好的螞蟻，這是牠家，牠的地盤，需要被尊重。我小心翼翼地繞開螞蟻部隊，當下我立刻理解，某幾世的我可能沒看到我對整體的影響是什麼，不是這麼簡單地做「我認為對」的調整就好，那是不夠周全也帶有「小我」的想法。我聯想到婚姻家庭治療的基本概念，也是要常常提醒自己是在別人家的生態上，要繞著彎調整，不能亂做破壞還以為是在重建，要多方尊重、多方考量。神好厲害，這樣也可以跟我的工作性質連結出意義來。

在太陽底下實在站太久了，胸口開始熱，神說：**「千萬不要幫別人過多，幫自己太少，勿撐著！」**此時我立刻允許自己轉身，進了磁塔喝水、解熱，忍不住又躺在白色大理石上，整個人頓時好冰涼、好舒服、胸口的赤熱也開始消退。幾分鐘後，心裡渴求再多躺幾下，實在累到爬不起來，眼睛瞄到教室正中間的四方銅板上沒人，我用翻滾的方式挪了過去，讓自己正躺，再次試試看是否有特殊能量，結果我抬頭一看，我在水晶燈正下方，閃閃發光的水晶燈很美，但屋頂的鏡面天花板反射出累得半死的我，我覺得我應該要好好休息一陣子，再看看要不要回太陽底下打掃。沒幾秒，神又說了一堆話，我趕緊又像老狗一樣用四肢爬回座位上拿筆記本，祂說：「要改變一個人，不能像火一樣燒別人，要像水晶一樣照亮別人。」這真的是沒錯，用火燒會把人燒死，斷了彼此後路，但用光亮引導人，他會很舒服。神從我的赤熱的體溫做比喻，當我胸口熱到難以呼吸，身體難動彈時，我真實體驗到被太陽燒壞時很難再有建設性的產值作為；但用冰涼的水晶及大理石上下同時冰鎮時，可以完全吸收、排解一個人的熱，神做了一個好棒的示範——上面有亮光，下面有渲洩、調整、安全支持，祂全方位地用愛舒服感化一個人。

神說：「做**太多**時，左腳會痛。」我在戶外真的做到左小腿及腳掌都在痛，這是神在我身體上所給出的自我保護訊號，意思是：一旦聽見腳的痛便要跟自己說「真的夠了喔，要停了！」當下，我的勞動靜心便在此告一個段落了。沒辦法管其他組員是否仍在磁塔外面走他們的過程，我的過程走完就好了（畢竟真的不是著重在打掃）。我讓我自己可以繼續躺在水晶燈下跟神說話。

我的神跟我有一堆話可說，不知道是銅板上能量比較強？還是我開始有空一直跟祂對話？訊息變得不間斷。祂要我：「永遠都要有crystal clear（像水晶般淨亮）的赤子之心」、「因為最能讓人沒防備、最能打動人心」。

這時，因為我一直盯著水晶跟神說話，我看到水晶燈少了幾個吊飾，這要認真看才看得出來。神說：「缺陷ＯＫ，不完美ＯＫ」。接著祂說：「在講妳老公啦！」我忍不住笑出來，我完全沒想到祂會扯到我的伴侶關係。祂引導我檢視對老公的感覺及看法，祂知道我四十五歲的潛意識中仍有一小部分像個迷惘的小女生，深藏不為人知，仍希望源源不絕的親蜜欲望來自老公符合一百八十公分的身高、電影明星般的帥、六塊腹肌……神說：「要更看懂外表之下這個人的好。」神教了很多切中要害的點，但這部分比較牽涉到隱私，所以請允許我只做大重點的分享。基本上，神要我對老公更好一點、要更浪漫、要更務實、要用愛融化他內在小孩的傷、要更主動示好、要怎麼收穫就要先怎麼栽，祂說我老公很聰明，只是我還不夠用心去懂他。神教我若要再拉高伴侶互動模式，「奇蹟在於妳做了什麼」，神總是教人在關係中負責任。

休息夠了之後，順便幫坐在旁邊休息的女同學(跟我花圃同組)開阿卡沙檔案，看到歐洲鄉村，爸爸在推車旁一直咳嗽令她擔心……她立刻瞪大眼睛，因為今生的爸爸仍然有著咳嗽的宿疾，她的擔心也仍在……基本上，處在磁塔純淨又高能的領域中，我的腦子處在一個很容易接訊息的狀態，通到的內容準確度不低，比較不用擔心被異於神的雜質能量干擾。我在想，倘若我一直住在磁塔，我一定覺得接收訊息，開阿卡沙檔案跟喝水、吃飯一樣自然。

大拜懺，讓累世靈魂合一

下午的時間我們進磁塔，看到一大袋麻布手套放在場中，每人發了一副，不是一般薄薄的布手套，是要到田裡割草的那種（早上若是發給我，拔草就不痛了）。大部分人面面相覷，這種東西跟靈性成長怎麼會有相關？

原來，我們要進行的是不限次數的大拜懺，不是簡單拜幾下而已，再次強調，是「不限次數」。信義老師暗藏玄機地附註：「拜的過程中，若有一些感覺及想法跑出來，痛哭到不能拜時，可以暫時停下來去走那個過程，可以走得深、走得遠……」看來，這個大拜懺不只「不限次數」，還會不限哭數、不限懺悔，可能有很深層的身心靈大過程要走了。

為什麼要有厚手套？因為在大理石上往前滑撲、趴地無數次時，手掌才不會痛，才不會破皮。

大拜懺有個心法，每個動作皆有它深層的涵義，主要是：**連結宇宙初始的神聖能量，邀請（累世）各時空的我在此合一，用我最至誠謙卑的心，祈請神的臨在，協助我圓滿靈性生命的大和解，我全然交託，臣服，接受所有的恩典，我感謝神、感謝所有的因緣，Namaste！**在磁塔練習操作的時候，很多新手跟我一樣手忙腳亂，因為另外還加上吸氣、吐氣的配合，所以手腳邊打結邊做動作。然而，信義老師提醒我們：「放開腦，讓身體自然地帶動作！不是以量取勝，也不是以完美動作達標，而是與神連結！」

習慣用腦的我們最討厭讓身體帶，總覺得身體沒腦、不文明、太獸性……殊不知，**身體藏有太多宇宙文明**。「大拜懺」不是我們想像中的機械化架構，也不是型式化擠壓產量，這是一種解放頑固舊大腦，讓身心靈合一的時刻。在磁塔，做大拜懺主要是讓我們從身體變換的動態過程中，放下框架搊限我們的意識波——貝塔波（β），轉換成自然、自由、無限、靈性、創造的潛意識波——阿法波（α）（我常藉著阿法波進入前世回溯的狀態），讓我們連結神，連結能量，也懺悔自己對他人有意、無意的傷害，請求寬恕原諒，進而與他人在關係中和解，赦免自己，讓自己與累生累世的靈性生命做個大和解。基本上，是在讓解離的身心靈合而為一，讓奧祕的細胞記憶出來說話，是在做**「關係療癒」**，讓負面關係化解開來，讓我們不再常常處在沉重的人我關係或反覆跳針的爛戲碼，然後**這一切的轉化來自極為至誠謙卑的懺悔心**（跟「成佛之路」很像，但大拜懺更深層，通常安排在磁塔課程倒數第二天——靈魂最淨化、「我執」最少的時候）。後來，當我們不再用腦子控制時，身體自然會在起伏運行、伸展吸吐之間展現記憶功能，讓動作自然順暢起來。

老師安排每個人都有自己獨立的大空間，彼此分散開來，我一開始並不明白為何要把彼此的距離拉到最大？原來，真的需要空間！才幾個大拜懺下來，已經有人狂哭、狂喊、狂搥地板……在磁塔裡的大拜懺活動絕對有強力的能量效果，在台灣做不可能發生這種現象！才十幾個帶有「懺悔」意圖的動作之後，我心中突然開始一陣陣心酸，意識跟潛意識的交流達到一個極度活躍的程度，當我再一次往前伸展、趴在地上表達我最至誠謙卑的心時，神奇的事來了，中國格格臨死前的畫面竟然又浮了上來，她高傲的個性說：「殺了又如何？」

她不開心我要做懺悔，她覺得殺人不算太大的過錯，她想砍誰，就砍誰的頭！她在臨死前頂多對爸爸說對不起，仍不想對其他人說對不起，我眼淚立刻流出來，原來那輩子的格格這麼鐵石心腸、高傲、驕縱、濫殺無辜……我當下無法做動作，哭到整個肩膀都在顫抖，覺得「自己」太壞了！老師提醒我們可以藉著做動作來消融頑固，我再次站起來，我先對那輩子超疼愛我的父親持續說對不起，希望我能釋放他累世思念愛女的心，我捨不得他潛意識中的創傷持續影響今生情感上的安全。默默觀察中，我看到這個前世的爸爸在今生身體常常會隱隱作痛，潛意識中仍然持續在城牆下對女兒的頭顱哭泣，他的鼻子怎麼可能不塞？頭怎可能不痛？工作上的「盡責」哪可能讓他開心？「盡責」一定會讓他想到要負責殺死自己的女兒，他一定會抗拒工作……他晚上怎麼可能睡得著？他一定一直處在莫名其妙的分離苦難中……他一定常莫名執著在自我中心、脾氣不好的女人身上，很難從今生不適配的關係中抽身，甚至還深深認為是自己的錯、總覺得自己做得不夠好、付出不夠多，他也可能在潛意識中一直跳針，堅信「愛」總是會被扼殺……

其實，格格很聰明，只是從來沒有人知道如何引導被寵壞的她，她真的太年輕，死前仍處在不知道如何深思熟慮的狀況，但當她聽到我這樣敘述而且看到畫面的播放時，她開始心疼地對爸爸掉眼淚，一直說對不起，是她的壞皮氣害慘他，她從來沒有想過她會造成這麼多後續的傷害，在此，她更了解爸爸的痛苦，更捨不得爸爸了。一旦鬆動這塊，其他頑強的信念也隨著動作逐漸鬆開來了，她開始願意長智慧，願意面對自己的錯。在一次次的大拜懺中，竟然有催眠心理治療中「時間扭曲」（time distoration）的效果，幾分鐘卻有著幾十年之久，格格快速理解自己的壞習性真的不應該，在沒有同理心、慈悲心之下濫殺太多無辜，造成很多人家破人亡……她也開始為無辜的人哭了，她開始真誠地對曾經傷害過的一堆人說對不起，也跟這世的我和解，願意在平行時空中繼續修補，願意平衡烙印在他人身上的傷痛，一塊卸下那輩子的壞個性。

愈是做大拜懺，愈是融化格格那輩子個性的錯，在這世變得輕鬆了。接下來，真的如信義老師常說的：「當一個關係圓滿後就會走下一個」，畫面開始自動轉動，準備進入另一世。此時我已經知道，接下來的大拜懺，累世的我會忙著跟曾經傷害過的人懺悔，跟今生的我合作，讓各時空的我關係圓滿。畫面轉到數百年女巫那世（在格格之前不知幾世），黑暗、極度哀傷的森林，我看到我被綁在木頭架上，無辜、活活被燒死……臨死前我的靈魂強烈怨恨那些無知、高傲又腐權的人，怨念直達骨頭深處，我特別氣憤一群男人，因為他們怕女人的智慧及神奇能力會遠遠超過他們的影響力，所以他們造謠、胡說巫術會迷惑害人，甚至用一堆荒謬的爛理由來濫殺所有好女巫。在那個追殺女巫的年代，對聰明、有能力的女人很不公平，沒有生命的保障……後來，徹夜燒盡女巫的火滅了，怨念卻仍然留在時空中未散。

頓時，我理解一個重大的連結：女巫那輩子臨死前想報仇，這些怨念在幾百年後遺留給格格執行！格格後來殺的「無辜之人」，其實都不是陌生人，都是當年殘忍扼殺女巫的人……掌權的格格，似乎生來抱著「報復」的使命，不給仇人有機會商量，全數果決砍殺，讓他們也嘗到「任意腐權、不慈悲、生死完全不放在心上」的殘忍！這種冤冤相報的強度好可怕，眼淚又再次爆流……原來，受害者所殘存的怨念後來可以報復殺人殺成這樣？好可怕。這到底是殺他們？還是殺自己？

當下我很清楚地看到我這輩子仍受那幾世殘留下來的苦，狀況雖然沒有古代的嚴重，沒有人需要在這世死，但一樣是像女巫一樣在心頭上受苦、受折磨，意念上覺得需要讓一個人死，也覺得自己會被弄死。之前鼻頭的醫美受傷事件就是報復意念的完全呈現，一樣的人物，差不多的議題，一切都是因為我的深層潛意識仍讓女巫做一樣的報復選擇，我仍想討公道，才會在這世再次遇到當年害我被燒死的人之一：現代的醫美醫生。難怪這輩子在他害我破相時，「打死」也不肯放過他高傲不認錯的態度，我對他還是生氣，我怨恨他；我雖然曾運用現代可做的公平方式拉他進法院訴訟，卻仍遇到當年不公平的事，兩個昏庸不公平的司法人，也就是當年放縱他殺女巫的人，再一次讓我覺得沒有真正的公平正義，只有殘酷的不公在百年後仍重複上演。我在大拜懺中隨著一次次的動作理解，這一切需要做個結束，在畫面中我把這醫美醫生的手腳綁起來，拋扔到另一個我不會去的時空，關起那個時空門，從此再也不交集！永遠不再交集就是一種最大的解脫，我讓累世的恩怨在此告一個段落，讓一次次的大拜懺清理了我當女巫時的委屈。過程中我覺得她好委屈，真的好委屈……

接下來的畫面因為我處在很深的委屈中而忘了一、兩段，做大拜懺當下手腳都在忙，沒有辦法寫筆記，所以有一、兩段畫面我在結束後一直回想不起來，或許相比之下比較不重要，也或許是神對我說：「就像做夢一樣忘了，放了！」畫面忘了是有點可惜，我超愛咀嚼分析那些內容，因為它充滿了神聖教導。

接下來，有一段是我這輩子永遠都忘不了的壯觀畫面及動作，因為它充滿爆發性的能量，太強大、太炫爛、太不可思議，大到讓我每次回想時整個靈魂都震驚不已！。

我的左手開始朝上舉高，右手在空中比劃，神讓我先以動作認出這是女祭司的角色（這是十一月二十一日信義老師做「大日如來，神光療癒」時我曾經看到的畫面，那是我第一次發現我是神殿中女祭司的身分）。在神殿中，寧靜夜晚，外頭是姣潔的月光，我單獨一個人，穿著飄逸長袍，雙手迎接式地朝天，面對著月光，我猜我跟月光能量有關，是在吸收並運用祂的能量在做祈福，動作真的就像是在畫蝴蝶。但不只是這樣，這只是開場而已，之後，兩手都在揮動，頓時之間，能量爆發式地泉湧而出，我全身充滿了光，光還不斷地變大，我像一棵發光的巨大松柏，高度有三層樓之高，從根部往枝葉向外不斷散發出金黃色的光芒來，我甚至感覺到她把光往外繼續擴散出去，遠至地球的一些地方（那時我的內心話是：「這太誇張了！是科幻片嗎？」）。我本來以為她只是跟月光能量有關，沒想到她對我說：「跟太陽也有關」，她跟「光之女神」有關。我非常懷疑我的靈魂在古老的年代能夠連結到那麼大的能量，做這樣神聖的事（當下我不相信，校稿時也不相信，這些超越我可以理解或接受的範圍，但我還是選擇真實記錄下來）。沒時間讓我問深入的問題，她不想用言語來說服我，她只想讓我感受身體細胞跟光共振的能量，發光的時候全身上下都是正能量，閃爍耀眼，我這輩子從來沒有這麼神聖地充滿散射的金黃色巨光過，我感動到眼淚一直狂流。

漸漸地，光換化成超大的白色翅膀，也是有三層樓之高，這時眼前出現好多個巨大白色翅膀的天使，其實我不太會認天使，祂們跟我說：「You have to remind yourself that you are one of us.」（其實我跟神之間的對話很多時候是中英文交雜），祂們要我要常常提醒自己跟祂們是一樣的角色。我本來就感動到一直哭了，這時候一聽到天使祂們說這些話，我更是腿軟，忍不住跪倒，哭個不行，我不太敢相信這種話，但在光裡面又相信祂們是在說真話，直覺知道所有發生的一切都是祂們在引導我、帶領我釋放出內在的神性，協助我甦醒記憶深處的本質、使命、任務……

我對天使及眾神問：「我是在埃及的神殿當女祭司嗎？」這是我心中本來期待的答案，因為我需要歷史上真實、可被理解的地點，才能讓我科學性地找答案，但畫面出現的竟然是亞特蘭提斯（這對歷史地理很不好的我是個天大的考驗，我怎麼可能知道亞特蘭提斯是什麼又在哪兒呢）！大腦完全沒空思考史地，因為神似乎知道信義老師何時會結束活動，所以神、天使祂們在這個時候笑笑地賣個關子，音樂停了，大拜懺在此做個段落休息，畫面停在被大天使圍繞的高頻能量中，祂們仍然在旁邊。

大拜懺後，大家都發呆很久，每個人都走了好長一段屬於自己的靈魂課程。晚餐後，在磁塔裡有個晚會，當我們在互相給祝福時，有一位仙姑同學跟我擁抱，她卻突然彈開，瞪大眼睛對我大叫：「天啊，妳身邊好多天使喔！哇！怎麼這麼多？祂們說祂們都會照顧妳、幫妳喔！」我心裡想說：

「我一個人發瘋、有幻覺已經夠嚴重了，怎麼現在連妳也是？」但是，淚水已經不聽話地溢滿眼眶，我用力地點頭說：「我知道……」

回台灣後，數不清的次數，我在不同的場所發現羽毛……其實以前就常有，只是回台後愈來愈頻繁，祂們也會透過風鈴的聲音讓我知道祂們的存在（風吹的時候不見得會響，但響的時候通常是我心中希望跟祂們共振的時候；我在心中跟祂們說：「我很膽小，沒風的時候千萬不要響！」）。

我變得更喜歡看月亮，以前，覺得「只是一顆明亮的月亮」，回台後，我的感受變了，覺得月亮是「能量」，然後有一部分的聲音光明正大地來自女祭司，有一部分逐漸變大聲的聲音悄悄地來自女巫。

提到亞特蘭提斯的書真的不多，回台後我努力搜尋，後來看到，在亞特蘭提斯崩落前後，有一些女祭司帶著她的族人落足埃及，然後她們真的擅長使用光的能量，當時，天使滿布亞特蘭提斯……（p.37,《五次元的靈魂揚昇》；p.128-131，《發現亞特蘭提斯：攜手回歸黃金時代》；p.70-74，《天使之藥》p.121,《通向宇宙的鑰匙》。）

III 經咒舞及揭曉小天使

這是我們在磁塔的最後一晚，沒想到我們竟然也有聯歡晚會的安排，即將公布這幾天暗中默默體貼我們的小天使（磁塔第一天晚上便開始「小天使與小主人」的活動，為期六天）。

昨晚本來是要跳經咒舞的，但因為晚課一直到十一點多才結束而不得不取消，若再跳「二十一首不斷電」的經咒舞，恐怕會拖到半夜一點多，年輕的同學可以，但年紀稍有的人在晚課時都已經撐不下去，猛打瞌睡了（信義老師的課在台灣便常常上到晚上九點、十點，當我們在磁塔時，更因為「不需回家」，或者說「已經在家」，而夜夜加碼上課，信義老師的精氣神充沛是我們這些沒實修夠的人所忘塵莫及的）。昨晚老師遺憾地說：「經咒舞可以回台後才在共修教室跳。」今天晚餐時我們仍好奇地繞著信義老師問，經咒舞到底是什麼東西？從來沒聽過，但這幾天由幾個來過磁塔的前輩們口中得知：「經咒舞很神奇！」既然有著「很神奇」三個字，必然引起我的好奇，可是到底有多神奇呢？就在晚餐時拜託老師讓我們見識看看！

所以晚會一開始時，老師決定撥出一些些時間，先放個兩首讓我們這些從未見識過的人，小小體驗一下什麼是「經咒舞」。

老師先請一位來過磁塔的學長出來示範「大威德金剛」，只見他在經咒音樂一下，吸了一口氣，很快地眼神變了，手腳也開始動作了，學長跳舞的方式跟一般跳舞真的很不一樣，我感覺到他根本是用這神的特色方式在表達，我看得目瞪口呆，他真的讓自己跟神在一起（但他從來不是乩身）！我發現我全身的細胞都在滾滾躁動，所以當老師說想跳的人就一塊上來跳時，我很快地站起來！但站起來之後，反而尷尬，我不知道要怎樣跳？

靜靜地思考幾秒，考慮我接下來該怎麼跳時？手腳已經不由自主地動起來了，再一次，身體比大腦快！這些動作，我發誓，絕對不是我這輩子曾經學習過的！我雖然沒研究過廟會，也不太懂佛道教中的神，但有幾個動作倒是有一點像在廟會裡曾經見過的（原來，廟會裡乩身的動作不見得是人為假裝的，有一些真的是有源由——是有神在帶的！）當下手腳自己會動時，讓我覺得好有趣！

我其實一直在我不熟悉的動作中發出各種驚訝的聲音，「嗚……」「哇……」「啊……」新鮮有趣的動作持續進行中！突然，完全不等我準備，也不需要我理解，我的全身突然爆滿正能量的流動，眼前充滿光，沒時間讓我消散此刻的驚訝，身體竟然往前一彎，站起來時便換成另一組動作，從動作的差異，縱使我之前對神研究極少，卻能理解彎腰前後的「動作」不同是因為「神」的不同！我的驚訝頓時飆高到天上星空，這是**「神」透過經咒舞在說話**！當我還在訝異，努力想要去理解「這是哪兩尊神？」的當下，又再次彎下身，換成另一個神的動作……他們完全不讓愛用大腦的我想太多，只讓我**不斷地去體驗「神就是我，我就是神」**（誰教我今天下午不肯相信「光之神」可以在我身上）！

光是第一首曲子，就換了五、六個神，我不知道其他同學是否也像這樣換一堆神，當下真的沒空看別人，神讓我忙翻了，讓我持續保持在又驚又喜中！心裡開心地想著：「怎麼會有這麼好玩的事！」至於什麼時候要變身？我真的不知道。祂要怎麼變，並不是控制在我身上「菜鳥那會控制啊？」但我大概是在變身三次後開始理解，這幾天連結上的系統老師，都可能會來跟我「打招呼」，有的很有力，有的很柔和，有的站著不動、只有我的手自己在講靈語……當下，我可以認出的神勉強有三個：觀音、九天玄女（這兩位神都很柔，也有浮出神的樣貌）、以及大日如來（站著不動那個）。再一次，我尷尬地覺得我對亞洲神太不熟悉了！祂們認得我，我卻不認得祂們！我心中其實也很納悶，神怎麼偏偏讓這種平時沒在佛道教修行、對亞洲神一片陌生的人深度認識祂？祂們挑人的標準是什麼？是因為愈空白的人愈好教嗎？後來，我回台灣後，因為仍然與祂們有所連結，逐漸我才搞懂，當時還有大威德金剛、天上聖母、玄天大帝、彌勒佛、耶穌……後來，實修精進後，最常指導我的神變了，變成是時輪金剛、聖母瑪利亞、綠度母……有趣的是，當我擺脫大腦的束縛，縱使我放亞洲的經咒，西方顯相的神一樣會來！

回到磁塔經咒舞現場，我整個靈魂在與神共舞的能量下變得好興奮，身體異常靈活，這時信義老師換了曲子，第二首經咒一下，頓時，整個能量從腳底爆衝到頭頂，比剛剛的能量還要強大數倍，在心輪、頂輪強烈地震動了好幾下，我開始很用力的跺跺地板，而且是不停地跺跺（我心裡想：「在台灣的健身房，我再怎麼盡心地跳非洲舞，都不可能有這麼震撼全身的通暢力道！」）……原來，這首經咒是「藥師佛心咒」，「咚咚咚」的搗藥狀動作在我身上出，雙手、雙腳會一直「咚咚咚」，越咚整個人越有力量。但接下來的狀況才更劇烈，我本來以為祂就這樣「咚咚咚」整首曲子，怎麼知道我開始用力咳、一直咳，感覺像是要把心臟咳出來一樣，我突然感受到「有過程要走」！我心裡想說：「不是在第一次上金鼎時便處理了？這幾天也有好幾次在『走過程』，難道還有嗎？」（後來問寶治老師才知道，原來，**細胞記憶是一層一層的，當外層已經消融得差不多了，便可以往更深層的部分處理，這是更深的一層……**回台寫書時，因為我的恐慌症狀完全消失了，我才知道藥師佛當時是在把我的「恐慌症」更澈底地從細胞中扔出來，祂所做的一切都是幫我再次清創治療。）

在用力狂咳之下，千軍萬馬湧出的悲傷委屈感，弄得鼻子跟心臟都強烈酸酸的，身體記憶在訴說多世塞在心輪裡的創傷，好多神的光跟愛灌注進來，我完全忍不住在場爆哭，哭得好大聲，這是我這一輩子從來沒有過的極致哭法，真的叫做號啕大哭（全場好像只有一、兩個人這樣哭）。我絕對不是允許自己放聲大哭的人，尤其旁邊還有這麼多人，照理來說我應該是「打死不哭」、「誓死鐵鎖淚腺」的人，但當下我就是完全不顧形象、不由自主地「放給它去了」……用力咳完、哭完，我好累，我用雙手撐住雙腳膝蓋，肺部仍然持續用力狂喘，背部也上下起伏，這輩子，我的肺應該從來沒這樣認真呼吸過。眼睛稍微打開瞄一下旁邊，更訝異，我這個時候竟然是在教室暫時設置的聖壇前，我心裡想：「怎麼會這樣？我剛剛明明還在教室的另一頭……」

好不容易站直，竟然又是開始跺跺，用力「咚咚咚」，能量從腳底再次爆發竄升上來，我再次狂咳、狂喘，我幾乎沒力了，往前跪，雙手撐在地上（在這之前是強迫自己一定要站著的）；好不容易又有一點力，再站起來，站直，竟然又再次狂咳、狂喘，在這第三次發生更驚人的事，突然，我對著前方白色天花板的最高處，用力從心臟、腹部發出劇烈吶喊，好幾聲「啊……」「啊……」「啊……」我看著巨大的聲音直直地往屋頂外的天空衝去，腦中莫名其妙，我的肚子跟喉嚨竟然可以如此共振大喊，我真的在想：「我好可怕，我在幹麼？」「天呀，我怎麼會吼叫？」「我這輩子沒這樣搞過……」好多，好多，好多不能理解的狀況，這一切，讓我太震驚了！

當下我倒是不怕瘋掉，因為這幾天下來，我發現我的腦子雖然遇到很多人生中從來沒發生過的怪事，卻總是能安全轉化（其實也從來沒有什麼不安全的）。

當我眼睛看著遠方的白色天花板「啊啊叫」時，我覺得神同時對我說：「可以完全瓦解地臣服交給祂」，好讓祂帶走我累世的一堆痛苦，我當下整個人真的都融化了，眼眶也都是淚水……我這輩子真的從來沒有這麼臣服地跟神在一起，全身充滿正能量，一副全然脫胎換骨的感覺，感覺每一個細胞都跟神一塊呼吸與顫動！

音樂停了，我的靈魂完全不想停，我還想繼續透過這種震撼的方式跟神在一起，讓神繼續在我身上做工跟對話，我好期待下一首經咒舞神又會做什麼，這根本是天下最棒的靈魂解藥！

信義老師可能聽得到我腦中一直喊著「再一首」，但他不得不換成另一個活動，否則會超過十二點才能結束這一晚了（我們明早六點半要離開磁塔）。因為這是我們在馬來西亞的最後一晚，一定要公布這幾天以來的小天使跟小主人的關係。

我不肯回神，一直神遊於經咒舞的神奇之中，完全不想管小天使與小主人的關係是什麼，人與人之間的關係對當時的我而言，根本微不足道，因為剛剛經咒舞發生的事，根本是跟天際或外太空一樣高的神奇程度，也是我這六天以來情緒最激動的時刻（有一種神跟你「合而為一」的感覺，讓我當下真的覺得「回台灣後可以改行當乩童」，太神奇了）！

信義老師請我們的恩雅前輩出來主持晚會，信義老師是放音樂的ＤＪ，一搭一唱的功力媲美藝人。恩雅先找職業級的舞棍（我的假兒子）出來獨秀，熱舞一跳，他一搞笑，我的靈魂立刻開始變化，我因為狂笑及讚嘆他的精湛舞技而願意回到人間場景。他一上場跳舞便很吸睛，尤其當他在地上快速旋轉時，竟然也把我的靈魂拉進時空隧道中旋轉，頓時，我進入我在土耳其當宮廷女主人那世的時空，我抓起身邊大把金銀珠寶往場中灑給舞者的他，當下我立刻認出他在古老的土耳其就已經是專業舞者了，每當我開心欣賞表演時，就會揮灑珠寶當做最高致敬，無數次；接著我看到他身穿白色傘狀寬衣、挑高的白帽，在場中不停地跳著優雅的旋轉舞（我在磁塔時不知道那種舞的名稱，後來有人跟我說那個叫「蘇菲旋舞」），當我認出他時，我頓時從極度開心中安靜下來，好幾分鐘，眼眶紅了，我好感動，因為我跟這個人真的好有緣分，幾天前我其實在「關係療癒卡」的活動中已經認出某一輩子我是他的媽媽，是在更早期的歐洲，但他六歲時就生病死了，當媽媽的我很傷心，敵不過那一年代孩子不易存活的事實，覺得「什麼都沒有給他，他就走了」。後來，當宮廷女主人時就是像他媽，非常寵這舞者，寵到讓他在花錢上都不眨眼，還讓他在宮內、宮外走路都很有風，然後我還看見那世他出宮廷去玩的一些過往畫面（出去玩的故事太私人了，所以只能由他自己親口說，我不便在此公開）。我們之間一直是好緣分，這輩子又再繼續一次。在此，深深地驗證，有緣的靈魂會在很多因緣際會的「巧合」中認出彼此來，光是從第一次見面的感覺，或「關係療癒卡」的活動中憑直覺安慰照顧彼此，便浮現前世關係，不見得需要前世回溯或阿卡沙檔案的開啟，一般人都可以從磁塔的互動中，找出累世相似模式的蛛絲馬跡。

連同回台後所陸續看到的畫面，我前前後後總共看到這舞棍同學十輩子，也看到他未來的發展。他說他在這輩子第一次練習旋轉跳舞時「就很爽」，超喜歡那旋轉的感覺，「而且不會暈」，果然是他前世本來就有的才能。至今，只有這「兒子」能夠讓我這樣暢所欲言檔案內容，任何時候我看到他的前世就可以立刻說給他聽，因為他自己愛聽，也覺我所描述的幾個前世符合他的狀況。

現在回頭講小天使的活動。數十年來我對小天使與小主人相認的活動一向沒有興趣，我覺得那是國中生在童軍課玩的遊戲，頂多是做做樣子的關心、開心跟感謝而已。但隨著舞棍的炒熱氣氛及流行音樂的高亢帶動，「公布小天使是誰？」的活動，有著長大成人後的真心喜悅、熱鬧滾滾、高潮迭起。不同國家的音樂讓我容易有特殊的感覺，有些民族性的音樂也會讓我不由自主地想跳古老傳統的舞蹈，縱使這輩子的我不見得曾經學習過，但在磁塔的我卻有那些舞蹈的影子出現，甚至也容易有一些前世的畫面被勾出（例如：希臘跟印度）。有幾個同學出場時，會勾起我一些前世記憶，我能看到前世我們如何互動，偶爾也不小心看到那些同學其他輩子的前世故事（但我不見得在他那幾世中）。我在校稿時才發現，我在這個活動中，**一直處在不知不覺中開啟自己及他人的阿卡沙檔案，延續早上勞動靜心後的檔案開啟**。

小天使與小主人相認的流程是這樣：小天使公布小主人是誰，相見歡之後，這個小主人便轉換成小天使的身分，公布這幾天服務的小主人是誰，相見歡之後，照這模式繼續公布下去。

我應該算是全班在知覺上比較怪的那個，在公布三分之一左右的小天使之後（約十人），可能只有我一個人看得到以下的細節：我突然看見，從這幾天一直發生的一些互動，明顯地，**有淵源的人就是會成為「小天使與小主人」的關係**，都是有緣的人不停緊密地互串在一塊，然後他們也容易在小天使與小主人的關係中出現前世模式，小天使有的是來報恩的，有的是來還債的，不管怎麼樣，**都是在做因果平衡**。我忍不住拿起我的筆記本抄下每一對小天使與小主人的名字，做了線性圖，發現竟然還有一個線性邏輯在裡面，特別有緣的一群人會緊密地前後線性串在一塊！我被這線性邏輯給嚇到了，差點甩飛我的本子！基本上，**小天使的角色都是來報恩、來照顧或彌補某世不完整的關係的！誰是誰的小天使，誰是誰的小主人，都是註定好的**。這種絕妙的搭檔，當時竟然是抽簽抽來的，這種精密的安排真的只有神才做得出來。

原來，我從來沒有領悟過**「人間天使」**的涵義。

我在寫書時才理解：（一）很多「人」都是我們的小天使。我們要學習去看見是誰在背後偷偷地照顧著你、守護著你。（二）或許我們看不見小天使，也要相信他默默地存在。

小天使與小主人的活動，其實是**讓我們了解「人」與小天使、神一樣，一直都在旁邊照顧、守候、保護著我們**。當我們開心的時候他看得到，當我們難過時他也看得到，在我們不知不覺中，他都幫了我們好幾把。

我寫書時其實給自己一個大白眼，這種道理我怎麼從來都沒發現？

我的小主人其實是我還債的一個對象，說得精細一點，是格格在彌補一個當年她亂砍頭的人。本來，我以為格格都在報復性地殺法國時期的仇人，其實，有例外。有一個不折不扣的好臣子，是被濫殺的，但格格當時殺紅眼，害他莫名其妙跟著死，也害他的老婆頓時沒老公，小孩沒爸爸。在小天使與小主人的答案公布之時，我才想起我在大拜懺中遺忘的畫面之一就是這段，當時格格在大拜懺裡多次深深地對這忠臣及其家人對不起，請求他靈魂層次的諒解。格格強烈要求她自己去除這種愚昧高傲的個性，懊惱她害他家破人亡。我跟格格在走那個過程時，祈請神幫忙，請神在古中國的時空及現代的時空，都給我的小主人及其家人滿滿祝福。

在宣布我是他小天使的當下，突然有畫面衝進腦海，我看到他在土耳其時竟然曾經是我極為信任的宮廷愛臣，跟我的關係一向很坦誠和諧。只能怪他當年太真誠地跟我說太多次：「妳以後要體驗什麼樣的人生我仍能陪著妳。」然後他就這樣不小心地被我拖到中國去體驗我的「壞」了……我心裡想：「彼此都是笨蛋，在土耳其日子過得那麼好，卻選擇在中國時期過這麼苦的人生體驗！」

我看著眼前的這個人，突然覺得他的靈魂「怎麼一直都這樣憨厚？」又欣賞，又怕他人太好之下容易被別人欺負。在小天使與小主人共舞跟祝福的儀式中包含一個擁抱，我竟然覺得累世的未竟事務在此快速化解開來，心輪好暖和。其實，我回座位後持續請神幫我給他祝福，一個長達多世的祝福，還用遠距靈氣調整他脈輪塞住的一些地方（當時不知道為什麼在磁塔的能量場域中我可以做到這些遠距能力，但我選擇忠於原稿，或許精進實修後的我在台灣可能可以理解。後來，真的被理解了——在磁塔出現的畫面及能力，都是前世天賦的揭露）。

原來在磁塔裡，小天使與小主人每日的互動，一直都是具體地做「關係圓滿」的儀式，大部分的人可能並不知道這活動有多深層的意義，但都在不自覺中悄悄地彌補靈魂曾經留下的遺憾，這絕對是讓靈魂層次開心的事。我望著信義、寶治老師，很難想像他們到底花多少時間規劃磁塔七天的課程？為什麼每一個活動都安排得這麼精細微妙？是他們自己想的？還是神教他們的？

晚會的第二個階段，寶治老師送給大家一條手工編織的深咖啡色手環，我們總共有三十個人，要跟其他二十九個人做交換，交換時要說出發自內心的祝福。交換二十九次之後，這是一條意義非凡、充滿三十個人祝福的手環（包括自己給自己的祝福）。我心裡想：「說祝福的話有何好難的？」但，怪的事情又來了，我對著緣分深的人會莫名其妙地情緒激動，甚至會爆哭出來，都不知道要怎麼說祝福的話；對於緣分淺的人，我就不會有這種反應，我會講得很順。

大概講了三、四個人後，我便找到寶治老師跟我交換了，實在不能太早跟她換，因為她對我說了太多神性的話語，讓我立刻在高頻能量下感動到一直哭，靈魂爆滿澎湃的情緒，好難用大腦記住她說什麼。此刻聽她說話，根本就是聽神直接對我說話一樣，寶治老師**字字句句都是光跟愛的流動**，**她絕對是在通靈狀態下代替神開口**，**比平常的能量還要高**，這讓我眼淚像水龍頭一樣傾洩而下，明顯看見眼淚一顆接著一顆掉，完全停不下來，太催淚了！印象中勉強儘量記住寶治老師說的話是：「妳在金頂媽媽那許的願望都會實現！」、「我看到妳在未來會是很有影響力的心理師！而且不只是在台灣！」

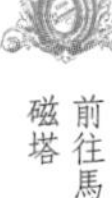

我以為換人時可收淚，緊接著，竟然立刻冒出極度寵溺格格的傻父親！這下子，換格格哭得厲害，她根本是用洩洪的方式在哭，她超級心疼她的爸爸，抱著爸爸時格格持續對不起他，靈魂心酸地自責自己的不孝，她感受到傻父親在靈魂層次溢出來的愛、思念與不捨，格格再一次地跟他說：「不要再掛心我了」，希望這樣可以卸除他「放不下」女兒的情感創傷印記。我感受到格格此時的懺悔是這幾天來最深、最真誠的，格格已經變了，不再是以前的格格！我在靈魂的層次再次感謝我的前世爸爸，他教會格格及我這一門「愛」與「寬恕」的功課。

十二月二十五日

時空大轉換

大部分的人在這晚沒什睡，因為捨不得睡，都想趁著最後一晚做自己最需要的事。

我的室友完全不怕黑，拿著小小手電筒也要摸黑去金鼎那邊繼續跟大地之母說話及許願，還好她有另一個大膽的女伙伴陪她。某部分的我想跟著去，但是，縱使有她們兩個年輕人在，大部分的我仍怕半夜摸黑（那段路完全沒燈光），所以我還是選擇留在住宿區。我選擇一個人靜靜地在中庭看飛碟，回台灣後應該看不到了（其實打從在磁塔會辨識之後，回台灣後有看過幾次飛碟，縱使不像在磁塔十幾、二十架的震撼，一、兩架也讓我滿足了——只是在台灣空拍機讓人誤會的干擾比較多）！

深夜中的渡假村，變得好美，一切再也不是我第一天印象中的平庸樣子、不再是我原本先入為主的落後老舊，而是處處充滿了閃爍寶藏的神仙之境，我好喜歡森林裡動物的聲音，我用我最大的細胞記憶努力記住這裡的天籟之音。

當我們後來終於願意躺平，還有兩個多小時可睡。但是，躺在床上才睡一個多小時，我們便被奇怪的聲音叫起來，睡夢中，半夜四點多突然有人呼喊我的名字，是緊張又壓低的聲音，不是來自高頻，我的小我說是「鬼」！我超怕鬼，所以我假裝聽不到，緊緊拉著我的棉被裝睡，想說再多撐個一個小時就要離開磁塔，我希望磁塔只有神，不希望磁塔有鬼。但這聲音不死心，又再喊了一、兩聲，這回我較有意識，辨識出聲音是在窗外，我仍沒膽翻身看或去應門，但我的室友真的很大膽，她不怕，睜大眼睛朝窗外看，她說：「沒人影啊？」「是什麼呢？」打開門去察看，原來，門後是……我們班的同學，她來問我有沒有退燒藥！我心裡想說：「人嚇人，會嚇死人！」、「不要為了這個半夜來吵我啦！你們跟我前幾天一樣，發燒其實是在『走過程』！不要害我也嚇到走過程！」（校稿時我發現，這橋段算應該是前世故事重演，我回台後女巫的特質愈來愈明顯，我逐漸知道女巫時期我半夜偶爾會被民眾叫醒，緊急拿藥，以及……被抓去燒死。）

又再多睡了三十分鐘後，五點多我們便全部起床，準備離開磁塔。一出房門便看到現代的大巴士，縱使很想睡，頓時之間大家卻都好傷心、好抗拒、不想上車，我跟好幾個人都想留在磁塔不回台灣了。清晨六點半，車子發動，依依不捨地離開磁塔。有些人許願要再回來，有的人不敢說（因為說了應該會再花五、六萬元繳給信義老師才回來），有的需要有強烈的召喚才回來，然後我兩者皆是。這次，離開時空門的時候，我竟然有感覺了，全身細胞有一種離別家鄉時的悸動，心頭酸酸的，眼淚忍不住掉了下來，我捨不得。時空門其實是一樣的，但是，當自己對能量的感受不同時，感覺便不一樣。然而，我很快便分心，因為打從搭上巴士後我一直聽到特殊的聲音，我的腦子自動播放「大日如來心咒」，我以為我只是缺乏睡眠的關係而有幻聽，但是，在飛機上也仍然是一直播放；我甚至在飛機上有幻覺，來自內心，一直感覺有個比飛機大的大日如來跟著我們一塊回來，我當時覺得我真的是身體累壞了。

其實不只心咒，我還一直聽到古代出嫁時的鑼鼓鎖吶音樂，有一種神要把我「嫁」到台灣去的感覺（在巴士上我怕冷氣吹到頭而用布蓋住，的確也很像要「出嫁」的樣子）。寫書時，二〇一七年一月九日，我模仿這些聲音給懂亞洲神佛的靈乩朋友夏紫雲聽，她立刻播「大威德金剛心咒**規儀**版」給我聽，我一聽立刻大叫：「就是這個！」裡面的確有一堆鑼鼓，還有類似鎖吶的聲音，但它不是鎖吶，而是藏傳佛教裡的樂器，這聲音更符合我當時聽到的。紫雲大笑解釋大威德金剛是神聖的保護者，跟嫁娶沒有關係！再一次，我只能尷尬地說我之前對亞洲神佛根本不熟，我從來沒摸索過這些心咒，哪知道祂是什麼？不過，後來想想，也是算出嫁，一個靈性菜鳥歷經多重蛻變，從一個傻女孩找到神性的自己、轉變成大人、從神的家降嫁回一般土地，的確是階段性的變化。縱使這音樂讓我擔心是不是從今天開始一直有幻聽，我卻欣慰回台的整個過程中有著至高神聖的大威德金剛當保全，全程保護著，我覺得神好愛我。

回到台灣後，很奇怪，身體開始變重，很想睡，覺得累翻了，我們有些人還要從桃園機場轉搭高鐵回高雄。我本來打算下高鐵後搭高雄捷運，然後再慢慢走一小段路回家的，誰知道才剛出高鐵收票口，身邊突然冒出兩個熟悉的小身影，是我兒子跟女兒，不只給我熱情的擁抱，手上還拿著要送我的生日小禮物，一路上還跟我講個不停！我不知道他們要來接我，**原來**我老公搞驚喜，拉著捨不得睡的孩子來接媽媽，我好感動！馬上有關係圓滿的感覺。

回到家，我聽到好好聽的蟲鳴，整個心窩都溫暖了起來，頓時我覺得人回到磁塔的綠色懷抱中，我以為我的幻聽增加種類了，我老公笑著說是真的有蟲在我們家，是蟋蟀的聲音，**昨晚**在陽台抓到的！他弄了個生態盒給牠住。可是，我家住在二十二樓層高，怎麼可能有蟋蟀飛來？這未免太神奇了！我老公猜測牠可能是我們在美濃蘿蔔田時順便帶回來的小生物，不可思議的「巧合」，從磁塔行前功課便潛藏入家中的一隻小生物也長大會叫了！

一隻小蟋蟀，對我來說像是神的莫大禮物，牠的聲音讓我一閉上眼睛就像是在磁塔一樣！立刻讓我延續在磁塔裡的自然生態感，好有安全，好有神臨在的感覺，牠大大改變我的心境及家中的氣氛，真的太感謝我的老公意外地「把磁塔搬到我家」，這是他送過最棒的生日禮物。我老公打算在我明年生日時再送一隻，他好感謝神讓我如此「不物慾」！

我回台後每天都會刻意聽著蟋蟀的叫聲，每天都覺得神透過小蟋蟀彰顯祂的愛。

其實回家後那晚，我的身體重到不行，完全撐不久（不像去其他國家，回家還能聊天、開行李箱、耗到一、兩點才睡……），回家後沒多久便去洗澡。但在浴室裡，有著怪怪的感覺，視覺上很不能適應淋浴間的大小，突然覺得空間好像比以前狹小，覺得高度拉得很長。我暈眩得厲害，覺得周遭的東西都在晃，站不太穩。我真的覺得自己太累了，這次的身體比以往任何一次旅行都還要累，趕緊爬上床去睡覺，明天再跟老公聊天。我老公因為親自在高鐵站口接人，見到五、六個跟我同行的同學，確定我不是假藉身心靈課程而跟別人出國外遇去，所以我洗完澡就去睡覺並不會讓他覺得事有蹊蹺需要懷疑（平時電視會報導一些假靈修、真外遇的新聞）。

十二月二十六～二十七日

幻覺？神？拭目以待

回台後的第一個禮拜我有明顯的幻覺，這輩子我可能只有這次經驗最接近「嗑藥」的感覺，對我而言，是前所未有的奇幻現象。

以下這些內容多少會讓人覺得不可思議，因為連我自己都不敢相信了，但還是忠於原始狀況、原始感覺來做呈現。寫出這段，其實多少會嚇到一般人，但懂得高層靈性世界的奇人異士絕對會點頭。

回台第一天早上睜開眼時，我沒急著下床，在柔軟被窩裡想著過去七天從神那裡所收到的生日禮物。這次的「生日」，真的是「重生」！也真的好快樂！

「重生」……這讓我聯想到：我們一群人搭飛機、下機、排隊、入海關、分散、搭高鐵或搭車（至北、中、南台灣）、與有因緣的家人相遇……怎麼這些影像跟象徵性的「從空中降下，然後排隊至你該出生的人家」好像？想到昨晚的洗澡，洗得有夠怪，淋浴空間縮小又拉得好長，我楞住，這好像是在「產道」中……洗完還特別暈，特別想睡，真像小嬰兒。知覺的改變讓我覺得很好笑，但接下來的事更不可思議：現實上我只有七天沒在自己的床上睡，可是，竟然出現「第一次睡在上面」的新鮮心情！彈簧床墊上多加一層厚軟枕（pillow-top mattress）的現代設計讓我躺得好舒服，忍不住抱著柔軟蓬鬆的白色羽絨被，開心地猛稱讚：「這個好睡！」我本來以為是在磁塔睡太簡陋的床而起的反作用，卻聽到內心冒出一句話：「**我們那個年代**怎麼沒這個東西？」這聲音講了不只一次，至少三、四次。我轉了轉眼睛，覺得這句台詞頗好笑的。去一趟馬來西亞，我的心被帶到古代了嗎？

但，我真的是聽到「我們」，而不是「我」。當下我還沒有感覺是否要探索「我們」怎麼了，先帶著「我們」出房門去吃早餐再說。

剛起身，離開主臥房門，極怪異的事發生了！我的眼睛開始很警覺，身體也是，我竟然返回我的臥房，面對一整片的大窗戶站著，開始變得嚴肅，一、兩秒後，氣一吸，雙手一舉，單腳一抬，我覺得力量貫穿全身（後來才知道是在窗戶旁吸收太陽的能量），接下來我開始在屋內大動作地比劃，腦子來不及反應，身體已經一間一間房間「比劃」了。身體有它自己會做的動作跟會跑的方向，我覺得我的動作像是在淨化整個家……我最後是站在大門旁，門不需要開，我眼睛瞪得更大、更兇，堅定、嚴厲、有威權地對著家中內側的浴室門口及走道說：「出去！」我在十秒裡斷續說了三次：「出去！」我感覺到涵義是：「你（低頻能量）自己出去喔，不要等到我動手！」一切都發生在一、兩分鐘以內，太有趣了！這種特殊淨化的動作都是我以前從來沒有過的，然後這些動作都像在「做法」、「去邪、除煞」這種精彩讓我的心噗通噗通地跳。可是，尚未結束，我跑去陽台兩、三次，雙手舉高對著太陽，吸收能量，頓時雙掌之間出現金黃色、橘紅色的能量球，捧著它往每間房間丟，一顆比一顆大（像是漫畫「七龍珠」的拋擲法），能量球讓我覺得很新鮮，我刻意擠壓玩它，它是有外緣張力的，會把我的手反彈回來。

其實，今早我還在床上躺著時，本來就打算吃完早餐後靜心，學道士或巫師燒艾草，寧可信其有地淨化整個家，讓家成為更舒適的窩。沒想到我的動作竟然比我的頭腦還先跑，當下有個威嚴的聲音突然在我腦中說：「燒什麼艾草？我來！」然後我就有了前所未有的乩童、法師型動作，一切自然流暢，充滿能量，連我都佩服「自己」的動作帶著莊嚴力道及簡潔正氣（其實，神若要與我們通，「起乩」是很迅速順暢的，不用做一堆祭拜祈請儀式、不用全身顫抖、不用鬼吼鬼叫、不用穿道服、不用傷害自己身體、不用說天語……過程很平靜的）！淨化的動作很快就做完，我可以坐下來，靜靜地喝我的早晨咖啡了，這時我想起來，昨晚回家時，兒子堅持要我陪他上廁所，他說在我出國的第二天，「家中突然來了很多那個（鬼）」，我睡前雖然很暈，卻也不知不覺聽進去了。

繼續回想剛剛發生什麼事時，有個聲音的確很自豪又確信地說：「我來！」我忍不住拿著咖啡竊笑，我感覺到這是「金剛」所做的猛事（我那時還不太會認大威德金剛，但我知道這應該是「我的金剛神」所做的法）。

其實，我一則喜卻一則憂。我開心神在我家顯化並幫我們家做澈底的淨化，但我並不想從此成為乩童型的人，因為動作其實不優雅，很陽剛、粗獷，而且很兇，這跟心理師的形象實在不搭。回台七、八個月的實修後，我的靈乩朋友確定我的神換了，她說我後來連結的是更強悍的「時輪金剛」

——基本上，是指導老師挑學生，不是學生挑老師。

先寫出兒子後來的回饋，那天晚上兒子從學校回來，我什麼話都沒說，只見我兒子繞著房間看，他說：「怎麼他們（鬼）都不見了？」我聽了偷笑，深深地覺得神好厲害，原來我早上不是隨便出現幻聽及淨化動作的。但，我突然不笑了，原來我兒子真的看得到鬼！在他小一的時候曾經說過幾次，有一個黑色人影常常跟著他，是一個十八歲的哥哥，家裡、學校都會出現，但不曾害過他……竟然是真的！

老公在旁則說：「為何這幾天都沒聽你對我抱怨過（鬼）？」兒子立刻委屈地對爸爸說：「你又不會相信！」的確，講給聽得懂的人較安全，較不會被嘲笑或被罵。這就跟我寫這本書一樣，我相信有一堆人看了書的反應會跟我老公不想理我兒子一樣，會當我是在胡言亂語，立刻把書合上或扔地上，甚至認為這個心理師瘋了；但我也相信，有很多人完全看得懂我在寫什麼，會認同我用文字說出他長期難表達的感受，畢竟不是這麼多人有勇氣公開自己的特殊感官經驗。

望著窗外喝咖啡時，我一直在讚嘆這個家的擺飾很好看，覺得光線充足，風很流通，是舒服的。但是，蟋蟀的叫聲提醒了我需要的綠色，我的眼睛覺得很不習慣，沒有森林……心中看著遠方的建築物，我有了悲傷，遺憾這裡太城市化了，有鋼筋水泥卻沒有很多樹，心中渴望有一大片綠……心裡不自覺地排斥一堆東西，也喜歡一堆東西。

喝完咖啡，我開始在家中東摸西摸，不知道為什麼，明明是我住了十年的家，我卻愈來愈興奮，像個小朋友初次參觀、拜訪別人家一樣，從我的眼睛看出去的感受非常新鮮、興奮、好奇。我有蒐集特殊造型杯子的嗜好，我拿起綠色蓮花的杯組，內心莊重開心地說：「哇！好漂亮！」拿出來之後，我不由自主地折返到收藏櫃中拿出迪士尼的愛麗絲心型杯子，此時的內心卻像小女孩雀躍輕快說：「哇！這個才漂亮！我要用這個！」我搞不懂自己的內心怎麼會有這種人格性差異的比較？平時的我常用這些杯子，杯子都是我買的，都放在我家，當然我都喜歡，並不會誇大內心感受，但此時卻像很多人在挑杯子一樣。當我持續東摸摸、西瞧瞧，不停地「觀察」、「評估」這個家時，我逐漸理解，當下應該是有一堆神在我家，在同一個時間內共同感受這個家的環境，因為七嘴八舌的聲音陸續出來……不同的神的確有不同的喜好，大日如來喜歡蓮花的杯組，九天玄女喜歡愛麗絲的心型杯子。我心裡其實不太在意自己的「幻覺」，因為祂們的對話都蠻好玩的，我被祂們開心興奮的正能量團團包圍，也跟著祂們的角度重新欣賞家中一景一物，頓時覺得自己的家像是漂亮物件的展覽館。祂們常說的幾句話是：「我們以前怎麼都沒這種東西啊？」、「哇！好漂亮！」、「我們來對家了，這家可以住得蠻舒服的！」當下，我其實忙著猜想祂們是多古老的神？怎麼這些神都像沒見過現代文明一樣，連微波爐都要稱讚（後來有靈異人士跟我說有些神真的來自很古老的時空，在別人的案例中，神是對著攝影機狂稱讚）？

隔天，十二月二十七日，依約要去凱旋醫院自殺防治中心做個管員團督的工作，前去醫院的道路有很多條，可是我偏偏繞入我平常最刻意避開的路——氣爆災區路線。一邊騎車，一邊威嚴地唱頌我聽不懂的語言……從能量中，我大概知道是神在做事（特別是金剛），祂在給予祝福，後來我回想，當我在我家後陽台弄花草時，祂們的眼睛曾經停留在不遠處的災區一段時間，原來，祂們早就盤算近距離調整能量了。

進入凱旋醫院前，很誇張的現象發生，我看見神在我身上插了很多令旗，幫我用光重重包圍起來，祂們說：「難怪妳會生病，這裡很髒！」這應該是祂們說過最重、最批評的台詞。

一個禮拜後「幻覺」有退，功力也銳減，感覺很多神回家了。但神奇的事仍持續發生，打從磁塔回來後半夜都會醒來好幾次，人仍躺在床上，腦子卻活躍起來，手腳會不時比劃，我知道是累世有緣的神或系統指導老師來上課，但因為不只一個老師，所以我的睡眠品質變不好。過程的確很好玩，學到很多，我也尊敬那些老師們，但我畢竟是個「人」，以人類的身體來說，長久被打斷睡眠仍是會影響健康的，至少我開始困擾隔天都晚一、兩個小時才起床。靈乩朋友紫紜說：「對神而言，沒什麼白天、晚上之分，只是學生在半夢半醒中比較好教。」這點我認同，因為晚上較容易利用潛意識的阿法腦波，較容易學靈性的東西。她又說：「在寺廟裡，兩、三點也是該起來的時候，因為四點有早課，所以從兩點、三點、四點一直被叫起來也是正常的。」聽到這個，就讓我想翹開古人的課。她教我睡前可以先跟老師們商量，讓我晚上好好睡覺，白天再來（基本上，白天我可以用催眠方式轉換成阿法腦波讓祂們教）；祂們也可以「排課表」，才不會擠在一起。果然，商量之後，狀況就改善了！

在寫書、校稿共一年多的過程中，持續出現一堆「奇蹟」與「巧合」，祂們的威力仍然無所不

在，在生活大大小小的事情中不斷彰顯。一旦連結上的神，只要我們願意，祂們就會讓我們覺得祂們一直明顯在旁；只要是命運中應該發生的事，祂就會推波助瀾，讓更多的「奇蹟」與「巧合」發生。

磁塔，不只是七天，絕對是年票，甚至超越年票！

後記

二〇一六年三、四月時，我在睡前的靜心冥想中，曾看到天堂圖書館的樣子，畫面非常壯觀漂亮，充滿歐式古老型無邊界的書架，一排又一排，上下左右無限延伸，書架下方看似在雲霧中，在巨大的畫面中我顯得非常渺小（註1）。

當時，圖書館裏的書名及內容我都看不懂，不是我能理解的文字。要拿書可以自由飄浮飄移去拿，不需梯子。第一次冥想看到時，我的速度很慢，是以人的形態飄浮去拿書、翻書時也是用手去翻，古老的厚硬書皮，氾黃的復古紙張，整本書的大小至少像大型筆記型電腦攤開螢幕加鍵盤後的樣子。但十二月馬來西亞磁塔行中，我已經明白這不僅僅是前世回溯的畫面，而是在開阿卡沙檔案，我的速度變快，方式也變不同，變得很像在透明的3D平板電腦查內容的樣子，有部分畫面像電影《露西》（Lucy），找資料時用手一掃，會有無數個畫面飄過，然後畫面會自動停格，跳出該被看到的部分。從磁塔回來一年後，速度變更快，我的手已經不需要翻，直接在腦中跳出畫面來，畫面來我就

註1：天堂圖書館的樣貌不是只有放入我的腦中讓我看到而已，它已經放在歷代一些建築師、藝術家及電影等等的作品中（可參考電影《美夢成真》〔What Dreams May Come〕中圖書館的樣子）。

看，開始用感應的方式解讀。

我為什麼會提到天堂的圖書館呢？因為二〇一六年五月，在課程中做脈輪呼吸到眉心輪跟頂輪的時候，我再次進入天堂的畫面，然後一去又是直接跑圖書館。當時我看到有個像魔法師的長鬍子老人站在我眼前，穿著長聖袍，他遞給我一把八、九十公分長的古銅色復古型雕花鑰匙，我理解到他的意思是說，我可以自由進出這圖書館，那邊的知識及資料我都可以運用，然後其中也有我已經寫好的書。資料其實有無數個檔案管理者在看守著，遵循更高層次的把關原則。當我好奇檔案管理者有誰時，自由女神巧合地在書中及運送來的禮物中現身，自由並非無神控管，是有宇宙規則的，要像高處的火炬一樣照耀引導世界，要像真理的神一樣中宣言靈魂自由。

其實，我會在二〇一六年三、四月冥想到天堂圖書館是神的安排。在這之前，有個伏筆，我因緣際會地看了一本非常特別的書，叫做《通行靈界的科學家：史威登堡獻給世人最偉大的禮物》。書中提及天堂的建築概況，但他沒有提及圖書館的樣貌，之後，我在冥想中看到圖書館內部的樣貌並遊走在其中。史威登堡（Emanuel Swedenberg, 1688-1772）是個跟牛頓曾經齊名的偉大科學家，壯年後突然有了自由往來靈界的能力，包括天堂及地獄。他還有一本著作就是《天堂與地獄》（Heaven and Hell），這本才是廣為人知的，海倫・凱樂、瑞士心理學家榮格、德國哲學家康德、美國老羅斯福總統等等後來的人，都讚嘆史威登堡對超脫物質科學界的神祕貢獻。

書的封面說史威登堡在「壯年後突然有了自由往來靈界的能力」，這句話持續震撼了我。從磁塔回來寫書稿時，我一直被神嚇到，數不清的巧合與奇蹟，讓我覺知自己的能力及視野再也不像以前。人腦能完全知道神在我們身上做什麼功嗎？人腦真的想不到整個輪廓的，原來祂早在二〇一六年三、四月就透過史威登堡這本書跟我說我在壯年之後會變化到什麼靈通的樣子了！在校稿的過程中，我又去磁塔兩次，更清楚體驗自己前世曾經是女祭司、薩滿、巫師、女巫……（這些角色及蛻變故事在下一本書才述說），一樣充滿數不清的奇蹟與巧合。

雖然我不知道神之後會讓我靈通跟豐盛到什麼程度，但我愈來愈知曉自己前世的療癒天賦，也在諮商、演講、工作坊上變得容易與神同工，幫助更多可以被幫助的人。有個有趣的事件，二〇一七年四月二十九日在眾目睽睽之下發生了一個極為特殊的豐盛巧合，這一天早上，我跟磁塔十二班同學要去上信義老師教的神光療癒課程，一路交通車況太好，太早到，我們便繞去南投紫南宮先拜拜，這是我第一次來，看別人抽籤，我也跟著抽籤，「巧合」地，一抽便抽到一枝空白的籤！當時，我一直傻傻地在找籤木上的數字，旁邊的同學看我翻來翻去也跟著幫我看，我們都找不到數字，我心裡還想：「這枝籤沒有做好，沒刻數字。」一超過十幾秒，兩人互相對看，愣了好久，都不願意相信籤木底下的兩個中文字「籤王」真的是代表「籤王」，終於，兩人都「啊！」大叫，不可思議的機率！之前，我只知道紫南宮是每年過年都會登上電視新聞頭條的宮廟，信徒會為了求取財富豐盛的錢母而瘋狂蔓延數公里排隊，若不是準確度極高，威力之強，不可能會如此遠近馳名、香火超級鼎盛。生命中第一次抽到籤王，在有名的紫南宮。我不知道接下來會發生什麼事，拭目以待！

通常，神要我們看到自己或身邊的人有奇蹟，有巧合，我們才會相信祂的存在。當我在籌畫下一本書的內容時，很巧合，讀到的書剛好是《奇蹟課程》，《活出奇蹟》，《奇蹟，正在發生：活溯最純淨的生命本質》……讓我們拭目以待！

國家圖書館出版品預行編目資料

愛在靈魂最深處：前世今生的心理師／陳瀅妃
著. --初版.--臺中市：白象文化，2018.9
面； 公分.
ISBN 978-986-358-693-7（平裝）
1.心理治療 2.心理治療師
178.8 107010095

愛在靈魂最深處：前世今生的心理師

作　　者　陳瀅妃
校　　對　朗慧
專案主編　徐錦淳
出版編印　吳適意、徐錦淳、林榮威、林孟侃、陳逸儒、黃麗穎
設計創意　張禮南、何佳諠
經銷推廣　李莉吟、莊博亞、劉育姍、李如玉
經紀企劃　張輝潭、洪怡欣
營運管理　黃姿虹、林金郎、曾千熏
發 行 人　張輝潭
出版發行　白象文化事業有限公司
　　　　　402台中市南區美村路二段392號
　　　　　出版、購書專線：（04）2265-2939
　　　　　傳真：（04）2265-1171
印　　刷　基盛印刷工場
初版一刷　2018年9月
定　　價　490元